한울공간환경시리즈 13

# 녹색사회의 탐색

조명래 지음

# 머리말

　왜, '녹색사회의 탐색'인가? 지금의 사회가 도대체 어떠한 색깔이기에, 우리는 녹색으로 상징되는 사회를 탐색해야 될까? 녹색은 생명과 자연의 색을 표상한다. 녹색의 사회를 찾아 나서야 하는 까닭에는 지금의 사회가 생명과 자연의 색을 잃어가고 있다는 우울한 진단이 담겨 있다. 녹색사회는 생명과 그 근원인 자연의 색이 되살아나는 에코토피아를 의미한다.

　이젠 우리의 사유는 녹색을 중심으로 하지 않으면 안된다. 개인·공동체·제도·문명 등에 들어와 있는 반생명적이고 반자연적인 요소를 재성찰하는 것이 '녹색사유'라면, 이는 '인간과 인간', '인간과 사회'의 관계를 '인간과 자연'의 관계로 확장하되, 방점을 자연 쪽으로 옮겨놓은 새로운 실천체계를 모색하는 것을 전제로 한다. 인간중심의 원리를 버리고 자연의 원리인 '생명·공생·공존·평등·순환'의 요소를 인간계 내에 복원해 인간의 삶이 자연의 흐름에 연동되는 사회가 곧 녹색사회인 것이다.

　프로이트에 따르면 인간 유기체는 에로스, 즉 성적 충동과 타나토스, 즉 파괴적 충동, 두 가지의 충동을 가지고 살아간다. 마르쿠제는 오늘날 자행되는 자연/생명파괴란 인간 내부에 있는 타나토스에서 발원된 것으로 주장한다. 이런 관점에서 녹색사회로의 전환은 인간의 내면에 갇혀진

‘파괴적인 욕구’를 생명을 사랑하고 돌보는 ‘에로스적 욕구’로 전환시키는 실천을 필요로 할 것이다. ‘녹색사회의 탐색’은 이를 위한 작은 실천으로 기획된 것이다.

이 책은 필자가 녹색사회를 위해 고민하고 실천하면서 썼던 글들을 모아 엮은 것이다. 제목에 ‘탐색’이란 단어가 들어 있는 것은 이 책의 글들이 녹색사회에 관해 정리된 논의를 제시하기 보다 그러한 사회를 꿈꾸며 현실을 들여다보고 대안을 찾아가는 시도들을 담고 있음을 의미하기 위해서이다. 책의 구성도 그러한 의도로 되어 있다.

1부는 오늘날 환경문제의 발원지이며 주무대인 도시환경의 실체를 새로운 각도로 조명하면서 그 극복을 위한 길들을 탐색한다. 1장은 IMF 위기 이후 자본주의적 논리로 재편되는 도시의 발전양식이 초래하는 사회·생태적 삶의 해체와 위기를 분석하면서 이의 넘어서기를 모색한다. 2장은 거대한 생태순환체제로서 서울 대도시가 가지고 있는 반생태성에 대한 입체적 진단을 바탕으로 환경친화적인 도시로의 거듭나기를 탐색한다. 3장은 상품소비의 노예로 전락된 일상생활방식이 지구생태계 파괴의 발원지임을 파헤쳐 보면서 지속가능한 소비양식으로 전환을 통해 녹색사회로 가는 길을 찾는다.

2부는 신자유주의로 채색된 환경정책의 비판과 그 대안의 길을 탐색한다. 4장은 최고 통치권자의 환경철학 부재 속에서 신자유주의 기조를 띠어 가는 환경정책의 허와 실을 비판하고 나아가 녹색사회를 향한 환경정책의 새로운 조건을 제시한다. 5장은 시장주의(혹은, 개발주의) 경제학자들이 제시하는 그린벨트 해제론에 대한 비판을 통해 신자유주의 환경담론의 허구를 들추어내고, 아울러 생태적 상상력의 회복을 통해 녹색사회로 가는 길을 찾는다. 6장은 시민공유의 자산으로 자연(그린벨트)을 지켜가는 영국 NGO의 역할로부터 개발주의와 보전주의를 함께 아울러갈 수 있는 녹색사회의 가능성을 탐색한다.

3부는 녹색사회를 위한 담론과 실천의 조건들을 탐색한다. 7장은 인간중심주의 대 자연중심주의로 대별되는 환경론을 인간과 자연이 재결합되는 통합담론으로 재구성되길 바라면서, 이의 실현성을 '일상의 에코토피아 모색'에서 찾고 있다. 8장은 환경·생태적 관점에서 기울어진 정의(正義)의 추를 바로 잡자는 '환경정의론(environmental justice)'이란 담론을 녹색사회를 향한 새로운 실천의 조건으로 재정의한다. 9장은 지구화 시대 국가의 약화와 맞물려 나타나는 '시장지배사회'하의 환경문제를 주체적으로 극복할 수 있는 조건으로 녹색정치의 재설정을 시도한다.

4부는 녹색사회를 구현할 수 있는 몇 가지 구체적인 실천 모델을 제안한다. 10장은 지방공간을 하나의 생태체제로 발전시키기 위한 환경자치와 그에 기반한 지속가능한 지역발전의 전략을 제시한다. 11장은 생태도시의 원리에 입각해 대도시 자치구(區)를 생태자치구 모델로 설정하고 이의 실현을 위한 주민자치의 가능성을 일본의 마치즈쿠리(마을 만들기) 운동의 검토를 통해 밝혀준다. 12장은, 환경문제란 이젠 지역주민들의 일상활동을 통해 해결되어야 하는바, 지방자치제의 틀 속에서 정부(GO)와 비정부(NGO)가 '환경의 가치를 함께 생산(co-production)'하는 실천방안들을 제시한다.

5부는 녹색사회를 위한 대안운동을 탐색한다. 13장은 시민사회의 의미를 정치사회학적으로 재조명하면서 '시민운동의 건강한 정치화'의 필요성을 이끌어 낸 뒤 녹색사회를 위한 시민운동의 실천과제를 검토한다. 14장은 한국에서 환경의식과 환경운동의 패턴 및 그 변화과정을 추적·평가하면서 생태주의 사회를 향한 실천운동의 재정향을 제안한다. 15장은 시민들의 자발적인 성금과 기부를 통해 자연 및 문화자산을 확보 한 후 시민들이 자율적으로 보전·관리해 미래세대에게까지 영원히 남겨주는 운동으로서 내셔널 트러스트 운동의 의의와 한국사회에의 적용방안을 제시한다. 16장은 용산미군기지의 시민생태문화 공원화운동을 준거로 '공간정의에 입각한 생태문화운동'을 녹색사회를 향한 대안운동의 하나로 제안한다.

이 책에 실린 글들은 필자가 환경관련 잡지나 학술지(환경과 생명, 공간과 사회 등)의 편집에 관여하면서, 내셔널 트러스트 운동·환경정의운동·문화운동 등의 시민운동을 이끌면서, 그리고 각종 학술발표회·공청회·간담회 등에 참여하면서 다루었던 논의를 바탕으로 쓰여진 것이다. 따라서 이 책은 필자의 지적·실천적 궤적을 반영하지만, 그 반영은 우리의 사회와 환경현실의 쟁점을 반영하는 것이기도 하다. 이런 점에서 이 책이 다루는 쟁점들은 한 논자의 고민이라기보다 지금을 사는 우리 모두가 함께 고민하고 실천해야 할 것이라 믿어 마지않는다. 생명과 자연의 색이 돌아오는 사회, 그런 사회를 꿈꾸지 않을 사람이 있겠는가? 이 책은 근대 합리주의 사고에 억눌린 우리의 에로스적 에너지를 복원해 생명력이 충만한 에코토피아를 건설하려는 소박한 마음으로 엮어진 것이다. 부족하지만 이런 느낌으로 이 책이 읽혀지길 기대하면서 독자들의 많은 비판과 성원이 있길 바란다.

여느 책과 마찬가지로 이 책도 필자를 깨우쳐주고 이끌어준 스승님, 선·후배님, 동료와 동지들의 사랑과 도움을 머금고 태어났다. 이 자리를 빌어 고개 숙여 감사를 드린다. 학자로서의 고독과 부덕함을 따스하게 감싸주는 혈육들의 사랑에도 고마움을 전하고 싶다. 끝으로 엉성한 원고를 아름다운 책으로 엮어준 도서출판 한울 관계자와 교정에 애써준 전기영, 박종빈 군의 노고에 대해서도 고마움의 흔적을 남기고 싶다.

이천일년 칠월
조명래

# 차례

# 1부

# 도시적 발전양식과 환경위기

# 1장
# IMF 위기와 도시발전양식

## 1. 급조된 도시, 파열하는 도시

우리나라의 인구 100명 중 90여 명은 현재 도시에 살고 있다. 이른바 도시화율이 90퍼센트에 이르러 있다는 뜻이다. 인구가 이렇게 도시지역에 많이 모여 살게 된 것은 지난 30여 년 간 진행된 근대화의 공간적 결과라 할 수 있다. 바꾸어 말하면 근대로의 변화는 인구가 도시로 빠르게 모여들고, 모여든 사람들이 세련된 도시생활을 누리는 가운데 가능했다고 할 수 있다.

하지만 가파른 도시화는 그 속에 담기는 도시 삶이 그만큼 각박하게 형성되고 발전할 수밖에 없음을 시사해준다. 우리 도시들의 초상화는 바로 이러한 것이다. 도시로 몰려든 사람들은 처음엔 달동네를 만들어 얼기설기 살더니, 이젠 숨막히는 고층 아파트의 한 칸을 차지한 채 극도로 개별화된 일상을 살아가고 있다. 집과 일터 사이의 이동거리가 멀어지고 교류하는 활동의 빈도가 잦아지고 있지만, 사람을 대신한 기계들(예, 자동차)과 시설(예, 건물, 도로)들만이 도시의 지표면을 가득 메움으로써 도시공간은 갈수록 탈인간화되고 있다. 이렇게 해서 도시의 땅들은 녹지가 주거지로, 주거지가 고밀도의 주거지와 상업지로 거듭 변화하는 가운데 가치생산을 극대화하기 위한 추가적인 이용과 개발이 끊임없이 부추겨지면서 도시의 생태환경에 엄청난 부하를 걸고 있다.

도시의 급조는 내부에서 숱한 균열을 수반할 수밖에 없을 것이며, 그 균열은 '내파(內破)'하는 도시화의 중량에 의해 쉽사리 파열할 수밖에 없을 것이다. 1990년대 들어 서울에서 발생했던 성수대교 붕괴, 아현동 가스폭발사건, 삼풍백화점 붕괴, 지하공동구의 화재, 지존파사건 등의 대형사고·사건들은 모두 급조된 대도시 공간 속에 잠재해 있던 균열의 구체적인 파열이라고 할 수 있다.

문제는 이러한 파열이 비단 어느 시점에서만 한정된 것이 아니라 24시간 내내 발생하고 있다는 데 있다. 세계 최고의 교통사고율에서 시사되듯이, 도시인들은 속도·무질서·불안정 등에 의한 다양한 생명의 위협(예, 교통사고, 안전사고)을 지속적으로 받고 있으며, 그 상황은 근자에 들어 더욱 두드러지고 있다. 돈·상품·재산 등의 물질적 가치 획득을 위해 서로 경쟁하고 대립하는 관계가 갈수록 심화되더니 이젠 사람 자체를 상품(예, 스카우트를 위한 몸값, 성과에 따른 연봉, 성의 상품화 등)으로 거래하는 관계가 보편화되고 있다. 최근 들어 계층간 격차가 더욱 벌어지는 도시사회의 균열은 이런 상황의 전개와 무관하지 않다. 시민사회의 미성숙으로 인해, 도시사회의 이러한 균열은 봉합되기보다 오히려 무질서, 불신, 탈법, 갈등 등과 같은 파열적 양상으로 치닫고 있다. 최근 들어, 인간의 상품화를 넘어 자연의 상품화가 진전되면서 도시환경의 자율순환구조마저 파열되고 있다.

도시의 균열과 파열은 급성장한 도시가 겪는 후유증이라 할 수 있다. 하지만 그러한 현상은 도시발전의 양식과 결부된 문제란 점에서 일시적이고 과도기적 문제라기보다 구조화된 모순과 위기의 증후군에 해당할 수 있다. 그렇다면 왜 우리들은 이러한 도시적 균열과 파열을 겪고 있으며, 그러한 현상을 만들어내는 원인은 어디에 있는가? 특히 최근에 겪은 IMF 위기와 도시는 어떠한 관계가 있으며, 위기는 도시를 통해 어떠한 결과와 문제를 남겼는가? 이를 극복하기 위한 대안적 도시발전의 양식은 어떤 것인가?

## 2. 위기의 도시화

　도시는 사회 전체 속에서 특정한 공간적 역할과 기능을 수행하도록 구조화되어 있으며, 그 때문에 도시의 성장과 위기는 전체 사회의 성장과 위기가 특정 국면으로 나타난 것이다. 이렇게 볼 때, 우리의 도시가 겪는 균열과 파열은 단순히 도시의 부실한 성장방식에서만 연유한 것이 아니라, 도시사회에 내장된 사회적 관계나 체제가 발전해가는 과정에서 겪는 위기의 양상이라 이해해야 할 것이다.

　최근에 겪은 IMF 위기는 도시에서 그 그림자를 가장 길게 드리웠다. 그것은 전체 사회의 위기를 표출시킬 수 있는 위기유발 요소가 도시에서 그만큼 집중되었기 때문에 나타난 것이다. 주지하다시피, 1997～1998년 IMF 위기는 1990년대 초반부터 무리하게 추진된 세계화의 한계와 모순으로부터 비롯되었다(조명래, 1999b). 즉, 세계화의 무리한 추진으로 인해, 생산부문에서 과잉투자와 그에 따른 이윤율의 급락, 순환부문에서 단기외채의 과도한 이입과 그에 따른 유동성의 급팽창이 거시경제의 재생산구조를 극도로 불안정하게 만들었고, 그런 상태에서 대외신임도의 추락에 의한 외국자본의 급격한 일탈이 곧 외환위기로 발발했던 것이다. IMF 위기는 결국 부풀려진 한국경제를 추슬러 '저비용(low-cost) 생산국가'로 재편하여 세계경제체제의 주변부로 재편입시키는 과정을 강제하였다.

　위기의 이런 조건과 전개는 도시를 중심으로 그 영향이 집중적으로 나타났다. 위기에 따른 생산활동의 위축은 산업시설이 집중되어 있는 인천이나 울산과 같은 도시에서 가장 심하게 나타났지만, 위기의 중요 원인인 유동성 위축(liquidity crunch)의 일차적인 결과라 할 수 있는 어음부도나 기업부도는 대구, 부산 그리고 서울과 같은 대도시에서 가장 많이 발생하였다. 발생률 면에서는 부산이 가장 높았지만, 발생 건수로는 전국 주요 도시 반 이상의 부도가 서울에서 발생하였다(Cho, 2000). 부도의 70퍼센트가 전반기에 집중되었던 1998년 8월 서울의 생산성지수는 1995년 100을 기준으로 67.5로 전국 최하를 기록하였으며, 그와 더불어 같은 해 7월의 실업자수는 9.7%로 전국 최고치를 보였다(동월 전국평균은 7.6%). 실업자가 집중하면서 신빈곤의 전형이 되는 '홈리스(home-less)'의 반 이상이 서울에서 발생하였다. 이 결과 1998년 서울의 가구당 실질소득은 약 20퍼센트나 감소하였으며, 토지거래는 1998년 동안 35.6퍼센트나 줄어 전국 최고치를 기록하였다. 이 모든 것은 '고비용 저효율'로 일컬어졌던 '부풀어진 경제'의 추스름이 서울과 같은 도시지역에서 가장 밀도 높게, 그러면서 가장 많은 비용을 치르면서 전개되었음을 의미한다.

1998년 전반기 동안 위기는 IMF의 요구에 따라 자본방출이나 재정규모의 축소를 통해 경제의 과잉팽창 부분을 제거하는 방식으로 이루어졌다면 후반기 들어서는 금융자본 중심의 세계경제에 재적응하기 위한 구조조정(금융자본이입의 자율화와 외국자본에 의한 기업인수 및 합병 등)이 이루어지는 방식으로 전개되었다. 지역별로 볼 때 국내에 투자한 국제자본 중 서울의 비중은 1997년 14.6%에서 1998년 34.0%로 배 이상 증가하였으며, 총투자의 70% 이상은 기업의 인수나 합병을 위해 사용되었다. 부문별로는 80% 정도가 서비스 업종에 집중하였는데, 그 규모가 전국의 82.3%에 달했다.

이런 패턴의 자본유입과 방출은 위기 이후 서울의 산업구조 및 고용관계의 재편에 심대한 영향을 미쳤다. 1998년 직업별 고용증감을 보면, 사무직(-8.5%), 서비스 및 판매직(-3.4%), 숙련·장비조작·조립직(-5.4%) 등과 같은 중간층 종사자가 현격히 줄어든 반면, 최상층이라 할 수 있는 전문·기술·행정관리직(-0.2%)은 줄어들지 않는 상태에서 최하층이라 할 수 있는 미숙련 노동직(11.6%)은 대폭 늘었다. 고용기회의 이러한 양극적 분포는 고용관계에 그대로 반영되어, 위기를 전후로 상용직 대 임시직 비율이 7대 3에서 4대 6으로 대반전하였으며, 나아가 계층별 소득변화에도 영향을 끼쳐, 상위 20% 도시가구의 소득은 2.3%가 증가한 반면, 하위 20%의 가구는 14.9%나 줄어드는 결과를 낳았다.

중간층이 급격히 줄어들고 상층과 하층이 늘어나는 계층 분극화(bipolarization)는 경제위기 이후 도시사회가 자유시장경쟁을 중심으로 하는 세계경제질서에 편입되는 과정의 한 표현이라 할 수 있다. 즉, IMF 위기는 과대 팽창한 한국경제의 비생산적인 가격구조, 임금수준, 고용관계, 생산역량 전반을 재조정하면서 개방적인 시장경제체제로의 전환을 위한 새로운 사회관계의 형성을 강제하였다고 할 수 있는데, 그러한 변화는 서울과 같은 대도시를 무대로 하여 집약적으로 전개되었던 것이다.

## 3. 위기 이후의 삶: 경쟁과 배제

우리의 도시들은 이젠 외양적으로 성장하고 팽창하는 단계를 지나 한국 자본주의 체제의 핵심부문을 공간적으로 담아내는 단계로 본격 접어들었다. 도시의 변화는 자본주의의 역동적인 변화와 맞물려 이루어진다고 할 수 있으며, 최근에 겪은 도시의 위기는 도시 자체의 위기라기보다 도시가 포섭되는 전체 체제의 위기와 연동되어 있었다. 한국의 근대도시 발전에서 이는 최초의 (구조적) 위기라 할 수 있다. 우리의 도시적 삶의 결에는 그만큼 자본주의적 법칙과 논리가 깊이 각인되어 있음을 뜻한다.

이런 점에서 도시의 위기는 외양적 파열이 아니라 내포적 모순의 폭발이며, 또한 체제적 위기의 공간적 한 양상이다. 위기 이후의 새로운 도시적 삶은 위기가 일시적으로 잠재화되는 동시에 보다 맹렬한 자본주의적 논리와 법칙에 포섭되는 과정을 내포하고 있다. 이것은 IMF 위기의 터널을 빠져나가는 바로 지금의 도시 현실이다.

IMF 위기를 겪는 동안 실업이란 문제를 사회 전체가 본격적으로 고민하게 되었다. 과거에도 실업이 없었던 것은 아니었다. 하지만 적어도 경제의 외연적 팽창이 거듭되는 동안, 고용관계는 안정되지는 않았어도, 일자리는 끊임없이 만들어졌다. 이러한 변화의 이면에는 인구의 대부분이 임금근로자로 살아가는 사회적 관계로 포섭되는 변화가 수반되었으며, 그 결과 도시근로자들의 삶은 산업 및 고용관계의 주기적 재편의 영향을 직접 받게 되었다. IMF 위기 동안 수백만의 사람이 일자리를 잃고 길거리로 쫓겨났던 것은 바로 자본주의적 경기순환 과정에서 주기적으로 발생하는 위기를 통해 과잉노동력이 방출되는 현상에 다름아니었다. 바꾸어 말하면, 위기를 통해 대규모 도시 실업인과 홈리스가 발생했던 것은 자본주의 구조적 위기가 만들어내는 사회적 비용을 도시의 취약계층이 집중적으로 부담하는 의미를 담고 있다.

위기를 겪는 동안 자본주의적 사회관계는 새로운 가치생산에 걸맞게 재편되듯이, IMF 위기를 치르면서 나타난 고용관계의 양극화는 한국경제의 재편 과정에 상이한 기술적, 사회적 역량을 가지고 있는 사람들이 차별적으로 편입되는 결과라 할 수 있다. 한국경제의 회복을 위한 명분으로 자금을 제공해주었던 IMF가 한국사회에 강제했던 경제·사회개혁은 미국을 표준모델로 하는 자유주의 시장경제 원리를 받아들이는 것이었다. 다시 말해 국가 주도적 자원과 자본의 배분을 통한 총량적 경제성장을 지양하고 시장참여자들의 투명한 경쟁을 통해 자원의 합리적인 할당과 가치증식이 이루어지는 사회, 즉 '시장이 지배하는 사회'로의 이행이 위기를 통해 강제되었다(조명래, 1999a, 2000c).

경쟁과 시장을 통한 사회적 통치(governance)는 개인이 가지고 있는 경제적 합리주의와 함께 사회적 가치생산의 바탕이 되는 사회적 상황과 질서를 만들어내게 된다. IMF 위기를 겪으면서 우리 사회에서 숱하게 떠들었던 시장과 경쟁이란 말은 단순한 담론이 아니라 기업구조조정이나 사회적 혁신에서 실제 관철되었던 가장 중요한 원리였다. 성과에 따라 보수를 차별적으로 지급하는 연봉제·성과급제, 노동을 경쟁적으로 활용하는 임시직·파견직·시간직 채용의 확산, 기업간 경쟁을 부추기기 위한 기업공개와 경영의 투명화, 주식공모를 통한 자본조달, 자본의 자유로운 이동과 합병을 위한 외국인 투자업종 제한의 철폐, 시장변동에 따른 환율 및 해외자본 유출입의 자유화, 수입금지품목의 축소 등은 모두 시장경쟁을 원리로 하는 경제의 사회적 관계를 확산하기 위한 장치였다. 경쟁원리의 강조는 경쟁력이 없으면 첨예해지는 지구화 시대에 살아갈 수 없다는 신보수주의적 이념을 그 배면에 깔고 있다.

문제는 겉으로 주장되는 것과 달리 시장을 통한 경쟁은 실제 전개과정에서 시장 참여자와 그렇지 않는 자 간에 차별과 배제를 수반한다는 점이다. 지구화 시대 경쟁은 기술, 지식, 정보, 자본을 중심으로, 그것도 국가간 경계가 허물어진 영역에서 이루어진다. 때문에 현실에서 지구적 수준의 기술·지식·정보·자본력을 가진 한정된 집단이 경쟁과정에 우월하게 참여함으로써 경쟁력이 약한 집단은 과거보다 더 철저히 배제되며, 그 결과 시장지배계층이 시장을 통해 창출되는 사회적 가치를 점유하는 비율이 급격히 증대하고 있다. 최근 한국경제를 선도하는 벤처산업, 인터넷 비즈니스, 주식투자 등의 지식기반산업 활동을 보더라도, 자금·기술·자격 등을 갖춘 일부 도시 중상층만이 제한적으로 그 기회를 향유하고 있다. 더욱, 지식산업의 높은 자본가치 증식력으로 인해 신중상층은 전에 없이 높은 비율로 사회적 잉여 혹은 소득을 점유하고 있다. 하지만, 코스닥 시장에 상정된 벤처기업들의 가공적 주식가치는 동일한 규모의 자본으로 직접생산을 하는 전통적인 기업들의 이윤율을 몇십 배, 몇백 배를 초과한 데서 드러났듯이, 위기 이후 발생하는 경쟁과 배제는 기업간 혹은 자본간에도 첨예하게 일어나고 있다.

앞서 살펴보았던 양극화는 바로 위기 이후 만연하는 경쟁과 배제의 메커니즘이 고용관계나 사회 계층적 관계 전반에 광범위하게 파고든 결과라 할 수 있다. 경쟁과 배제를 통해 중간계층이 양극적으로 분해하면서, 제한된 소수, 즉 상층은 규모가 증대하지 않으면서도 사회적 부와 기회를 비율적으로 더욱 많이 독점하게 되고, 반면 하강 분해한 중간층이 가세하면서 하층은 그 규모가 증가하게 되지만 사회적인 부와 기회를 점유하는 비율은 상대적으로 줄어들고 있다. 이렇게 하여 지구화 시대에 나타나는 사회는 이른바 80대 20의 사회로 특성이 두드러진다. 즉 인구의 20%가 사회적 부의 80%를 소유하고, 반면 80%의 사람이 나머지 20%의 부를 나누어 가지는 사회적 불평등이 심화된다. IMF 이후의 도시 사회는 바로 이러한 사회로 이행하고 있는 것이다.

## 4. 삶의 가상화와 울타리의 해체

경제위기를 겪으면서 도시의 일상관계에 나타난 또 다른 중요한 변화의 하나는 인터넷을 매개로 하는 사회적 작용 관계가 급속히 확산되고 있는 점이다. 그것은 위기 전부터 나타난 현상이기도 하지만, IMF 위기 극복의 한 방편으로 정부가 소프트웨어 및 인터넷 등을 활용하는 벤처산업을 육성하는 과정에 의해 더욱 촉진되었다.

인터넷을 매개로 한 사회적 상호작용은 풍요 시대에 태어난 신세대 도시인들의 생활방식과 부합하면서 빠르게 확산되지만, 역으로 그러한 생활방식은 도시의 복잡한 현실세계에서 쉽게 이룰 수 없는 많은 것을 사이버란 공간을 통해 쉽게 얻을 수 있는 것을 탐닉하면서부터 생긴 것이기도 하다. 다시 말해 현실의 시공간적 제약이 쉽게 극복되는 사이버 세계는 끝없이 세포분열하는 도시인들의 복잡한 욕구를 쉽게 충족시켜주는 매력으로 인해  신세대 도시인들을 빠른 속도로 빨아들이고 있다. 인터넷을 통해 남녀 관계가 맺어지고, 사이버 세계에 만들어진 광장에서 비슷한 취향을 갖는 도시인들이 모여 그들의 의미를 공유해가며, 사이버상의 은행·가게·서점 등을 통해 구매하고, 웹사이트를 통해 공공기관들이 시민고객들의 의견을 조종하며, 국경을 넘어서는 네티즌들간 연대 등은 사이버 공간을 통해 형성되는 도시적 삶의 새로운 차원들이다.

이러한 관계가 심화되면 될수록 일상의 대면적이고 구체적인 상호작용관계는 무력화되는 반면, 가상세계에서 형성된 의미, 규범, 상징들이 역으로 일상과정에 대해 중요한 규정력을 행사한다. 이는 도시적 삶의 존재적 성격이 '가상화'됨을 의미한다. 사이버 세계의 가상성은 오랫동안 지켜왔던 공동체적 습속과 약호들을 약화시켜 일정하게는 해방을 가져온다고 하지만, 음란 사이트의 창궐에 따른 성 규범의 문란, 해커들에 의한 바이러스의 침투와 현실 정보의 왜곡, 서바이벌 게임의 연장으로 살인청부업의 공공연한 광고 등은 가상세계의 코드가 일상의 가치를 전도시키는 예들이 된다. 이런 가치전도는 분열적인 도시 삶을 더욱 불안정하게 만든다. 뿐만 아니라 가상적 상호작용 속으로 상품광고, 구매 및 판매, 주식 및 금융거래 등과 같은 상업적 이해관계가 침투함으로써 사이버 공간을 통한 부의 가상적 창출과 이의 불균등 배분이 일어나는 동시에 상품물신주의에 더 깊이 물드는 도시인들의 의식세계를 형성해낸다. 이렇게 본다면, 삶의 편리성과 탄력성을 담보해줄 것으로 믿어지는 가상적 관계란 것도 지속적인 경제적 비용의 지불을 통해 이루어짐으로써 사이버 세계를 통한 새로운 유형의 계층격차를 발생시키는 요인이 되고 있다.

현실 경제의 이해관계를 바탕으로 한 삶의 가상성은 위기 이후 열리는 새로운 사회경제적 기회가 만들어내는 계층간 차별과 갈등을 은폐하고 신비화하면서 동시에 그 격차의 골을 더욱 깊게 만들어내는 효과를 갖고 있다. 위기 이후의 사회가 '80대 20의 사회'로 변모해가는 것은 그 밑에서 사이버 테크놀로지 사용의 급증과 이를 사업화하는 방식, 그리고 인구의 다수가 이의 소비자로 전락해가는 과정들이 작용하고 있기 때문이다. 이를 의식한 정부는 도시 저소득층을 위한 인터넷 교육의 확충, 저가 PC의 확대 보급, 정보 접근력의 향상을 사회복지의 새로운 내용으로 하는 다양한 정책 프로그램을 가동시키고 있다.

삶의 가상화와 별도로, 위기 이후 나타나는 중요한 변화는 국가 영역 밖의 요소들이 일상과정에 깊숙이 파고들고 있는 점이다. 경제위기를 겪는 동안 우리는 이를 생생하게 체험하였다. IMF란 국제기관이 정부의 거시정책 지표를 좌지우지하고, 국제 민간신용평가회사가 판정한 신용등급이 국가 전체의 국제적 신용도를 결정하며, 물밀듯이 들어온 해외자본이 국내 주식시장의 판세를 좌우하는 것을 넘어 재벌기업이나 심지어 국영기업까지도 인수합병하고, 달러 값의 변동이 장바구니의 물가와 금리까지 영향을 주는 것을 목격하면서 우리들은 그렇게 견고하다고 믿었던 국가의 힘이 약화되거나 변하고 있음을 감지하게 되었다. 국가의 약화는 달리 말해 그동안 국민국가를 울타리로 해서 살아왔던 민족적 삶이 해체되고 있는 것을 뜻한다.

사실 이는 이미 1990년대 초반부터 세계화 물결이 거세게 밀려들면서 나타난 현상이다. 선진국의 강압에 의해, 시장을 열어주고 외국기업과 자본이 들어오는 것을 허용해야 했으며, 외국산 제품을 울며 겨자 먹기로사 써야 하는 동안, 일상생활 과정에 이국적이고 초국경적인 것이 넘쳐나게 되었다. 거기에다 잦은 해외여행이나 해외거주를 경험하는 인구가 많아지면서 민족중심주의 가치가 심대히 바뀌어졌으며, 부족한 국내 노동력을 보충하기 위해 들어온 국외노동자들이 우리의 이웃으로 거주하게 되면서 민족 단일성의 신화가 깨지고 있다.

그 동안 말로만 하던 세계화와 지구화는 경제위기를 겪는 동안 우리의 경제살이, 소비생활, 문화적 취향 등을 바꾸고 좌우하는 실제적인 조건으로 작용하고 있는 것이다. IMF 기간 동안 외국 돈이 서울과 같은 대도시를 중심으로 풀리고, 그러한 돈들이 일상생활과 관련된 소비, 유통, 서비스업 부문으로 들어오는 것은 바로 그러한 영향이 특히 대도회지를 중심으로 보다 우월하게 미치고 있음을 의미한다.

위기를 통해 스며든 초국경적인 삶의 방식은 지구 전체로 가속화되는 자본 활동의 흐름에 영토 고착적 삶이 해체되어 긴밀히 결합되는 것에 다름아니다. 초국경적인 삶은 국가란 울타리에 정박된 삶이 이젠 보호막 없이 지구 전체를 무대로 하여 확장되지만 개별화된 능력에 따라 무한경쟁 속에서 살아가야 하는 관계로 설정됨을 뜻한다. 위기 이후 삶은 시장 관계를 통해 경쟁과 배제를 경험하는 것을 넘어 삶의 국민국가적 울타리가 허물어지는 변화를 함께 겪고 있는 것이다. 하지만 그러한 변화에 편입되는 조건과 결과는 도시의 계층별로 상이하다. 지구화 시대 초국경적인 활동과 과정에 참여할 수 있는 역량을 가진 계층과 그렇지 않은 계층간의 격차는 바로 위기 이후 도시 삶의 기회를 좌우하는 주요한 조건이 되고 있다는 주장이다. 이를테면 글로벌 비즈니스 분야에 종사하는 전문직과 국제경쟁력과 무관한 소규모 사업에 종사하는 생산직 간에는 지식·역량·소득·생활양식 등에서 심대한 격차가 발생하고 있다. 이런 점에서 도시사회계층의 양극화는 지구적 계급과 지방적 계급 간의 양극화로 비유될 수 있다(조명래, 2000c).

## 5. 환경의 상품화와 환경불평등

도시의 위기는 도시인들의 생활세계에서만 나타난 것이 아니라, 도시를 둘러싼 생태환경에까지도 심대한 영향을 미쳤다. 도시의 녹지가 주거지로 바뀌고, 주거지가 고밀도의 고층아파트로 재개발되며, 건축규제를 풀어 신축과 재건축을 활성화하고, 신규사업을 위해 도시 주변의 준농림지를 개발지로 대폭 허용해주는 빈도가 위기를 겪는 동안 부쩍 늘어났다. 그중에서 지난 19년에 지정된 이래 30여 년 간 지켜온 도시주변의 개발제한구역(일명, 그린벨트)이 허물어진 것은 위기 이후 도시환경 파괴의 대표적인 예가 된다.

경제위기 동안 그린벨트의 해제가 결정된 것은 위기 상황에서 고개를 들기 시작한 '시장주의자'의 주장이 강하게 제기되었기 때문이다. 즉, 정치적 약속을 차치한다면, 해제의 정당화는 시장에 맡겨 그린벨트를 적절히 활용하자는 시장론자들의 주장에 의해 제공되었다. 이들에 의하면, 시장에 맡기면 그린벨트는 토지상품의 가치에 따라 보존되어야 할 땅은 보존적 가치로 거래되어 보존이 보다 용이하게 될 것이며, 반면 개발될 가치를 갖고 있는 땅은 이용가치를 높이는 방식으로 이용하게 할 때, 보전과 이용의 극한 대립장이 되는 그린벨트가 적절하게 관리될 수 있다고 한다.

경제 일반에 시장경쟁의 원리를 도입해야 한다는 자유주의적 시각이 그린벨트에도 그대로 들어와 힘을 발휘하는 모습을 보여주는 대목이다. 실제 위기를 겪는 동안 환경과 관련된 규제들이 대대적으로 풀렸으며, 경기활성화란 미명하에 세제나 인허가 제도개선을 통해 부동산 거래의 활성화가 장려되었다. 즉, 위기 국면의 동안 토지나 환경분야에 대한 규제가 완화되고, 경기 활성화를 위한 투자와 개발이 대폭 허용되었던 것은 단순한 정책의 일시적인 이완이 아니라 토지와 환경을 시장의 자율적 조정에 맡겨 그 가치를 극대화하자는 자유주의적 정책 기조의 등장을 의미한다.

토지와 환경을 자유시장 거래에 맡기자는 자유주의적 시각은 근본적으로 '환경의 상품화'를 전제로 한다. 환경의 상품화는 이윤창출이 이루어지는 생산 및 소비과정에 환경이 하나의 상품으로 본격 투입되는 것을 뜻한다. 자원으로서 환경은 이미 오래 전부터 사용되어왔던 방식이다. 도시환경은 도시활동의 고밀화, 고에너지의 사용 급증, 소비방식의 고도화가 거듭되는 과정을 거치면서 유기적으로 파괴되어왔다. 따라서 도시환경이 파괴되는 내면은 환경이 자본의 순환과정, 즉 가치생산과 실현 과정으로 편입되고 기능하는 과정을 담고 있다. 이를테면 도시의 대기, 수질, 토양, 녹지 등이 파괴되는 것은 그 파괴를 바탕으로 도시인들의 생산 및 소비활동의 경제적 가치가 실현되고 보전되는 목적이 구현되기 때문이며, 이런 점에서 자본축적과정에 긴밀히 결합된 결과로서 도시환경은 유기적으로 파괴되고 훼손된다고 볼 수 있다.

1990년대 들어 한국의 자본축적활동은 한 단계 성숙하면서 더욱 고도화되었던 만큼 '도시환경의 상품화'는 더욱 진전되었을 것이다. 달동네 지역이 막대한 이윤을 남기는 고층의 아파트단지로 재개발되고, 도심재개발을 통해 고층의 쇼핑블록이 조성되며, 도시주변의 녹지가 대규모 신도시로 바뀌고, 강변을 따라 각종 상업시설과 유흥시설이 집적하는 등은 모두가 향상된 경제활동에 맞게끔 도시환경이 돈이 되는 상품으로 재편되는 현상들이다. 최근 들어 환경은 파괴를 통해서만 상품적 가치로 환원되는 것이 아니라, 환경이 가지고 있는 천연성 자체가 고가의 상품으로 거래되는 경향도 두드러지고 있다(조명래, 2000b). 그것은 파괴된 환경이 가져오는 상품적 가치의 하락에 대한 반동으로 나타난 것이며, 달리는 소득이 향상되면서 천연자연에 대한 도시인들의 선호와 지불능력이 향상되면서 나타난 것이기도 하다. 즉, IMF 위기 이후 환경의 경관적 가치나 희소성이 가지는 자연적 가치가 상품화의 대상이 되는 것은 환경에 대한 도시인들의 인식변화를 일정하게 반영하는 것이라 볼 수 있다. 교외지역에 전원주택지가 조성되거나, 강변 아파트가 고가의 프리미엄을 형성하는 것이며, 도시 외곽 녹지가 고급의 주거지로 다시 각광을 받고 있는 것 등은 모두 자연환경/경관 자체를 상품화하는 최근 추세가 된다. 환경의 상품화는 그 어떠한 방식이든 환경의 파괴, 독점, 전유의 문제를 수반한다는 점에서는 차이가 없다.

자본축적과정에 편입된 환경은 환경을 통한 계층간 불균등이란 새로운 사회 부정의(social injustice)를 발생시키는 중요한 조건이 된다(조명래, 2000a). 환경오염에 의한 피해나 환경자원에 대한 접근의 기회는 본래부터 모든 사회계층에게 동등하게 주어지는 것이 아니라 사회적 권력관계의 지형에 따라 차별화되어 있다. 이를테면 부유계층보다 빈곤계층이, 남성보다 여성이, 청장년보다 노인이나 아동이, 잘사는 지역보다 잘 못사는 지역의 주민들이 환경오염을 발생시키는 것이나 그 피해가 발생하는 부문에 훨씬 더 많이 노출되어 있으며, 또한 그에 따른 고통을 더 많이 받게 된다.

환경을 매개로 한 사회불평등, 즉 환경불평등은 위기를 겪는 동안 환경의 상품화가 심화되는 현상과 맞물려 새로운 사회적 쟁점으로 떠오르고 있다. 노동자들이 작업현장에서 겪는 환경불평등, 보이지 않는 환경유해물질로부터 고통을 겪는 아동의 환경불평등, 가난한 사람들이 사는 지역에 대한 낮은 환경투자로 인한 그곳 주민들의 환경불평등, 노인이나 아동과 같은 육체적인 힘이 약하여 환경오염물질에 대한 피해에 더 노출되기 쉬운 사회생물학적 약자들의 환경불평등, 상품화되는 환경재의 구득을 어렵게 하는 가격 소득 정책에 의해 겪는 저소득층의 환경불평등,

환경자원의 배분을 결정하는 국가 정책에 배제됨으로써 겪는 여성의 환경불평등, 저발전 지역으로 환경오염물질이 용이하게 이전됨으로써 겪는 지역주민들의 환경불평등은 위기를 겪으면서 그 경향이 더 두드러지는 것 같다. 다시 말해 IMF 위기를 겪는 동안, 도시의 저소득층, 노약자, 저발전 지역주민, 하층노동자와 같은 사회적 약자들은 환경오염의 피해에 대해 상대적으로 더 많이 노출되었으며, 동시에 쾌적한 환경에 대한 접근으로부터 더욱 배제됨으로써 환경을 통한 새로운 불평등을 겪고 있다. 사회적 약자는 이젠 '환경 약자'가 되면서, 사회적·상대적 박탈과 더불어 환경적인 상대적 박탈을 이중적으로 당하고 있는 것이다(조명래, 2000a).

## 6. 도시발전양식의 재성찰

그간 우리 도시들은 세계적으로 유례없는 빠른 성장과 발전을 이룩해왔다. 이른바 '발전주의 도시'로서 우리의 도시들이 겪었던 문제는 부실한 성장방식에서 비롯된 도시의 하부구조로부터 일상관계의 균열과 잦은 파열을 가장 중요한 특징으로 하였다. 하지만 도시가 자본순환과정에 본격 편입됨으로써 나타나는 도시의 문제는 더 이상 양적이고 외양적인 균열과 파열의 문제뿐만 아니라 거시 사회적 변화, 즉 한국 자본주의의 변동과 연동되어 규정되고 출현하는 것이 된다. 1997~1998년 IMF 위기가 도시 공간을 통해 집중적으로 전개되었다는 것은 한국 자본주의와 도시 간에 상호 유관성이 있으며, 또한 도시문제는 위기가 도시화되는 것과 결부되었음을 보여주었다.

위기를 겪으면서 서울과 같은 대도시는 한국 자본주의가 세계경제체제에 새롭게 편입되는 방식과 똑같은 방식으로 변화를 겪게 되었다. 시장경쟁의 원리가 관철되면서 도시적 삶은 경쟁과 배제, 사이버적 관계, 초국경화된 과정, 환경불평등이 관철되는 방식으로 재편되고 있음을 살펴보았다. 문제는 고도화되는 지구자본주의 흐름에 결박된 도시의 삶은 그 내부에 새로운 계층분극과 갈등관계를 담고 있어 위기와 파열의 구조화된 조건을 새롭게 잉태하고 있는 점이다. 다시 말해, 자본주의적 위기를 겪으면서 우리의 도시들은 자본주의하에서 주기적으로 겪게 되는 '위기도시'의 조건과 특성을 본격적으로 갖게 되었다. 이런 점에서 볼 때, 위기 이후 관철되고 있는 도시적 삶의 재편은 위기의 지연과 위기의 잠재화란 방식으로 이루어지고 있는 것에 불과한 것이다.

이 모두가 함의하는바, 위기과정을 통해 우리의 도시들은 그간 양적으로 성장하는 동안 얼기설기했던 근대사회적 관계와 구조가 이젠 냉철한 자유시장의 경쟁법칙과 논리, 즉 자본논리가 관철되는 것으로 재편되었다. 도시의 발전양식이 지구적 자본주의의 발전양식의 일부로 편입되고 작동한다는 뜻이 된다.

도시의 발전은 앞으로 더욱 가속화될 것으로 기대된다. 하지만 그 양식이 기본적으로 자본주의적 발전양식을 공간적으로 담아내는 것이란 점에서 미래의 도시발전은 자본주의 고유의 모순과 위기를 더욱 유기적으로 담아낼 것이며, 또한 표출해 낼 것으로 보인다. 자본주의는 기술로부터 생산방식, 소비양식, 소통방식, 문화적 규범, 권력관계 전반의 변화를 통해 발전하는 만큼, 도시의 발전양식은 그러한 특징들을 도시의 일상관계를 통해 끊임없이 새롭게 만들어내고 변화시켜가는 것으로 드러날 것이다. 인구와 활동은 도시로 더욱 집중할 것이며, 또한 그 내부의 사회적 과정과 권력적 작용방식은 자본주의의 범지구화와 맞물려 더욱 고도화되고 내파화될 것으로 기대된다. 한반도의 미래는 세계의 어느 지역보다 많은 변화를 수반하면서 펼쳐질 것으로 본다면, 한반도 상의 도시들이 장차 겪을 변화의 강도와 영향은 지금보다 훨씬 더 강렬하고 또한 심대할 것으로 기대해도 지나치지 않을 것이다.

자본주의적 도시발전양식이 지니는 가장 심각한 문제는 도시의 일상관계에 상품소비가 더욱 광범위하게 침투하면서 인간관계 전반을 상품화시킴으로써 삶의 탈주체화와 탈인간화를 더욱 촉진시킬 것이라는 점이다. 공동체 규범과 그 지배가 약화되면, 국가를 대신한 시장이 일상과정의 새로운 조절자이자 규정자로 기능하게 된다. 이렇게 되면 도시인들은 전에 없는 첨예한 경쟁과 배제를 경험하게 될 것이다. 그 결과 도시적 삶의 긴장과 소외를 더욱 심화시켜 이로부터 일탈하고 도피하려는 도시인들의 새로운 성향을 만들어내게 될 것이다. 때문에 가상적 세계로의 사회적 관계를 재설정하는 움직임도 더욱 빈번해질 것으로 기대된다. 하지만 그 어떠한 상황이 되든 도시의 발전양식은 인간관계의 상품화, 소외, 반생태성의 문제를 근본적으로 극복하지 못함으로써 도시의 위기를 더욱 깊숙이 내면화하게 된다.

그렇다면 도시의 이러한 조건과 발전양식의 문제는 어떻게 극복될 수 있을까? 역사의 추를 뒤로 돌릴 수 없는 한, 도시의 발전은 거스를 수 없는 대세이다. 그런 만큼 도시규모는 앞으로 더욱 커질 것이며, 도시간 지구적 상호작용도 더욱 빈번해질 것으로 기대된다. 여기에 우리는 도시를 통한 미래사회의 통제조건을 발견할 수 있다. 상품화, 소외, 반생태성을 주요한 특징으로 하는 도시적 삶을 극복할 수 있는 일차적인 조건은 도시의 규모를 축소하면서 도시 내에 공동체적 삶의 조건을 구축해내는 정도에 달려 있다. 도시규모의 축소는 적당한 소통관계나 민주적 합의과정이 담보될 수 있는 인간적 규모의 도시로의 회귀를 의미하는 것으로, 그것은 단지 물리적으로만 확보되는 게 아니라, 그러한 규모를 유지시켜 주는 공간제도에 의해 뒷받침되어야 한다. 코뮌과 같은 자치체를 도시사회 내에 다층적으로 설정하고 허용하는 것이 그러한 예가 될 수 있다. '도시의 적정 규모'는 메트로폴리탄 도시사회가 결여한 공동체적인 관계의 복원을 담보하는 가장 기본적인 공간적인 조건이 된다. 공동체적 관계는 자연과 장소에 기초한 전통적인 유대와 결속이 되살아나고, 자연과 인간관계가 복원되며, 자연율에 따라가는 삶의 리듬과 방식이 실현되는 삶의 질서를 의미한다. 요컨대, 도시를 통한 새로운 집합적 실천, 특히 인간적 교감과 생태적 순환이 살아나는 공동체적 삶을 주체적으로 구현해낼 수 있는 도시인들의 자의식적, 집합적 실천만이 자본주의적 위기로 점철되는 도시발전양식을 극복할 수 있는 유일한 길이 된다.


■ 참고문헌

조명래. 1999a, 「시장지배사회와 녹색정치의 재설정」, ≪환경과 생명≫, 통권22호.
______. 1999b, 『포스트포디즘과 현대사회위기』, 서울: 다락방.
______. 2000a, 「환경정의 실현을 위한 환경운동의 몇 가지 조건」, ≪우리와다음≫, 제2호.
______. 2000b, 「한국의 환경의식과 환경운동」, 녹색연합 편, 『한국환경보고.서』, 서울: 녹색연합.
______. 2000c, 「지구화의 재성찰: 국가의 탈조절화와 위기」, ≪역사와 사회≫, 제57호.
Cho, M. R. 2000, "The urbanization of IMF Crisis: Impacted Restructuring, Exclusion and Neoliberalism," ≪지역사회개발연구≫, 제25집 2호.

# 2장
# 대도시 환경현실과 위기: 서울의 친환경적 개조를 위해

"세계의 대도시들은 현재 지구 전체를 그들의 배후지로 두고 있다. 즉, 이 대도시들은 지구 전체에서 자원을 끌어다 쓰고 또한 지구 전체에다 폐기물을 내다버리고 있다(Giradet, 1992: 11)."

## 1. 도시환경문제의 재인식

서울의 산천을 유심히 둘러보면 그 천혜의 출중함에 새삼 감탄하지 않을 수 없을 것이다. 빼어난 좌청룡 우백호의 형상을 이룬 우람한 산세, 넓은 품을 안은 채 동서를 가로지르며 흐르는 한강, 빈 광야에 듬성듬성 서있는 동산들, 4계절의 후덕한 기후 덕택에 번성하는 수많은 식생들, 그리고 그 속에 우리 조상들이 남겨놓은 숱한 고색 창연한 건조물들, 이 모든 것은 지구상의 어느 도회지에서도 쉽사리 찾아볼 수 없는 서울의 넉넉한 자연을 만들어 주고 있다.

그런데 이 같은 천혜의 자연 환경은 우리가 보기에도 민망할 정도로 지금은 만신창이가 되어 있다. 서울의 동네 구석이나 남겨진 산자락에 듬성듬성 보이는 나무들의 모습을 보노라면 왜 그렇게도 안쓰러운지 모른다. 본래의 주인인 자연이 객인 비자연에게 쫓겨난 듯한 서글픔을 느끼게 한다고나 할까. 놀라운 것은 알고 보면 서울의 자연이 우리를 떠난 지가 그리 오래되지 않았다는 사실이다. 남산에서 1980년대 말까지만 해도 뱀이 발견되었다고 할 정도이니 말이다. 그렇다면 도시의 이 같은 탈자연화는 왜 생겼으며, 왜 해가 거듭될수록 환경은 더욱 악화되어가는가?

인간은 먹고 살아야 한다. 먹고 살기 위해 인간은 다양한 문명의 수단과 방식을 만들었고 또한 이를 이용해 자연과 자원을 마구 착취해 이로부터 엄청난 물량의 재화와 용역을 산출하여 소비해왔다. 그런데 이 모든 과정을 공간적으로 본다면 이는 바로 도시라는 인위적인 공간환경의 건조를 통해 이루어져 왔음을 알 수 있다. 그러니까 우리는 도시란 공간적인 틀을 만들면서 편리한 문명적인 삶을 꾸려왔기에 환경문제란 것도 알고 보면 도시체제를 경영해가는 과정에서 균열적으로 파생된 뭔가 잘못된 결과들이라고 말할 수 있다.

지금 우리가 겪고 있는 온갖 환경문제는 바로 도시생활에서 기본적으로 연유한다. 그런 의미에서 도시는 다름아닌 환경문제를 제조해내는 거대한 공장인 것이다. 중요한 것은 이 공장의 기계이자 생산단위들은 다름 아닌 우리가 일상적으로 영위하는 삶의 구석구석들이라는 사실이다. 즉, 우리가 먹고 사는 생활의 수단과 방식들이 곧 환경문제를 제조해내는 기계들이며, 그 기계는 도시란 공간적인 체제에 의해 돌아간다는 사실을 인식해야 할 것이다.

우리는 지금껏 환경문제를 귀가 따갑도록 들어왔다. 하지만 그 문제를 그저 대기오염이니, 수질오염이니, 산업폐기물이니 하는 다소간은 공학적이면서 그러면서 우리에게 별로 친숙하게 다가오지 않는 개념으로만 접근한다면 더 이상 효과 있는 해법을 찾을 수 없다. 여기서 대안적으로 제안하는 것은 환경문제를 도시를 꾸려가는 우리의 현대적 삶의 특성으로부터 그 원인과 결과, 그리고 실천의 조건을 찾아야 한다는 입장이다. 도시를 통해 환경을 보자는 것이 그렇다고 도시에서 발생하는 이런저런 몇 가지 환경문제, 즉 쓰레기, 대기오염 등과 같은 것들을 거론하자는 것은 아니다. 요컨대 '도시를 통한 환경문제의 이해'가 던지는 기본 메시지는 일상적인 생활문제로부터 환경문제의 원인을 찾고 그 해결의 실천조건 또한 주변의 일상을 통해 얻어내자는 데 있다.

인구의 80% 이상이 이미 도시에 살고 있는 우리의 형편에서도 환경문제의 이해와 실천은 이제 도시를 통하지 않으면 안되게 되었다. 특히 지방자치가 본격적으로 실시됨에 따라 우리의 삶의 터전인 환경은 우리 스스로가 가꾸고 보전해야 하는 책임이 주어졌다. 다시 말해 지방자치란 풀뿌리 제도틀의 등장으로 말미암아 환경문제는 더 이상 멀리서 찾거나 타자화된 실체로 찾는 것이 아니라 '우리의 일상'으로부터 찾아야만 하게 되었다. 이 글은 그 어느 유형의 환경문제보다도 도시 환경문제가 지니는 특수성을 재인식하면서 이로부터 날로 심각해지는 환경문제 해결에 대한 새로운 길을 찾아나서야 한다는 주장을 서울 대도시 환경문제를 중심으로 펴고자 한다.


## 2. '생태체제'로서 도시

도시가 조그마한 인간적인 규모의 취락으로부터 거대한 메가도시(mega cities)로 바뀌어짐에 따라 도시는 그 자체로서 거대한 유기체적 구조와 기능을 가지게 되었다(Girardet, 1992: 13). 하나의 체제로서 도시는 그래서 신진대사를 수행해간다(구자인, 1994; Ness, 1994). 사람과 자원, 에너지 등을 주위환경으로부터 받아들여 도시 하부구조의 구축, 에너지의 공급, 사회서비스의 제공, 인간의 출생과 성장 등과 같은 인간생활의 질을 향상시키는 데 쓰여진 다음에는 다양한 형태의 노폐물로 내보내어진다. 도시의 이 같은 신진작용은 각종 정치, 경제, 문화, 심지어 역사 등의 사회조직과 제도를 매개로 하여 이루어진다.

신진대사적인 체제로서 도시는 그래서 크게 두 가지 영역으로 구성되게 된다(서울지정개발연구원, 1993: 11-16). <그림 2-1>에서 나타난 것처럼 인간을 포함한 주거, 교통, 노동 등으로 지칭되는 인간이 기술에 힘입어 창출한 '인간시스템(technologoical system)', 그리고 산림 및 녹지, 토지, 대기, 물 등으로 구성된 '자연시스템(natural system)'으로 나누어진다.

도시 생태체제는 이 두 하위 체제간의 물질, 에너지 교환에 의해 그

<그림 2-1> 도시의 신진대사체계

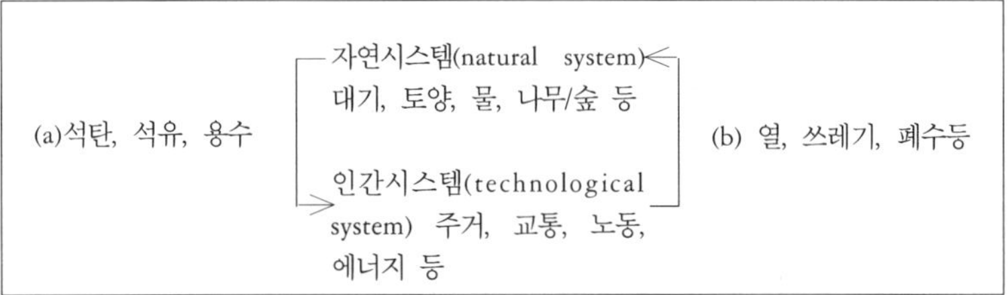


(a) 계속되는 태양에너지 및 한정된 지하자원의 유입으로 인한 자연자원의 고갈
(b) 재생불능의 쓰레기 및 축적된 열등 사용 가능한 에너지의 감소

기능이 유지된다. 하지만 이 두 시스템은 상반되는 특징을 가지고 있다. 산림, 토지, 대기, 물, 토양 등으로 구성된 자연시스템은 태양의 도움을 받아 광합성 작용에 의해 스스로 에너지를 생산해내고 그 부산물을 처리할 수 있는 능력을 갖추고 있다. 반면에 인간활동의 복합체라 할 수 있는 인간시스템은 그 기능을 유지하기 위해 자연시스템으로부터 많은 양의 에너지와 물질들을 조달받아야 한다. 이것은 인간시스템이 자연시스템에 종속되어 있다는 것을 뜻한다. 특히 대도시일수록 경제, 상업, 기술, 문화, 정보 등의 활동에 필요한 엄청난 양의 에너지와 자원들을 자연시스템으로부터(주변으로부터 혹은 세계의 다른 지역으로) 수입하여 인간시스템의 원활한 소통을 기하고자 하는 경향이 크다.

그러나 도시생활에서 쓰여지는 이러한 원자재와 에너지 등은 그 사용과정이 끝나면 마침내는 열, 배기가스, 쓰레기 등과 같은 쓸모없는 에너지 형태로 변환되어 결국 자연시스템으로 내보내져야 한다. 이 퇴출물도 자연시스템이 지니는 유기적인 자정력에 의해 일정한 정도까지는 흡수하여 정화되나 그 능력을 초과하면 이는 곧 자연시스템 자체에 커다란 부담을 줄 뿐 아니라 두 체제간의 흐름이 차단되어 결국 인간시스템을 역으로 파괴하는 결과마저 불러온다. 폐기물의 산적, 토양오염, 교통체증, 대기오염, 소음 등과 같은 환경문제는 다름아닌 이 두 시스템간의 에너지, 물질 순환관계의 단절에서 기인한 것이다.

현대 도시에 올수록 거대한 신진대사 체제를 움직여가는 데는 과학과 산업기술의 도움이 필수적이다. 근대 도시문명을 떠받치는 이 기술적 체제는 주로 '화석연료를 사용하는 기술(fossil fuel technology)'을 바탕으로 하고 있으며, 이는 곧 현대 도시환경문제의 성질을 결정하는 것이 된다. 화석연료기술의 사용은 도시의 신진대사기능을 외연적으로 크게 확대해 놓음에 따라 도시 내부는 물론 광역의 배후지역까지 신진대사의 기능체계 내로 끌어들이고 있다. 문제는 이들 지역으로 자원을 끌어들여 도시의 편리함을 산출하지만 거기서 발생된 다량의 유독성 노폐물은 도시 내에서 뿐 아니라 도시경계를 넘어 광역의 배후지까지 확산되어 누적되고 있다는 사실이다. 화석연료기술에 의한 도시 신진대사의 이 같은 광역화는 종으로서 인간이 살아가는 광역 생물계(biosphere)의 파괴를 의미한다.

이렇듯 도시의 환경문제는 결국 도시의 인간시스템과 자연시스템 간의 신진대사의 불균형으로부터 초래된 것임을 알 수 있다. 그렇다면 도시는 어떤 규모에서부터 자연시스템에 대해 부하를 가하는가? 도시는 인구가 밀집된 장소이기 때문에 도시의 규모는 바로 인구규모로 흔히 측정된다. 도시에 의한 환경의 영향은 도시 인구규모에 비례하여 환경의 질이 결정된다는 것을 주로 지칭한다. 이 도시규모와 환경 질 간의 관계는 곧 도시의 인간시스템과 자연시스템 간의 신진대사 흐름의 정도, 즉 '지속가능성(sustainability)'[1]의 정도를 결정한다. 일반적으로 도시의 크기와 환경의 질 간에는 다음과 같은 관계가 있다고 한다.

· 도시크기의 증가는 폐기물의 양적 증가뿐 아니라 유독성이 높은 성분의 증가를 필연적으로 가져온다.

---

1) 현대도시의 신진작용이 지니는 생태파괴적 측면을 보면서 주창되는 개념은 도시가 '환경적으로 지속될 있는 조건(sustainability)'은 무엇인가이다. 도시를 신진대사적인 체제로 보는 것은 도시를 체제적으로 측정하여 신진대사 과정의 효율에 영향을 미치는 조건들을 규명하자는 것이며, 이는 곧 지속가능한 도시(sustianable city)의 조건을 찾아보고자 하는 의도에서 나온 것이다. 지속가능한 도시는 그래서 '생태도시(eco-city)' 또는 녹색도시(green city) 등의 용어로 표현되기도 한다.

· 도시크기의 증가와 대기오염의 증가와는 강한 상관관계를 보인다.
· 도시크기의 증가는 소음공해와 면밀한 상관관계를 보인다.
· 도시크기의 증가와 통근시간의 증가는 상관관계가 있어 그만큼 에너지 소비가 높아진다.
· 도시크기의 증가와 교통사고 증가간에는 상관관계가 있다.
· 도시크기의 증가는 토양을 포함한 미기후의 인공적 변화를 초래하는 상관관계가 있다.
· 도시크기가 증가함에 따라 사망율이 높아진다는 경향이 있다. 그 까닭은 환경오염 물질의 유독성과 농도가 증가함으로써 도시인들의 인체에 복합적인 영향을 주기 때문이다.

여기서 주의할 것은 도시 크기 그 자체가 환경의 질을 자동적으로 결정 지우는 독립변수가 아니라 도시 크기의 증가에 따른 새로운 생활방식, 기술의 이용, 제도 등과 같은 매개 변수가 보다 중요하게 작용한다는 점이다. 현대 대도시 환경문제가 대체로 생활환경의 문제라면 이는 향상된 소득과 이에 따른 '환경적으로 과부하를 낳는 소비방식'에 의해 매개된다. <그림 2-2>에서 보듯이 도시생활환경의 악화와 소득의 증가간에는 커다란 상관관계를 가짐을 알 수 있다.

이 모든 사실에서 알 수 있는 도시환경의 문제는 결국 도시를 구성하는 인간체계의 문제이다. 한 사회가 필요로 하는 자원을 채취 혹은 수입하여 상품으로 생산하고, 이용하며, 최종적으로 자연으로 폐기하는 과정은 도시체계의 정치, 경제, 사회, 문화의 복합기제에 의해 통제를 받는다. 환경문제의 이해는 결국 우리가 도시에서 어떠한 사회적 체제를 꾸려가느냐는 문제로 돌아가야 할 것이다.

<그림 2-2> 소득향상에 따른 생활환경의 악화정도

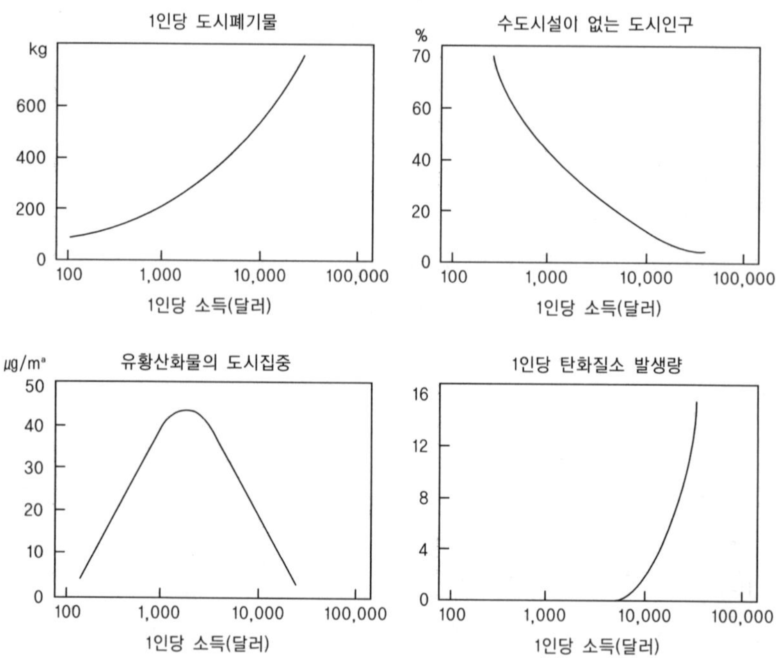


## 3. 서울의 생태환경 체제

그렇다면 서울은 어떠한 환경체제를 가지고 있으며, 그 체제는 어떻게 구성되어 환경문제를 발생하고 또한 그 결과는 어떤 문제로 우리에게 돌아오고 있는가? 서울의 환경건강은 과연 어느 정도일까?

### 1) 서울의 자연시스템

한반도의 중앙부에 놓인 서울은 그 면적이 605㎢에 이른다. 서울 대도시 자연환경체계를 구성하는 3요소는 산악녹지, 수계, 기후를 들 수 있다. 이 세 가지 요소는 상호 유기적으로 연계되어 하나의 순환체계를 이루면서 서울의 자연계의 수용능력을 결정한다.

먼저 서울의 산세를 보면 북남방으로 북한산, 남산, 관악산을 잇는 산악녹지축이 중심을 이루며 시외곽으로는 도봉산, 우면산, 불암산 등 26개의 크고 작은 산들이 둘러싸여 있다. 산악녹지를 포함한 서울의 녹지지대에 식생하는 식물의 분포를 보면 아카시아나무 군락의 면적이 4,305ha, 30.5%로 가장 넓게 분포하고 있으며, 소나무군락이 26.5%, 신갈나무군락이 17.2%, 상수리나무군락이 9.4%, 은수원사시나무군락이 17.2%로 구성되어 있다. 이 같은 녹지와 식생들은 그 자체로서 서울의 '완충생태지대'로 기능하면서 서울의 자연생태계 유지에 결정적인 역할을 한다. 나아가 이 녹지공간은 도시민을 위한 자연공원으로까지 활용되고 있다. 서울의 공원 및 녹지공간은 행정구역면적 전체의 26.6%를 차지하고 있다.

서울의 자연생태계를 구성하는 두번째 축은 수계이다. 서울의 하천면적은 현재 한강과 중랑천, 탄천, 안양천 등의 지천을 포함해 전체 5,121만 6,131㎥에 이르는데 이는 전체 도시면적의 약 8.4%에 해당한다. 주 하천이라 할 수 있는 한강에 흐르는 유량은 북한강에서 738만 톤/일(43.4%), 남한강에서 935만 톤/일(55%), 경안천에서 27만 톤/일(1.6%)가 팔당으로 각각 유입한다. 한편 서울시의 물수지를 보면 연중 강수량은 829(106㎥/년), 증발산량은 435, 누수량은 752, 지하수유입량은 734, 유출량은 2,175, 급수량은 1,047에 달한다. 한강을 중심으로 순환하는 물의 흐름은 자연생태계의 식생에 영향을 주면서 전체 생태계의 순환을 매개한다. 아울러 보다 중요하게, 물의 흐름은 급수와 유출을 통해 자연생태계의 신선한 피를 사회계에 공급하면서 불량한 노폐물을 받아 내오는 순환기능을 수행한다.

서울의 자연생태계를 구성하는 세번째 축은 기후이다. 서울의 기후는 대륙의 영향을 받는 한냉건조한 겨울과 대양의 고온다습한 영향을 받는 여름으로 구분되는 온대 계절풍 기후가 지배적이고 다른 지역과 마찬가지로 4계절이 뚜렷하다. 연평균 온도는 12.4도이며 최저기온은 -17.1도, 최고온도는 36.6도, 습도는 66.2%, 풍속은 연평균 초속 2.4m이다. 서울 대도시 기후의 이 같은 특징들은 자연시스템의 순환뿐 아니라 나아가 대도시 환경문제의 패턴과 질을 결정하는 중요한 인자들이다. 후자와 관련하여서 서울의 기후조건들은 이를테면 계절에 따른 대기오염의 정도, 습도, 강우량에 따른 토양이나 수질오염의 정도 등을 결정하는 중요한 요인이 된다.

## 2) 서울 환경체제에 대한 부하량의 증가

위와 같은 자연시스템을 가지고 있는 서울이 근자에 들어 그 자연스런 순환 기능에 제동이 걸리는 것은 바로 그 시스템에 가하는 사회체제의 과중한 부담 때문이다.

서울의 전체 면적 605㎢에 살고 있는 인구는 1985년 963만 9,110명에서 1991년 1,090만 4,527명으로 110% 정도 증가했다. 하지만 이 기간 동안 가구수는 232만 9,374에서 333만 137로 약 142%나 증가했다. 이에 따라 인구 밀도는 1985년 평방㎞당 1만 5,921인에서 1991년 1만 8,014로 약 113% 증가했지만 가구밀도는 평방㎞당 1985년 3,850.2에서 1991년 5,504.7로 약 143% 증가하였다. 가구수와 밀도의 빠른 증가는 가구당 인원수가 4.14인에서 3.27인으로 약 20%정도나 감소하는 경향에 의한 것이다.

인구수나 밀도보다 가구수와 밀도의 증가가 앞선 것은 단위당 자원 및 에너지 소비를 상대적으로 높이는 효과를 가져온다. 하지만 그 증가는 달라진 상품의 소재구성, 소비양식, 소비수준 등과 같은 매개변수의 상승 작용에 의해 유발된 것이다. 실제 서울 대도시의 주요 자원 및 에너지 소비를 보면 그 증가폭이 인구증가를 훨씬 앞섬을 알 수 있는데, 이 증가야말로 서울의 자연환경에 가하는 과부하의 주요인이 되는 것이다.

서울 인구 1,100만 명이 일용하는 양식은 4만 4,000가마의 양곡,

1,030여 마리의 소, 7,292마리의 돼지가 소요된다. 이같이 엄청난 규모
는 그간 향상된 소득, 달라진 소비 성향을 반영하고 있다. 그 증가의 예
를 살펴보자. 먼저 청과물의 소비는 1985년 56만 8,399톤에서 1991년
21만 6,130톤으로 무려 380%나 증가하였다(가락, 용두, 노량진의 도매
시장의 유통물량을 기준으로 한 값임). 소고기 소비는 1985년 3만 8,981
톤에서 1991년 6만 8,339톤으로 175.3%, 돼지고기 소비는 8만 2,632톤
에서 12만 8,093톤으로 약 155%가 각각 늘었다. 물의 사용을 보면, 1일
급수량이 1985년 359만 1,890㎥/일에서 1991년 492만 9,287㎥/일로
137% 증가했지만 1일 1인당 급수량은 382 ℓ 에서 1991년 452 ℓ 로 약
118%가 증가했다.

전력사용량도 1985년 928만 92mwh에서 1991년 17,06만 163mwh
로 약 184%로 증가했는데 그 소비가 가장 급격한 부문은 산업 중에서
서비스부문과 일반가정부문이다. 특히 소비 향상에 힘입어 급성장하는
서비스업의 경우는 1985년 311만 4,992mwh에서 1991년 719만
4,697mwh로 무려 231%나 증가히여 전체 전력사용에서 차지하는 비율
이 33.5%에서 42.2%로 뛰어올랐다.[2] 유류의 소비를 보면 1985년 459
만 5,371kℓ에서 1991년 1,018만 3,520kℓ로 약 223%나 증가했다. 성분
별로 볼 때 자동차 수의 급증에 따라 휘발류의 사용이 동 기간에 무려
370%나 뛰어올랐다. 가스류(부탄, 프로판)의 사용은 1985년 36만 2,367
톤에서 1991년 88만 3,122톤으로 243%가 증가했다.

주택의 경우는 1985년 117만 6,162채에서 1991년 143만 981채로
122%, 건축허가면적으로는 1985년 1,917만 1,599평방m에서 1991년
2,053만 1,747평방m로 약 2배 정도 늘어났다. 이로써 전체 토지 이용에
서 대지면적은 1억 8,603만 3,071㎥에서 2억 516만 371㎥로 134%나
확장되었다.

---

[2] 반면 제조업의 경우는 258만 8,522mwh에서 341만 4,754mwh로 132%로 증가하였지
만 전체 구성에서는 27.9%에서 20.2%로 오히려 감소했다.

## 3) 서울 대도시 환경에 대한 과부하의 종류

최근에 과도하게 증가한 자원 및 에너지 사용은 다음과 같은 방식으로 서울의 생태환경에 과부하를 걸고 있다.

### (1) 개발영역의 수평적 확장에 따른 환경의 외연적 과부하

과도한 인구집중과 그에 따른 개발의 수평적 확장은 무엇보다 도시생태 공간의 외연적 파괴를 결과하고 있다. 1979년부터 1991년까지 12년 동안 시가지 면적은 53.9%인 136.7평방km가 늘어난 반면 농경지와 산림지는 58.7%, 36.7%가 각각 줄었다. 한편 서울시청을 중심으로 반경 40km이내 지역의 수도권에서는 시가지가 1979년 10.5%에서 1991년 19.8%로 크게 확대되었다. 하지만 농경지와 산림지는 같은 기간 동안 13.1%와 10.0% 감소한 현상을 보이고 있다. 수도권의 개발제한구역은 1,527.3평방km인데 인공위성 자료를 이용해 분석한 수도권 그린벨트 토지이용을 보면 59.0%가 산림지역이며 27.0%가 농경지이다.

수평적인 확장 개발은 도심부로부터 외곽으로 도시적 활동의 내용과 밀도가 체감함과 아울러 환경오염의 부하량 또한 동일한 패턴으로 체감하는 모습을 보이고 있다. 외곽으로 도시개발의 팽창은 우선은 자연상태의 산림이나 녹지 등을 무분별하게 훼손하면서 동시에 생태계의 유기, 무기물질(미네랄, 물 등)을 파괴하지만, 도심에 가까운 기개발지역 일수록 밀도 높은 주거활동과 생산활동에 의해 환경부하량은 역진적으로 높아가는 경향을 띤다. 다시 말해 도심에 가까울수록 환경오염의 발생은 활동밀도, 집중 등에 함수적으로 증가한다. 아래 <표 2-1>에서 보듯이 중심지로부터 거리에 따른 개발밀도(주택면적)와 수질오염과 토양오염의 변화정도간에는 함수적 관계가 있음을 알 수 있다.

### (2) 단위당 자원·에너지의 사용밀도의 증가에 따른 환경의 내포적 과부하

서울의 환경부담은 개발의 외연적 확장에 의해서만 발생하는 것이 아

<표 2-1> 서울의 중심지로부터 권역별 주택면적과 환경오염(1990년)

| 권역 | 주택면적(%) | 수질 | | 토양 | | |
| --- | --- | --- | --- | --- | --- | --- |
| | | pH | COD(ppm) | pH | Cd(mg/kg) | Cu(mg/kg) |
| 0-15km | 27.8% | 7.28 | 23.60 | 5.83 | 0.084 | 21.12 |
| 15-25km | 5.8% | 7.31 | 21.33 | 5.38 | 0.092 | 5.78 |
| 25-35km | 4.2% | 7.33 | 14.23 | 5.78 | 0.080 | 3.04 |
| 35-45km | 1.57% | 7.42 | 10.9. | 5.40 | 0.245 | 1.75 |
| 45-55km | 1.56% | 7.51 | 10.30 | 6.16 | 0.138 | 2.31 |
| 55-65km | 1.49% | 7.66 | 8.35 | 5.63 | 0.065 | 0.84 |
| 65-75km | 1.46% | 7.55 | 3.10 | 5.69 | 0.140 | 2.50 |

자료: 김귀곤, 1991.

니다. 보다 중요하게는 면적당, 단위당 사용되는 에너지 및 자원의 사용량이 증가하거나, 활동단위당 복잡화와 고밀화가 높아감에 따라 환경부하량이 상대적으로 보다 급격히 높아간다. 이를 우리는 '환경의 내포적 과부하'라 부른다. 이 내포적 과부하는 화석연료 사용의 급증, 생산방식의 복잡화, 복합소재를 사용하는 상품생산 및 소비의 폭증, 소비양식의 질적변화, 생활 및 생산활동의 밀집 및 고밀화, 토지의 입체적 이용(지하화 등) 등이 복합적으로 작용하여 발생한 것이다. 서울의 단위당 에너지 소비는 농촌의 30배에 이르며 이에 따라 발생하는 대기오염은 25배에 이르는 것으로 보고되고 있다(서울시정개발연구원, 1993: 25).

그러나 내포적 과부하는 총량면에서 단위당 에너지, 자원, 제품 사용의 급증에서만 연유하는 것이 아니다. 사용되는 자원, 제품의 소재나 성분 자체가 유기적으로 보다 복잡한 구조를 가진 독성물질, 그리고 자연환경에서 용해가 쉽게 되지 않는 요소를 더욱 많이 함유함으로써도 발생된다. 따라서 내포적 과부하를 낳는 보다 중요한 메커니즘은 바로 이 같은 유해물질을 과도하고 무절제하게 사용하는 것에 의해 작동이 된다. 대도시의 내포적인 환경부하를 낳는 복합적인 유해성 물질의 사용 급증은 도시에 거주하는 사람들의 인체에 대해 복합적인 영향을 끼쳐 난치불능의 질병을 야기할 뿐 아니라 그 영향이 전지구화하는 경향마저 있다.

### (3) 환경체제 순환의 단절과 환경오염물질의 퇴적

서울 대도시 환경문제는 전체로써 생태계에게 부정적인 영향을 주는 에네르기의 증가, 즉 엔트로피의 증가에 있다. 이 증가는 도시환경체제에 환경유해물질을 급격하게 퇴적시킨다. 이 퇴적은 대도시 자연시스템의 수용능력을 넘어서는 기술, 사회체제의 과대 성장과 과대 작용, 폐기물의 과다 방출 등에 기인한 것이다. 이 같은 퇴적은 곧 도시생태계를 구성하는 각 요소들간에 흐르는 자연스러운 에너지, 자원 순환을 폐절시키거나 단절시키는 결과를 가져온다. 즉 인구의 집중과 과밀, 에너지소비 생활 등의 증가에 따른 폐물질의 방출은 자연생태계를 구성하는 대기, 물, 토지, 식생 등에 퇴적되어 전체로써 순환체계의 순조로운 순환을 불가능하게 한다. <그림 2-3>은 서울 도시생태계의 각 영역별로 과부화된 환경오염물질의 생성관계를 도식적으로 보여주고 있다.

## 4. 서울대도시 환경문제의 현황

전체로서 서울의 환경건강지수는 과연 얼마나 될까? 최근 미국 워싱턴 소재 '인구위기위원회'가 엥겔지수, 주거공간, 교통체증 등을 포함한 10개 쾌적지표를 만들어 종합평가 한 바에 따르면 서울의 쾌적도는 100점 만점에서 58점에 불과한 점수를 얻었다. 서울의 환경은 결코 건강한 편이 못된다는 의미이다.

서울 환경의 질과 문제의 정도는 서울 도시생태계에 퇴적된 유해물질과 성분들에 의해 결정된다. 아래에서는 수질, 대기, 폐기물, 소음, 녹지/토양 등으로 나누어 서울 대도시 환경문제의 현 수준을 개관해보고자 한다.

<그림 2-3> 서울 생태계에서 오염물질의 발생관계

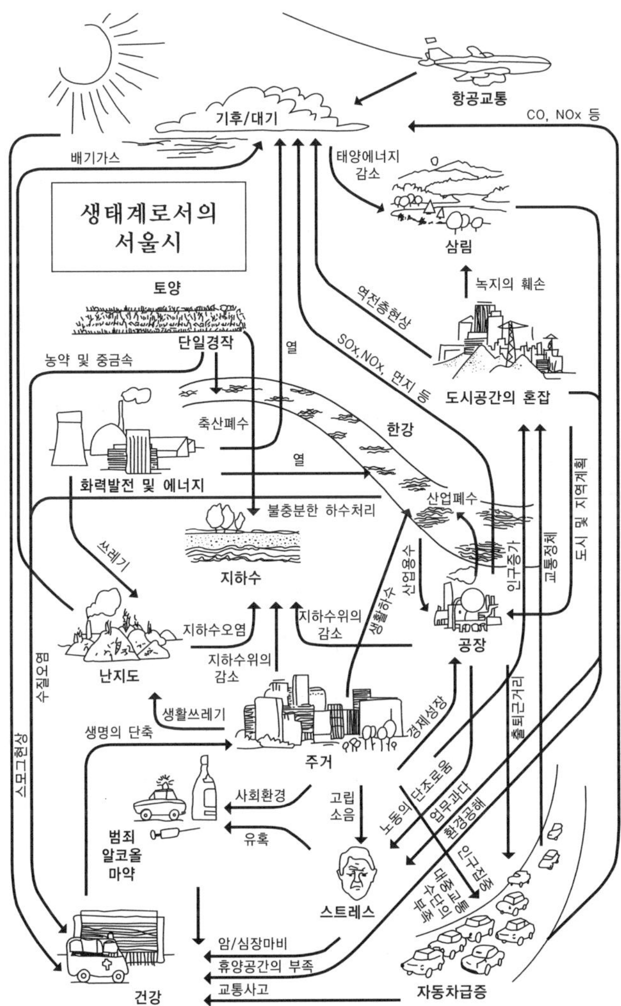


자료: 서울시정개발연구원, 1993.

## 1) 수질

한강수계의 1일 총 오염부하량은 116만 3,000kg에 이른다. 이중 한강 본류의 오염부하량은 98만 5,000kg으로 84.7%를, 남한강은 13만kg으로 11.2%를, 북한강은 4만 8,000kg으로 4.1%를 각각 차지하고 있다. 한강수계의 1991년 오염부하량을 오염원별로 분류하면, 인구에 의한 오염부하량은 BOD기준 1일 102만 1,000kg으로 전체 한강수계 오염부하량의 87.8%를 점하고 있다. 반면 축산폐수는 7만 9,000kg으로 6.8%, 산업폐수에 의한 오염부하량은 2만 8,000kg으로 2.4%, 그리고 양식장에 의해 발생되는 것은 3만 5,000kg으로 3.0%에 불과하다. 이렇듯 한강수계 주오염원은 사람의 일상생활에서 발생하는 생활하수로 나타나는데 이런 현황은 서울지역 내의 지천에서 더욱 뚜렷하다. 반면 서울지역에서 축산폐수와 더불어 산업폐수의 오염부하량이 적은 편인데, 이는 공장의 지방이전, 노후시설의 교체, 공장의 개선, 재이용 등으로 산업폐수의 발생량이 대폭 감소되어 가고 있기 때문이다.

한강수계의 1일 하·폐수발생량은 636만 7,200㎥에 달한다. 이중 생활하수가 1일 605만 2,000㎥로 전체 발생량의 95.1%를 차지하며 산업폐수는 2만 8,000㎥로 0.4%, 축산폐수는 1일 발생량이 28만 7,000㎥로 4.5%를 각각 차지하고 있다. 수치적으로 볼 때 한강수계의 주오염원은 생활하수이다. 한편 하·폐수량을 지역별로 살펴보면 한강본류의 1일 발생량은 562만 7,200㎥로 한강수계 전체 하·폐수 발생량의 88%를 점하고 있지만 남한강과 북한강은 9%, 3%에 불과하다. 한강수계의 하·폐수 처리비율은 58.7%로 263만 2,600㎥는 처리되지 않고 그대로 방류되고 있다. 1991년 말 서울시의 하수발생량은 422만 톤/일이지만 처리용량은 331만 톤/일에 불과해 약 78% 정도만 처리되는 실정이다.

현재 서울의 1일 1인당 평균 급수량은 452ℓ로서, 부산 415ℓ, 대구 407ℓ, 인천 410ℓ, 광주 311ℓ 등보다 월등히 높다. 일반가정에서 쓰는 물의 사용유형을 보면 음용수 및 요리가 20%, 목욕이 26%, 수세식

변기세척이 20%, 세탁이 25%, 청소가 9.1%를 차지하고 있다. 도시생활에서 소득증가에 따라 편리성을 추구하는 과정에서 물의 씀씀이는 더욱 헤퍼지고 또한 다양한 화학세제의 사용이 급증함에 따라 수질오염은 더욱 악화되고 있다.

## 2) 대기

서울의 대기오염 배출업소는 1986년을 정점으로 점차 감소되어가고 있다. 그래서 1991년 전국 24,430업소 중 서울은 단지 5.6%인 1,372개소에 불과하다. 또한 1990년 현황에서 4종과 5종[3]이 전체의 90.5%를 차지하고 있다. 이들 업소는 대부분 소규모 난방 시설이 대부분이지만 오염물질이 지상으로부터 수 미터 내외에서 배출되기 때문에 확산범위가 좁아 오염을 심화시킬 우려가 있다.

서울 대기오염의 주종은 일상생활에서 쓰는 다양한 생활기기나 수단이 되겠지만, 그중에서 최근의 소득향상에 따라 폭발적인 증가 추세에 있는 자동차가 으뜸이다. 서울의 자동차 증가는 최근 5년여간 연평균 21.5%에 이르고 있으며, 1994년 현재 서울의 전체 가구 약 44% 정도가 자동차를 보유하고 있는 것으로 보고되고 있다. 자동차의 급격한 증가는 환경공해를 필연적으로 수반하는데 특히 대기오염 물질, 즉 아황산가스, 탄화수소, 질산화가스 등을 배출할 뿐 아니라 주택가의 소음공해를 유발하는 주요인이 되고 있다.

서울시 아황산가스 배출량의 변화를 오염별로 보면 점 및 면 오염원에 비해서 선오염의 기여도가 시간이 갈수록 높아지고 있다(이상헌, 1993: 449).[4] 총량적인 면에서 보면 주요 면오염원인 난방연료사용이 대기오염

---

3) 4종은 연간 고체연료 사용량 200톤 이상 1000톤 미만, 5종은 200톤 이하를 사용하는 업소들이다.

4) 점오염은 화력발전소나 공장과 같이 고정된 장소, 시설에서 발생하는 오염원, 면오염은 난방연료를 사용하는 주택지역과 같이 일정면적 내에서 발생하는 오염원, 선오염은 자동차와 같이 도로를 따라서 배출되는 이동오염을 말한다.

<표 2-2>  서울시 아황산 가스 배출량의 변화

(단위: 톤, %)

| 오염원 | 1980년(A) | 1985년 | 1990년(B) | 증가(B/A) |
|---|---|---|---|---|
| 점 | 55,216.5(48.0) | 23,026.4(15.4) | 15,115.2(14.4) | 0.27 |
| 선 | 8,405.8(7.3) | 9,655.2(6.4) | 16,988.1(16.1) | 2.02 |
| 면 | 51,413.3(44.7) | 117,391.0(78.2) | 73,128.6(69.5) | 1.42 |

자료: 이상헌, 1993.

의 주원인이지만 그것은 겨울(특히 12월~2월)에 주로 한정되어 나타나는 현상이기 때문에 1년 내내 피해를 주는 것은 아니다. 자동차의 경우는 개별 자동차의 경우에는 선오염원이 되지만 교통체증으로 인해 몰려 있을 경우는 면오염원으로 역할을 한다는 것을 감안한다면 서울의 대기오염에서 자동차가 더 중요해지고 있다.

서울의 대기오염 중에 또 중요한 부문을 차지하는 것은 부유분진이다. 부유분진은 대기오염 중에서 아황산가스와 복합적으로 작용하여 다양한 호흡기질환을 유발시킬 수 있는 것이다. 서울의 부유분진은 1985년 216ug/㎥에서 1991년에는 121ug/㎥로 감소하는 추세에 있는 것으로 공식 기록되고 있다. 서울의 부유분진 치수가 환경기준치인 150ug/㎥ 이하이지만 다른 도시에 비하면 여전히 높을 뿐 아니라[5] 계절별로는 봄, 가을이 비교적 높게 나타난다. 그러나 이런 공식적인 수치에 비해 서울의 하늘은 일년에 며칠을 제외하고는 늘 희뿌옇다. 이는 중국에서 발생하는 황사나 다양한 대기오염 물질들의 결합에 의해 서울의 대기를 항상 우중충하게 하고 있기 때문이다.

한편 황산화물 및 질소화물이 공기 중에서 물방울에 녹아 빗물의 화학적 성질을 산성화하는 현상도 대기오염의 중요한 부문을 차지한다. 산성비라 함은 보통 ph5.6이하의 강우를 말한다. 서울의 산성비는 1987년 5.1에서 1991년 5.4로 그 산성도가 심해지고 있는 실정이다. 산성비는 건물, 교량 및 구조물 등을 부식시키고 식물의 수분 흡수를 억제하며 토

---

5) 1991년 서울은 부산(134ug/㎥) 다음으로 높았다.

양의 유기물 분해를 방해하는 등 토양과 수질을 오염시켜 생태계에 커다란 손상을 끼친다.

### 3) 폐기물

서울의 폐기물 발생은 근년에 들어 매년 7~8%로 증가하고 있다. 그 결과 1990년을 기준으로 해서 보면 전체 인구의 24.4%가 집중되어 있는 서울에서 발생하는 폐기물은 전국의 36.3%(수거량 기준)를 차지했다. 다른 대도시와 비교하더라도 서울의 1,000인당 폐기물 발생량은 2,827톤으로 부산의 2,039톤, 대구의 1,789톤 등에 비해 월등히 많다.

서울의 폐기물은 생활폐기물인 일반폐기물이 압도적이다. 서울의 과거 10여 년 간 일반폐기물 발생량은 1986년을 정점으로 연평균 증가율이 다소 둔화되는 추세에 있다. 하지만 그 증가율은 인구증가율을 여전히 훨씬 앞서고 있는 실정이다. 이런 상황은 인구의 계속적인 집중, 산업활동의 복잡화, 생활수준의 향상 등에 따른 자원 및 에너지 사용의 급증에 따른 폐기물의 과다 배출에서 비롯된 것이다. 서울시의 일반폐기물 발생량은 1985년 2만 3,456톤/일에서 1991년 3만 1,541톤/일로 약 134% 증가하였으며, 1인당 발생량의 경우는 1985년 2.469kg/인·일에서 1991년 2.941kg/인·일로 약 120% 정도 증가했다. 일본 동경의 경우 1990년 1인당 배출량이 1.61kg/인·일에 비한다면 서울은 약 1.3kg 정도나 더 많이 발생하고 있는 형편이다.

서울시의 일반폐기물 발생량 증가는 내구성 공업제품의 대체기간의 단축, 음식물의 과다 폐기, 종이 등으로 만들어진 일회용 제품의 급격한 사용 등에 따른 것이다. 이 때문에 서울의 일반폐기물 성분을 보면 연탄재를 제외하면 음식물이 54.1%, 종이류가 23.5%, 플라스틱류가 12.7%로 나타나고 있다. 이 세 성분은 그 구성비에서뿐만 아니라 절대량에서도 지금껏 계속 증가해 왔지만 근년에 들어서는 특히 종이류와 금속·초자류와 같은 공업제품류의 증가가 두드러지고 있다.

폐기물은 양적인 문제뿐 아니라 사용제품에 투입되는 원자재나 중간재의 화학적 성질과 성분도 문제이다. 최근 들어 플라스틱, 의약품, 방부제, 건전지 등과 같은 제품의 사용 증가에 따라 이 종류의 폐기물 증가 또한 급속하여 이에 따른 폐기물의 화학적 성분이 크게 바뀌어지고 있다. 최근의 폐기물에는 수은, 납, 아연, 카드늄과 같은 중금속뿐만 아니라 붕소, 불소, 크롬, 비소, 구리 등과 같은 유기성 유해물질 등도 크게 함유되어 있다. 특히 PCB는 염화탄화수소와 마찬가지로 가장 많이 사용되는 화학물질인데, 이러한 유해 폐기물의 산적은 바로 자연생태계 뿐 아니라 인간 자신의 건강까지 크게 위협하고 있다. 특히 서울의 경우 일반폐기물의 99.5%가 매립에 의존하기 때문에 이 같은 폐기물의 위해성이 도시생태계에 무서운 위협을 가하고 있다.

## 4) 소음

서울 대도시가 안고 있는 심각한 공해문제의 하나는 소음이다. 이것은 도시활동의 급격한 집적에 따른 다양한 시설의 개발, 신설, 개조 등에 따르는 소음, 활동단위간의 이동과 접촉에 따른 소음, 도시의 다양한 사적, 공적 편익시설이 작동되면서 나오는 소음 등 복잡한 원인을 가지고 있다. 그러나 이 중에서도 특히 자동차, 비행기와 같은 교통수단의 급격한 증가에 따른 소음이 주된 것이 되고 있다. 세계 대도시의 소음정도를 1-10의 간격으로 측정했을 때 서울은 7로서 동경의 4, 홍콩의 5, 필라델피아 5보다 훨씬 심하다. 서울의 소음을 지역별로 나누어 보면 도로교통소음, 공업지역, 상업지역, 주거지역 순으로 나타나고 있다. 주·야간 소음의 정도가 차이가 나나 문제는 야간의 모든 지역에서 소음공해의 최저치와 최고치간 간격이 주간보다 더 크다는 점이다. 주거지역의 주간의 환경기준을 보통 55.0으로 잡는다면 서울의 전체 지역은 소음공해에 시달리고 있다고 말할 수 있다.

<표 2-3> 서울시의 소음현황(1993년)

(단위: dB(A))

| 구분 | 주　간 | 야　간 |
|---|---|---|
| 주거지역 | 56.0 ～ 67.0 | 41.3 ～ 71.7 |
| 상업지역 | 60.7 ～ 68.5 | 41.1 ～ 74.3 |
| 공업지역 | 63.8 ～ 67.4 | 53.0 ～ 62.3 |
| 도로교통소음 | 66.9 ～ 82.0 | 65.7 ～ 82.7 |

자료: 서울시정개발연구원, 1993.

## 5) 녹지 및 토양

앞서 언급했듯이, 인구집중과 이에 따른 다양한 토지개발로 말미암아 1979년부터 1991년까지 12년 동안 서울의 시가지 면적 53.9%인 136.7 ㎢가 늘어난 반면 농경지와 산림지는 58.7%, 36.7%가 각각 줄었다. 서울의 이 같은 과다한 토지개발이 바로 도시 녹지의 훼손과 파괴의 주범이다. 현재 서울의 녹지는 대부분 공원 및 개발제한구역에 있으며 서울시 행정구역면적의 26.6% 정도를 차지하고 있다. 구역별로는 주로 도봉구, 노원구, 은평구, 관악구, 서초구 등 시 외곽지역에 분포되어 있다. 도심 내에 있는 잔류 녹지공간도 도시공해에 의해 계속 축소되거나 그 자체 또한 심하게 오염되어 있어 생육이 크게 위협받고 있다.

녹지의 파괴는 두 가지 면으로 환경파괴를 가져오고 있다. 먼저 녹지의 파괴는 시가화 지역 내에 개발밀도의 상승과 함께 진행된다. 도심건물의 과밀한 입립은 지표면의 포장과 지하공간의 파괴, 건물복사열과 도심기류의 변화 등을 유발하여 도시 미기후를 변화시킬 뿐 아니라 인구활동의 고밀화에 따른 다양한 소음 및 폐기물의 발생을 유발한다. 두번째는 녹지공간의 파괴 그 자체가 주는 효과이다. 이 효과는 공기 순환 기능의 단절, 지표수 및 지하수의 정수 기능의 폐절, 도심 생물군의 변화, 시민 휴식공간의 축소 등으로 나타난다. 최근 녹지공간의 파괴는 시가화의 진전에 의해서 뿐 아니라 산성비나 도시 미기후의 변화, 온도상승 등에 의해서도 커다란 영향을 받는다. 특히 산성비는 잎새 및 침엽공극으로의 태양광선의 흡수를 약 40%까지 감소시켜 식물의 광합성 작용을 둔화시킨다.

이 같은 녹지공간의 파괴는 산림, 대지, 대기, 물, 토양, 생물군 등으로 구성된 생태계 중에서도 특히 자연시스템의 순환적인 수용능력을 결정적으로 저하시키는 것이 된다. 녹지공간의 파괴가 가져온 영향은 특히 서울의 식생패턴 변화를 보면 쉽게 감지될 수 있다. 서울의 도심녹지의 대표적인 지역은 창덕궁과 남산을 생각해볼 수 있다. 창덕궁의 녹지지역에서 1986년에 생육하던 수종의 종류는 27종이고 전체의 주수는 500평방미터에서 385였으나 90년에는 13종, 227주로서 각각 52%, 41%로 급감하였다(이경재, 1994: 34). 특히 없어진 수종은 산성토양에 저항성이 약한 나무들이 대부분이었다. 반면 남산 녹지지역의 경우는 1986년 생육하던 수종의 종류는 27종, 전체의 나무주는 1,375주였으나 1990년에는 각각 19종, 333주로 30%, 76%나 감소했다. 이 두 녹지지역에서 나타나는 식생의 변화는 무엇보다 토양이 산성화되어 나타난 결과인데 이 두 지역 토양의 경우 실제 양이온이 빠져나감으로써 1990년의 칼슘과 마그네슘 함량 값은 1986년도의 값에 비해 반으로 줄어들었다.

삼림 생태계의 생산자인 식물의 극심한 피해는 다른 한편으로는 소비자 및 분해자에게도 나타나고 있다. 창덕궁에는 현재 땅을 파보아도 땅강아지, 지렁이를 볼 수 없다고 한다. 분해자가 없어지니 유기물층의 형성이 또한 이루어지어 않아 2차 소비자인 동물의 수가 급감하고 있다. 남산의 경우 1990년에 이르러 그전까지 보였던 뱀은 이제 전혀 발견되지 않고 있다고 한다. 남산의 야생조류 보고에 따르면, 해방 전에는 150종이었으나 1978년에는 59종, 1986년에는 25종으로 감소되었다. 서울 전체에서 채취되는 곤충수를 보더라도 1950년에는 105과 519종, 1960년 104과 510종, 1980년 34과 90종으로 엄청난 속도로 곤충의 종수가 감소하고 있는 것으로 보고되고 있다(이경재, 위의 논문).

도시 생태계에서 생물종의 감소는 대기오염, 산성비 등의 영향, 그리고 녹지면적의 감소, 녹지축의 단절 등에 의해서 나타난다. 이 중에서 인간, 동물, 식물 모두가 건강하게 살아가기 위해서는 토양 생태계가 중추를 이룬다. 흙은 무기환경으로만 존재하는 것이 아니라 미생물로부터 거대한 척추동물에 이르기까지 수많은 생물들을 흙의 세계에 분포시키면서 흙과 더불어 생태계를 형성하여 물질전환과 에너지 흐름을 유지하는 순환계를 구성한다. 그러나 토양은 도시화가 진행될수록 그 오염정도가 심해지는 경향이 있다. 이것은 교통에 의한 타이어 마모, 브레이크 및 엔진 오일, 배기가스의 유입, 과도한 화학비료의 투입과 살충제의 살포, 특정 유해폐기물의 방치 및 쓰레기 침출수, 화학·유류의 운송사고 및 산업재해, NOx, SOx, 중금속 등 대기중의 유해물질을 포함한 강우, 안개, 이슬 등의 원인에 의해 토양이 오염되게 된다. 서울시 토양 중의 중금속 현황은 <그림 2-3>과 같이 도심, 구로공단뿐 아니라 생산녹지에도 상당히 심함을 알 수 있다. As, Cd의 경우는 주거지역에서도 심각한 실정이다.

<그림 2-4> 서울시 각 지역의 비소, 구리 및 카드늄의 농도분포(1992년)

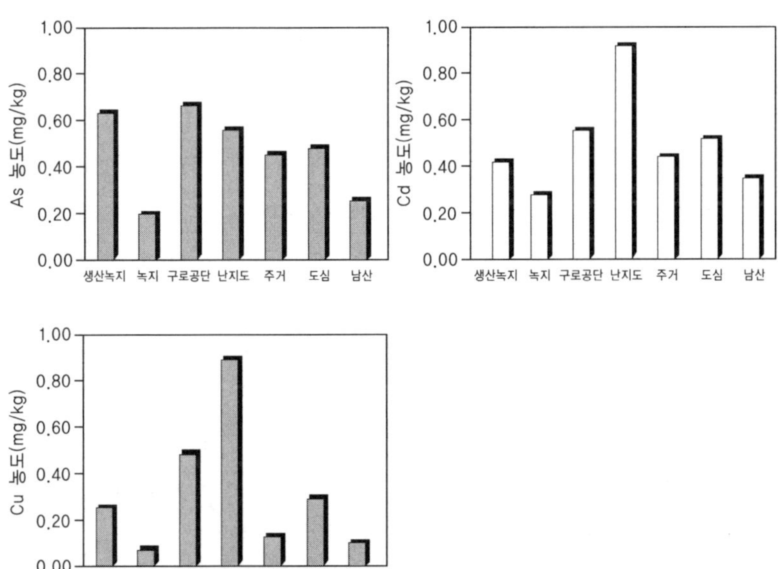

자료: 시정개발연구원, 1993.

## 4. 서울 환경문제의 발생 메커니즘

서울의 환경문제는 어떤 메커니즘으로 발생하며 어떠한 내부적인 성질을 띠고 있는가?

먼저 우리는 서울의 환경문제가 근본적으로 서울의 사회경제체제의 문제에서 연유한다고 본다. 이 체제는 다름아닌 한국자본주의 체제 내에서 서울이 차지하는 위상과 역할과 관련되어 있다. 서울의 산업체제는 근자에 들어 기술, 정보 혹은 서비스 집약적 산업으로 바뀌어가고 있다. 이른바 '유연적 산업화(flexible industrialisation)'라 부르는 신산업화는 표준화된 대량생산이나 기술력이 낮은 반환경적인 생산활동을 계속 대도시 공간으로부터 퇴출시키면서 진행된다(조명래, 1993). 그 퇴출은 시장경쟁을 통해 이루어지기도 하지만 주로 수도권 규제 정책에 의해 강제적으로 이루어진다.

그 결과 서울에는 공해 유발적인 산업체수가 타도시나 지역에 비해서는 상대적으로 적은 편이다. 이를테면 대기오염 배출업소만 하더라도 1991년 전국 2만 4,430업체 중에서 서울에는 단지 5.6%인 1,372업체가 있었다. 이것은 서울이란 공간의 사용가치가 자본의 입장에서 보면 '굴뚝'산업보다 기술집약적이며 서비스집약적인 고부가치 산업과 그런 직종에 관련된 노동의 재생산을 위한 활동이 입지하는 것이 더 유리하다고 판단되기 때문일 것이다. 최근에는 '환경재(environmental goods)'에 대한 접근과 소유가 계급간에 차별화됨에 따라 서울의 환경재, 즉 쾌적한 주거환경, 대기, 수질 등의 전체 질은 서울(시민)이 우리나라 전체 계급 구성에서 차지하는 위상에 상응하는 수준을 유지하고 있다. 대기오염이나 수질오염 등으로 측정되는 표준적인 환경지수 면에서 서울이 여타의 대도시에 비해 상대적으로 나은 면을 보이는 것은 바로 서울이란 공간이 지니는 계급성이나 그 힘의 덕택이라고 보아야 할 것이다.

예컨대 서울사람들이 마시는 식수와 숨쉴 대기를 청정하게 하기 위해 힘없는 중소규모의 공해업체를 서울 밖으로 쫓아내거나 주변의 토지이용을 엄격히 규제하는 정책을 펴온 것은 이미 주지하는 바이다. 이 같은 사실을 염두에 둔다면 서울의 상대적인 환경 쾌적성은 다른 지역의 공해와 환경오염의 비용을 통해 보전되는 것이라 말할 수 있다. 까다로운 환경규제 때문에 공공부문이나 사적 부문에 의한 환경에 대한 투자를 보더라도 서울은 실제 가장 높은 수치를 보인다. 최근에는 서울의 소비생활에 등장하는 제품이나 물품들 중에 수입품들이 많아져서 서울의 환경 쾌적성은 국내 다른 지역의 환경비용에 의해 보전되는 것을 넘어 세계의 다른 지역에 의해서까지 보전되고 있는 단계에 와 있다.[6]

하지만 일반 지표로 가시화되고 쟁점화될 수 있는 명시적인 환경문제와는 달리 서울의 환경문제는 질적으로 보다 유기적이며 복합적이면서 그 영향이 생태계를 넘어 사회체계까지에도 미친다는 점에서 그 속성이 특수하다. 앞서 언급했듯이 서울이란 공간을 구성하며 사는 사람들의 평균적인 계급적인 지위가 우리나라 전체에서 본다면 중상층이 압도적인 것만큼 이들이 먹고사는 생활방식의 여부가 서울 환경문제의 질적 속성을 상대적으로 결정 지운다. 이것은 최근 들어 우리나라의 자본축적구조가 심화되면서 새로운 지배부분에 종사하는 사람들이 더욱 밀집하게 됨으로써 나타난 결과이기도 하다.

따라서 서울의 환경문제 속성은 서울의 생산구조 문제에 의해서보다 서울 사람들의 소비생활에 의해 더 중요하게 규정된다(이상헌, 1993). 이것은 이미 선진국의 1인당 에너지 소비, 쓰레기 발생량, 오염발생량이 후진국의 1인당의 그것들에 비해 적게는 몇 배, 많게는 몇 백 배에 이른다는 사실과 비슷한 것이다. 서울사람들의 소비수준은 특히 1980년대 후반 3저 현상 이후 과잉잉여가 서울로 넘쳐들어 오면서, 즉 한국자본주의의 상층부를 구성하는 사람들이 대다수가 살고 있는 서울이란 사회공간으로 잉여의 대부분이 흡입되면서, 이들에 의한 과잉소비가 도시 소비활동의 질적 변화를 전반적으로 부추겼다.

---

6) 이를테면 서울사람들이 먹는 동남아의 과일은 그곳에서 농약을 살포하여 재배한 것이라면 그곳의 공해는 서울사람들의 먹고사는 문제와 결부되어 있다는 것이다.

서울의 일반 근로자 가족의 경우만 하더라도 1980년대 동안 월평균 소득이 매년 23.5% 올랐지만 그 씀씀이를 보면 특히 생태환경에 부담을 주는 고급의 소비양식, 이를테면 외식 같은 경우는 10배나 증가했다(조명래, 1994). 이같이 향상된 소비수준에 힘입어 서울의 소비자 서비스업 중에서 대표격인 음식·숙박업은 사업장 면적기준으로 1986년과 1991년 사이에 무려 266%나 증가했다. 이 같이 소비양식의 변화와 이에 따른 고급화된 상품의 소비는 내용적으로 고에너지 상품이면서 자원 채취적이고 폐기물 발생의 밀도가 높은 상품들을 소비하는 격이 된다. 냉장고, 자동차와 같은 내구 소비재의 경우가 전형적인 예다. 서울에서 이 같은 내구소비재의 소비는 1980년대 후반부터 폭발적으로 확산되어 갔다. 요컨대 서울의 대도시가 최근 겪는 대기오염, 수질오염, 폐기물의 문제 등은 그 내용적 성분 면에서 새로운 기술·소재집약적(유연적) '생산방식'과 대도시의 새로운 '소비양식'이 결합되어 이루어진 속성을 반영하고 있다 (조명래, 1993: 47).

서울의 환경문제는 소재 및 에너지 집약적인 소비재의 급격한 사용과 결부되어 있지만 서울이란 단위공간 내에서 이 같은 환경문제의 발생 메커니즘은 계층적으로 분절되어 있을 뿐 아니라 지역적으로도 분화되어 있다는 데 또 다른 특색이 있다. 그러니까 서울 내의 환경재의 이용과 접근, 그리고 오염의 발생정도가 동질적으로 이루어지는 것이 아니라 서울 내에서 전개되는 사회적 분업이나 생산분업 등이 공간화된 양상, 그리고 내부적인 계급구성에 따라 차별적으로 이루어진다는 것이다.

아래 <표 2-4>에서 보듯이 서울시내에서 발생하는 주요 환경오염의 업체수나 오염 발생량을 본다면 그 발생이 지역간에 차별이 있음을 알 수 있다. 여기서 우리는 오염발생 업체수가 많거나 발생량이 많은 두 가지 유형의 지역을 발견할 수 있다. 하나는 생산활동이 왕성한 소위 공업지역(예, 영등포구, 구로구, 성동구, 강서구 등)이며, 다른 하나는 소비활동과 수준이 높은 신중상층 지역(예, 강남구, 서초구 등)이다. 소음/진동 업체는 기능상 주로 생산활동과 관련되어 있기에 그 분포가 성동구, 강

<표 2-4>  서울시의 환경오염배출 현황(1991년)

| 지역 | 소음/진동업체수 | 가스·먼지·매연·매연배출업체수 | 폐수방출업체수/산업폐수량(㎥/일) | 가구당쓰레기 발생량(kg) |
|---|---|---|---|---|
| 계 | 1,759 | 1,087 | 2,222 / 196,337 | 3.95 |
| 종로 | 9 | 11 | 88 / 362 | 0.90 |
| 중구 | 58 | 18 | 430 / 896 | 17.30 |
| 용산 | 60 | 31 | 94 / 904 | 5.77 |
| 성동 | 284 | 163 | 223 / 4,818 | 3.64 |
| 동대문 | 25 | 44 | 56 / 391 | 3.12 |
| 중랑 | 18 | 25 | 50 / 379 | 2.04 |
| 성북 | 12 | 20 | 36 / 253 | 3.60 |
| 도봉 | 53 | 73 | 88 / 12,230 | 3.20 |
| 노원 | 9 | 48 | 34 / 227 | 2.52 |
| 은평 | 8 | 12 | 37 / 293 | 4.08 |
| 서대문 | 10 | 26 | 47 / 526 | 3.70 |
| 마포 | 41 | 39 | 69 / 979 | 3.59 |
| 양천 | 4 | 12 | 42 / 178 | 2.58 |
| 강서 | 153 | 44 | 96 / 62,573 | 3.99 |
| 구로 | 487 | 120 | 146 / 26,658 | 3.29 |
| 영등포 | 509 | 167 | 168 / 28,773 | 5.11 |
| 동작 | 3 | 14 | 35 / 879 | 3.04 |
| 관악 | 2 | 17 | 38 / 36 | 2.50 |
| 서초 | 4 | 27 | 125 / 2,202 | 5.02 |
| 강남 | 2 | 104 | 155 / 174 | 5.94 |
| 송파 | 2 | 33 | 102 / 2,228 | 3.94 |
| 강동 | 4 | 39 | 63 / 50,378 | 2.58 |

자료: 서울특별시, 1992.

서구, 영등포구, 구로구에 압도적으로 밀집되어 있다. 가스·먼지·매연배출의 경우는 생산과 서비스 활동 모든 부문에 걸쳐 발생하기 때문에 일단 전형적인 공업지역에 집중되어 있는 것은 당연하나 강남과 같은 지역에서도 다소 많은 업소가 입지해 있다. 그러나 이 경우는 소비 및 서비스 관련 호텔, 정비업, 사우나와 같이 고체연료 사용이 높은 업소가 대부분이다. 폐수배출업체의 경우도 마찬가지다. 하지만 폐수의 경우 오염의 정도가 높은 산업폐수량을 중심으로 보면 성동구, 도봉구, 강서구, 구로구, 영등포구에서 방출되는 양이 대부분을 차지한다. 강남 같은 지역은 업체수는 많으나 산업폐수의 방출은 극히 미미하다. 한편 쓰레기의 경우는 상주가구가 많지 않지만 소규모 업체(예, 인쇄업)가 많은 중구를 예외로 한다면 가구당 쓰레기 배출이 가장 많은 지역은 소득이 높은 것으로 추정되는 지역, 즉 강남구, 서초구 등이 가장 많다.

문제는 이 같은 차별이 그냥 아무렇게나 발생되고 영향을 남기는 것이 아니라 중상층일수록 반환경적인 소비생활7)을 영위하면서 다량의 환경오염을 발생시키지만 그 피해는 계층적으로 하위계급에 있는 사람일수록 더 겪는다는 점이다. 이를테면 주거생활을 보더라도 북한산 산자락에 고급 빌라를 짓고 사는 부유층들은 서울의 녹지공간을 그들의 주거생활을 위해 파괴 내지 독점할 뿐 아니라 주변의 하천을 오염시켜 한강의 상수원을 더럽히지만 그들은 수입된 물로 밥도 짓고 마시기에 그들은 환경오염으로 보호된 섬에 살고 있는 것이다. 반면에 구로동의 벌집에 사는 사람들은 주변 생산공장이나 밀집된 주거환경으로부터 발생되는 온갖 환경문제, 즉 소음, 분진, 대기, 수질 등과 관련된 어려움을 겪는다. 그러나 그들 대다수는 부유층이 소유한 공장에서 일하면서 그들의 소득을 높여줄 뿐 아니라 때로 그들의 가정에서 파출부로 일하면서 그들의 집안에서 먼지를 털어내고 꽃밭에 물을 주는 헤드레일(개인화된 환경보호)을 한다. 이것이 함의하는 바는 서울 환경오염의 원인과 효과는 복합적이고 이질적이지만 이는 본질적으로 계급적 차별성을 내포하고 있다는 사실이다. 그래서 도시의 중상층과 하층민 간에는 환경을 통한 차별과 착취가 전개되고 있는 것이 서울 대도시 환경문제 발생메커니즘의 중요한 심부이다.

서울의 환경오염은 이같이 내부적으로 차별화되어 있다는 문제에 더해 질적으로도 또한 문제가 있다. 서울의 환경문제에서 표준적으로 가름하는 환경문제는 상대적으로 양호하다. 서울시민들이 영위하는 사회체제

---

7) 서울의 어느 중산층 아파트에서 한국인 가족과 함께 생활하는 한 외국인이 한국 중상층 가정의 반환경적 소비생활을 필자에게 최근에 들려준 바가 있다. 그의 관찰에 의하면 한국 가정에서는 전기를 그냥 켜둔다던가, 수도물을 마냥 헤프게 쓴다던가, 음식물을 과다하게 준비하고 또 버린다던가, 재활용 가능한 물건들을 아무렇게 버리거나, 일회용품을 남용하고 있다던가, 의류와 같은 외관적 소비품을 과다 구입한다던가, 자동차의 비경제적 사용이 일상화되어 있다던가 하는, 생활 구석구석에 무의식적인 반환경적인 요소가 만연해 있다고 한다.

가 도시생태계에 가하는 부하량은 가히 폭발적이다. 그렇지만 그 부하량에 비해 환경오염이 나름대로 표준선을 크게 초과하지 않은 것은 환경을 새로운 계급적 전유물로 두고자 하는 도시정치적 역학이 중요하게 작용하기 때문이다. 반면 서울 환경에서 보다 심각한 부분은 인간이 건조한 사회환경 내의 다양한 문제이다. 즉 초고밀 속에서 발생되는 서울의 환경문제는 소음, 쓰레기 과다발생, 대기오염 등으로 일단 가시적으로 나타나지만 그 보다 더 심각하지만 가시적으로 드러나지 않는 오염은 인간관계의 오염이다. 대도시는 인간간의 관계가 우선 그 규모면에서 엄청날 뿐 아니라 내용적으로도 복잡한 역학을 구성하고 있는 것이 그 기본특징이다. 이 같은 인간관계는 무엇보다 인간관계를 이질화하면서 동시에 비인격적인 표준관계로 바꾼다. 짐멜(Gimmel, 1971)의 표현으로 대도시 인간관계는 결국 ‘화폐적’인 척도에 의해 늘상 저울질되는 인간관계로 바뀌어진다는 말이다. 그러기에 모든 사람이 모든 사람에 대해 객관화되어 있고 비인격화되어 있을 뿐 아니라 복잡한 구조 속에 오로지 나만이 진정한 존재가치가 있을 뿐이다. 남의 환경이야 어떻든, 어떤 어려움을 겪든 간에 나의 것만 보호되면 된다는 반환경관도 이 같은 탈인간관계 속에서 싹트고 자리잡는다. 따라서 환경문제는 도시의 분업성과 익명성이 더욱 강해질수록 더 밀도 높게 발생한다. 다시 말해 생활에서 환경적으로 절약되고 보호되며, 그러면서 인간성이 회복되는 부분이 더욱 위축된다는 것이다. 이 같은 특성으로 말미암아 우리는 인간 속에 더욱 복잡하게 살면 살수록 더욱 탈자연화된 인간관계, 반자연화된 사회관계에 매몰되어간다. 그 결과, 자연 환경파괴가 일차적으로 가시화되지만 보다 궁극적으로는 인간환경, 인간 그 자체의 파괴로 귀결된다는 데서 문제의 심각성이 있다. 최근 들어 서울 대도시에서 더욱 비정해지는 범죄현상, 비도덕적인 일상거래, 개인적인 여러 병리 현상의 급증은 바로 인간환경의 공해를 보여주는 단층들이다. 이 공해는 결국 인간관계가 탈자연화된 것의 결과라면 자연으로 회귀는 자연 그 자체의 복원일 뿐 아니라 인간성의 복원이기도 하다.

## 5. 환경지향적 서울개조론

서울의 환경문제는 서울이란 거대 생태공간에서 꾸려지는 사회경제체제의 문제로부터 근본적으로 파생됨을 살펴보았다. 이 관점에서 환경문제의 해결이란 것도 생태환경에 과부하 되는 대도시 특유의 에너지, 자원 과소비방식의 변화 없이는 사실상 불가능함을 연역할 수 있다. 문제는 이 같은 도시적 생활 방식이 삶의 질과 수준을 높이는 데 절대 필요하다고 믿기 때문에 우리는 하루아침에 그 모든 것을 저버릴 수 없다는 데 환경문제 해결의 딜레마가 있다. 때문에 거대도시의 환경문제의 해법은 불특정 다수를 자의식적인 실천주체로 이끌어 내면서 도시전체를 환경적으로 지속가능한(sustainable) 체제로 변경해가는 방식의 강구에서 찾아야 한다. 이를 위해 우리는 '친환경적인(environment friendly)' 행태규범이 미시적인 개인 생활수준으로부터 거시적인 사회경제적 체제수준에 이르기까지 자리잡을 수 있는 총체적인 '서울개조론'을 제안한다.

다소 거칠고 급진적일지 모르지만 도시체제의 '환경적인 지속가능성'은 무엇보다 대도시 공간의 정치적 틀을 우선 바꾸는 것으로부터 접근되어야 한다고 본다. 서울 대도시의 정치행정구조는 생활환경의 미세한 부분을 파고들면서 거시적인 도시생태 틀을 복원해내기에는 너무나 방만하고(diffuse), 집중화되어 있다. 그래서 환경지향적인 서울개조론의 첫번째 조건은 서울 대도시권을 여러 '기초자치구로 쪼개는 일'이다. 각 자치구 수준에서 지속가능한 도시경영을 할 수 있는 보다 중요한 조건은 지방정당제를 허용하고 활성화하여 지방적 차원에서 주민들 스스로가 자의식에 근거해 친환경적인 정치적 결단을 실행할 수 있도록 해야 한다. 달리 말한다면 거대 도시 서울을 여러 기초자치구로 나누어 개별 자치구에 대해 '환경자결권'을 부여하여 '녹색정치제도'의 지방화(localization)를 꾀해야 한다.8) 하지만 이 같은 녹색정치의 지방화는 궁극적으로 '지방민주주의

---

8) 그러나 대도시 환경문제는 광역성(diffusness)을 가지고 있기 때문에 기초자치단체간에 정보교환, 시설의 효과적 공동이용, 환경재의 공동관리 등을 위해서는 도시공간전체를

(local democracy)'의 건설이란 목표에 연계되어야 한다고 본다. 왜냐하면 도시 사회체제 내에서 환경의 질을 결정할 토지, 주택, 교통, 산업, 복지 등과 관련된 쟁점들을 지방정부 차원에서 개혁적으로 집행하기 위해서는 그 절차와 방식에서 민주주의적 평등성과 형평성이 담보되어야 하기 때문이다. 지방민주주의를 전제로 친환경적 서울개조가 가능하기 위해서는 도시체제의 내용을 이루는 도시의 물리적 공간틀이나 사회경제적 틀의 변화가 우선 있어야 한다.

따라서 두번째 환경지향적 서울개조의 조건은 '물리적 공간틀을 개조하는 것'이다. 이는 물질적인 생활에서 시민모두가 공평한 접근과 평등한 편익을 향유할 수 있는 도시물리적 공간틀의 개조를 의미한다. 새로운 공간적 틀은 서울의 공간적 분할을 전제로 하는 획기적인 분산적 토지이용계획을 수립한 뒤 기초자치구별로 지속가능한 토지이용계획을 짜도록 허용함으로써 그 골격을 잡아 나가야 한다. 지속가능한 토지이용에 담길 내용으로는, 이를테면 용도지역의 평면적 분화로부터 복합적 토지이용으로 전환, 컴퓨터 시뮬레이션에 의해 도시의 모든 건축물을 저에너지 소비적이면서 친환경적인 양식, 배열 그리고 구조로 규제할 수 있는 지구상세계획의 마련, 투기적인 토지소유로부터 토지이용의 공공성과 생태적 조화 등을 우선화하는 조치, 대중교통체계 및 인간적 규모(human scale)의 교통시설 확충 방안, 자치구별 지역종합정보네트웍의 구축 방안 등과 같이 환경파괴적인 활동과 흐름의 요소를 최대한 억제하는 것을 포함해야 한다. 한마디로 기초자치구는 하나의 '환경 집약적인 도시(environmentally compact city)'(Breheny, 1992)가 될 수 있는 물리적 조건과 틀을 갖추어야 한다는 주장이다.

세번째로, 물리적 공간틀과 맞물려 '경제사회구조' 자체 또한 근본적으로 친환경적으로 개조되어야 한다.

경제면에서 수도권 전체의 공간적 노동분업체계를 확립하여 기초자치

---

총합적으로 관리할 수 있는 '수도권 관리청' 같은 것이 동시에 운영이 되어야 한다고 본다.

구별로 경제구조를 특화하여야 한다. 우선 각 자치구별로 소재의 사용은 적지만 부가가치 생산성이 높은 첨단 기술 및 지식/서비스 집약적 산업의 전문화를 중점적으로 육성하여야 한다(이를테면 금융특구, 정보특구 등의 개발). 아울러 지역별로 특화되는 도시형 '산업지구(industrial districts)'(예, 중구의 인쇄단지)를 조성·육성해야 한다. 산업지구에서는 에너지·자원 절약적이면서 첨단의 생산방식을 협동적으로 이용하며 도시의 생산성을 향상할 수 있는 '유연적 소규모 기업(flexible small firms)' 들이 중추를 이루어야 한다. 한편 서울에서는 재벌기업과 같은 대기업의 신규 진출은 가능한 배제하거나 지역경제 관점에서 선별적으로 허용해야 할 것이다. 대신에 아직은 생소하지만 '시민회사', '시민공사', '협동공사' 등과 같은 새로운 친환경적 도시기업모델의 개발을 적극 검토해 볼 만하다. 아울러 자치구별 주민의 인구적, 사회적 특성에 따라 지역별 노동시장을 특화하고 활성화해야 할 것이다. 도시경제 운영의 이 같은 방식은 반환경적인 이윤논리에 짜맞추어진 도시경제구조를 근본적으로 개편하는 것을 겨냥하는 것이다.9)

한편 사회적 측면에서도 도시사회의 다양한 사회적 관계나 조직의 변화를 가능케 하는 개조가 필요하다. 이는 환경적으로 지속가능한 교육, 복지, 성적 관계, 문화제도 등을 자치구별로 확립하는 것을 가리킨다. 교육의 경우는 현재의 학군제를 폐지하고 구 단위 교육자치제를 실시하면서, 사부문 교육(과외활동 등)의 재원을 공부문으로 흡수(예, 사설학원들의 수입에 대한 중과세를 통해)하여, 참교육의 역할과 위상을 올바르게 세워야 한다. 참교육이 확립되지 않는 한 친환경적인 전인교육이나 창조적 교육은 사실 불가능하다. 복지부문에서도 민영화 추세에 있는 다양한 공공서비스(예, 청소, 의료 등)를 일방적인 시장논리에 따라 운영하기보다 세제나 경영방식의 쇄신을 통해 서비스의 공공성과 생산성을 확보토

---

9) 이 같은 도시경영방식의 선택은 암묵적으로 자유시장논리를 만병통치약으로 간주하는 지금의 신보수주의적 정치이데올로기나 이에 기초한 정책운용에 대한 비판을 전제로 한다.

록 하여야 한다. 공공성이 우선되지 않는 복지서비스는 결국 이윤논리에 밀려 반환경적일수 밖에 없다. 한편 시민의 일상적인 수준에서 환경적으로 건전한 생활방식과 실천을 유도해내기 위해서는 콤뮤니티의 평등한 사회적 관계(예, 계급간, 성별간, 세대간 등)에 기반을 둔 다양한 시민조직(예, 주민교육위원회, 주민환경감시조직 등)을 지원·육성해야 한다.[10] 아울러 지역별 '환경문화(environmental culture)'나 '환경문화사업'(예, 녹색문화상품의 개발)도 다양하게 선정하여 육성해야 한다. 환경문화의 육성은 현재 소비지향적이고, 감각적이며, 엘리트적인, 고에너지 소비 문화로부터 환경지향적이면서, 자기의식적이며, 대중적인, 저에너지 소비문화로 바꾸기 위한 '지역적 환경이데올로기'의 형성을 위한 것이다.[11]

마지막으로 물리적 공간틀과 경제사회구조의 개조가 장기적으로 이룩해내야 할 것은 '생태도시'의 건설이다. 이는 도시생태체계의 안정성과 균형성을 복원해내는 '도시생태틀의 개조'를 의미한다.

도시생태환경 틀의 개조를 위해서는 먼저 서울 대도시의 생태순환체계 모델이 마련되어야 한다. 이 모델링(modelling)을 통해 서울 대도시가 환경적으로 지속가능할 수 있기 위한 총체적 생태구조가 제시되면서 특정 부문의 개발행위가 전체나 다른 부분의 생태구조에 어떻게, 얼마만큼의 환경부하량을 가하는지가 예측될 수 있어야 한다. 또한 이 모델링은 서울대도시 생태체계가 유지되기 위해 필요로 하는 녹색규모이나 시설,

---

10) 최근 일본생활협동조합 연합회에서는 '환경가계부(eco-life diary)'를 발행했다. 환경가계부 쓰기는 계절별로 테마를 마련하여 생활에서 환경에 주는 영향을 점검하고 라이프스타일을 바꾸는 운동을 고취시키기 위해 추진된 것이었다. 이 환경가계부에는 조명, 난방, TV, 온수끓이기 등 매주 절약목표의 달성에 대해 자기평가를 하고 전기라든가 가스의 사용량도 기록한다. 심지어 목욕의 온수와 세제의 사용량, 세발의 인원수, 취사의 회수 등도 조사기록한다. 그리고 종이, 친근한 자연, 배수, 쇼핑과 포장, 탈것의 이용, 쓰레기 처리 등에 대한 일상적인 의식의 점검을 기록하기도 한다. 이 같은 사업은 서울의 경우에도 구별자치가 이루어지면 여러 시민단체가 자발적으로 추진할 수 있는 것들이라고 본다.

11) 지금까지 살펴본 환경지향적인 경제사회구조의 개조는 앞서 언급한 물리적 틀의 개조계획과 쌍이 되도록 해야 할 것이다. 즉, 물리적 도시계획의 작성에 대비하여 경제사회구조를 친환경적으로 개조하기 위한 '구조계획(structural plan)'을 각 자치구별로 성안토록 해야 할 것이다.

기능의 총량적 요구치를 산출해주어야 한다. 이 총량치가 산출된다면 이를 유지하기 위해서는 '생태환경 유지구역'이 도시 전체에 걸쳐 면, 선, 점의 형식으로 다양하게 지정되고 그 구역에서는 개발행위가 치밀하게 관리되어야 한다. 아울러 훼손된 녹지공간의 회복에도 최대의 노력을 기울여야 한다.12) 한편 도시생태체계 내에서 유지되어야 할 동식물의 수, 종류, 성장치를 정하거나, 지역별로 종합측정망을 구축해 도시생태환경의 총량적 건강지수를 측정하여 그 지수가 일정기간 미달될 때는 지역별로 '환경비상사태'를 선포하여 영향을 주는 것으로 추정되는 활동(예, 주택건설, 자동차통과, 특정상품의 사용 등)을 폐쇄, 정지토록 명하여야 한다.

장기적으로 도시생태 틀의 개조는 단절된 생태순환기능을 정상으로 돌려놓는 일에 최우선해야 한다. 이를 위해서는 두 가지 장기적인 프로그램 운용이 필요하다. 하나는 저밀도 개발방식(단위당 저에너지 소비적인 개발방식)을 획기적으로 채택하여 도시를 소위 말하는 '생태도시(eco-polis)'로 서서히 바꾸어가는 정책이다. 생태도시는 저에너지 건물 및 시설의 건설, 자연에너지의 사용, 절대녹지공간의 최대한 확보, 환경부하량이 최소화되는 생활기기나 제품의 사용확대 등에 의해 전반적으로 생태순환구조가 구비된 도시를 말한다. 생태도시를 위한 우선적 조건은 에너지 사용을 효율화하는 방안을 갖추는 일이다. 따라서 이를 위해서 에너지의 생산과 사용을 효율적으로 관리하는 지역별 '에너지 집약화 체제'를 구축해야 한다. 그리고 다른 하나의 장기프로그램은 지역별로 생활 부문으로부터 지역전체에 이르는 환경문제를 종합적으로 관리할 수 있는 '지역 종합 환경관리 체제'를 운용하는 것이다. 이 체제는 지금까지 제안한 환경지향적 서울개조론을 지역단위에서 집약적으로 실천관리하

---

12) 녹지공간의 확보를 위해서 공공용지나 공공건물이 철거될 때 그 토지를 녹지개방공간으로 전용하거나 무분별한 녹지지대의 개발을 적극적으로 방지해야 한다. 이런 점에서 도시주변의 녹지지대를 파괴하는 물리적 팽창 위주의 신도시개발은 최대한 억제되어야 한다. 신도시 개발이 주거지 개발을 주목적으로 한다면 신도시 건설 대신에 기존 주거지를 체계적으로 개량하는 것이 더욱 바람직하다고 본다.

기 위한 장치가 되겠다. 참여주체들은 시민, 기업, 지방정부가 삼위일체 되어야 하며 다루는 영역은 참여주체들이 수행하는 활동부문에서 환경 저해적인 요소를 미시적이면서 종합적으로 감시·감독하면서 이를 교정 하는 것을 포함토록 해야 할 것이다. 이 체제의 민주주의적 운영은 곧 도시정치공간에서 '생태민주주의'를 구현하는 실천수단이 될 것이다.


## ■ 참고문헌


구자인. 1994, 「자연자원이용과 생활쓰레기 발생사이의 상관관계에 관한 연구」, 서울대학교 환경대학원 석사학위논문.

김귀곤. 1991, 「우리나라 도시의 생활환경」, ≪토지연구≫, 제2권 제2호.

_____. 1993, 「도시계획 및 설계에 있어서 새로운 흐름: 에코폴리스(Econopolis)」, ≪환경과 조경≫, 1월호.

이경재. 1994, 「우리나라 도시생태계의 회복대책」, ≪도시문제≫, 1994년 1월호.

이상헌. 1993, 「서울 환경위기의 정치경제」, 한국공간환경연구회 편, 『서울연구: 유연적 산업화와 새로운 도시사회정치』, 서울: 한울.

이창우. 1994, 「지속가능한 도시개발의 실현을 위한 도시공간의 실재론적 이해」, '이론과 실천' 세미나 발표 논문, 서울대학교 환경대학원, 1994.4.16.

서울시. 1992, 『서울의 환경』.

_____. 1993, 『서울시 통계연보: 1991』.

장원. 1994, 「우리나라 도시의 환경오염 실태」, ≪도시문제≫, 1994년 1월호.

서울시정개발연구원. 1993, 『서울시 환경관리체계 구축을 위한 연구』.

정회성. 1993, 「지방화시대 환경부문의 과제와 정책방향」, 한국환경기술개발원 편, 『신경제계획과 환경부문의 과제』.

조규탁. 「서울시 대기오염도의 시공간적 변화요인에 관한 연구」, 서울대학교 환경 대학원 석사학위논문.

조명래. 1993, 「서울의 정치경제학: 서울연구방법론을 위해」, 한국공간환경연구회 편, 『서울연구: 유연적 산업화와 새로운 도시사회정치』, 서울: 한울.

_____. 1994, 「서울의 새로운 도시성: 유연적 도시화와 대도시의 삶」, 『문화과 학』, 제5권.

Blowers, A. 1992, "Sustainable Urban Development: The Political Prospects," in Breheny, M.(ed.), *Sustainable Development and Urban Form*, London: Pion.

Brheny, M. 1992, "Sustainable Development and Urban Form: An Intro- duction," in Breheny, M.(ed.), *Sustainable Development and Urban Form*, London: Pion.

Girardet, H. 1992, *The Gaia Atlas of Cities: New Directions for Sustainable Urban Living,* London: Gaia Books Limited.
Ness, G. D. 1994, "Background Paper," presented in the International Symposium on Urban Metrobolism, held in the Asia Urban Information Center of Kobe & the University of Michigan, Sept. 1994.

# 3장
# 도시소비양식의 극복: '상품의 노예'로부터 '지속가능한 소비양식'으로

## 1. 자본주의의 일상성: 상품소비관계의 심화

우리에게도 이젠 소득 만불의 시대가 열렸다. 소득이 향상됨에 따라 일상영역에서 전개되는 소비활동이 전에 없이 새로운 방식으로 구성되면서 소비를 중심으로 한 새로운 일상관계가 형성되고 있다. 소득의 향상에 따라 소비방식을 중심으로 한 일상활동의 의미와 내용이 심화되는 현상을 '소비양식의 고도화'라 부른다.

소비를 둘러싼 생활양식이 고도화된다는 것은 알고 보면 다름아닌 일상의 매순간이 상품소비의 활동으로 더욱 치밀히 채워지는 것을 뜻한다. 아침에 '침대'에서 일어나 '정수기'에서 걸러진 냉수 한 잔을 들이키는 것으로부터 화장실 일을 마치면서 하얀 '화장지'를 쓰고 베이커리에서 산 '빵'으로 아침을 떼우며, '자동차'로 직장에 출근한 후 '팩스'를 통해 외국 거래처에 서신을 띄우고 점심에 '햄버거'로 식사를 하며, 퇴근하는 길에 음반가게에 들러 '시디(CD)'를 구입하고 편의점에서 들러 '캔 맥주'를 산 뒤, '아파트'로 돌아와 주말에 사놓은 '냉동 식품'을 '전자레인지'에 데워 저녁식사를 하고, '위성채널'를 통해 월드컵을 시청하며 '다이어리'에 오늘을 기록하는 일들을 마친 후, '전기'를 끄고 '침대'로 들어가는 24시간 일상 과정의 모든 순간은 상품을 소비하지 않는 순간이 없다. 소득이 높아지면서 소비활동이 고도화되었다는 것은 우리의 의식주 활동 과정이 이렇듯 보다 많은 상품을 소비하는 것으로 재편되는 것을 의미한다.

오늘날의 생활과정은 더욱 세분화되면서 각기의 생활단계는 그에 걸맞은 전문화되고 특화된 상품을 소비하는 것으로 재편되고 있다. 예를 들어 김치란 먹거리를 만드는 생활단계를 보면, 지금은 맨손 대신에 '일회용 비닐장갑'을 사용하고, '믹서기'를 이용해 양념을 다지며, 저장하기 위해 넣기 전에는 '큰 비닐'에 나누어 담은 뒤, 김치전용 '냉장고' 속의 '김치독'에 넣는 등의 김치를 만드는 전과정이 전문화된 상품을 소비하는 것으로 세분화되고 있다. 빨래를 하는 경우도 그러하다. 즉, 칼라에 낀 때를 벗길 때, 모직으로 된 옷을 세탁할 때, 정전기가 많이 나는 옷을 세탁할 때, 세탁물에 좋은 냄새를 내게 할 때, 주부들이 각각 다른 종류의 세제(상품)를 쓰는 것도 세탁과정이 전문화된 상품을 소비하는 과정으로 구성되는 것을 보여준다.

한편 오늘날 상품소비에서는 상품의 물질성보다 상품이 가지고 있는 서비스, 기호, 상징, 의미 등을 소비하는 것에 더 많은 의미를 부여하고 있는데, 이는 물질적 영역을 넘어 정신적·문화적 영역까지도 이젠 상품소비의 대상으로 편입되고 있음을 의미한다. 뿐만 아니라 소비되는 상품의 성질과 소재도 더없이 복잡해지고 다원화되고 있으며, 또한 상품이 생산되는 것으로부터 판매·유통되는 과정 자체가 확장되고 있다. 이로 인해 상품소비를 둘러싼 관계는 전에 없이 다차원적이고 광역적으로 구성되고 있다.

그렇다면 왜 일상과정이 이토록 상품을 끊임없이 소비하는 것으로 이루어지고 있으며, 상품소비의 관계로 치밀히 채워지는 일상과정은 어떻게 출현하는가? 상품소비의 고도화를 촉진하는 일차적인 요인은 무엇보다 소득향상이다. 하지만, 소득향상을 가능케 하는 요인은 생산·고용 활동의 고도화와 그에 따른 분배소득의 향상이다. 따라서 이 양 측면을 묶어서 말하면, 생산부문의 생산성 증대와 그에 따른 소득배분의 결과가 소득향상과 소비의 고도화란 현상을 가져오는 근본적인 동인이 된다. 이는 궁극적으로 자본주의적 생산양식의 발전이 소비양식의 고도화를 조건 지움을 뜻하는 것이다. 오늘날의 지배적인 생산방식은 고도의 정보·지식 집약적이고 노동의 강도가 높은 방식으로 생산이 이루어지는 것을 주요 특징으로 하며, 그 결과 노동과정에서 노동력의 손실이 대단히 크다. 따라서 질이 담보되는 노동력이 사회적으로 재생산되기 위해서는 노동자들의 일상과정에서 질 높은 소비를 통해 노동의 물질적·정신적 재충전이 필히 이루어져야 한다(다츠오 나루세, 1994).

노동력 재생산의 이 같은 특성은 소비방식의 내용을 바꾸는 가장 중요한 조건이 된다. 즉, 일상과정에서 가사노동을 대신할 내구소비재 사용이 점증하고, 자가 생산품보다 상품화된 제품의 소비가 증가하며, 물질적 재화의 소비 보다 정신·문화적 재화/서비스의 소비가 급속히 확대되고, 일터-집-소비재구입처-여가활동지 사이에 신속한 이동을 위한 사적 교통재의 사용이 증가하며, 양호한 노동력 조건을 확보하기 위한 지적소비재(예, 교육) 사용이 급증하는 것 등은, 모두가 소비양식 고도화를 의미하는 것으로, 생산부문의 합리화에 따라 소비부문이 재편되는 결과로 나타난 현상들이다. 따라서 소비활동의 본질은 상품소비를 통해 '노동력'의 안정적 재생(산)이 이루어져 궁극적으로 생산부문의 축적활동이 지속가능하게 만드는 데 있다. 이런 점에서 일상소비의 고도화는 궁극적으로 자본주의적 관계가 생산부문을 넘어 일상생활 부문(혹은, 재생산 과정)으로 확장되는 것을 의미한다.

생산의 고도화에 따라 생활과정 전체가 상품소비로 채워지는 이러한 현상은 산업사회(혹은, 자본주의)에 고유한 한 경향을 반영하는 것으로, 중요한 것은 그러한 경향이 대도시적 생활 및 소비양식의 조직화를 관철한다는 사실이다.

## 2. 대도시적 소비양식의 특성

대도시적 현상(metropolitan phenomena)은 수많은 인구가 한 장소에 모여 있는 양적 속성으로 우선 나타난다. 하지만 그 양적 속성은 대도시에 모여든 사람들의 활동들이 끊임없이 분화되고 그 관계가 복잡하게 심화되면서 변화를 겪는 인간성이나 소비양식, 즉 질적 속성을 통해 그 진정한 의미를 드러낸다. 이런 점에서 대도시적 현상의 본질은 이 같은 질적 속성에 있다 하겠다(조명래, 1997).

농촌 공동체와 달리 도시란 공동체는 생산보다 소비가 중요한 특징을 이룬다. 하지만 도시의 소비는 생산활동의 발전에 따라 상이하게 규정되어 온 것이 사실이다. 노동집약적인 산업화가 급격히 이루어졌던 근대초기의 도시에는 농촌으로부터 저임금 근로자가 대규모로 집중했고, 그에 따라 도시의 소비양식은 이러한 생산 인구층이 추구하는 일상 생필품의 소비활동과 주로 관련되어 있었다. 하지만 양적 성장을 넘어선 오늘날의 대도시는 지구 전체를 대상으로 하는 기술, 정보, 지식집약적 상품생산활동이 집적하는 공간으로 바뀌고 있으며, 그에 부응하여 소비양식은 이런 활동에 종사하는 도시인들의 소비활동에 의해 특성지어지고 있다. 대도시의 최근 신산업 중에서 가장 대표적인 것은 소위 '생산자 서비스업'(예, 금융, 정보처리업, 연구개발, 소프트웨어, 광고, 패션 등)이다. 산업체제 전체에서 볼 때, 이러한 업종은 대개 고급의 노동력을 필요로 하는 부문에 해당한다. 따라서 이런 업종이 밀집된 대도시에는 자연히 직업분포 상에서 최상의 직종과 지위에 있는 인구가 집중하게 된다. 이러한 인구층이 도시의 신중산층을 이루는 인구학적 토대가 되며, 이들이 행하는 소비활동은 대도시적 소비양식을 특징짓는다.

우리의 대도시도 이와 유사한 경향을 띠고 있으며, 대도시 소비양식도 신중산층에 걸맞은 고용지위, 노동력 재생산의 조건, 그리고 그에 따른 소비방식과 생활양식을 반영하고 있다. 즉, 서울의 최근 직업구성은 생산직 종사자 비율이 상대적으로 줄어드는 가운데 전문직, 사무직, 서비스·

판매직 관련 종사자가 급격히 늘고 있는 변화를 보이고 있다. 이는 서비스직 관련 신중간층을 중심으로 서울의 계층구조가 변화하고 있음을 의미하는 것이다. 이 같은 직종 및 계층의 구성변화는 소득향상에 그대로 투영되어, 서울의 가구당 소득은 1980년대부터 지금까지 연평균 20-25%로 증가해왔다. 이러한 소득증가가 곧 소비방식의 고도화를 결정짓는 원인이 되는 것이다. 이는 실제 가계지출의 패턴변화에서 잘 드러나고 있다. 즉, 서울의 근로자 가구의 경우, 최근 들어 가계지출에서 비중이 가장 빠르게 증가하고 있는 부문이 '외식', '가구집기 가사용품 구입', '교양·오락', '교통·통신'이라는 사실은 서울의 소비방식이 전형적인 중산층적 특성을 띠고 있음을 보여주는 것이 된다(조명래, 1995).[1]

중산층 중심의 대도시적 소비양식이 가지는 일차적인 특징은 무엇보다 대량생산된 상품을 대규모로 쓰는 것과 관련되어 있다. 이를테면 도시의 건축양식, 주거양식, 정보·통신방식, 유통·판매방식, 여가방식 모두가 '대규모화(mass)'하면서, 대단위 건물, 대량 교통·소통, 대량소비 및 마케팅, 대규모 신용, 대규모 레저, 대량복제미학 등이 대도시적 소비양식의 중요한 양상이 되고 있다.

소비의 대량화 및 대규모화는 일차적으로는 인구규모의 증가에 따른 것이지만, 보다 중요하게는 세분화된 생활영역별로 상품소비수요의 끊임없는 세포분열과 이들의 거대한 집적에 의해 규정된 것이다. 상품소비의 세포분열적 폭증은 대도시의 일상관계를 통해 중산층적 소비가 내부적으로 끊임없이 폭발하는 현상, 즉 '내파화(內破化)'하는 것을 뜻한다. 이를테면 일상활동 자체가 상품소비단위로 분화되고, 상품소비를 무한정 부추기는 대도시 특유의 소비경관이 조성되며, 상품소비를 둘러싼 화폐 거래관계가 심화되는 것은 모두 대도시 소비가 내파화하는 것을 보여주는 현상이다. 따라서 대도시 소비양식은 '매스(mass)' 그 자체에 의해서라기

---

1) 1987년과 1992년 사이 도시가계의 연평균 지출이 11.2%가 되었는데, 평균을 넘는 부문으로는 외식(19.7%), 가구집기·사용품구입 (13.3%), 교양·오락(19.5%), 교통통신 (20.5%)이었다(조명래, 1995).

보다 소비활동의 집중성과 높은 밀도에 의해 보다 의미있게 규정된다는 점을 알 수 있다.

대도시 소비는 또한 소비되는 상품의 기술적, 소재적 내용 면에서도 주요한 특성을 보이고 있다. 대도시에서 집중 소비되는 상품의 소재는 석유화학원료를 주성분으로 하거나 에너지·정보·기술 집약적인 소재들로 구성된 것이 대부분이다. 그것은 일상의 물질적, 비물질적 소비과정 모두에서 쓰여지는 상품의 보편적인 특징이며, 그러한 특징은 대도시형 소비일수록 더욱 뚜렷하다. 복잡하면서도 단위당 에너지 사용과 기술적 투입요소가 높은 제품을 생산하기 위해서는 생산과정에 투입되는 원료, 에너지 등의 생산요소가 광범위한 생산영역으로부터 공급되어야 한다. 한편 생산된 상품이 최종 소비자에게 이르기 위해서는 그 유통 과정이 다단계로 세분화되고 각 단계마다 상품의 성질을 고도화하며 구매력을 높이기 위한 요소가(예, 광고, 포장, 수송 등) 추가적으로 투입되어야 한다. 아울러 개인이나 가정 등에서 최종 소비되는 과정 자체에서도 여러 가지 유형의 자원과 에너지들이 추가적으로 사용되어야 한다. 문제는 이렇게 다양한 소재·자원·에너지가 투입된 결과로 상품의 소비가 종결되면 거기에는 필연코 각종 폐기물이(예, 포장지나 용기 등) 대량으로 방출되어 나오게 된다.

대도시 소비양식은 분명히 대도시란 공간 내에서 이루어지지만, 대도시의 각종 활동이나 관계가 대도시 밖의 세계와 복잡하면서도 유기적인 망을 구성해 유지됨으로써, 소비관계 또한 필연적으로 '초도시적인' 광역성을 띠게 된다. 그것은 특히 도시체계를 구성하는 교통·통신 등의 하부구조 발달에 의해 전면적으로 진전되지만, 개인적 생활에서의 자동차화(motorization)에 의해 미시적이면서 일상적으로도 이루어진다. 때문에 대도시 소비활동을 구성하는 에너지, 자원 등의 투입요소는 광역의 지역으로부터 수집되어오는 동시에, 소비과정에서 폐출되는 각종 폐기물은 사회적, 생태적 순환 구조를 통해 도시 밖의 광범위한 지역으로 흘러나가게 된다. 그래서 오늘날 대도시적 소비양식의 특성은 일차적으로 도시

사회 내의 일상적 소비 관계가 내파화되는 것에 의해 규정되지만, 보다 중요하게는 도시를 에워싼 자연생태계와의 생태순환적 관계 속에서 규정되는 특징을 가지고 있다.

## 3. 대도시적 소비양식의 반환경성

대도시 소비양식의 특징 중에 가장 두드러진 점은 대도시를 둘러싼 생태환경에 대해 많은 부하량을 발생시키는 것인데, 이는 곧 대도시 소비양식의 반환경성을 의미한다. 대도시 소비활동이 환경에 과부하를 일으키는 것은 이젠 일상의 모든 과정에서 확인되는 바이다.

우선 주거생활을 보더라도, 서울과 같은 대도시의 주거단지는 해가 거듭될수록 반환경성이 심화되어 가고 있는 경향을 보이고 있다. 그것은 특히 최근의 재건축이나 재개발과정에서 그대로 드러나고 있다. 200만 호 주택보급 정책의 일환으로 도입된 재건축·재개발 정책은 개발사업의 이윤성을 확보하기 위해 용적율을 400%까지 허용하는 고밀도 개발을 부추겨왔다. 고밀도 개발은 개발 과정에서 지형변경과 시설배치에 따른 미시환경을 근본적으로 바꾸어 놓게 된다. 또한 대부분의 주거지 재개발이 주로 고지대에 이루어짐으로써 그에 따른 녹지의 대규모 파괴와 건물에 의한 지형·지세 변화가 심대하게 수반된다. 지난 20여 년 간 서울의 녹지 파괴의 87%가 주거지 개발에 의해 자행된 점을 상기한다면, 현재 그리고 앞으로 서울 이곳저곳에서 추진되거나 추진될 각종 재건축·재개발 사업으로 인해 도시환경이 앞으로 더욱 심각하게 파괴될 것으로 쉽게 예상된다. 재건축·재개발과정으로 인해 야기되는 환경의 파괴는 비단 녹지나 생태환경의 훼손만이 아니다. 건물의 수명이 끝나지 않은 주거지나 건물의 해체에서 나온 엄청난 양의 폐기물 자체가 심각한 환경오염을 야기할 주요 원인이 될 것이며, 또한 완성된 고층 아파트 자체가 서울의 미시적인 대기 흐름을 흐트러뜨리는 주요 요인이 될 것이다.

대단위 집합적 주거 소비양식으로서 아파트의 고밀도 건설은 필연적으로 단위당 주거의 소비밀도를 급격히 높이는 결과도 초래한다. 최근 들어 소득 향상과 더불어 가계의 일상소비 자체가 고급화·다원화·대규모화됨에 따라, 아파트 주거의 소비밀도가 더욱 상승적으로 높아지고 있다. 주거면적이 넓어지고, 시설이 고급화되며, 또한 일상에서 쓰는 활동 단위당 상품소비가 증가하는 등은 모두 주거의 높은 소비밀도를 초래하지만, 이런 현상은 비단 재개발·재건축 지역에서만 아니라 그밖의 주거 지역에서도 보편적으로 발견되는 양상이다.

식생활에서도 소비밀도가 고도화되고 그에 따라 다량의 폐기물이 방출하는 현상이 나타나고 있다. 소득이 높아짐에 따라 대도시의 식생활은 무엇보다 음식을 만드는 데 쓰여지는 자료가 다양화되고 대규모화되며 고급화되는 변화를 보이고 있다. 싱싱한 채소와 과일이 사계절 내내 식탁에 오를 수 있기까지는 하우스에서 특수 재배되거나 외국으로부터 비싸게 수입되어야 할 것이다. 따라서 이런 소재로 만든 음식의 소비는 그만큼 많은 에너지와 자원의 사용을 필연적으로 수반하게 된다. 또한 소득향상에 따라 기호식품과 같은 이차적인 음식의 섭취량이 증가하는 것도 그에 따른 식생활의 단위당 자원·에너지의 소비밀도를 높이는 요인이 된다. 아울러 고급화된 식성에 맞는 음식 자료(예컨대, 육가공품)를 구매하기 위해 할인점과 같은 근대적 유통기관을 찾는 과정에서는 이동 에너지를 추가적으로 써야 하며, 이를 조리하여 먹고 저장하는 과정에서는 새로운 소비도구(예컨대, 전자오븐)를 사용함으로써 환경부하량이 높은 자원·에너지를 추가적으로 소비하며, 그리고 먹고 난 뒤에는 그만큼 많은 폐기물을 추가적으로 배출시킨다. 식생활과 관련하여 특히 환경문제가 되는 것은 과도한 음식물 쓰레기의 배출이다. 식탁에 마련된 음식물 중 일상적 활동 에너지로 전환되는 것이 60%에 불과하다는 통계가 최근에 보고된 바 있다. 이는 달리 말하면 음식물의 40%가 폐기물로 방출된다는 것을 뜻하는 것이다. 때문에 음식물 찌꺼기가 대도시 쓰레기의 주성분이 되는 것은 당연한 일이다. 아울러 최근의 대도시 식생활 중에서 환경부하량을 높이는 새로운 요인은 외식 혹은 매식이다. 우리나라 대도시 근로자 가계의 지출 중에서 외식비는 그 동안 가장 빠른 속도로 증가하고 있는 항목이다.[2] 외식과 매식은 일상적인 식생활에 반드시 필요해서라기보다 소비 자체에 중요한 의미가 있기 때문에 추구되는 소비활동이며, 이런 점에서 이는 분명히 추가적인 자원과 에너지를 소비하는 식생활 행위이다.

의(依)생활과 관련해서도 대도시의 소비는 또한 과도한 환경부하량을 발생시키고 있다. 소득이 높아짐에 따라 자기 이미지 관리가 일상거래에서 주요한 조건이 되는 대도시 생활에서 의복소비가 증가하는 것은 불가피한 현상일지 모른다. 하지만 오늘날 대도시 중산층들이 의복부문에 지출하는 것이 너무 과도하다는 데 문제의 심각함이 있다. 의복에 대한 과도한 소비는 의복의 일상 용도를 세분화하여 너무 과도하게, 그것도 불필요한 정도로, 그리고 고가의 브랜드 상품 위주로 구입하는 모습에서 쉽사리 확인된다. 이를테면 구두와 코트를 계절별 분위기에 맞추어 여러 벌을 갖추고, 주말 여가활동을 위해 그에 걸맞은 전문의복을 구입하며(예, 각종 스포츠 웨어), 신분 과시용으로 외국 브랜드 의복을 가치 이상의 고가로 구입하는 것 등도 모두 의복에 대한 과소비를 보여주는 대목들이다. 문제는 최근의 고급 의복일수록 그 자료와 투입요소가 복잡하고 다원적일 뿐 아니라 생산의 단위당 에너지 사용량이 상대적으로 대단히 크다는 사실이다. 의복의 원료인 섬유를 생산하는 활동(예, 직조, 염색 등)은 대체로 다량의 에너지, 이를테면 물, 전기, 자료 등을 사용하며, 또한 생산활동의 결과로 엄청난 노폐물(특히, 폐수)을 대량 방출시켜 환경을 오염시키는 주범이 되고 있는 것은 주지하는 사실이다.

한편 대도시 소비활동 중에는 여가상품의 소비가 점차 중요한 부문을 새롭게 차지해가고 있다. 소비수준이 높아지면 질수록 여가 상품의 수요

---

2) 외식비 지출규모는 1980년대 동안 약 10배나 증가하였으며, 이에 따라 소비자 서비스업의 대표격인 음식·숙박업은 사업장 면적기준으로 볼 때 1986년과 1991년 사이에 무려 266%나 증가한 바 있다. 그러한 추세는 1990년대 들어와서 계속되었다.

가 폭증하고, 또한 다양화·고급화되는 것이 보편적이다. 모든 여가활동이 에너지 소모적이며 환경부하량이 높은 폐기물을 산출해내는 것은 아니다. 하지만 대도시 중산층들이 선호하는 여가활동은 대개 자원·에너지 사용의 밀도가 높을 뿐 아니라 환경오염이나 환경파괴를 수반하는 경향이 크다. 이를테면 중산층이 즐기는 골프, 여행, 관광, 스포츠 등은 모두 고가의 상품으로서 그 생산을 위해 엄청난 에너지·자원, 비용이 소요되며 또한 소비과정 그 자체에서 자원·에너지 소모가 많아 자연환경에 대한 높은 부하를 유발한다. 여가상품을 소비하기 위해 도구, 장비, 의복 등을 구비해야 하고, 장소간 이동을 위해 고가의 교통상품을 소비해야 하며, 소비지 자체가 건설되고 운영되기 위해 다량의 에너지·자원이 소모되어야 하고, 이용하는 과정에서 부차적인 상품의 소비(예, 숙박에 따른 외식 등)가 수반됨으로써 추가적인 에너지·자원 소비를 유발하는 것 등은 모두 여가활동과정에 반환경 요소가 많음을 보여준다.

오늘날 대도시 소비에서 중요해지는 새로운 분야는 교통상품의 소비이다. 교통은 기본적으로 상이한 지점과 위치간의 이동을 의미한다. 도시생활에서 교통상품 수요가 급증하고 있는 것은 주거지와 작업장, 작업장과 작업장, 작업장과 사회적 활동공간(예, 쇼핑센터), 주거지와 사회적 활동공간(예, 여가활동지) 간의 이동이 빈번해지기 때문이다. 교통상품은 소득이 증가함에 따라 개인화된 양식이 주류를 이루게 되는데, 문제는 그러한 교통상품이 엄청난 에너지 소비를 수반한다는 점에 있다. 자가용 자동차의 이용이 가장 대표적인 예가 될 터인데, 가족 단위의 소비 중에서 주거 다음의 고가의 소비품목인 자동차란 교통상품은 그 구입시 우선 고가의 비용을 필요로 할 뿐 아니라, 일상적인 유지과정에서도 고가의 비용이 지속적으로 소요된다. 무엇보다 석유제품을 끊임없이 소비함으로써 자동차는 일상소비생활에서 에너지 및 자원을 가장 많이 소비하는 품목의 하나가 되었다. 자동차 운행을 위해 소비되는 유류가 대도시 대기오염의 주범이 되고 있는 것은 대도시 교통상품의 고도화가 초래하는 치명적인 후유증의 하나이다.

지금까지 간략히 살펴보았듯이, 대도시의 소비양식은 단위당 에너지 사용과 그에 따른 폐기물의 방출이 높은 것이 주요한 특징인데, 이 특징은 곧 대도시 소비양식이 반환경적인 속성을 띠고 있음을 의미한다. 따라서 대도시 환경문제는 근본적으로 대도시 소비활동의 고도화에 따른 결과로 보아도 무방할 것이다.

## 4. 대도시 환경문제의 특징

대도시 환경문제는 일차적으로 대도시 자체의 크기와 직접적인 상관관계를 가지고 있다. 이를테면 도시의 크기 증가는 폐기물의 양적 증가뿐 아니라 폐기물 중 유독성이 높은 성분의 증가를 필연적으로 초래한다. 도시크기의 증가는 소음공해와도 긴밀한 상관관계를 보이고 있다. 또한 도시크기의 증가와 통근시간의 증가가 높은 상관관계를 가지고 있다는 점에서 도시크기 증가는 에너지 소비를 필연적으로 높인다. 도시크기의 증가와 교통사고 증가간에도 높은 상관관계가 있다. 그리고 도시크기 증가와 토양을 포함한 기후의 인공적 변화 간에도 상관관계가 대단히 높다(조명래, 1994).

물론 도시크기 자체가 환경의 질을 자동적으로 결정짓는 것은 아니다. 도시크기 증가에 따라 나타나는 새로운 생활방식, 기술의 이용제도 등이 곧 환경의 질을 실제 결정짓는 변수로 작용한다. 따라서 대도시 환경문제가 생활환경상의 문제라면, 이는 향상된 소득과 환경적으로 과부하를 거는 소비방식에 의해 매개된다는 사실을 다시 한번 확인시켜준다. 서울 대도시를 보더라도 이는 명확하다. 1985년과 1991년 사이에 인구가 약 10%정도 증가했지만 가구 수는 약 42%, 인구밀도는 13%, 청과물 소비량은 80%, 육류(소고기) 소비량은 175%, 물 소비량은 37%, 전력 소비량은 84%, 유류 소비량은 123%, 건축허가면적은 약 200%정도로 증가했다. 이런 사실은 도시크기의 증가보다 소비방식의 증가가 앞서감을 보여준다. 소비의 고도화는 소비의 이러한 상대적 빠른 증가를 의미하는 것으로, 처리역량을 초과하는 폐기물 방출의 급속한 증가는 소비의 폭증에서 기본적으로 연유하게 된다.

따라서 대도시 환경문제는 도시의 양적·외연적 성장에 따른 문제에 더해 질적·내포적 성장에 의해 보다 중요하게 규정되는 것을 알 수 있다. 다시 말해 면적당·단위당 사용되는 에너지 및 자원의 사용량이 증가하거나 활동단위의 복잡도와 밀도가 급격히 높아짐에 따라 도시활동의 환경부하량은 상대적으로 보다 급격히 증가하게 된다. 이렇게 환경부담을 높이는 것을 환경의 '내포적 과부하'라 부른다. 내포적 과부하는 화석연료 사용의 급증, 생산방식의 복잡화, 복합소재를 사용하는 상품생산 및 소비의 폭증, 소비양식의 질적 변화, 생활 및 생산활동의 밀집과 고밀화, 토지의 입체적 이용 등이 복합적으로 작용하여 발생한다. 서울의 단위당 에너지 소비가 농촌의 30배에 이르며 이에 따라 발생하는 대기오염이 농촌의 25~30배에 이르고 있는 것은 서울 대도시 활동이 환경에 대해 높은 '내포적 과부하'를 걸고 있는 것을 증명해준다.

그러나 내포적 과부하는 총량면에서 단위당 에너지, 자원, 제품 사용의 급증에서만 연유한 것이 아니다. 사용되는 자원, 제품의 소재나 성분 자체가 유기적으로 보다 복잡한 구조를 가진 독성물질, 그리고 자연환경에서 용해가 쉽게 되지 않는 요소를 더욱 많이 함유함으로써도 내포적 과부하가 발생한다. 대도시의 내포적인 환경 과부하를 낳는 복합적인 유해성 물질의 사용이 급증하는 것은 도시환경에 여러 문제를 낳을 뿐 아니라, 이는 역으로 도시에 거주하는 사람들의 인체에 대해 복합적인 영향을 끼쳐 난치불능의 질병을 일으키기도 한다.

대도시 환경문제는 전체로서 생태계에 부정적인 영향을 주는 에너지의 증가, 즉 엔트로피의 급속한 증가에 따른 결과라 할 수 있다. 엔트로피 증가는 도시환경체제에 환경유해 물질을 급격하게 퇴적시키는 현상을 수반하는데, 이는 대도시 자연 시스템의 수용능력을 넘어서는 기술·사회체제의 과대성장과 과대작용, 폐기물의 과다방출 등에서 근본적으로 기인한다. 이 같은 퇴적은 곧 도시생태계를 구성하는 각 요소들간에 흐르는 자연스러운 에너지와 자원순환을 폐절시키거나 단절시키게 된다. 즉 인구의 집중과 과밀, 에너지 소비 생활의 증가에 따른 폐물질의 방출은 자연생태계를 구성하는 대기, 물, 토지, 식생 등에 퇴적되어 전체로서 순환체계의 순조로운 순환을 불가능하게 한다.

이렇게 본다면 우리가 겪고 있는 온갖 환경문제는 바로 도시생활에서 근본적으로 발원한다고 볼 수 있으며, 그런 의미에서 도시는 다름아닌 환경문제를 제조해내는 거대한 공장이라 할 수 있다. 중요한 것은 이 공장의 기계이자 생산단위들은 바로 우리가 일상적으로 영위하는 삶의 구석들이라는 사실이다. 따라서 우리가 먹고사는 생활 수단과 방식들이 환경문제를 제조해내는 기계들이며, 그 기계들은 도시란 공간적인 체제에 의해 돌아가고 있다라는 사실이 인식되어야 한다.


## 5. 지속가능한 '소비양식'의 모색

대도시 환경문제는 궁극적으로 도시의 인간시스템과 자연시스템 간의 신진대사의 불균형으로부터 초래되는 것이다. 이 불균형을 만들어내는 매개고리가 도시적 소비양식의 고도화라면 도시의 인간시스템과 자연시스템간의 신진대사 흐름의 복원은 '지속가능한 소비양식'에 의해서만 가능하다 할 수 있다.[3] 소비양식이 지속가능하기 위해서는 다음과 같은 조건을 갖추어야 할 것이다.

---

[3] 지속가능성이 도시적 수준에서 구현되기 위해서는 가장 중요한 조건은 도시를 구성하는 단위, 영역, 요소, 기능간의 '상호 진화적(co-evolutionary)' 관계가 유지되어야 한다 (Nijkamp, 1996). 이를 구현하는 가장 실제적이며 구체적인 영역은 일상과정에서 운영되는 미시적인 생활방식의 지속가능성이다. 이른바 친환경적인 생활양식을 우리는 지속가능한 생활양식으로 규정할 수 있는데, 이것은 과도하고 무절제한 소비의 억제와 이를 바탕으로 하는 생산규모의 축소가 동시적으로(즉, 상호진화적으로) 이루어질 때 가장 소망스럽게 구현된다(조명래, 1997).

  첫째, 고도화되는 상품소비의 습관, 관행, 경향 등을 주체적으로 극복하는 일상적 실천이 개인적, 집단적, 제도적 차원에서 이루어져야 한다. 이 실천은 다름아닌 탈상품화를 추구하는 것을 의미한다. 우선 개인적 차원에서는 일상활동에서 무의식적으로 쓰는 각종 상품의 소비를 줄이는 것이 자의식적으로 실천되어야 한다. 외식이나 매식 대신에 가능하다면 가정에서 조리를 통해 음식을 생산하고 소비하는 것, 고가의 레저 상품을 소비하는 것을 피하는 여가방식을 활용하는 것, 가까운 거리를 도보로 이용함으로써 자동차란 교통상품의 사용을 최대한 줄이는 것, 에너지 소비적인 가전제품(예, 믹서) 대신에 전통적인 도구(예, 절구)를 사용하는 것 등은 모두 개인 차원에서 일상적인 상품의 소비를 줄이는 구체적인 실천이 되는 것이다. 그러나 개인적인 차원의 상품사용의 절약이나 감소는 집단적이고 제도적인 차원에서 추진되는 탈상품화 전략이 뒷받침될 때 보다 입체적이며 장기적으로 실현될 수 있다. 현재 고가의 상품으로 간주되는 주택이나 교육(특히, 사교육)과 같은 상품들은 국가정책 등을 통해 충분히 탈상품화(혹은, 공공재화)될 수 있는 것들이다. 이렇게 되면, 가계소비에서 중요한 부문을 차지하는 이러한 소비품목은 탈상품화됨으로써(즉, 공공임대주택이나 공교육이 더 많이 공급됨으로써), 그 비용이나 노력은 다른 건전한 소비부문으로 전용되어 과도한 소비에 따른 생활상의 부작용을 그만큼 줄일 수 있게 된다. 일상의 소비재를 탈상품화한다는 것은 상품의 교환가치를 사용가치로 환원하는 것을 전제한다. 대도시 생활에서 상품의 사용가치가 보다 보편화된다면, 우리는 지금의 '상품의 노예' 상태를 보다 용이하게 벗어날 수 있게 될 것이다.

  둘째, 교환가치 대신 사용가치가 중심이 되는 재화의 소비방식의 실현은, 기본적으로 현재 고도로 개인화되고 파편화된 소비방식의 중심이 집합화되고 공동체화된 소비방식의 그것으로 전환될 때 가능해진다. 이를테면 자가용 대신에 대중교통을 활용하거나, 개인주택 대신에 공동주택을 짓게 하며, 상품의 개별구입 대신에 동네 공판장이나 조합을 통해 저렴하게 구입하고, 개별화된 에너지 공급 방식 대신에 지역별로 단지화된 에너지 공급 체제를 도입하며, 개별 의료서비스 대신에 공공의료기관에 의한 의료서비스 공급을 확대하는 것 등은 모두 집합적이고 공동체적 방식의 예들이 된다. 개인화된 소비는 개인간의 경쟁을 통해 상품소비를 상호 상승시키는 효과를 갖고 있다. 반면 공동체화된 소비는 구성원들간 합의와 규약을 통해 경쟁적 소비를 억제할 수 있을 뿐 아니라 '공공의 이익'에 따라 소비자체를 자의식적으로 통제해 갈 수 있는 효과를 갖는다. 이 공동체적 소비는 도시의 일상생활 자체가 공동체적 방식으로 구성될 때 보다 효과적으로 실현될 수 있는 것이다. 대도시에서 공동체적 생활관계의 복원은 행정제도적, 정치적 조직의 분권화에 의해 뒷받침되어야 한다(서구의 분권적 지방자치제는 이를 실제 가능케 함).

셋째, 일상에서 쓰여지는 상품은 가능하다면 소재가 단순하고 친환경적으로 만들어진 것을 우선 사용하도록 해야한다. 이를테면 고급의 화장지 대신에 재생 화장지나 표백이 덜된 거친 화장지를 사용하고, 포장이 많지 않는 상품을 우선 구매하며, 샴푸 대신에 식물성 세제를 사용하고, 에너지 사용이 적은 전열기를 사용하는 것 등은 모두 상품의 소재가 상대적으로 단순하고, 또한 환경에 대한 영향이 적은 상품을 소비하는 것이 된다. 이러한 상품의 소비는 개인적인 차원에서 자의식을 가지고 실천되어야 할 뿐 아니라 제도적·정책적으로도 이러한 상품을 쓰는 것에 대한 각종 지원, 혜택, 제제 등이 입체적으로 강구되어야 한다.

넷째, 상품 소비를 억제하면서 상품 자체가 주는 여러 피해를 줄이기 위해서는 사회적 캠페인이 다양하고 광범위하게 추진되어야 한다. 이러한 소비자 운동은 우선적으로 지나친 상품소비가 끼치는 피해에 대한 소비주체들의 감응력을 높여주면서 자의식적으로 상품소비절약을 실천할 수 있는 것을 목적으로 해야 한다. 하지만 운동 자체는 소비영역별로 소비자들이 집단이 되어 전문적이면서 조직적으로, 그리고 동시다발적으로 추진되어야 한다. 이러한 소비운동은 우선적으로 소비주체(즉, 개인, 집단 등)가 상품소비를 줄이고 소비방식을 바꾸는 것을 장려하면서, 상품생산자들에 대해서도 친환경적인 상품을 우선 생산하도록 촉구하는 것으로 나가야 한다. 또한 각종 상품소비에 의한 환경피해로부터 시민들을 보호하고 또한 구제하는 것도 친환경적인 소비운동의 주요 내용이 되어야 한다. 전체 사회차원에서 상품소비에 따른 환경피해를 줄이고 최소화하는 것을 촉구하고 조장하는 것은 대중매체가 앞장설 때 그 효과를 가장 크게 낼 수 있다.[4)]

다섯째, 소비 감소를 통한 친환경적인 소비방식을 촉구하는 캠페인은 엄밀한 의미에서 대도시 환경문제를 척결하는 근본적인 접근이 될 수 없다. 대도시의 환경문제가 중산층의 소비방식에 의해 생겨나는 것이라면, 환경문제는 근본적으로 사회계층 문제와 결부되어 있다 할 수 있다. 중산층들의 과도한 소비는 분배과정에서 다른 계층의 몫을 상대적으로 더 많이 취해간 결과이며, 이는 소비를 통한 계층간 불평등과 상대적 박탈를 의미하는 것이다. 이러한 불평등은 근본적으로 사회적인 희소자원에 대한 접근과 권력 배분이 계급·계층간에 불평등함으로써 발생하는 것이다. 따라서 대도시 사회 내에서 지속가능한 소비방식이 강구되기 위해서는 생산으로부터 분배에 이르는 계층간 차별이 상대적으로 줄어드는 대도시 사회체제의 재편이 이루어져야 한다. 그래서 호톤과 헌터는 지속가능한 발전의 조건으로 현재의 개발행위에서 미래세대의 필요와 열망까지도 고려하는 '세대간 형평성(inter-generational equity)'의 원칙에 더해, 현재 세대 내에서 희소자원을 평등하게 접근할 수 있는 '세대내 형평성(intra-generational equity)'의 원칙을 우선적으로 제시하고 있다 (Haughton and Hunter, 1994, 16-23).

■ 참고문헌

다츠오 나루세 저, 백욱인 역, 1993, 『생활양식론』, 서울: 민글.
조명래. 1994, 「친환경적 서울개조론」, ≪환경과 생명≫, 통권2호.

---

4) 최근 주요 일간지들이 그러한 캠페인을 벌이고 있지만, 그 캠페인이 왕왕 언론재벌의 패권적인 담론전략으로 활용되고 있는 것 같아 그렇게 좋은 느낌이 들지 않는다.

_____. 1995, 「도시경제구조의 변화와 새로운 도시빈곤의 등장」, ≪도시연구≫, 창간호.

_____. 1997, 「대도시발전양식의 위기와 극복」, 시민환경연구소 주최, 제1회 '지속가능한 도시에 관한 세미나' 발표 논문.

한국도시연구소. 1997, 『생태도시론』 서울: 박영사.

Haughton, G. and C. Hunter. 1994, *Sustainable Cities,* London: Jessica Kingsley Publishers.

Nijkamp, P. 1996, *The Co-evolutionary City*, paper presented at International Symposium on Cities in a Time for Paradigm Shift: Rethinking Modern Urbanism, orgarnized by Seoul City University, Seoul, Korea, 10-14th December, 1996.

# 2부

# 신자유주의 환경정책의 비판

# 4장
# DJ 환경주의와 환경정책의 비판

## 1. 국민의 정부 환경성적

1997년 대선 정책토론회에서 김대중(Kim Dae-jung, 약칭 DJ)은 여러 측면에서 다른 후보자를 압권했지만 환경과 관련된 부문에서도 다른 후보를 앞서는 나름대로의 정연한 논리를 보였다. 그러나 집권 1년 뒤 녹색연합이 151명의 환경전문가를 대상으로 실시한 설문조사에서 DJ 환경정책은 기대치가 훨씬 못미치는 것으로 평가됐다(1999년 2월 22일 발표).

당시 조사에서 환경전문가들은 현정부의 환경개선 정도가 '김영삼 정부와 마찬가지로 변화가 없다'(47.0%)거나 '오히려 나빠지고 있다'(41.1%)는 견해를 보였다. 현정부의 첫 1년 여 동안의 환경정책 수행 만족도에서는 '불만족, 매우 불만족' 등 부정적 평가가 68.2%에 달한 반면, '만족'은 불과 2.0%에 그쳤다. 이들의 66.2%는 '경기가 회복될 때까지 현정부가 환경정책의 우선 순위를 낮출 것'이라고 전망했으며, '현정부가 환경정책과 관련해 아무런 비전과 방향을 제시하지 못할 것'이라는 극히 비관적 전망도 26.5%가 나왔다. 환경정책 후퇴와 환경문제 심각성의 이유로 응답자의 53%는 개발 위주의 정책을, 16.8%는 국정 책임자의 환경의식 부족 등을 꼽아, 70% 이상이 정부의 '환경철학' 부재에 그 원인이 있다고 지적하였다(이상은 ≪연합뉴스≫ 1999년 2월 22일자 기사를 정리한 것임).

그후 9개월 뒤인 1999년 11월 초 ≪한겨레 21≫, 환경연합, 녹색연합 등이 전국 환경단체 23곳과 전문가 12명을 대상으로 현정부의 환경 관련 정책을 평가한 결과, A: 0명, B: 1명, C: 7명, D: 16명, F: 11명으로 집계되었다. 평균을 내면 거의 낙제 점수인 D 등급으로 판정되었다. 당시에 최악의 환경정책으로 꼽았던 것은 '그린벨트 해제'(27%), '동강댐 백지화 유보'(12%), '새만금 간척사업'(12%)이었다(황상규, 2000: 125).

최소한도 '국민의 정부' 2년간 치적에서 환경부문은 후한 점수를 받기가 어려웠으며, 그래서 이 부문은 '국민의 정부'의 아킬레스건으로 남아 있었다. 그래서인지 지난 2월 11일에 열린 '새천년 환경인들의 모임'에서 김 대통령은 '새천년 환경정책 패러다임 정립을 위한 전략과 비전'을 제시하였고, 6월 4일 '세계 환경의 날' 기념식에서는 '새 세기는 환경보존과 개발이 조화를 이루는 시대'라 하면서 '동강댐 건설의 백지화'와 '지속가능발전위원회' 설치를 선포하였다. 비록 비전 제시 수준이었지만, 이는 기존 환경정책의 기조를 바꿀 만큼 획기적인 의미와 내용을 담고 있다 할 수 있다.

그렇다면 DJ 정부의 환경철학은 바뀌었는가, 아니면 그저 궤도 수정에 불과한 것인가? 실제 DJ 정부하에서 도입되고 실시된 환경정책은 이전 정부의 그것과 어떻게 다르고, 어떠한 성과를 지금껏 이룩해왔으며, 또한 한계는 무엇인가? 현정부 환경정책의 대안은 과연 무엇일까?


## 2. DJ 환경관

중앙집권체제인 한국의 정체하에서 대통령의 철학과 정책 의지의 여하는 국정 운영 전반의 흐름을 좌우하게 된다. 그런 점에서 현정부의 환경정책의 색깔과 내용은 대통령의 환경관 혹은 환경철학이 어떠하냐에 크게 좌우된다고 할 수 있다. 한 논자의 주장을 빌리면,

> "정부가 환경 철학을 갖고 있느냐의 문제는 절대적으로 중요하다. 그 철학적 색깔이 무엇이냐를 떠나서, 철학을 갖고 있고 그것을 실현하겠다는 의지를 지닌다면, 정책은 환경부를 비롯한 모든 개발 부서에서조차 일관된 모습을 보이기 때문이다(한면희, 2000: 129)."

그렇다면 DJ 환경관(DJ Environmentalism)은 과연 무엇일까? 김대중 정부는 IMF 위기를 이어받은 상황에서 출범하였던 만큼 위기극복을 국정운영의 최고 목표로 설정해왔다. 민주적 시장제를 표방하는 디제이노믹스(DJ-nomics)는 시장의 자율성에 맡겨 고용 및 생산활동의 합리화와 경쟁력을 도모하는 것을 주된 원리로 하고 있다. 환경에 대한 DJ의 시각과 판단도 그러한 원리 속에서 규정되는 것으로 보인다. 이렇게 특성화한다면, DJ 환경관은 다음과 같은 특징을 가지고 있다고 할 수 있다.

경제운용에서 시장개방과 경쟁원리를 우선하라는 IMF의 처방에 따라 DJ 정부는 국정의 전반을 이른바 '신자유주의(neoliberalism)' 정책기조로 꾸려왔다. 신자유주의는 효용성을 최대화하는 공리주의적 시장경제론, 개인의 경쟁과 자율성을 중시하는 데 따른 국가 개입의 축소, 절차 민주주의의 강조 및 복지 축소 등을 중요한 특징으로 한다. 경쟁을 통한 생산성 증대를 우선하는 만큼, 정리해고제, 기업합병, 금융자율화, 개방화 등과 같은 경제운용이 정책의 중심이 되며 여타의 정책은 부수적으로 동원될 뿐이다. DJ 정부의 첫 1, 2년의 국정운용을 보면, 실제 생산부문의 경쟁력 회복에 역점을 두는 반면, 노동, 복지, 환경 등과 같은 이른바 재생산 부문은 정당성을 유지하는 수준에서만 정책적 배려가 있었다.

경제의 생산성과 경쟁력의 증진을 최우선으로 하면서도 실업자 구제 정책이라는, 얼핏 보기에 신자유주의와 역행하는 정책을 폈던 것은 IMF 위기 극복을 통해 새로운 시장경제체제로 이행해야 하는 한국적 특수상

황 때문이었다. 그래서 생산부문의 생산성 증진과 연동되어야 한다는 뜻의 이른바 '생산적 복지'가 DJ 복지주의(welfarism)의 내용인 것은 시장경제체제 하에서 변형된, 그러면서 부수적으로만 추수되는 시혜적 복지정책을 의미하는 것이다.

환경도 크게 보면 시장경쟁력과 생산성 회복을 우선하는 원칙하에서 시혜적이고 부수적인 정책의 대상으로 여겨진 듯하다. 그것은 청와대 산하에 만들어진 '삶의 질 기획단'이 관장하는 업무의 내용과 성격을 보면 금방 알 수 있다. 청와대 비서 체계에서 환경은 복지담당 수석이 관장하는 업무에 속한다. 실업문제 해결을 위한 '삶의 질 기획단'을 꾸리면서 거기에 환경 업무를 포함시켰지만, 기획단은 DJ 복지주의를 개념화하고 실천하는 정책개발을 최우선으로 하고 있다. 환경분야는 담당자가 한 사람 밖에 없을 정도로 그 위상이 상당히 미약하다. 그나마 복지를 순수한 복지(분배중심)의 관점에서보다 생산의 관점에서 바라보는 조건과 내용으로 접근하다보니 환경도 그 속에 묻혀 생산부문의 관리와 연동된 조건으로만 다루어지고 있다. 현정부에서 환경은 어디를 보더라도 '들러리'에 불과한 듯하다.

환경을 부수적이고 부차적인 것으로 간주하는 현정부의 관점은 환경정책의 최고 책임자인 환경부 장관을 발탁하는 데서도 여실히 드러났다. DJ 정부 초기의 두 환경부 장관(최재욱, 손숙)은 모두 환경 전문성과는 무관하게 정치적인 역학관계로 임명된 것으로 평가되고 있다. DJ 정부 하에서 관리권이 환경부로 이양된 국립공원공단 이사장도 전문성과는 무관한 사람이 계속 발탁되어 DJ 정부의 '환경의 무철학'을 보여주는 대목으로 간주되었다. 이를 두고 어느 논자는 '환경문제를 장기판의 졸'로 보는 태도라고 비판하고 있다(한면희, 2000: 125). 이런 비판의 연장에서 우리는 'DJ 복지주의(welfarism)는 있어도 DJ 환경관(environmentalism)은 없다' 고 주장할 수 있을 것 같다.

독자적인 DJ 환경관이 없다는 것은 DJ의 환경론이 부재하다기보다, 신자유주의적 정책운용의 범주 속에 환경이 부차적이고 부수적으로 연동되어 다루어진 데에 그 까닭이 있을지 모른다. 신자유주의식 정책 패러다임 속에서 환경정책의 구체적인 파라미터와 변수가 제약되어 작동된다는 뜻에서, DJ의 환경관을 우리는 '신자유주의식 환경론(neoliberal environmentalism)'이라 부르고자 한다.

신자유주의적 정책하에서 직접적인 시장관계에 편입되지 않는 환경은 우선적인 정책의 관심대상이 되지 못함으로써 국가정책에서 환경부문의 위상이 급격히 약화된다. 실제로 IMF 위기를 겪으면서 국가 운용방식이 경쟁력을 제고하는 방향으로 선회하는 가운데 환경보전을 위한 국가 정책 전반은 약화되는 경향을 보였으며, 이와 더불어 심지어 사회운동이나 정치적 실천 부문에서도 환경론자의 입지가 상대적으로 약화되는 모습을 보여왔다.

하지만 신자유주의식 환경론의 보다 중요한 특징은 환경을 시장의 작동원리에 맡겨 활용하고 관리하는 방식이 보다 보편화된다는 점이다. 즉, 시장경제 하에서 환경도 시장의 자유거래 체계에 편입되어 상품으로 거래될 때 개별환경이 지니는 가치에 따라 보전될 것은 보전재로 거래되고 개발될 것은 개발재로 거래되는 합리적 과정이 담보된다고 한다.

시장주의적 시각이 도입된 환경론을 이른바 '시장 환경론(market environmentalism)'이라 한다(김정호, 1999; 조명래, 1999b). IMF 위기 극복과정에서 DJ 정부가 깔고 있는 환경정책의 관점은 바로 '시장 환경론'을 주요 내용으로 하고 있다. 이런 현상의 출현은 단지 위기에 따른 일시적인 것이라기보다 국가 경영방식 전반이 시장원리를 강조하는 신자유주의식으로 바뀌어가고 있음을 반증하는 것으로, 그 대표적인 사례가 바로 그린벨트 해제 조치이다.[1)]

---

1) 그린벨트 해제를 위한 정책개선과정을 보면 국토환경과 관련된 정책에서 전에 없이 시장론자들의 입장이 강하게 반영되고 또한 그 영향력이 크게 발휘되었음이 발견된다(조명래, 1999a). 시장주의적 논리를 바탕으로 하는 그린벨트 해제의 당위성 논리를 따르면, 개발제한이 행해지는 그린벨트 정책운용은 사유제하에서 토지와 환경을 제대로 활용할 수 없게 함으로써 반드시 지켜야 할 그린벨트를 오히려 황폐화시키는 결과를 가져 왔다고 한다. 따라서 그린벨트와 같은 도시 주변의 개방녹지 공간을 제대로 지켜가기 위해서는 시장원리에 반하는 개발제한구역제를 폐지한 뒤 토지시장의 메커니즘에

시장의 원리와 메커니즘을 활용한 환경의 보전은 환경이 본질적으로 지니고 있는 탈상품성과 초경제적 가치(예, 생태적 가치, 생명적 가치 등)를 담보해내는 것이 될 수 없다. 다시 말해 진정한 환경보전은 현실적인 경제가치나 이를 중심으로 하는 정책의 틀에서 벗어난 범주로 대할 때 기본적으로 가능한 것이다. 시장적 기제에 의존하는 신자유주의식 환경론은 그런 점에서 진정한 의미의 환경중심적 환경론이 되기는 힘들다. 이런 점을 극복하기 위해 DJ는 현실의 제약을 담론적으로 초극하는 환경정책을 비전이란 이름으로 발표했던 것이다.

앞서 언급한 바와 같이, 지난 2월 11일 '새천년 환경인들의 모임'에 대통령이 참석하여 새천년 환경정책 패러다임 정립을 위한 전략과 비전을 제시하면서 '자원순환형 경제사회체제'를 만들겠다고 했던 것은 신자유주의식 환경론 혹은 환경정책의 한계를 넘어서려는 시도였다 할 수 있지만, 그 시도는 엄격히 보면 기존의 시장주의적 환경론을 기본적으로 깔고 있다는 점에서, 그의 변모한 환경론은 글자 그대로 '전망적 환경론(visionary environmentalism)'에 불과하다.

## 3. 현정부 환경정책의 성과

DJ 환경관은 현정부의 환경정책 프로그램에 실제 어떻게 녹아들어 있으며, 그렇게 녹아든 현정부의 환경정책은 어떠한 성과를 거두어왔는가? DJ 환경정책의 진단이란 측면에서 현 정부 환경정책의 성과를 주로 환경부 관련 업무를 중심으로 살펴보면 다음과 같다.

---

따라 보전할 것은 보전하고 개발할 것은 개발하도록 해야 한다는 것이 시장 환경론자들의 핵심적인 주장이다(조명래, 1999b: 46).

## 1) 국토정책과 환경정책의 연동

DJ 정부가 들어선 이후 부각되는 환경문제의 쟁점은 국토개발과 관련된 것이 압도적이다. 그 출발점은 무엇보다 DJ 정부의 100대 정책과제 중 우선 순위의 하나로 그린벨트 제도의 합리적 조정이 무리하게 추진된 점이다. 개발독재하에서 불합리하게 도입된 그린벨트 제도를 합리적으로 조정해 '풀 데는 풀고, 묶을 데는 묶는다'라는 원칙은 좋았지만, 그 기조가 보전보다 개발의 논리를 우선적으로 반영함으로써, 제도 조정의 긍정적 측면이 크게 손상되었다. 그린벨트 제도에 문제가 많다고 하지만, 그것은 기실 제도 자체의 문제라기보다 관리와 운용의 문제였기 때문에, 무리하게 구역을 풀고 재조정하는 것은 그린벨트 자체를 넘어 국토의 친환경적인 관리와 보전 전반에 심대한 영향을 끼치게 된다. 그래서 환경론자들은 DJ 정부하의 환경정책의 실책 중 으뜸으로 그린벨트 해제를 하나같이 꼽고 있다.

그린벨트 해제의 후유증(혹은 정치적 부담)을 무마하기 위해서 시도된 반사적 정책 효과는 동강댐 건설 백지화 조치이다. 동강댐 건설은 1997년경부터 건설교통부와 수자원공사가 홍수조절과 용수공급을 이유로 그 건설을 추진해왔지만, 동강이 지니고 있는 생태적 가치와 댐 건설 자체의 기술경제적 부당성을 내세워 환경론자들이 전국적인 반대운동을 전개해왔다. 그 국면은 그린벨트 해제 조치가 내려졌던 시점을 이어받았다는 점에서 해법은 국토환경정책 전반의 조율 속에서 모색되었다. 당시 정부는 제4차 국토계획을 발표하면서 환경우선주의의 의지를 의도적으로 천명하기도 했지만, 동강댐 건설 반대운동을 저지하기에 역부족이었다. 이에 1999년 8월 6일 김 대통령은 동강댐 건설에 대한 부정적인 견해를 밝힌 뒤 타당성 검토를 지시하였고, 이어 올 6월 5일 세계 환경의 날에 백지화를 공식적으로 밝혔다.

홍수댐 건설 안이 유효하다는 점에서 볼 때, 동강댐 건설 백지화 결정 뒤에는 여전히 개발주의의 앙금이 남아 있어 언젠가 '댐 건설안'이 다시 고개를 들지 모른다. 이러한 의구심은 아직도 해결되지 못하고 있는 새만금 간척사업의 진행양상을 보면 더욱 그러하다. 1991년부터 시작된 새만금 간척사업은 1999말 현재까지 총사업비 1조 251억 원이 투자되어 61%의 공사가 진척되었지만, 갯벌의 생태적, 경제적, 문화적 가치를 주장하는 환경론자들의 요구를 받아들여 조사단이 사업의 계속 추진 여부를 가늠하고 있지만, 그나마 그 활동도 중단된 상태이다. 사업추진을 주장하는 측과 반대하는 측간의 의견 차이가 너무 커 쉽게 합의점을 못 찾고 있어, 결국 언젠가 정치적으로 결정해야 할 과제로 남아 있다. 공교롭게도, 그린벨트의 해제와 동강댐 건설 백지화는 개발론자와 환경론자들이 모두 한 판씩 이긴 꼴이 되어, 새만금 사업이 어떻게 될지는 DJ 환경정책을 최종적으로 판정하는 잣대가 될 것 같다.

이 세 정책은 모두 개발주의 시대에 입안된 것이지만, 국토환경 전반에 심대한 영향을 끼치는 정책의 집행여부에 대한 결정이 DJ 정부의 손으로 넘어옴으로써, 첫째 국토관리와 환경관리가 연동되는 효과를 가져왔고, 두번째는 이 세 정책의 추진여부가 정부의 환경의지를 실험하는 주요한 시금석이 되었다. 근자에 들어 국토의 난개발 문제가 국민적인 관심이 되면서 국토환경문제가 환경정책의 본격적인 대상으로 떠오르고 있으며, 아울러 국민의 정부 환경의지를 본격적으로 실험하는 대상이 되고 있다.

## 2) 자원관리의 시스템화

불행 중 다행인지 모르지만 영월 동강댐 건설에 대한 논란이 일면서 물 정책이 긍정적인 방향으로 전화되는 계기가 현정부하에서 마련되었다. 그간 15조 원이라는 막대한 재원을 투입하고도 기대치를 밑도는 상수원 수질 개선을 위해, 지금까지의 사후 처리 위주의 수질 개선 대책에서 벗어나 사전 오염 방지에 주안점을 두는 4대 강 수질 개선 특별 대책이 현 정부 하에서 마련되었던 것이다. 그 첫번째로 한강수계 수질개선

특별 정책이 시행되었는데, 거기에는 수변구역 지정, 오염총량관리제, 물이용부담금제 등과 같은 혁신적인 내용이 포함되어 있다. 또한 유사한 내용의 낙동강 물관리 대책도 마련되었다. 그간의 물관리가 공급위주 정책이었다면 새로운 정책은 수요관리에 역점에 두고, 물부족 문제를 근원적으로 해결하기 위해 절수기기의 설치, 중수도 설치의 의무화, 수도요금의 점진적 현실화, 노후 수도관 교체 등을 종합적으로 강구하고 있는 점도 주목을 끄는 부분이다.

수변관리로부터 오염의 총량적 규제에 이르는 수자원 오염의 근원적 관리, 시설개선을 통한 물이용의 효율화, 물이용부담제를 통한 수자원 혜택의 공평한 배분 등을 입체적으로 담고 있는 물관리 종합대책은 선진적인 환경관리 기법을 입체적으로 강구하고 있는 정책 사례가 되고 있다. 하지만 현실에서 과연 어느 만큼 효과적으로 추진될지는 두고 보아야 할 것 같다. 이를테면 수변관리는 토지이용관리와 효과적으로 연동되어야 하며, 오염의 총량적 규제는 개별 오염 배출원이 구체적으로 확인되어야 하고, 물이용부담금은 지역간 형평성이 강구되어야 실현가능하기 때문에, 이런 조건이 쉽사리 충족될 수 없는 현실을 감안하면, 자칫 용두사미 정책으로 끝날 수도 있어 정부차원에서 입체적인 정책공조가 요청된다.

## 3) 환경 매체관리의 부분적 합리화

통상적인 환경정책은 환경매체를 관리하는 데 역점을 두고 있는데, 이는 현정부하에서도 예외가 아닌바, 몇 가지 부문에서는 괄목할 만한 성과를 내고 있다. 특히 대기, 폐기물, 환경기술 등과 같은 환경매체들의 관리를 부분적으로 합리화한 것은 주목할 만하다(유련, 2000: 134-135).

우선 대기보전과 관련해볼 때, 대기를 오염시키는 사업체에 대해서는 오염자 부담원칙에 의해 방지시설을 의무화하는 조치가 쉽게 취해질 수 있지만, 자동차와 같은 이동오염원에 대해서는 그간 뚜렷한 예방책이 없었다. 전체 자동차의 4%에 불과한 버스 등 대형 경유차가 자동차 오염

물질 총배출량의 40% 이상을 배출하고 있는 현실을 감안하여, 정부는 저공해 천연가스를 사용하는 시내버스를 보급하기로 하였다. 2000년부터 2007년까지 2만 대 버스를 보급하되, 월드컵 대회가 개최되는 2002년까지 개최 도시를 중심으로 5,000대를 우선 보급하기 위해 2000년 정부 지원 예산 334억 원을 마련하였으며, 취득세 및 부가가치세 면제 근거를 마련하였다.

폐기물 분야에서는 감량·재활용 시책을 강화하는 일환으로 1회용품 사용규제를 10평 이상 음식점에서 모든 음식점으로, 60평 이상 매장에서 10평 이상 매점으로 확대하였다. 매장에서는 비닐 쇼핑백이나 종이봉투를 유상으로 판매하게 함으로써 그 사용량이 예년에 비해 61.6%가 감소하여 금액으로 900억 원의 효과를 보고 있다. 또한 폐기물 처리 증명제 도입으로 폐기물이 불법으로 처리되는 것을 방지하고 방치 폐기물 처리 이행 보증제를 도입하여 관련 업체가 도산 후에도 폐기물이 방치되는 일이 없도록 하는 제도가 손질되었다. 폐기물의 재활용률을 높이기 위해 '생산자 책임 확대제도'의 도입도 주목할 만 하다.

또한 괄목할 만한 것은 환경산업 및 환경기술의 육성책이 강구된 점이다. 우리나라의 환경산업은 환경오염 방지시설업 등 17개 업종에 1만 2,000여 개 업체가 있으며, 1997년 기준으로 8조 5,000억 원 수준의 시장규모를 가지고 있다. 하지만 환경기술은 선진국의 30~60% 수준, 청정기술 및 생태기술은 10~30% 수준에 불과해, 그 낙후성을 극복하기 위해 환경기술 발전 10대 과제를 선정하여 신기술 입찰 혜택 등 환경기술 발전의 초석을 마련해놓고 있다.

전반적으로 볼 때 현정부의 환경매체 관리방식에서 드러나는 중요한 특징은 기술개량주의, 수요관리, 원인자 책임 원칙 등과 같은 부분적 개량화와 합리화의 기법들이 광범위하게 도입되고 있는 경향이다. 하지만 이러한 부분적 노력들이 환경정책 패러다임 자체의 변화를 이끌어내는 것은 못된다는 점에서 현정부의 환경정책은 기회주의적이고 절충주의적인 것으로 쉽사리 폄하될 수 있다.

### 4) 생태환경보전의 강화

자연생태계 보전과 관련해서는 농림부 산하 산림청의 업무를 이양받아 멸종위기에 처한 야생 동·식물을 지정관리하고 있으며, 이를 위해 '야생 동·식물 보호법'을 제정하고자 한다. 습지보전법을 제정해 세계 5대 갯벌 중에 하나인 서남해안 갯벌 등 습지를 체계적으로 보전하고 훼손된 습지를 복원시키기 위한 법적 근거를 마련해놓고 있다. 국립공원을 자연자산으로 보전하기 위해 1998년에 국립공원 관리업무를 환경부로 이관한 후, 자연 휴식년제 대상 지역의 확대(13개 국립공원 57개소)와 22개소 훼손지역 복원사업을 실시하고 있다. 이밖에 자연환경보전기본방침을 확정(1999년)하여 국가의 각종 정책들이 환경용량의 범위 안에서 친환경적으로 시행되도록 하고, 보전가치가 높은 지역에 대해서는 보전과 복원방안을 함께 강구토록 하는 조치를 취하고 있다.

자연생태계 보전은 개발주의나 경제논리 중심의 국가정책기조에서 상위의 정책가치에 해당하기 때문에 환경정책에서 자연생태계 보전노력이 강화된 것은 환영할 만한 것이다. 특히 주요 국책사업이 무더기로 재평가되고 그 집행이 폐지 내지 보류되는 조치는 생태보전의 중요성을 나름대로 정책 재평가 과정에 반영한다는 것을 의미한다. 하지만 이러한 현상은 정책당국자들의 자발적인 가치관 변화나 정책의지의 변화에 의해서라기보다 국민여론에 떠밀려 나타나는 것이란 감을 불식시키지 못하고 있다.

### 5) 규제완화와 관리제도의 정비

환경관리를 위한 규제수단들이 대폭 정비되고 또한 새로운 관리제도들이 도입 운용되고 있다. 지난해 643건의 규제 업무 중 328건을 폐지하거나 완화하였다. 아울러 그 동안 개발정책의 면제부로 간주되었던 환경영향평가제도의 실효성을 제고하기 위해 영향평가 시기를 개발사업의 실시단계에서 기본계획 입안단계로 조정하였고, 환경·교통·인구·재해 영향평가 절차를 통일하고 영향평가서 작성도 단일화하는 '환경·교통·재해 등에 관한 환경영향평가제'를 도입했다. 이와 연계하여, 개정 환경정책기본법 상에 명기된 사전환경성 평가를 위해 전략환경영향평가제도를 도입·실시하고자 한다. 그밖에 대통령 직속 지속가능발전위원회에서 국토개발시 환경문제를 사전에 체크할 제도적 장치도 마련해놓게 되었다.

규제완화나 관리제도의 정비는 제도개선이란 의미에서는 바람직한 것이지만, 저기술의 산업생산활동이 여전히 지배적인 우리의 현실에서 경우에 따라 오염배출자인 생산자나 개발업자의 환경오염이나 환경파괴를 정당화하고 은폐하는 제도적인 조건으로 활용될 수 있다. 규제완화도 환경 자체를 고려하는 관점 대신, 행정규제 개혁의 관점에서 시도되어, 전반적으로 규제강화가 여전히 필요한 우리의 환경현실과 배치될 수 있다는 우려가 제기되고 있다. 비슷한 이유로 환경영향평가의 통합화나 사전 실시도, 일정하게는 제도개선의 의의를 함축하고 있지만, 지금까지 겪어온 문제점 즉, 평가기법, 평가방식, 평가절차의 비과학성, 비민주성 등의 조건이 개선되지 않은 한, 환경파괴의 새로운 면죄부를 주는 제도가 될 수 있다.

## 6) 정책기조 및 관리방식의 변화

전반적으로 볼 때, 현정부의 환경정책은 그 기조면에서 주요한 변화를 보이고 있는 점을 눈여겨볼 필요가 있다. 우선 그 어느 때보다 대형 국책사업이나 국토개발사업에 의한 난개발 문제가 심각하게 대두되면서 '선계획·후개발'이 개발정책의 주요 원칙으로 들어서게 되었다. 아울러 오염원입지제한이나 오염총량관리제 등의 도입으로 환경오염 자체의 사후 처리보다 사전예방을 강조하는 기조도 실제 강화되고 있다. 그 무엇보다 두드러지게 강화된 기조는 환경자원의 관리 측면에서 공급부문 관리를 수요부문 관리로 전환시킴으로써 환경훼손이나 환경오염 발생의 원인 자체를 근원적으로 제어하고자 하는 입장이다. 물이용금 분담이나 생산자책임 확대제도 등과 같은 제도를 강구해 원인자 부담원칙을 현실화하는 것도 환경정책 기조의 의미 있는 변화에 해당한다. 또한 민간부문의 자율적인 환경관리나 지역별 자율 환경관리제의 시행으로 민간참여나 민간주도 환경관리를 활성화하는 것도 환경정책 기조변화의 주요한 내용이 되고 있다.

이 같은 환경정책 기조나 원칙의 도입과 강화는 어떤 의미에서든 환경정책이 진일보한 것이라 평가될 수 있지만, 이는 대개 환경정책 분야에서 오래 전부터 제시되어왔거나 부분적으로 시행해왔던 것이 현정부하에서 더욱 강화된 것에 불과하다. 문제는 그러한 기조들이 대개가 큰 틀(환경정책의 틀)의 변화 없이 부분적으로 시도되고 활용됨으로써 예상치 못하는 정책결과의 파행과 왜곡을 낳을 수 있다는 점이다. 예컨대, 선계획·후개발 기조는 그린벨트 해제의 경우에서 보면, 그린벨트 해제를 정당화하는 조치로 활용되고 있고, 물이용분담금은 사회적·정책적 형평성의 문제를 낳고 있으며, 수요중심의 관리는 시장과 생산활동의 위축을 초래하여 환경을 더욱 악화시키는 반사효과를 낳을 수도 있고, 또한 민간참여와 자율관리는 오염의 사회적 책임을 희석시키는 결과를 가져오기에 충분하다.


## 4. 현정부 환경정책의 한계와 대안

이렇듯 DJ 환경정책은 부분별 성과에도 불구하고 전반적 그 한계가 여전히 뚜렷하다. 이를 나누어 살펴보면 다음과 같다.

전반적으로 볼 때, 현정부는 뚜렷하고 차별적인 환경철학을 갖고 있지 않다고 판단된다. 그것은 구정치인으로서 통치권자가 갖고 있는 환경에 대한 정치적 전망과 철학의 빈곤에서 연유하며, 그의 그와 같은 전망은 국정운용에서 환경(보전)보다 개발을 여전히 우선하는 데서도 확인될 수 있다(전형적인 예, 그린벨트 해제). 현정부의 환경관련 예산이 여전히 GNP의 1%에 못미치는 데서도 현정부의 환경철학이나 의지의 상대적 박약함을 읽을 수 있다. 따라서 DJ 환경정책의 가장 심각한 문제는 이러한 철학적 전망의 결여를 우선적으로 꼽을 수 있다.

환경문제를 처리함에 있어서, 금번 정부는 과거와 달리 이해당사자들 간의 타협을 통해 해결방안을 모색하는 접근방법을 취하고 있는 듯 하다. 이를테면 그린벨트의 해제도 개발제한구역제도개선협의회를 만들어 관련당사자들의 참여를 통해 해제의 결론을 도출하는 방식을 택했으며, 동강댐 건설이나 새만금 간척사업의 경우도 평가단 내지 조사단을 구성해 상이한 시각의 평가주체들간 타협을 통해 결론을 도출하는 방식을 활용하고 있다. 환경부 차원에서 추진했던 낙동강 물관리 대책의 경우도 50여 차례의 지역주민 및 전문가들과의 토론회와 간담회를 거쳐 최종안을 도출하는 방식이 활용되었다. 이러한 방식은 일면 시민 참여적이고 민주적인 것으로 보일 수 있으나, 달리 보면 환경철학이 부재한 상태에서 시민들의 여론에 밀려 시류에 영합하는 방식으로 정책을 결정하고 추진하는 것으로 비추어질 수 있다. DJ 환경정책을 후자의 측면으로 평가할 수밖에 없는 것은 낙동강 물관리 대책을 세우면서도 지역의 현안인 위천공단문제를 그 틀 내에서 해결하지 못한 데서 그 단서를 찾아볼 수 있다.

새만금 간척이나 동강댐의 경우는 현정부가 보다 명확한 환경철학을 가지고 있다면 지금과 같이 표류하는 양상을 보이지 않을 것이다. '보다 명확한 환경철학이 없다'는 것은 달리 말하면 기존의 개발론적 입장을 여전히 견지하고 있거나 아니면 환경문제의 기술개량주의적 입장을 취하고 있음을 뜻한다. 그린벨트의 경우는 개발우선주의적 시각이 국토환경정책을 압도하고 있음을 보여주는 전형적인 사례가 되었다. 개발주의가 여전히 우월하게 판치는 상황은 IMF 위기 이후 경기부양이란 명분과 결부되면서 더욱 기승을 부렸으며, 이는 각종 난개발의 모습으로 실제 드러났다.

이렇듯 DJ 정부의 환경정책은 개발우선주의의 벽을 넘지 못하는 한계를 근본적으로 가지고 있다. 이런 상황이다 보니, 주무 혹은 관련 부서에서 추진되는 각종 환경관련 정책들은 어디까지나 부분적인 기술개량주의적 접근만 취하고 있다. 대기보전을 위한 명분의 천연가스버스 도입, 폐기물처리의 위한 소규모 소각장 설치 확대, 통합환경영향평가 기법을 통한 환경피해의 저감 등은 보기에 새로운 것 같지만 어디까지나 기술개량주의적 환경정책의 수단들에 불과한 것들이다.

DJ 환경정책에서 눈에 띄게 강조되는 정책기조나 기법으로는 수요관리를 꼽을 수 있다. 공급 대신 수요 관리를 중심으로 하는 환경정책은 환경훼손이나 오염의 원인을 근본적으로 줄이자는 의도를 깔고 있어 언뜻 듣기에 매력적인 것으로 받아들여진다. 하지만 환경정책의 과제를 공급이나 수요란 개념으로 접근하는 것은 기본적으로 경제학적 발상이며, 그 발상의 이면에는 환경을 시장에서 거래되는 상품으로 간주하는 전제가 깔려 있다. 다시 말해 시장에서 거래되는 환경이란 상품에 대한 수요를 줄여 환경의 불경제를 줄이자는 것이지만, 이 가정은 바꾸어 말하면 불경제가 발생하더라도 지불능력이 있는 수요자라면 해당 환경을 구득할 수 있음을 허용할 수 있음을 의미한다. 즉, 수요를 줄이게 되면 다수의 사람들은 환경의 이용을 줄일지 모르지만, 지불능력이 있는 인구집단은 상대적으로 환경을 독점적으로 사용하거나 점유하는 것이 사회적으로 정당화된다.

이는 오염자(혹은 원인자) 부담원칙과 같은 제도가 지니는 문제이기도 하다. 원인자 부담을 판정하는 방식이 부정확할 수밖에 없는 현실에서 이 원칙은 경우에 따라 원인보다 상대적으로 작은 율의 비용부담을 하게 되면, 결국 오염발생에서 '양적으로' 책정되는 부담비를 내고 그로부터 '질적으로' 면죄부를 받는 꼴이 된다.

수요관리든, 오염자부담원칙이든 모두 환경이 시장의 가격기제를 통해 거래되는 것을 전제하는 것이고, 이러한 방식이 환경정책의 주요한 수단으로 본격적으로 활용되고 있다면, 이는 DJ 환경정책이 시장경쟁이 첨예해지는 상황에 보다 적극적으로 부합하는 것이라 할 수 있다. 그래서 앞서 우리는 DJ 환경론을 신자유주의식 환경론이라 불렀던 것이다.

신자유주의식 환경정책은 시장의 자율성 혹은 시장의 작동원리에 의지해 환경을 관리하는 방식을 준용하는 특징을 가지고 있다고 했다. 그것은 각종 부담금, 분담률, 세제 등을 통해 작동하지만, 다른 한편으로 정부의 직접적인 규제 대신 민간부문이 자율적으로 조정하고 관리하는 방식도 포함한다. 이렇게 보면, 지난해 환경부가 환경규제를 대폭 완화한 조치는 일견 제도정비란 모양을 취하지만 그 내용에서는 정부의 재량권을 축소하고 오염물질 배출 사업장 및 환경 산업체의 관련 규제에 대한 자율성을 확대하여 경제적 부담이 경감될 수 있도록 도와주는 것이 되기도 한다. 규제완화는 결국 시장에서 자율적으로 환경이 관리되는 것을 암묵적으로 전제하는 것이 된다.

이러한 방식은 사실 현정부가 취하고 있는 '사전예방, 선계획·후개발의 정책기조'와는 배치되는 것이다. 수요관리정책이 실효성을 거두기 위해서는 생산과 소비과정 전반에서 수요가 입체적으로 관리되어야 하지만, 환경을 위한 이러한 수요통제는 결국 경제활동 전반의 위축을 가져오기 때문에, 타부서가 추진하는 정책을 받아내지 못한다. 또한 환경정책 차원에서는 사전예방을 위한 기술개량, 방지시설 확충, 대체자원 개발 등이 추진되어야 하지만, 현실의 관련 주무부서는 여기에 정책 우선순위를 두지 않고자 한다면, 사전예방의 중심의 환경정책 기조는 전반적으로 공염불이 되고 만다.

실제, 환경부 차원에서 운용하는 재정지출을 보더라도 사전예방보다 사후대책에 더 많은 예산을 쏟아붓고 있는 실정이다. 세제와 관련해서도, 근로소득세를 줄이고, 환경관련 세제를 늘리되, 고용을 늘리면서 자원소비를 줄이는 환경친화적 세제를 도입하려 해도, 정부 전체 차원에서 이를 수용할 수 있는 환경 마인드가 형성되어 있지 않다. 이러다 보니 DJ 환경정책의 기조가 많이 새로워졌다 하더라도 DJ 정부의 국정운용 전반에서 환경은 여전히 '장기판의 졸'로 취급되고 있어, 현실적으로 가시적인 성과를 내는 데는 근본 한계가 있다.

DJ 환경정책이 신자유주의식으로 전환되면서 나타나는 새로운 문제는 이른바 '환경정의(environmental justice)'의 문제이다. 환경이 시장기제를 통해 거래되고 관리된다면 첨예해지는 시장경쟁에 참여하지 못한 사회계층, 집단, 부문은 그만큼 시장을 통해 좋은 환경을 접할 수 있는 기회를 상대적으로 못 갖게 된다. 사회적 약자가 곧 환경약자가 됨으로써 그들의 상대적 박탈은 사회적 박탈과 환경적 박탈이 중첩되는 것이 된다.

서론에서 우리는 DJ 정부의 환경성적이 D학점임을 언급한 바 있다. 환경정책 프로그램 개개를 볼 때, 선진적이고 합리적이며 진보적인 면모를 보일지 모르지만 정부 전체 차원으로 평가할 때는 결코 높은 점수를 받을 수 없다. DJ 환경관은 없다는 것이 그 근본 원인이 될 것이다. 그렇다면 대안은?

환경을 우선하는 방식으로 국정 전반이 운용되어야 한다. 물론 하루아침에 모든 것을 바꿀 수 없지만, 우리 같은 중앙집권체제에서는 통치권자의 신념과 의지가 중요하기 때문에, DJ 환경관이 보다 명확히 세워져야 한다. 최근 세계 지구의 날 기념식을 통해 '지속가능발전위원회'를 만들어 앞으로 국정 전반을 지속가능성의 원칙과 틀 속에서 운용하겠다는 의지의 표명은 분명 전향적이고 환영할 만한 것이다. 이런 의지의 연장으로 청와대 내 환경수석을 신설해 환경통치의 위상을 실제적으로 강화할 필요가 있다.

하지만 이를 실천하기 위해서는 현실적인 경제사회체제를 지속가능하고 환경적으로 순환적인 체제로 바꾸어가는 분야별 실천방안이 뒤따라야 할 것이다. 대통령이 언급한대로, 각종 사업결정과정이나 예산 편성시 환경영향 최소화의 원리가 존중될 수 있도록 환경정책과 경제정책을 통합적으로 운용하고,2) 생산·소비·유통 전반에 원료 및 에너지 사용이 최소

---

2) 구체적으로 당시에 언급된 내용을 보면 각종 정책과 사업결정과정이나 예산 편성시 환경영향 최소화의 원리가 존중될 수 있도록 환경정책과 경제정책을 통합적으로 운영할 수 있는 체계를 제시하면서 그와 연계된 각종 처방을 내놓았다. 이를테면 전략환경영향평가제도를 활성화해 환경친환적인 국토관리와 도시개발이 정착되도록 하고, 시장원

화되는 조건들이 정착될 수 있는 인허가제도, 세제, 기술, 규칙 등이 강구되어야 한다.

이러한 원칙과 조건이 확보되는 한에서 자원관리, 환경의 매체별 관리, 환경규제 등은 시장원리나 기술합리적인 기준에 따라 운용되어야 할 것이다. 영역/분야별로는 물관리 종합대책과 같이 다양한 기법들(예, 오염원입지규제, 오염총량규제, 비용/편익 분담제 등)을 종합적으로 갖추어 추진해야 할 것이다.

환경정책을 실제 추진함에 있어서 향후 중요한 변화는 지금까지 부문별(예, 대기, 수질, 소음 등)로 접근해왔던 환경관리 대상을 국토관리와 연동하여 포괄적이면서 통합적으로 접근하도록 해야 한다. 앞으로의 환경보전은 난개발을 방지하는 친환경적인 국토관리의 틀 속에서 이루어져야 한다는 뜻이다. 따라서 국토의 친환경적 관리 틀과 환경관리가 보다 유기적으로 결합되는 법, 제도, 조직의 정비가 시급히 요청된다. 이런 점에서 현재 국가적인 쟁점이 되고 있는 그린벨트 해제 이후의 보전조치, 동강댐 백지화의 보완조치, 새만금 사업추진 여부, 위천공단 추진여부 등에 대한 결정이 조속히 내려져야 한다.

생태환경보전을 지금보다 훨씬 더 적극적으로 추진해야 한다. 특히 생태종의 다양성을 지키고, 생태적으로 민감한 습지, 국립공원지역, 갯벌, 산지, 도시 내 비오톱 등에 대한 보전보호 조치가 보다 현실화되어야 한다. 이를 위해서는 예산의 우선 배분에 더해, 생태적 가치와 권리가 현실의 각종 제도나 법규 속에서 반영되어 보장될 수 있도록 해야 한다.

환경정책이나 제도의 기조도 재정립될 필요가 있다. 환경정책기본법의 기본 원칙에 '환경정의'와 같은 관점을 설정하여, 향후 환경문제는 '환경약자', '환경불평등', '세대간, 종(種)간 형평성'을 구현하는 원칙과 그 실현수단을 구체적으로 명기하도록 해야 한다.

---

리에 입각한 환경규제제도를 확립하며, 기업환경회계제도, 기업의 환경가치에 대한 금융기관 평가제도를 도입해 자율적인 환경관리제도가 정착될 수 있도록 노력하겠다고 하였다.

환경행정 측면에서는 지방을 하나의 환경자치체제로 설정하여 지방이 주도적으로 환경을 일상적으로 지켜가고 관리할 수 있는 조건이 강구되어야 하며, 아울러 시민의 주도로 환경을 실질적으로 지켜갈 수 있는 운동(예, 내셔널 트러스트 운동)을 합법화하여 정부와 NGO 간의 협력과 공조를 강화해가야 한다.

끝으로 환경의 가치를 현실정치를 통해 구현하고 이상으로 추구하는 세력의 제도화가 필요하다. 이른바 녹색정치의 활성화가 필요하며, 이를 위해서는 녹색정당과 같은 새로운 정파의 출현을 사회적으로 조장해야 한다.


■ 참고문헌

김정호. 1999, 「시장환경주의 핵심은 환경의 사유재산화」, ≪환경과 생명≫, 통권 21호.
유련. 2000, 「잘못만 보지 말고 전체를 보라」, ≪환경과 생명≫, 통권 23호.
조명래. 1999a, 「시장주의·개발주의 망령에서 벗어나자」, ≪환경과 생명≫, 통권 22호.
_____. 1999b, 「시장지배사회의 등장과 녹색정치의 재설정」, ≪환경과 생명≫, 통권23호
한국공간환경학회 생태환경분과. 1998, 「새정부 환경정책의 평가와 과제」, ≪환경과 생명≫, 통권16호.
한면희. 2000, 「김대중 정부에 환경철학은 있는가?」, ≪환경과 생명≫, 통권24호.
황상규. 2000, 「현정부 환경성적은 낙제점」, ≪환경과 생명≫, 통권23호.

# 5장
# 시장주의 '그린벨트 해제론'의 비판

## 1. 서론: 신자유주의와 그린벨트의 해제

'IMF 위기'를 극복해가는 가운데 경험하게 되는 이 사회의 주요한 변화의 하나는 '국가정책의 패러다임'이 변하고 있는 사실이다. 그것은 다름아닌 시장원리를 통한 자원의 효율적 배분과 성장을 강조하는 정책기조가 국가경영의 새로운 기틀이 되고 있는 것을 가리킨다. 자유시장의 경쟁원리를 활성화해 자원을 효율적으로 배분하면서 경제활동의 합리성을 확보하고자 하는 이러한 정책 이념을 흔히 '신자유주의(neo-liberalism)'라 부른다. 영미계열의 시장적 자본주의 원리를 바탕으로 하는 신자유주의는 초국경적인 금융자본에 의해 주도되는 오늘날 세계자본주의 경제를 표상하는 이념이기도 하다. IMF 위기를 겪으면서 국가경영에 시장적 원리가 도입되는 것은 세계적으로 그 힘이 더욱 거세어지는 신자유주의(neoliberalism)의 물결에 우리도 예외없이 휘말려들고 있다는 것을 의미한다.

이러한 추세는 공간적 삶을 조절·통제하는 국토정책 분야에서도 나타나고 있다. 최근 경기 진작을 위한 토지이용 규제의 대폭적인 해제, 토지·주택거래 촉진을 위한 시장규제 완화, 환경보전을 부차화하는 개발사업의 부추김 등은 모두 시장 메커니즘의 활성화를 전제로 하는 자유주의식 국토정책의 새로운 조치들이다. 여러 조치 중에서도 신정부가 추진하고 있는 그린벨트 제도개혁은 이러한 경향을 가장 집약적으로 보여주고 있다. 즉, 그린벨트 구역 및 해제를 시도하고 있는 제도개선은 그린벨트의 보전적 가치보다 시장적(개발적) 가치를 우선하는 '시장주의자의 관점'에 크게 영향을 받으며 추진되고 있다는 점에서 신자유주의식 국토정책의 극명한 예가 되고 있다.

신자유주의가 오늘날 지구적 사회의 보편적 경향이긴 하지만, 최소한 국토경영과 관련하여 볼 때 그것이 우리의 공간적 삶을 바람직하게 이끌어 가는 것을 자동적으로 담보해주지는 않는다. 신자유주의적 국토경영은 사적 소유제를 바탕으로 하는 자본주의의 건전한 경쟁원리를 이용해 일정하게는 국토자원의 적정활용을 가져올 수 있으나 불완전한 시장체제 하에서는 사적 메커니즘의 편향적 작용에 의해 공공재로써 국토와 환경을 오히려 유기적으로 훼손할 수 있다. 그래서 그린벨트 제도개선과 관련하여 우리가 우려하는 것은 시장주의 자체가 아니라 시장주의를 신봉하는 식자들의 '사회적 혹은 환경적 상상력의 빈곤'이다. 이 글은 금번 그린벨트 제도개혁을 주도하는 집단[1])을 해제론자로 간주하면서 해제론의 논거와 합리성을 부여하는 전문가들이 그린벨트에 대해 가지고 있는 입장을 비판적으로 검토하면서 해제위주의 제도개선의 한계를 살펴보고자 한다.

## 2. 그린벨트 해제의 정당성 문제: 관료적 절차주의와 전문성의 편향

우리의 그린벨트 제도에 많은 문제가 있다는 것은 모든 사람이 공감하

---

1) 그린벨트 구역조정 및 부분 해제를 주도하는 집단은 여권의 핵심 정치인, 이를 집행하는 건교부, 실제 시안작성을 전담하는 관련 연구기관 및 전문가들로 나누어볼 수 있다.

는 바이다. 그래서 이번에 정부가 추진하는 그린벨트 해제와 구역조정 위주의 정책개선은 늦은 감이 없지 않지만 기본적으로 환영할 만한 일이다. 하지만 이런 기대와 달리 그린벨트의 복잡한 문제구조를 읽어내고 반영하는 과정과 절차를 제대로 거치지 않는 데 따른 문제, 즉 '절차의 정당성'을 결여함으로써 정부가 마련한 정책시안은 심각한 부실의 원인을 내부화하고 있다. 이를테면 정책시안을 뒷받침하는 '개발제한구역제도개선 참고자료집'을 들여다보면 그 내용이 대개 충분한 연구와 검토를 통해 확인되고 검증되어 나온 것이라기보다 논리로서 타당성을 확보하고 있는—그것도 반대론자의 입장을 주로 반론하는—식으로 구성되어 있다. 이를테면 '구역조정 없이는 근본적인 문제해결 불가'란 입장을 밝히는 내용은 '구역조정 없이도 해결될 수 있는 수많은 가능성'을 뚜렷한 논거도 없이 담론적으로만 배제하고 있다.

기실, 그러한 사정은 그 추진과정을 보게 되면 이해가 감직하다. 금번 그린벨트 제도 개선은 기본적으로 대선공약이라는 정치적 공식 내에서 추진되어야 하는 운명을 가지고 출발하였다. 해묵은 그린벨트 문제를 해결하기 위한 정치적 결단까지는 좋았지만, 그 추진에서는 대선공약에 너무 신경쓰다 보니 무리스러운 일정표, 즉 1년이란 시간내에 개선안을, 그것도 대통령이 언약한 바에 맞추어(풀 데는 풀고, 묶을 데는 묶는 등) 시안을 짜내어야 하는 근본적인 한계가 있었다. 과거의 부분적인 완화책과 달리 금번 시안은 구역조정을 시도하고 있지만 그 접근은 바로 이런 제약 속에서 이루어졌다. 즉, '해제해야 할 곳, 해제가 되지 말아야 할 곳'의 선정이 해당 지역들의 미묘한 사정에 대한 체계적인 검토나 이해 당사자들간의 충분한 논의 그리고 관련 제도의 보완 등을 통해 점진적이면서 민주적인 방식으로 이루어져야 함에도 불구하고, 이미 '어느 도시는 해제하고 어느 도시는 다시 묶고' 하는 등에 대한 기준을 암묵적으로 정해 놓은 채 그에 맞추어 해제/존치의 기준과 절차를 짜맞추어 가는 접근을 하였던 것이다.[2]

---

2) 환경성 평가다 뭐다 하는 것도 객관적이면서 엄밀한 연구절차를 통해 접근되는 것이

이런 식으로 하다보니 그 추진 방식도 협의회가 있었지만 결국 건교부 입장을 잘 대변할 수 있는 소수 전문가 중심으로 이루어질 수밖에 없었고, 이들은 그 복잡한 쟁점들을 몇 가지 논리(이를테면 토지시장의 논리)를 중심으로 불과 몇 개월내에 시안의 모범답안을 머리만으로 짜내는 일을 해야 했었다. 박정희 대통령 시절 기술관료 몇몇이 밀실에서 도상에 금을 그어 그린벨트 구역을 지정하였다면, '국민의 정부' 시절에는 민간 전문가 몇몇이 타스크포스 조직을 만들어 특정 부문의 '기술적 지식'을 독점한 채 해제지역과 그렇지 않는 지역의 기준을 마련하고 결정하는 '밀실 행정'의 새로운 양태를 보여주었다.

기술 합리성을 내세워 시안의 내용을 정당화하려는 발상은 기본적으로 중앙집권 시절의 하향적 정책결정과 집행 관행의 무의식적인 반복이자 그 표출이다. 영국의 그린벨트 제도개선(예, 구역조정)과 견주어볼 때 우리는 이를 보다 확연히 파악할 수 있다. 영국의 그린벨트 제도개선은 그린벨트의 사정을 가장 잘 알며 또한 직접적인 이해 당사자들이 소속된 지방자치단체가 주도하도록 되어 있지만, 우리와 마찬가지로 그린벨트가 지니는 문제의 복잡성과 미묘함 때문에, 수많은 협의와 재협의를 통해 이루어짐으로써 해결의 시간이 통상적으로 10~20여 년이 걸리기 일쑤이다. 영국의 경우와 비교한다면 우리의 제도개선 과정은 중앙부처의 비호 속에 몇몇 기술전문가들이 제도개선의 주요 지식과 과정을 독점한 채 모든 것을 중앙집권적으로 하는 꼴이라 할 수 있는데, 그 배면에 깔려진 진짜의 문제는 아직도 만연하는 '중앙집권 문화'의 폐해이다.

건교부가 독점함으로써 초래된 또 다른 문제는 그린벨트 관련 전문가 집단의 구성이 대개 '건교부의 입장을 합리화하고 정당화해줄 수 있는

---

아니라 주어진 결정과 미리 구상된 해결안을 염두에 두고 변수를 선정하고 평가방식을 동원하는 방식으로 운용되었다. 시안 평가 용역을 의뢰받은 영국의 도시농촌계획학회 전문가들이 한국의 제도개선 작업을 둘러보고 난 뒤 작성한 보고서에서 '환경문제, 특히 환경성 평가문제와 관련하여 그린벨트의 환경문제 본질에 관한 이해와 진정한 평가는 뒤로하고 지표선정과 같은 기술적인 문제에 주로 관심을 쏟고 있다'고 언급한 것은 바로 이를 적절히 지적해주고 있다.

지식을 갖춘 전문가', 즉 개발론적 입장을 띤 전문가들로 이루어진 점이며, 그 결과 그린벨트의 다양한 측면을 논의하고 이해할 수 있는 학술적, 지식적 개방성을 근본적으로 결여한 점이다. 다시 말해 금번 시안은 개발론자와 환경론자로 대별되는 우리의 그린벨트 논의 구도에서 개발론자의 입장이 과도히 반영되는 문제를 안고 있다. 정책개선작업에 투여되는 전문성의 편향은 정책시안의 내용에 그대로 투영될 수밖에 없는 것이다.

모든 정책결정은 대개가 정치적이며 또한 관료적 절차를 거치게 마련이지만 금번 그린벨트 정책개선 작업은 정치적인 결정과 관료적 절차주의의 문제에 더해 정책안 작성에 배타적으로 참여하는 전문가 집단의 편향된 그린벨트 이해방식의 문제가 가미되어 있다. 특히 그린벨트의 복잡한 사회적 속성을 몇 가지 제한된 잣대로 평가하고 해결하려는 전문가들의 전문성은 정책시안의 내용에 실질적인 한계를 구성하고 있다. 이렇게 본다면 금번 그린벨트 제도개선의 핵심문제는 그린벨트의 문제구조를 읽어내고 그 해결의 방안을 정책시안에 담아내는 전문가들이 그린벨트를 바라보는 관점(혹은 지식론적 입장)과 실천의식(혹은 가치판단)의 문제와 깊은 상관성을 가지고 있다 할 수 있다.


## 3. 해제론자의 도구주의적 전문가론


전문가들이 취하는 이론적 입장과 실천에 관한 가치 판단은 서로 관련되어 있어서 전문가들이 현실문제에 개입하는 것은 그들이 의지하는 전문지식이 함축하고 있는 세계관에 크게 영향을 받는다. 그렇다면 제도개선에 참여하는 전문가들은 스스로의 역할을 어떻게 규정하고 있을까? 그린벨트 제도개선에 주도적으로 참여하고 있는 어느 전문가는 이렇게 스스로의 역할을 밝히고 있다.3)

---

3) 아래에서 논의할 해제론의 비판은 대표적인 논자의 발표문과 입장을 중심으로 하겠지만, 그 비판이 특정 개인에 대한 것이 아니라 해제론자로 표현되는 일단의 세력(혹은

"어떤 식으로 제도 개선 안이 확정되든 국민들과 정책입안자들이 그린벨트의 실상과 그 득실이 무엇인지를 알고 결정을 내리도록 돕는 것이 전문가들의 책임이다(김경환, 1998: 8)."

여기서 우리는 해제론자로 부르는 전문가들이 스스로의 역할을 규정하는 두 가지 중요한 측면을 발견할 수 있다. 첫째 정책결정이 어떻게 나든 관계없이 국민과 정책 입안자를 돕는 것을 그들의 소임으로 생각하고 있다. 하지만 시민이나 국민과 같은 추상적 실체를 인정하지 않는 그들의 사고방식을 감안한다면, 전문가들의 실질적인 역할은 '정책입안자'를 돕는 일에 국한된다고 할 수 있다. 이런 입장표명을 제도개선과 관련하여 보면, '풀 데는 풀고 묶을 데는 묶는다'라는 정치적 결정을 기술적으로 실현시켜 주는 전문가적 의견과 대안을 제시해주는 것이 결국 그린벨트 개선과 관련된 전문가 역할로 간주된다. 두번째, 이러한 전제하에서 그들은 그들의 실제 역할을 '그린벨트의 실상과 그 득실이 무엇인지'를 파악하고 알려주는 것에 한정하고자 한다. 이들의 이러한 역할론 뒤에는 그린벨트에 대한 기존의 논의가 비과학적이고 잘못되어 있다는 생각이 깔려있다. 입장의 이러한 두 요소를 합성해보면, 해제론자들은 환경론자들의 '주먹구구식 그린벨트론'을 수학모델이나 토지경제학의 이론의 도움으로 재구성한 뒤 이를 토대로 그린벨트의 현실적(경제적) 가치, 즉 해제의 당위성을 이끌어내는 것으로 전문가의 역할을 설정하고 있는 것 같다. 그들의 전문가 역할론은 결국 정치적 결정, 그것이 옳든 그르든 혹은 결과가 어떻게 되든, 이를 도와주는 '도구주의적 역할론'을 의미하는 것이다.

문제는 그들이 그토록 믿는 '그린벨트 실상'을 어떠한 잣대, 어떠한 인식수준, 어떠한 '실체'로 접근하고 이해하고자 하느냐이다. 다음절부터 자세히 살펴보겠지만 실상을 파악하는 그들의 방식이 사실 그렇게 정교하거나 설득력 있어 보이지는 않는다. 이를테면 지가나 토지시장에 관한

---

집단)을 대상으로 한다는 점을 미리 지적해둔다.

몇 가지 가설과 관점을 가지고 그린벨트의 복잡한 속성을 요해(了解)해 보려는 것이 실상파악의 방식인 것 같다. 하지만 그린벨트에 대한 과학적 인식은 그린벨트의 물리적 실체(예, 토지나 환경과 관련된 특성)에 대한 것만 아니라 이를 둘러싼 사회적 맥락, 사회세력들간의 관계, 사회적 구조와 관계, 이데올로기 등도 함께 포함하여야 한다. 그린벨트의 실제적인 속성은 그러한 것들이 다 함께 합쳐진 것이다. 다시 말해 그린벨트가 토지라면 토지 자체의 물리적이고 경제적인 속성뿐만 아니라 토지를 둘러싼 세력들간의 관계 및 제도적 맥락(이를테면 특정 정치세력에 의한 입장) 등이 함께 이해되어야 한다. 이러한 사회적 사실(social facts)에 대한 입체적인 이해의 부족은 아마도 특정 학문 분야에 대한 방법론적, 지적 훈련의 결과라 할 수 있다.

사물을 보는 이 같은 입장의 연장으로 '전문가의 도구적 역할론'이 나온 것 같다. 그들은 실상의 파악이란 이름 아래 몇 가지 객관적인 사실을 밝혀내는 것으로 전문가의 역할을 끝내고 판단과 결정은 정치인이나 정책결정가의 몫으로 넘기고자 한다. 편협한 기술합리주의에 바탕을 둔 이러한 기계적인 역할 분화론은 지식인의 사회적 윤리, 혹은 지식의 사회성에 대한 사회과학의 초보적 쟁점마저 부정되고 있음을 보여주고 있다. 국가권력이 사회 전반에 끼치는 부정적 영향이 큰 우리 사회에서 전문가들의 지식은 정치적으로 왜곡되거나 악용되는 것이 비일비재하다. 이러한 맥락까지 읽을 수 있는 지식론적 관점을 가질 때, 그린벨트의 이해는 올바를 수 있다. 불충분한 전문가 역할론은 그린벨트를 읽고 해석하는 모든 측면에 그대로 투영되고 있다.


## 4. 그린벨트의 사회적 비용에 대한 기술적 가치판단

해제론자들이 그들의 차별적인 입장을 내보이는 대목은 기존 그린벨트 논의가 '그린벨트 순기능을 너무 과장하고 있다'라는 점이며, 이러한 문제제기 뒤에 놓여 있는 그들의 진짜 입장은 '그린벨트가 막대한 사회적 비용을 유발하고 있다'고 보는 점이다. 경제학적 관점을 선호하는 해제론자들은 그린벨트 해제의 당위성을 바로 이러한 그린벨트의 비용/편익 비교에서 찾고 있는 것 같다. 경제학의 실증주의적 분석방법을 존중하는 해제론자들이 그들의 그러한 주장을 객관적이고 과학적이라고 믿는 데는 그린벨트의 비용(혹은 편익)이 계량적으로 측정될 수 있다는 믿음을 가지고 있기 때문이다. 하지만 불행히도 그린벨트의 사회적 비용이 편익을 초과한다는 반증 불가능한 분석결과가 여태껏 제시된 바가 없다. 실증성을 강조하는 그들이 '그린벨트의 비용/편익'의 경험적 증거를 제시하지 않은 채 '막대한 사회적 비용 유발'을 해제의 논거로 삼는 것은 그들이 비판하는 '주먹구구식 순기능(편익) 과장론'의 논리전개 방식과 다를 바 없다.

비록 비용을 계산할 수 있고, 또 그 수치를 제시할 수 있다 하더라도 '비용편익분석'에서 쟁점이 되는 문제는 여전히 남는다. 이를테면 그린벨트의 사회적 비용을 어떤 수준에서, 어떤 영역에서, 어떠한 시간적 차원에서, 누구의 입장에서, 어떠한 기법으로 판정할지는 지난한 문제이다. 물론 부분적인 계산이 가능할지 모른다. 그린벨트와 지가의 상관관계 혹은 그린벨트와 교통거리 증대에 따른 이동비용간의 상관관계 등을 통해 사회적 비용을 간접적으로 추정할 수 있을지 모르지만 그 유의미성은 계량적 분석기법의 변수들이 커버하는 범위 내에서만 성립된다. 따라서 몇 가지 계산식에서 도출된 그린벨트의 비용이 복잡한 구조를 갖고 있는 그린벨트의 초경제적 편익을 능가한다고 주장하면 그것은 무리이다. 더욱 그러한 계량적 분석이 그린벨트의 사실성(factuality)을 분석하는 유일한 과학적 방법이나 분석기법으로 간주한다면 이 또한 잘못된 판단이다. 그러한 분석방법은 그린벨트를 분석할 수 있는 (사회과학의) 여러 접근 중 하나에 불과하다. 그린벨트를 다른 방식으로 인식하는 접근, 이를테면 사회 관계론적 접근, 정치경제학적 접근, 생태윤리적 접근을 택하는 입장에서 평가하는 그린벨트의 비용은 수리경제학적 접근에서 평가되는 것과 결코 동일할 수 없다. 그린벨트란 사회적 실재가 함축하고 있는 속성에는 가격과 같은 양적 지수나 지표로 측정될 수 있는 것이 있는 반면 그렇지 않는 차원과 속성도 많다. 그래서 모든 분석자가 동의할 수 있는 그린벨트 성격규명이 있고 나아가 그린벨트의 비용에 대한 계량적 분석이 논란의 여지없이 추출될 수 있다면 누가 그린벨트를 지켜야 한다고 주장하겠는가? 해제론자들의 표현을 빌리면 "그린벨트가 사회에 아무런 비용도 끼치지 않는다면, 당연히 그린벨트를 자손만대에 보전할 것(김경환, 1998: 8)"이지만 그렇지 않기 때문에 해제하자는 주장을 뒤집어 말하면 '누구나 공감할 수 있을 정도로 그린벨트가 편익보다 비용을 더 많이 발생시키고 있다는 것을 확신할 수 있다면 누가 그린벨트를 유지해야 한다'고 주장할 수 있겠는가?

결국 핵심은 한국사회에서 그린벨트는 과연 무엇이며 이를 어떻게 이해하느냐가 관건이다. 그린벨트는 개발제한구역이다. 우리의 현실에서 개발을 제한하는 것도 중요한 토지이용방식이다. 개발하는 것만이 능사가 아니라 개발을 제한하는 것도 토지이용의 주요 행위이자 유형이며 우리의 개발여건에서 볼 때 그 의미와 효과가 결코 사소한 것이 아니다. 토지의 독점, 이를 통한 토지이용의 파행, 이에 따른 국토환경의 파괴 등의 메커니즘이 그 어느 나라보다 강도 높게 작동하는 우리의 자본주의 체제하에서 토지의 개발제한은 지금도 앞으로도 유의한 한국적 국토정책의 수단이다. 그런 점에서 개발제한이란 그린벨트 제도의 순기능을 아무리 강조해도 괜찮다. 다시 말해 경제적 계산식에 의해 산출된 비용이 비록 크다 할지라도 사회적 계산식에서 파악되는 그린벨트의 순기능은 그걸 훨씬 초과할 수 있다. 그럼 해제론자들은 그린벨트의 기능을 실제 어떻게 이해하고 평가하고 있을까?

## 5. 그린벨트의 환경적 기능에 대한 불충분한 이해

"그린벨트가 도대체 왜 필요한지 모르겠다(김경환, 1998: 9)." 이 언설은 그린벨트를 철저히 부정하고자 하는 해제론자들의 입장을 집약적으로 표현하고 있다. 하지만 그린벨트 해제의 당위성을 내세우기 위해 해제론자들이 의거하는 설명은 보전론자들이 강조하는 '그린벨트의 환경보전이나 도시성장억제' 기능이 별 효험이 없음을 부각시키는 데 있다. 이 주장을 펴기 위해 해제론자들은 '그린벨트 본질은 환경보전이 아니라 도시성장억제'라는 입장을 논의의 출발점으로 삼는다. 이러한 입장은 기실 그린벨트 정책이 공식적으로 표명하고 있는 원칙의 하나이기도 하다. 하지만 그린벨트가 실제 쟁점이 되고 있는 측면에서 볼 때 이러한 원칙의 천명이 그린벨트 해결의 어떠한 단서를 자동적으로 제공해주지는 않는다.

오늘날의 도시발전 단계에서 도시성장억제와 환경보전은 뗄래야 뗄수 없는 관계에 있다. 영국의 그린벨트 정책만 보더라도 겉으로 내세우는 정책목표에는 환경(보다 구체적으로는 생태환경)에 대한 구체적인 언급이 없지만 그린벨트의 현실적인 성격규정에서 포괄적인 의미의 환경문제(예, 오픈스페이스의 문제)는 항상 민감하게 게재된다(조명래, 1998).[4] 우리의 그린벨트도 그 기능을 엄밀히 말하면 도시성장의 억제에 있는 것이 아니라 도시 주변부에서 일어날 수 있는 '개발행위를 제한'하는 데 있다. 그 개발제한은 도시성장의 억제뿐만 아니라 환경의 보전 및 토지의 비축 등의 의미를 함께 담고 있다. 뿐만 아니라 성장의 억제란 말도 엄밀히 보면 도시성장의 억제라기보다 도시의 무질서한 확장을 막는 것을 의미한다. 오늘날의 도시발전 상황을 볼 때, 도시성장이나 확산의 방지는 쾌적한 도시환경을 보호하고 지켜가는 것과 맥을 같이하는 것이 일반적인 추세이다. 따라서 도시성장억제를 중심으로 그린벨트 기능의 본

---

4) 실제 영국인들의 4분의 3은 그린벨트는 환경적 관점에서 보전되어야 한다고 믿고 있으며, 이 부분은 앞으로 더욱 강화되어야 한다고 볼 뿐 아니라 그린벨트 정책의 중심이 되어야 한다고 믿고 있다.

질을 찾는 것이 우선 잘못되었을 뿐만 아니라 그린벨트의 도시관리적 기능에 환경문제를 배제하는 것은 더더욱 잘못된 판단이다.

그린벨트에 대한 이러한 잘못된 인식, 특히 환경과 무관하다는 인식은 기본적으로 도시공간에 대한 이해의 부족에서 기인한다고 본다(해제론자들은 도시를 토지와 주택과 관련된 실체로 이해하는 경향이 많음). 그래서 그런지 해제론자들은 도시규모 증대와 환경문제는 무관하다는 의미없는 주장마저 펴고 있다. 다시 말해 도시규모의 크고 적음이 도시의 환경문제의 발생과 상관관계가 없다는 주장을 펴면서 그린벨트와 도시성장억제간의 상관성을 부인하려는 것이 의도인 것 같다. 이런 강박관념은 그들이 그린벨트를 그만큼 협소하고 제한적으로(즉, 성장억제를 위한 기능으로) 이해하는 데서 연유한 것이다. 한편 그들의 주장 자체를 국한해보더라도 '도시규모와 환경문제 간에 상관성'이 없다는 주장은 틀린 것이다. 실제 서구의 도시화의 경험을 보면 도시규모와 환경문제간에는 관계가 있는 것이 일반적이다(조명래, 1994).

그린벨트의 환경 관련 기능을 부인하기 위해 해제론자들은 '그린벨트는 도시의 허파'란 주장에 대해 과잉 반응을 보이고 있다. 그러한 표현이 갖고 있는 그린벨트의 기능을 이해하기보다 그 자체에 집착해 이를 반박하는 수치를 들이대는 반응을 보이고 있다. 기본적으로 이런 반발은 그린벨트를 환경과의 관계에서 보다 토지시장의 가치와의 관계에서 보기 때문에 나온 것이며, 또한 '그린벨트가 도시의 허파'란 것을 계량적으로만 이해하려는 발상에서 비롯된 것이다. 실증적 자료의 제시가 물론 그릇된 것은 아니지만, 그들이 내세우는 자료란 게 별로 적실해 보이지는 않는 데 문제가 있다. 즉, 우리나라 임업 축적면적이 충분하여 도시주변 그린벨트 지역은 그 내부에 임야도 얼마 안되고 또한 실제 산소공급역량도 얼마 안되니 '그린벨트가 도시의 허파'란 주장은 근거가 없다는 것이다. 그렇게 따진다면 우리나라 화학공장에서 생산하는 산소공급량은 왜 계산되지 않는지 모르겠으며 또한 북한이나 인접한 중국의 숲에서 생산되는 산소량은 왜 계산되지 않는지 모르겠다. 또한 한라산의 숲에서 생산되는 산소가 서울 사람에게 어떻게 공급되는지를 왜 밝혀내지 않는지 모르겠다. 그린벨트는 오픈스페이스(open space) 그 자체로서도—혹은 저밀도, 미개발지 그 자체로서도—대기순환이니 생태순환을 돕는 도시생태체제 내의 중요한 기능을 가지고 있다(조명래, 1997; 한국도시연구소, 1998). 더욱이 생태적 가치를 그 어느 가치보다 우선하고자 하는 도시관리의 입장(예, 생태도시의 관점)에서 볼 때 그린벨트는 삭막해지는 도시에 자연의 생명을 보전하고 지켜가는 중요한 기능을 갖고 있으며, 이점에서 그린벨트는 '생명의 벨트'로 표현될 수 있는 것이다(한국도시연구소, 1998). 그린벨트가 허파인지 아닌지, 생명의 벨트인지 아닌지를 수치로 따지면서 부정하거나 긍정하는 것은 결국 해제론자의 상상력의 결핍증만 보여줄 뿐이다.

비슷한 논리로 해제론자들은 '그린벨트를 친다고 오염원이 산재되어 있는 오늘날의 도시문제'를 해결하는 데 도움이 되지 않는다고 주장하면서 그린벨트와 환경과의 관계를 부정하고자 한다. 물론 그럴 수도 있지만 결국 이 또한 도시환경오염의 발생에 대해 잘못된(혹은, 부분적인) 이해에 기인한 것 같다. 도시의 오염은 점, 선, 면, 시스템 등의 형태로 발생하고 확산되며 그린벨트의 환경성을 이해하려면 이 모두의 관점에서 평가되어야 한다(이상헌, 1993; 조명래, 1994; 한국도시연구소, 1998). 다시 말해 도시환경문제는 해제론자들이 단편적으로 이해하고 있는 것보다 훨씬 복잡한 시스템을 통해 발행하고 있다는 것쯤은 도시를 연구하는 사람들에게 이미 상식으로 되어 있는바, 이러한 시스템 구성에서 그린벨트는 중요한 요소가 된다.

한편, 해제론자들은 '그린벨트 내의 맨땅 보호를 위해 그린벨트 밖의 녹지 훼손에 대해 침묵한다'고 하면서 환경적 측면에서 그린벨트의 보전의 주장을 공격한다. 이 또한 설득력이 없는 반론이다. 누차 이야기하지만 그린벨트는 개발제한구역이다. 그렇게 지정된 이상 그 땅에서의 토지이용은 개발제한을 받아야 한다. 그러한 토지이용방식이 현실에서 여러 가지 문제를 낳는다면 그것은 기본적으로 관리상의 문제이며, 따라서 운용과 관리 기법의 개선을 통해 그러한 문제는 상당수 해결될 수 있다(영국의 예를 보라!). 반면 그린벨트 밖에서 환경파괴가 자행된다면 해당 토지이용의 지정, 관리 등이 잘못된 데서 비롯된 것이다. 이를테면 그린벨트 주변의 준농림지에서 난개발이 이루어져 각종 환경문제가 발생한다면 그것은 우선적으로 준농림지의 지정, 관리가 잘못된 것이기에 이 경우 문제해결은 일차적으로 준농림지 관리 규정의 세련화를 통해 시도되어야지, 거기에 문제가 있다고 해서(혹은 관심을 안 기울인다고 해서) 그린벨트 제도가 잘못되었다고 주장하는 것은 참으로 우스꽝스러운 것이다.

## 6. 그린벨트의 도시성장억제 기능에 대한 불충분한 이해

도시관리와 관련된 그린벨트 기능을 비판함에서 있어서 해제론자들은 그린벨트가 도시연담화를 방지하는 것을 목적으로 하지만 도시연담화가 반드시 나쁘지는 않을 뿐 아니라 나쁘다 하더라도 그린벨트가 도시연담화를 방지하는 데 별로 기여하지 못한다는 점을 지적한다. 이러한 문제 제기는 우선 해제론자들의 학문적 관심(예, 도시경제학적 관심)에서 연유했다는 점에서 그린벨트 논의와 관련하여서는 상당히 제한된 의미만 가지며 또한 확대해 보더라도 이는 그린벨트에 관한 문제라기보다 도시관리 전반에 관한 것이어서 논의의 맥락마저 적실성을 못 가질 수 있다. 도시연담화와 관련하여 해제론자들은 도시연담화가 토지를 집약적이며 집중적으로 이용하는 것을 가능케 해주어 광역에 걸쳐 분산적으로 도시개발이 이루어지면서 발생할 수 있는 환경파괴, 사회간접자본 건설비용, 교통거리비용의 증가 등을 막을 수 있는 이점을 가지고 보고 있다. 하지만 우리의 도시현실을 볼 때 도시의 연담화(이를테면 서울을 중심으로 하는 인접 도시들간의 연담)는 좁게는 고밀도로 도시화된 지역의 거대한 집적이 야기하는 각종 도시 사회적, 환경적 문제에 더해 크게는 국토의 구조적 불균형 문제를 야기하는 조건이 되고 있다. 다시 말해 도시연담화는 현재로서는 그 이점을 초과하는 불이익을 더 많이 수반하고 있다는 주장이다. 도시연담화, 즉 토지의 집중적, 집약적 이용이 편익을 발생하는 방식으로 이루어지기 위해서는—즉, 집적의 불경제를 극복할 수 있기 위해서는—고도의 입체적인 토지관리 정책이 필요하다. 하지만 불행하게도 우리의 토지이용정책은 아직 이 정도까지 발전되어 있지 못하며, 나아가 환경문제를 통제할 수 있는 토지이용제도는 무력하기 짝이 없다.

그린벨트는 바로 이러한 연담화의 문제를 막기 위한 장치이다. 이와 관련하여 해제론자들은 그린벨트가 연담화를 방지하는 데 어느 만큼 도움을 주었느냐고 반문한다. 해제론자들의 주장은 그린벨트가 있음으로서 도시개발이 오히려 그린벨트를 뛰어 넘어 외곽의 녹지지역으로 무질서하게 확산되고 있다고 주장하면서 그린벨트의 친환경적 기능을 의심하는 것이다. 그 반증으로 수도권 신도시개발을 예로 든다. 즉, 그린벨트가 있음으로서 신도시들은 외곽에 자리잡게 되고 그 결과 보전해야 할 녹지지역이 오히려 해제되거나 비지적(飛地的, leapfrogging) 개발에 따른 각종 사회적 비용을 발생시키게 된다고 주장한다. 그린벨트가 있기 때문에 멀리까지 가서 신도시 개발이 이루어졌다고 주장한다면, 우선 그린벨트 내에 신도시가 개발된 사실을 어떻게 설명할 건가?(예, 과천과 분당) 1980년대 후반 1990년대 초반의 수도권 5개 신도시는 기본적으로 주택정책의 차원에서 개발된 것으로 어떤 방식으로든 수도권 일원에 개발되도록 되어 있었다. 분당의 경우는 토지개발공사가 이미 오래 전에 신도시 후보지로 점찍어놓았던 곳이며 준개발제한구역(남단녹지)이었던 용도지역이 개발 전에 권력층의 입김에 의해 해제되었다(조명래, 1996). 따라서 그린벨트 때문에 신도시가 서울의 외곽에 입지했던 것이—즉, 비지적 개발이 되었던 것이—아니라 개발업자의 논리, 신도시건설의 정치적 결정 등의 요인에 의해 이루어졌던 것이 보다 정확한 설명이다. 그린벨트의 기능이 제대로 존중되었다면 보다 멀리 입지했을 것이다.[5] 따라서 분

---

5) 분당의 경우는 강남지역의 주택수요 계층을 흡인한다는 것을 전제하였기 때문에, 비록 준 그린벨트에 있었지만 개발 코스트나 인구흡인 면에서 매력이 있었기에(개발의 논리

당을 예로 들어 그린벨트가 비지적 개발을 초래한다는 주장은 전혀 설득력이 없다.

그린벨트 때문에 비지적 개발이 이루어지고 그 결과 교통거리 증대에 따른 교통비용이 증대한다는 주장 또한 현실과 다를 수 있다. 광역 분산적 개발(혹은 비지적 개발)에 따른 교통비용 증대보다 도시발전이 연담화되면서 발생되는 교통비용이 현실적으로 더 과중할 수 있기 때문이다. 연담화된 도시지역은 교통수요를 집약적으로 발생시키며 또한 연담이 되는 축을 따라 수많은 중간역이 위치함으로써 교통시간의 증대와 상승적인 교통유발로 인한 교통비용의 추가적 증가를 초래하게 된다.

한편 그린벨트 밖에서 고밀도의 도시개발이 일어나면 결국 그린벨트 외곽에 보전되어야 할 녹지가 파괴되어 환경보전을 위한 그린벨트가 오히려 환경파괴를 가져오니 결국 그린벨트를 해제하는 것이 바람직하다는 주장 또한 단순한 사고의 소산이다. 그린벨트 외곽의 토지가 고밀도로 개발된다면 이는 기본적으로 비도시지역에 도시지역과 비슷한 용적률(예, 400%)을 적용하는 우리나라 토지이용제도의 문제에서 비롯된 것이다. 다시 말해 그린벨트 밖에서(예, 준농림지역) 고밀도 개발이 이루어져 환경을 파괴한다면 그것은 그린벨트가 있어서 그런 게 아니라 그런 지역에 대한 토지이용규제와 운용방식이 잘못된 것에서 비롯된다는 주장이다.

해제론자들은 수도권 그린벨트가 해제되면 인구가 많게는 2,000만 명 가까이 이입할 수 있다는 보전론자들의 주장을 엉터리라고 반박하고 있다. 하지만 그 숫자는 그 숫자대로 타당하다(최소한 그 수치를 이끌어내는 전제의 설정을 받아들인다면 말이다). 현재의 도시지역의 밀도를 고려해 그린벨트 내 택지가 전면 개발된다면 그 정도의 인구가 수용될 수 있다는 것은 그 자체로서 의미 있는 주장이다. 이런 숫자가 정확하냐 아니냐는 그린벨트의 기능을 어떻게 보느냐에 따라 달라진다. 개발압력이 높은 수도권 일원에 있는 그린벨트는 풀리기만 하면 그 개발이 곧장 고밀

---

측면에서) 선정되어 개발되었다. 그린벨트는 오히려 이러한 정책의 수단이 되어 버렸다.

도로—그리고 경우에 따라서는 난개발로—이루어질 것은 불을 보듯 뻔하다. 그것은 다시 말해 그린벨트 지역이 그만큼 인구활동의 흡입력이 높다는 것을 의미하는 것이다. 수도권 그린벨트가 해제되어 전면 개발이 이루어진다면 그에 따른 수도권의 과밀과 비수도권 지역과의 불균형이 초래되는 것은 물론, 파생적인 신규개발의 수요는 인접 지역에 대한 개발을 지속적으로 자극해 개발의 누적적 편중을 초래할 수 있다. 때문에 섣부른 용도변경, 해제 등을 통한 개발의 유도는 그만큼 수도권은 물론 국토전반의 토지이용에 부정적인 파장을 남길 수 있다. 해제하거나 용도변경을 통해서도 그러한 후유증을 수반하지 않게 하기 위해서는 우선 예측이 정확히 이루어져야 하며 나아가 사후관리를 입체적으로 할 수 있는 토지이용관리 방식이 강구되어야 한다.6)

이 비슷한 주장의 연장에서 해제론자들은 수도권의 그린벨트가 수도권 억제 정책에 어떠한 효과를 끼쳤는가에 대해 회의하고 있다. 하지만 이 양자의 상관관계를 정확히 판독한다는 것은 용이한 것이 아니다. 수도권이 집중되는 데는 우리나라 전체의 문제, 이를테면 한국자본주의 체제를 구성하는 중앙집권적 정치·경제체제나 산업구조, 가치체계 등의 요인이 복합적으로 작용한다. 세상에 모든 게 서로 연관되어 있지 않은 게 없지만 수도권은 유독 이러한 특성을 가지고 있어서 이러한 문제에 대한 인식은 중요한 것이다. 수도권 성장억제와 그린벨트 간의 상관관계는 현재로는 정확한 파악이 힘들다는 것이 주장의 요체이지만, 중요한 것은 그린벨트가 수도권 성장억제에 기여하지 않았다고 주장하거나 생각하는 것이 그 반대의 입장보다 더 비현실적이면서 이론적 타당이 없는 점이다. 수도권 외곽의 그린벨트는 그 동안 공공부문에 의해 잠식이 많이 되어 왔지만 그 규제가 어느 지역보다 강력하며, 특정도시들의 경우는 도시권

---

6) 이런 전제들이 현실적으로 설정될 수 있다면 그린벨트는 분명 해제하거나 완화하는 것이 바람직하다. 영국에서 그린벨트가 보전만이 아니라 선별적으로 이용·개발되고 있는 것은 원칙을 준수할 수 있는 관리방식과 절차가 합리적이기 때문에 가능하다. 이런 조건이 불비한 이유로, 우리의 현실에서는 개발과 반대되는 보전 및 개발제한이 중요하면서도 의미 있는 토지이용방식이 되는 것이다.

역의 90% 이상이 그린벨트 구역으로 지정되어 있어 그 규제가 심각한 마찰을 낳기도 한다. 규제에 따른 후유증이 많기는 하지만 그러한 규제가 없었더라면 그러한 도시지역들은 다른 도시들과 마찬가지로 고밀도 개발이 이루어졌을 것이며 그 결과 그만큼 서울의 상대적인 집중은 더 이루어졌을 것이다. 개발수요가 큰 수도권의 그린벨트 지역이 해제되어 전면 개발이 이루어지면 그에 따라 인구·산업활동이 상대적으로 재집중될 것은 뻔한 것이다. 지방의 자충적 발전이 어려운 우리의 현실에서 수도권의 토지이용 완화는 그만큼 수도권으로의 잠재적인 투자활동이 집중함으로써 일단은 수도권의 과밀을 더욱 부추길 것이며 나아가 비수도권의 상대적 고사를 더욱 촉진시킬 것으로 보는 것은 결코 무리한 생각이 아니다. 최소한 이런 점에서도 그린벨트의 '수도권 성장억제 기능'은 의심할 필요가 없다. 물론 다른 기회비용과 비교하면서 생각해야 한다고 반론할지 모르지만 몇 가지 '다른 기회비용'만으로 그 전체의 구조가 파악될 수 있는 것은 아니다.

## 7. 토지의 문제로 그린벨트를 접근하는 사고의 한계: 시장주의적 세계관?

"그린을 신주단지 모시듯이 따로 두고 왜 비좁은 콘크리트 숲에 갇혀서 사는가?"
"그린벨트를 신성불가침한 생명의 벨트라고 미화하고 그린벨트를 지키기 위해서는 어떤 대가도 치르겠다는 집착에서 벗어나야 한다?"(김경환, 1998: 12).

위의 언설들은 보전론자들에 대한 해제론자들이 제기하는 반론의 하이라이트이며, 여기에는 해제론자들의 세계관이 드러나 있다. 즉, '그린벨트 해제를 신중히 하자' 혹은 '그린벨트를 보전하자'라는 보전론자의 주장을 '그린벨트를 신주단지 모시듯'하고 '그린벨트를 신성 불가침한 것'으로 받아들이는 해제론자의 사고방식은 그린벨트를 바라보는 그들의 독특한 입장을 반영한다. 우리의 개발 풍토에서 도시외곽의 개방지나 녹지를 그린벨트로 지정하고 유지하는 것은 개발의 과도한 영향으로부터 벗어난 유형의 토지이용을 유도하는 것으로 그 효과는 단순한 도시확산의 억제뿐만 아니라 토지나 환경을 보전·비축하여 후손이 이용·개발할 수 있게 해주자는 등의 의미까지 복합적으로 함축되어 있다. 따라서 그린벨트를 보전하자는 주장은 그린벨트를 개발하거나 이용하지 말자는 주장이 아니라 최소한 그린벨트로 지정된 도시외곽의 토지에 대해서는 장기적인 안목에서 보전적 토지이용이 우선되도록 하자는 데 그 본래의 취지가 있다. 달리 말하면 당장의 편익을 위해 그린벨트를 개발하고 이용하는 방식을 지양하면서 토지가격안정, 자연환경보전, 개방공간의 유지, 개발억제의 기능, 도시확산의 방지, 미래의 수요를 위한 토지비축, 토지이용의 공공화 등을 다목적적으로 달성하는(이는 기존의 다른 토지이용으로는 쉽게 달성될 수 없는 그린벨트 특유의 토지이용 방식임) 식으로 토지를 이용하자는(보전도 토지이용의 한 방식임) 관점에서 그린벨트의 섣부른 해제를 반대하는 것이다. 그러한 입장을 마치 신주단지 모시듯하고 신성불가침한 것으로 받아들이는 것은 보전보다 현실적인 이용과 개발이 더 경제적이라고 해제론자들은 믿고 있기 때문이다.

그들의 주장대로 그린벨트가 해제되어 개발된다고 비좁은 콘크리트 숲에 사는 것이 해결된다고 생각하는 것은 단견일 뿐이다. 뉴욕이나 홍콩의 콘크리트 숲은 그린벨트와 관계없는 것이다. 다시 말해 그린벨트가 해제된다 해서 도심의 고밀도 토지이용이 사라지면서 도시환경의 쾌적성이 확보된다고 보는 것은 도시에 대한 몰이해에서 비롯된 결과이다. 그린벨트가 해제되면 당분간은 토지공급이 늘어 지가도 안정되고 개발도 토지시장의 메커니즘에 따라 일어날지 모르지만 그 효과가 쾌적한 생활을 바라는 도시의 모든 계층에게 골고루 돌아간다고 생각하면 이는 환상일 것이다. 그러한 환상은 그들의 철학이자 세계관이기도 하다. 그러니까 그린벨트를 풀면 콘크리트 숲으로 표현되는 토지이용의 과밀화에 따른 문제들이 없어진다고 보는 해제론자들의 발상은 기본적으로 토지시장 메커니즘에 대한 과도한 믿음에서 연유한다. 우리같이 땅이 좁은 나라, 특히 도시지역에 그린벨트와 같이 이용 가능한 토지를 묶어두면 토지공급이 원활하지 못해 토지수요의 압력이 폭증함으로써 지가상승 그리고 그에 따른 토지투기 등이 초래되는데, 보전되어야 할 그린벨트마저 파행적으로 이용되는(환경보전에 역행하는) 것도 이러한 메커니즘하에서 발생한다고 보면서, 결국 그린벨트 해제를 토지공급이란 측면에서 정당화하려고 한다. 해제론자들은 이를 주장하기 위해 여러 가지 실증연구, 소위 말하는 과학적 분석을 하고 있으며, 이를 그들 주장의 과학적, 합리적, 객관적 논거로 삼는다.

이를테면 해제론자들은 토지공급의 억제와 도시의 지가상승 간에의 상관관계에 대한 결론에 의거해 그린벨트를 해제하면 토지공급이 원활하여 그에 따른 순조로운 도시개발이 이루어진다고 보고 있다. 특히 이들은 현실의 토지문제를 보면서 이런 관점을 금과옥조와 같이 여기고 있다. 즉, 앞으로 경제발전이 더 진전되면 신규토지 수요가 더욱 많이 발생할 터이지만 현재와 같이 무조건적인 토지이용 제한과 비합리적인 토지이용정책을 통해서는 그러한 수요에 효과적으로 대처할 수 없다고 보고 있다. 그들이 특히 걱정하는 것은 향후 신규토지수요가 국토의 5%에 육박할 것인데, 그 대부분이 도시적 토지이용이 될 것이지만, 우리의 국토에서 도시지역은 불과 5% 정도밖에 되지 않아 토지공급이 턱없이 부족하게 될 것이라는 사실이다. 영국과 같은 선진국은 도시지역으로 용도지정된 토지의 비중이 전국토의 10~15% 정도이기 때문에 토지에 대한 과밀한 수요, 그에 따른 토지투기가 그렇게 과열화되어 있지 않다는 경험적 현실을 준거로 하여 그들은 토지공급론 관점에서 그린벨트 해제의 당위성을 믿고 있다. 절대규모의 신규토지가 필요하며 또 그에 따른 토지공급이 이루어져야 한다는 원칙은 옳은 것이다. 하지만 어떠한 신규토지가 필요하며 어떻게 신규토지를 공급할 것인지, 기존토지의 이용방식과의 관계는 무엇인지 등에 대한 체계적인 고려가 없이 그냥 토지가 필요하니 그린벨트가 중요한 공급원이 되어야 한다는 것은 기계적인 발상에 불과하다. 따라서 이 문제는 ‘사실’의 문제(예, 5% 신규토지의 공급)가 아니라 그 문제를 어떻게 바라보느냐가 보다 근본적인 문제이다. 영국정부가 수년 전에 2020년까지 400만 호 신규주택이 필요하다는 발표를 했을 때, 개발론자들이 그린필드의 개발이 불가피하다는 주장을 들고 나오자, 환경론자들은 기존의 도시나 기개발지의 재생을 통해 신규 주택수요의 85% 정도를 공급할 수 있다고 반박하면서 그린필드의 개발을 반대하였다(조명래, 1998). 환경론자들은 주택이 부족하고 신규주택 공급이 필요하다면 이는 기본적으로 주택정책의 올바른 운용을 통해 해결되어야 하지 이것이 미개발녹지를 개발하는 자동적인 이유가 되어서는 안된다는 것을 주장하는 것이다. 우리의 경우를 보더라도, 기존 도시 내의 효율적인 토지이용을 통해 신규 토지수요의 상당부분을 흡수해낼 수 있으며, 또한 신규토지수요에 대한 공급을 (대)도시 권역에서만 찾을 필요가 없기 때문에, 신규토지 수요론만으로는 도시외곽의 그린벨트를 해제의 당위성을 도출해낼 수 없다. 특히 최근에 논의되는 환경문제 해결의 접근방법은 수요 자체를 관리하는 것을 강조하기 때문에 토지의 합리적인 수요관리를 통해 신규수요를 최소화하는 것은 물론 그에 걸맞은 적정공급방식까지도 고려되어야 한다. 이를테면 에너지 집약적이고 토지 절약적인 개발기법 등을 강구해 신규토지의 수요를 기존 토지이용체계 내에 많이 흡수할 수도 있다. 따라서 신규토지수요와 그린벨트 해제 간의 유관성에 관한 논의는 일면 타당한 것 같으면서도 사실 그 관계가 일의적이지 않다는 점에서 토지공급론적 관점에 의거한 그린벨트 해제론의 타당성은 그만큼 제한적이다.

더욱 해제론자들은 토지공급이 원활하면 토지의 적정이용이 이루어지고 나아가 토지를 둘러싼 사회계층간의 위화감이나 갈등도 완화될 수 있다는 관점을 가지고 있다. 이 관점을 이들은 해제의 ‘사회적 논거’로 삼는 듯 하다. 그러한 주장 중에 가장 대표적인 것은 도시인근에 있는 환경가치가 낮은 녹지를 택지로 조성해 공급하게 되면 지가를 저하시켜 그에 따른 주택공급가격의 인하를 가져와 저소득층에 대한 주거공급이 더

원활히 이루어져 사회적 불평등을 완화하는 데 도움을 준다는 주장이다. 이런 관점의 연장에서, 해제론자들은 보전론자들이 주장하는 그린벨트 보전이 대개는 미래 세대를 위한 것을 명분으로 내세우고 있지만 현재 묶여 있음으로서 현세대가 겪는 고통, 특히 저소득 주거계층이 겪는 어려움을 외면하고 있다고 지적하면서, 그린벨트는 지금 당장 풀어서 저렴한 택지로 공급되어야 한다고 주장한다. 저소득층과 같은 사회계층문제까지 고려하는 것은 다행이고 그 점에서는 보전론자들의 사회인식과 비슷하지만, 문제는 계층문제의 해결이 해제론자들이 믿는 그러한 단순한 차원에서 이루어질 수 없다는 사실이다.

그린벨트 해제를 통해 토지공급이 이루어지면 저소득층의 주거사정이 더 나아질 것으로 보는 해제론자의 믿음은 시장주의적 환상에 근거하고 있다. 시장의 보이지 않는 손은 현실에서는 대개 힘있는 사람들의 손이 되어 힘없는 사람들의 시장 참여나 시장을 통한 배분을 왜곡시키는 역할만 수행하는 것이 자본주의 체제의 진정한 속성이자 또 우리의 자본주의 현실이기도 하다. 토지나 집이 많이 공급된다고 해도, 해당 사회의 토지소유제도나 사회분배체제가 편향화되어 있거나 특정계층 중심으로 되어 있다면, 그 결과 토지와 같은 희소자원은 사회적으로 더욱 편중될 수 있다. 특히 경제의 총량적 규모에 비해 재벌과 같은 독점자본의 비중이 우월하고 또 이를 뒷받침하는 정치권력이 편중된 우리 같은 사회체제에서는 토지와 같은 축적수단이 사회적으로 확대 공급되면 일정 기간이나 일정한 영역에서는 배분의 효과를 가져올지 모르지만, 그 범위를 벗어나면 결국 다시 빈익빈 부익부적인 분배편중을 가져오게 된다. 그것은 그 동안의 신도시정책, 토지정책, 주택정책의 운용과정에서 우리가 익히 보아 왔던 바이다. 물론 시장론자들은 이러한 현상을 낳게 되는 까닭을 시장이 제대로 안 돌아가게 하는 우리의 현실 제도의 문제로 돌리면서 진정한 시장의 자율에 맡길 것을 주장하지만, 시장이 제도 위에 군림할 수 없으며, 시장이 사회의 구조적 틀을 벗어나 작동할 수 없는 한, 시장의 자율성에 대한 믿음은 사회구조의 중층성(혹은 사회적 실재성)을 무시한 환상에 불과한 것이다. 이러한 문제는 이미 아담 스미스의 정치경제학에 대한 마르크스의 비판에서 이미 오래 전에 지적되었던 바이며 지금도 그 비판은 유효하다. 문제는 영미자본주의의 특성을 반영하는 시장론자들의 관점이 자본주의 경제의 일정한 권력적 질서와 이념을 무의식중에 추종하고 반영하면서 권력적 담론의 일부가 되어 있어, 그에 대한 비판적 주장이나 반박을 권력으로 봉쇄하고 회피한 채, 시장이란 제도의 신비한 메커니즘을 신격화하여 믿고 있다는 점이다. 시장에 대한 이 같은 믿음은 결국 베이컨의 '동굴의 우상'과 같은 것이다. 시장 메커니즘의 신격화에 빠져있는 해제론자들은 보전론자들의 '그린벨트의 신주단지 모시기', '그린벨트 신성불가피침'을 못마땅하게 여길 수밖에 없다. 다시 말해 시장을 신주단지 모시고 신성불가침하게 믿는 시장주의적 해제론자들의 입장에서 그린벨트 보전론자들은 그들의 종교를 거부하는 이단자쯤으로 간주되기 때문에 보전론자의 입장을 '그린벨트를 신주단지 모시듯, 신성불가침하게 다룬다'는 표현을 쓰게 되는 것이다.


## 8. 그린벨트의 사회적 상상력을 위해


보전론자들의 주장을 반박하면서 해제론자들은 그들 입장에 대한 차별화를 기하지만 그 내용에서는 결국 시장론적 세계관으로 회귀해버린다. 일찍이 마르크스는 시장적(유통적) 영역에서 작동하는 경제적 현상(appearance)을 탐구의 대상으로 삼는 아담 스미스류의 인식방법은 현상 너머에 작동하는 경제의 '본질(essence)적 세계'(예, 경제의 사회적 구조)를 상상하지 못한다고 비판한 바 있다. 실제 시장주의자들은 경험적으로 실증 가능한 것만 지식의 논거이자 실체로 봄으로써 그 지식이 형성되고 작동되는 사회적 맥락성에 대해 별로 관심을 기울이지 않는 듯하다. 그래서 그들은 그토록 과학적이고 객관적인 것으로 믿고 처방한 그린벨트 해결방안이 정치권에서는 정치적인 계산에 의해, 그리고 사회에서는 사회세력들간의 관계에 의해 상이하게 받아들여지고 해석되는 것에 대해서도 무관심한 듯싶다.

그린벨트의 환경성에 대한 상상력 결핍증도 이런 인식방법의 다른 모습이라 할 수 있을 것 같다.[7] 환경의 가치란 사실 인간계의 경제체제를 대상으로 하는 가치평가방식으로 제대로 파악될 수 없는 초경제적(extra-economic)인 것을 함축하고 있다. 마찬가지로 환경으로서 그린벨트의 보전가치도 현실적인 이용의 경제적 가치를 전제하는 이해방식으로는 제대로 평가될 수 없는 측면이 없지 않다. 하지만 그린벨트의 환경적, 사회적, 심지어 도시계획적 기능이 통상적인 개발중심 혹은 경제적 효율성을 중심으로 하는 잣대로 제대로 평가될 수 없는 데 다소 단순한 까닭이 있다. 이는 '개발'이 지배적인 우리의 현실에서 그린벨트란 제도의 기능은 지배적인 가치인 개발을 역행하는, 즉 '개발을 제한'하는 기능을 수행하는 공간이기 때문이다. 그 개발의 제한은 단순한 토지이용행위의 제한만 아니라 도시의 무질서한 확장의 억제, 공공적 목적(예, 국방)을 위한 토지이용의 제한, 도시(주변)의 환경 쾌적성의 유지 등의 복합기능을 가지고 있으며, 이 기능은 부수적으로 토지자원의 비축, 토지이용의 공공화, 환경보전, 생태적 가치의 존중 등과 같은 상징적 기능 등을 함축하고 있다. 따라서 그린벨트는 개발과 보전, 사익과 공익, 경제와 환경, 현재와 미래 등과 같은 상이한 가치들이 예리하게 대립되는 구조를 내부화하고 있어 어느 일방적인 판단과 관점에 의해 문제가 해결될 수 없는 속성을 가지고 있다. 그러한 대립구조는 그린벨트에 고유한 것이라기보다 전체 사회의 발전모델을 둘러싼 대립구조를 투영하고 있다는 데 그린벨트의

---

7) 최근 들어 해제론자들은 그린벨트를 도시계획의 한 수단으로 보자고 하면서 그 논의의 범위를 더욱 도시계획의 기술적인 쟁점들로 국한하려고 하는 경향마저 있다. 특히 시안을 평가한 영국의 '도시농촌계획학회'의 평가에 힘입어 그러한 문제제기를 정당화하려는 분위기마저 없지 않다. 하지만 여기서 주의할 것은 그린벨트가 도시계획의 한 수단이란 주장이 그 자체로서 모든 것을 해결해주는 절대적인 잣대가 될 수는 없다는 점이다. 그린벨트가 도시계획의 한 수단이라 할지라도 어떠한 수단인가라는 것은 논란이 있으며, 그 논란은 거슬러 올라가면 개발과 보전의 문제와 다시 이어지는 것이 된다. 따라서 '도시계획론적 주장'도 지금의 '시장주의자'의 주장과 비슷한 논의의 한계를 갖는다는 점을 인식해야 한다.

실제의 복잡성이 있다.

그린벨트의 섣부른 해제와 구역조정을 반대하는 것은 그린벨트를 에워싼 이런 복합구조 때문이다. 급격한 성장기 동안 우리는 개발이란 이름으로 수많은 초경제적 가치를 지닌 역사·문화·환경적 자원을 허물고 파괴하고 없애 왔으며 지금도 계속 그렇게 하고 있다. 그린벨트는 개발주의가 풍미하는 우리의 현실에서 어쩌면 유일하게 거대한 개발논리와 그 힘을 거역하면서 도시주변의 땅을 지켜온 현실 제도의 하나이다. 그래서 수많은 문제(특히 주민들의 고통)가 있지만 개발주의가 지배하는 현실의 발전구조나 가치체계를 저항하는 의미의 소중함이 그린벨트에 부여되어 있다. 이러한 의미를 그냥 추상적이고 비과학적으로 폄하하면서 단안적인 시장적 가치의 잣대로 재평가한 뒤 해제론의 당위성으로 탈바꿈시킨다면, 우리는 새로운 밀레니엄을 바로 눈앞에 두고 되살아난 '개발주의의 망령'에 다시 시달리게 될 것이다. 그린벨트 문제는 해결되어야 한다. 그러나 해결에 앞서 그린벨트가 복잡한 삶의 관계를 담고 있는 도시란 공간에서 그리고 개발과 보전이 대립되는 전체사회 구조에서 어떠한 의미를 가지고 있는지에 대한 체계적인 이해가 선행되어야 한다. 우리가 직면하고 있는 여러 가지 현안 중에서 그린벨트는 특히 그러한 이해가 필요로 하는 대상이다.


■ 참고문헌

김경환. 1999, 「개발제한구역 제도개선의 쟁점」, 부산대학교 도시문제연구소 주
　　　관, '부산개발제학구역의 합리적 조징·해제를 위한 심포지움' 발표문.
이상헌. 1993, 「서울환경위기의 정치경제」, 한국공간환연구회 편, 『서울연구』, 서
　　　울: 한울.
조명래. 1994, 「서울의 환경현실과 환경지향적 서울개조론」, ≪환경과 생명≫, 통
　　　권 2호.
＿＿＿. 1996, 「분당 신도시의 사회경제적 배경」, 민족건축미학연구회 엮음, 『18
　　　세기 신도시, 20세기 신도시』, 서울: 발언.
＿＿＿. 1997, 「생태자치구의 모델에 관한 연구」, ≪지역사회개발연구≫, 제22집

2호.
조명래. 1998, 「NGO의 입장을 통해 본 영국 그린벨트 제도의 쟁점과 특성」, ≪환경과 생명≫, 통권 18호.
한국도시연구소. 1998, 『생태도시론』, 박영사.

**6장**

# 개발주의와 보전주의의 대립을 넘어:
# 영국 그린벨트 제도의 이해

## 1. 서론: 영국의 그린벨트 제도와 NGO

영국의 그린벨트는 영국 사회 발전과 맥을 같이 하여 그 기능과 역할이 꾸준히 변화해왔다. 거슬러 올라가면 영국의 그린벨트는 중세 장원 체제하에서 성곽 도시를 위한 농업 생산물 공급지로 시작하였던 것으로 기록되고 있다. 하지만 그 현대적 기능은 근대 도시의 급격한 성장을 관리하는 측면과 긴밀히 결합되면서 보편화되었다. 자본주의적 산업화가 빠르게 진전되던 초기에 그린벨트는 새로운 공동체적 삶을 구현하는 신정주지(new settlement)로 제안되었으며, 대도시 확산이 가속화되는 근대에 와서는 도시 확산 방지의 장치로, 혹은 도시 주변의 다목적 개방지로 활용되다가, 21세기를 앞둔 지금에는 도심 재생활성화나 '에너지 집약적 도시(compact city)' 개발을 위한 생태적 완충지로서의 기능을 새롭게 부여받고 있다.

영국의 그린벨트는 사상적으로 볼 때, 농촌적 가치 체계를 바탕으로 하고 있다. 앵글로색슨 문화의 원형에는 도시-농촌 대립 문화 혹은 대립적 가치 구조가 뿌리깊게 자리하고 있는데, 그린벨트는 이중에서 농촌적 가치 체계와 깊이 결합되어 있다. 현재의 영국 일상 문화에서 농촌적 가치 체계는 '전통의 보전', '도시 문화의 대안' 그 자체로 등치되어 있으며, 정책적 지향에서는 현대 도시의 병폐적 문제를 해결하는 암묵적인 준거로 간주되고 있다. 따라서 이러한 사상적, 문화적 토대로 인해 영국의 그린벨트는 현실의 다양한 이용 방안에 대한 주장에도 불구하고 쉽사리 없어질 수 없는 국토 이용 체계의 골간으로 계속 남아 있을 것으로 보인다. 1979년 이래 그린벨트의 지정 면적이 두 배로 확대된 것은 바로 이를 단적으로 예증해 주고 있다 할 수 있다.

이런 사상적, 이념적 토대 위에 그린벨트는 영국의 오래된 자치제도의 틀과 결합되어 운영됨으로서 제도로서의 적실성과 탄력성을 획득하고 있다. 다시 말해 지방의 주체들에 의해 자율적으로 유지·관리되는 제도적 조건은 그린벨트를 장기적인 틀 속에서 탄력적으로 운영케 하는 중요한 관건이 되고 있다. 토지이용은 주민들의 일상 생활과 결부되어 그 내용이 결정되기 때문에 해당 지방 주민들에 의해 관리될 때 그 효용성이 극대화될 수 있다. 영국의 그린벨트 관리는 바로 이러한 원리에 근거하고 있다. 즉, 영국의 그린벨트는 지방 주민의 일상적 이해관계를 반영하면서 그들에 의해 자율적으로 관리되는 지방자치의 틀 속에서 그 기본 골격과 기능이 확정되고 변경되며, 이런 점에서 그린벨트 이해 당사자들간의 입장을 민주적으로 조율해 내는 기제가 곧 영국 그린벨트 제도의 성공을 담보해 주고 있다 할 수 있다. 이 때문에 영국의 그린벨트 정책 전개 과정에서 '시민단체(non-governmental organizations, 이하 NGO로 칭함)'의 역할이 대단히 중요하다. 그린벨트 쟁점을 상이하게 대변하는 NGO들은 그린벨트와 관련된 그들의 전망과 목표의 실현을 위해 상호 경쟁하고 대립해가는 가운데 그린벨트 문제 해결의 방향을 결정짓게 된다.

현재 영국에는 경관 보전, 자연 녹지, 농촌 공동체, 자연 생태계 등의 보호를 위한 운동을 전개하는 NGO들이 많다. 하지만 이들 중에서 그린벨트를 직접적으로, 그리고 전적으로 다루는 NGO는 많지 않다. '런던 그린벨트 협회(London Green Belts Association)'와 같은 특수 목적의 NGO를 제외한다면, 주택, 교통, 야생 동·식물, 농촌 경관, 생태, 도시

개발 등의 문제를 다루는 NGO들이 그들의 활동을 전개하는 가운데 그린벨트 문제에 간접적으로 연루되게 된다. 때문에 그린벨트에 대한 개별 NGO의 입장은 그린벨트 하나만 떼어놓고 봐서는 안되고 그들이 전개하는 운동과 관련된 쟁점의 상호 연관 구조 속에서 이해되어야 한다. 이것이 함의하는 바, 그린벨트에 대한 영국 NGO의 입장은 그들이 사용하는 몇 가지 구호나 주장만으로 이해될 수 없다. 영국 시민 정치의 속성상 공공 부문과 시민 개개인을 매개하는 NGO는 '그린벨트 정치'의 주요한 고리를 형성하고 있으며, 그런 만큼 이들의 활동과 입장을 통해 드러난 그린벨트 제도의 특성은 영국 그린벨트 제도의 이해에 중요한 단면이 된다. 이 글은 그린벨트에 대한 NGO의 입장을 통해 영국 그린벨트의 다양한 쟁점을 살펴보면서 한국적 시각에서 유의한 영국 그린벨트 제도의 특성을 규명해 보는 것을 목적으로 한다. 영국의 그린벨트 제도를 살펴보면서 이 글이 각별히 주목하는 부분은 그린벨트를 둘러싼 핵심 쟁점인 '보전과 개발'의 관계이다.


## 2. NGO의 성격과 그린벨트에 대한 기본 입장: 개발주의 대 보전주의

본 절에서는 '그린벨트 제도 개선 협의회'가 1998년 8월 10일~15일에 걸쳐 실시한 영국 그린벨트 조사과정에서 방문한 5개 NGO의 그린벨트에 대한 입장을 비교분석하고자 한다. 5개 단체에 대한 비교분석은 개발을 주장하는 단체로부터 보전을 주장하는 단체의 순서로 이뤄진다.

### 1) 주택 건설업자 협회(House Builders Federation)

'주택 건설업자 협회'는 주택 관련 산업 정보의 수집과 분석, 주택 건설업자들간의 정보 교환 및 공동 사업의 추진, 그리고 대외적으로 주택

개발 업자의 이익을 대표하고 옹호하는 로비 및 정책 대안 제시 등을 추구하는 이익 단체이다. 이 단체가 최근 들어 대외적으로 활발히 전개하고 있는 활동 중의 하나는 1995년 '환경성'(정식 명칭은 Department of Environment, Transport and the Regions)이 발표한 주택수요에 관한 장기 예측치의 타당성을 지지하면서 이의 실현을 위한 도시 개발 사업의 실시를 촉구하는 일이다. 환경성의 예측에 의하면 영국은 1991년부터 2016년까지 약 440만 호의 신규 주택이 공급되어야 한다. 매년 20만 규모의 주택을 20여 년 간에 걸쳐 꾸준히 공급해야 되는 규모의 주택 수요 예측치를 두고 관련된 정책 당국, 지방 정부, 학계, 계획가, 환경 단체, 개발업자 등은 각자의 입장에 따라 상이한 해석과 논평을 내놓았다. 이 반응은 급기야 국가적인 논쟁으로 번져 갔다. 이 예측치가 국가적 논란이 되었던 까닭은 엄청난 물량의 주택을 공급하기 위해서는 그에 걸맞은 토지 공급, 도시 개발, 하부구조 건설 등의 부수적인 대규모 지역개발 사업이 뒤따라야 하는데 이를 둘러싼 개발방식 그리고 개발의 결과와 영향에 대한 전망과 해석이 각 사회세력들 사이에 엇갈렸기 때문이었다. 재정 부담, 개발 역량의 한계, 지방 환경의 파괴에 따른 주민의 저항 등을 의식한 일부 지방자치단체(예, Berkshire, Surrey, Avon, Leicestershire 등)는 중앙 정부가 할당한 지역별 주택 공급 계획치를 임의적으로 하향 조정하는 조치를 취하면서 중앙정부의 예측치에 반발하였다. 또한 영국의 주요 환경단체들은 예측 방법으로부터 주택공급을 위한 개방 녹지의 대규모 개발과 그에 따른 환경파괴 등의 문제점을 제기하면서 정부의 새로운 주택정책을 반대하는 캠페인을 벌여왔다. 이에 반해 지역계획가, 건설업자, 부동산업자 등과 같은 개발관련 사회세력들은 정부 예측치의 타당성을 지지하면서 새로운 유형의 주택수요에 걸맞은 국가적 차원의 적극적인 주택개발계획을 촉구하는 언론홍보, 학술세미나, 정책간담회 등을 추진하였다. 그러면서 다른 한편으로는 일부 지방정부가 취한 소극적인 주택공급계획(지방계획)의 부당성을 법정에 고소하는 대응을 보여 왔다.

이런 대립구도에서 주택 건설업자 협회는 대표적인 개발론자의 입장을 취하면서 각종 홍보 및 로비 활동을 선도적으로 펼치고 있다. 이 단체의 주장에 의하면 독신 가구(single person household)의 급격한 증대와 전원생활에 대한 선호의 확산 등과 같은 인구구성이나 주거 생활양식의 변화에 따라 과거와 다른 유형의 주택수요가 앞으로 폭발할 것이며, 이러한 주택의 공급은 21세기 국민복지 공급에 중요한 관건이 된다고 한다. 이 단체의 전망에 따르면, 향후 20여 년 간 신규 주택의 수요는 정부의 그것을 넘어 실제 500만 이상에 이르며, 신규 주택수요 중 80%는 독신가구이고, 신규 주택의 40~50% 이상은 그린 필드(green fields)에 건설되어야 한다. 새로운 주택정책과 관련하여 이 단체가 핵심 쟁점으로 제기하고 있는 것은 '얼마만큼 지어야 하느냐보다, 어디에, 어떤 유형으로, 어떻게' 주택을 새로 건설해야 하는가 하는 점이다. 논쟁의 핵심을 이쪽으로 설정하면서 이 단체가 중요한 쟁점으로 내놓고 있는 것은 농촌 및 전원 지역 개발의 필요성에 대한 주장이다. 이 주장의 연장선에서 이 단체는 대도시 주변에 그 동안 엄격히 규제되어왔던 그린벨트 내의 토지가 신규 택지로 적정히 공급되어야 한다는 입장을 제시하고 있다. 이로 인해 이 단체는 영국의 대표적인 환경 보호 단체인 '농촌 잉글랜드 보호를 위한 위원회'로부터 집중적인 비판과 공격을 받게 되었다.

하지만 그린벨트 내 토지개발에 대한 이 단체의 입장이 단순히 전원형 주거에 대한 선호나 도심 택지의 부족과 같은 이유에서만 나온 것이 아니라 그린벨트의 기능에 대한 나름대로의 평가를 바탕으로 하고 있다. 그린벨트에 대한 이 단체의 진단은 한마디로 '그린벨트의 적극적인 기능(positive function)이 이제는 소진되었으며 오히려 역기능(negative function)이 점증하는 상황에 처하게 되었다는 것'으로 압축된다. 개발 제한 지역으로 기능하면서 대도시의 무분별한 확산을 방지하는 동시에 대도시 인구의 분산을 유도하였으며, 또한 대도시 주변에 개방 녹지를 보전하는 데 일정하게 기여했다는 점에서 그린벨트의 기능을 일단 긍정적으로 평가하고 있다. 하지만 도시 발전이 새로운 단계에 접어든 오늘날의 대도시 토지이용 체계에서 볼 때 그린벨트는 오히려 부정적인 측면을 더 많이 노정 하면서 그 순기능을 급격히 상실해가고 있음에 더 주목할 것을 강조한다. 이들의 설명에 따르면, 그린벨트가 둘러쳐진 도시에서는 도시의 발전 추세가 개발제한구역인 그린벨트를 뛰어넘어서는 '비지적(飛地的, leap-flogging) 개발'을 초래하여 보호해야 할 농촌 및 전원 지역을 오히려 무분별하게 파괴하고 있을 뿐만 아니라 도심과 외곽 간 교통 거리를 확대하여 이에 따른 교통수요의 증대와 교통체증의 악화를 불러일으키고 있다. 아울러 계속된 개발 억제로 말미암아 도심 기능마저 약화되는 부정적인 문제를 낳고 있다. 그린벨트가 초래하는 이 같은 문제는 무엇보다 도시의 '지속가능한 발전(sustainable development)', 즉 에너지 및 자원 집약적이고 효율적인 도시로의 발전을 어렵게 하는데 그 심각성이 있음을 지적하면서 이는 곧 그린벨트가 시대 역행적인 도시관리제도임을 보여주는 단면이라고 한다.

한편 주택개발과 관련하여, 이 단체 관계자는 그린벨트를 지키기 위해, 즉 도시 확산을 방지하기 위해 도심의 고밀도 개발을 추진해온 결과, 그린벨트 경계 안쪽의 기 개발지역(도심지역)은 더 이상 개발할 여지가 없게 된 점을 객관적으로 평가해야 한다고 강조한다. 최근 들어 영국의 도시 개발 분야에서 도심 토지의 재활용 방안이 강조되고 있지만, 이는 엄청난 재활용 비용을 필요로 하며, 지원제도도 불비할 뿐만 아니라, 개발업자들의 선호도 낮아 현실성이 없는 것으로 판단하고 있다. 이를 해결하기 위해 정부는 '녹지개발세(Greenfield Development Tax)'를 제정해 거기에서 발생한 재원으로 도시개발을 지원하는 방안을 구상하고 있지만, 이 또한 녹지개발을 기본적으로 억제한 상황에서 실시되어야 함으로써 실효성이 없는 해결방안이라고 평가하고 있다. 결국 기 개발지 내에 신규 토지공급이 어려워지면 지가 상승과 그에 따른 주택 공급가격의 상승이 불가피해질 수밖에 없는데, 그에 따른 일차적인 불이익은 바로 저렴한 사회주택 공급대상자인 저소득층에게 돌아가게 된다는 점을 지적한다. 뿐만 아니라 그린벨트는 이 반대의 상황도 초래한다고 설명한다. 즉, 그린벨트 지역과 그 경계선 밖의 전원지역들은 자동차의 급격한 보급에 따라 도시의 고소득자를 위한 값비싼 주거지로 바뀌어짐으로써 전원의 쾌적한 환경이 이들에 의해 독점되는 상황이 초래되고 있다고 한다. 이들은 그린벨트의 이러한 현실 상황을 환경론자들이 주장하는 그린벨트 보전이란 이상론과 불일치하는 대목으로 지적하면서 환경보호단체가 주장하는 '그린벨트 개발 반대론'의 허구성을 비판한다.

요컨대, 이 단체가 핵심으로 제기하는 문제는 그린벨트의 존치가 도시개발의 비지적 확산, 그에 따른 교통 거리의 확대와 토지의 무분별한 이용을 부추겨 물리적으로 우선 지속가능한 도시발전을 어렵게 하며, 또한 환경을 통한 계층 격차의 심화를 촉진하여 사회적으로도 지속가능한 도시발전을 가로막는 요인이 되고 있다는 점이다. 지속가능성을 담보하지 못하는 그린벨트는 그린벨트의 역기능을 의미하는데, 오늘날 그린벨트 역기능이 수반하는 비용은 순기능이 낳는 편익을 훨씬 초과하고 있다고 주장한다. 이 주장의 귀결점은 '그린벨트의 이용과 개발'의 불가피론이다. 그 동안 이 단체는 그린벨트의 합리적인 이용이야말로, 환경론자들이 주장하는 것과는 달리, 그린벨트란 자원을 사회복지나 환경보전의 관점에서 제대로 활용하면서 지켜가는 방법이라는 입장을 공식적으로 밝혀왔다. 이를테면 그린벨트를 저렴한 사회주택의 공급지로 적극적으로 활용하게 된다면 이는 우선 복지정책 차원에서 바람직스러울 뿐만 아니라, 환경성을 고려한 택지조성을 통해서는 환경보전에도 기여할 수 있다는 점을 이 단체는 늘 강조해왔던 터이다. 이러한 입장을 피력하면서도 그린벨트의 기능과 중요성을 전적으로 부인하지는 않는 듯하다. 그린벨트의 적극적 기능은 유지되어야 하지만 이를 위해서는 그에 걸맞은 그린벨트 관리체계가 강구되어야 한다는 점을 더 강조하고 있다. 이에 따라 실제 제안하고 있는 것은 현재 환상형 띠로 관리되고 있는 그린벨트를 '부채꼴 녹지대(green wedge)'로 구역형태를 재조정하면서 용도와 관리를 세분화하자는 방안이다. 부채꼴 녹지대는 교통 통신 축을 따라 일부 지역을 개발하면서 도시 외곽 녹지를 도심의 활동과 연계하는 토지이용의 한 운용형태인데,[1] 앞으로 살펴볼 것이지만, 이 안은 다른 모든 단체에서도 제안되고 있는 것으로 이 단체에 고유한 것만이 아니다.

## 2) 농촌 개발 위원회(Rural Development Commission)

1909년 로이 조지 경(Sir Roy George)에 의해 설립된 '농촌 개발 위원회'는 정부의 농촌·농업관련 정책에 대해 농촌 지역민의 이익을 대변하면서 경우에 따라 정책 프로그램에 참여하기도 하며, 또한 농촌 개발에 필요한 자원 확보를 위해 로비를 벌이는 준정부단체(non-governmental pubic body)로서 엄밀히 말해 NGO가 아니다. 농촌·농업관련 국가 정책에 관여하는 것 이외에, 이 단체가 실제 역점을 두고 추진하고 있는 일은 잉글랜드 전체 35%에 걸쳐 지정된 '농촌개발지역(Rural Development Area)'[2]의 사회·경제적 여건 개선을 도모하는 각종 개발 프로젝트(예, 생산시설 확충사업, 농촌사업지원, 관광 및 인력 훈련사업, 환경개선사업, 지역사회 개발사업, 농촌복지사업 등)를 지원하거나 추진하는 '농촌 재활성화(rural regeneration)' 사업이다. 이와 더불어 잉글랜드 농촌지역의 38개 지방자치단체와 연대하여 농촌 생활환경 개선을 위해 농촌 주민들이 자조적으로 벌이는 '농촌 커뮤니티 사업(rural community actions, 부락 회관, 부락 구판장, 농촌 교통, 농촌 주택, 환경 보호 등과 관련된 사업)'을 재정적으로, 조직적으로 지원해주는 사업도 중요한 활동으로 삼고 있다.

농촌개발사업을 추진하면서 이 단체는 농촌환경과의 조화, 그리고 농촌환경의 보전과 유지를 중요한 활동의 지침으로 설정하고 있으며, 이 때문에 그린벨트를 포함한 (농촌)환경 일반에 대해 높은 관심을 보이고 있다. 하지만 기본적으로 이 단체는 농촌환경의 보호나 보전이 농촌 기능의 활성화에 걸림돌이 되어서는 안된다는 점을 보다 강조하는 입장을

---

1) 이 개념에 대한 설명은 3절에서 제시되고 있다.
2) 잉글랜드의 변방 농촌 지역을 주로 포함하고 있는 '농촌 개발 지역'은 잉글랜드 전체의 6%에 해당하는 275만 인구를 포함하고 있다.

취하고 있어 환경운동 단체와 자주 대립되기도 한다. 영국 내 유사 단체로서는 '농촌위원회(Countryside Commission)'가 있는데, '농촌개발위원회'가 농촌에 거주하는 사람들의 정주여건(고용 기회 포함)을 확충하는 농촌 개발을 우선 사업으로 추진하고 있는 조직이라면, '농촌위원회'는 도시민을 포함한 전국민이 농촌지역의 경관, 문화, 자연 환경을 쉽게 이용하고 즐길 수 있는 농촌지역 환경의 보호·보전을 주 활동으로 하고 있는 조직이다. 1999년에 양 조직은 농촌 지역의 개발과 보전과 관련된 운동 프로그램을 중심으로 통합하면서 개발정책과 관련된 업무들은 향후 신설될 '지역개발청'에 이관할 계획을 세우고 있다.

그린벨트를 포함한 농촌환경의 개발과 보전에 대한 농촌개발위원회의 입장은 '지속가능한 개발'과 유사한 이념에 바탕을 두고 있는 것으로 설명하고 있다. 지속가능한 개발은 물리·경제적, 사회적, 문화·정치적 측면에서 인간 정주 환경이 지속가능할 수 있는 방식으로 추진되는 개발을 의미한다. 지속가능한 개발의 입장에서 이 단체가 진단하는 바는 근대화가 도시를 중심으로 전개됨으로서 농촌지역 주민들은 근대적인 삶에 필요한 공공 편익시설의 접근으로부터 배제되거나 아니면 불리한 접근 상황에 처해 있다는 점이다. 농촌의 이 같은 상황은 농촌지역이 '사회 전체로부터 소외(social exclusion)'를 겪고 있음을 뜻하는 것으로, 이는 지속가능한 발전의 원칙3)에 심대한 도전이 되고 있다고 설명한다. 결국, 오늘날의 영국 농촌은 바로 '사회적 소외'가 갈수록 심화되는 지역으로 전락되고 있다는데 심각한 문제가 있음을 지적하고자 하는 것이 이들의 취지이다. 이들의 설명에 따르면, 도시의 여유 있는 계층은 그들의 높은 사회경제적 능력을 이용해 도시뿐만 아니라 농촌지역까지도 그들의 편리한 생활과 활동의 공간으로 활용하고 있는 반면, 농촌지역 주민들은 누적된 공공 정책의 부실과 그들 스스로의 낮은 사회·경제적 능력으로 인해 갈

---

3) 지속 가능한 발전의 3대 원칙으로 흔히 '세대 내 형평성(intra-generational equality)', '세대간 형평성(inter-generational equality)', '환경에 대한 범지구적인 책임성(trans-bordering responsibility of environment)'을 들고 있다. 농촌의 사회적 소외는 곧 세대 내, 세대간 형평성을 바탕으로 하는 발전에 배치되는 것을 의미한다.

수록 열악해지는 정주 환경 속에서 살아가고 있다는 것이다. 농촌의 이러한 '사회적 소외'는 농촌지역의 지속가능한 (사회경제적) 발전의 한계를 의미하기 때문에 농촌지역의 발전을 위해서는 그만큼 새로운 사고와 접근 방법이 필요로 함을 역설하고 있다. 아울러 지속가능한 개발의 이러한 이념은 현 노동당 정부가 채택하고 있는 '사회적 소외 해소'란 강령과도 일치하고 있음을 상기시키고 있다.

농촌개발위원회는 지속가능한 발전의 이런 논리를 그린벨트에 그대로 적용하고 있다. 대도시 주변의 그린벨트 지역은 엄격한 개발 규제와 통제로 말미암아 지역의 공공생활에 필요한 시설 공급과 이용에 큰 제약을 받고 있으며, 아울러 신규 생산시설의 입지가 불가능하여 변화한 시장 여건에 맞는 경제활동을 수행할 수 없어 수입 감소와 고용 여건이 더욱 악화되고 있다고 한다. 그린벨트 내 농업 생산자나 거주자의 생활·생산 활동이 악화되는 것과는 달리 일부 쾌적한 그린벨트 지역은 도시 중산층의 신주거지로 개발되고 있어서, 그에 따른 농촌 거주민들의 상대적 박탈감이 더욱 증폭되고 있음도 지적하고 있다. 따라서 그린벨트가 대도시 거주민들을 위한 개방적 경관지역으로 보호되고 대도시 개발의 확산을 통제하는 데는 소용이 될지 모르지만 해당 농촌지역의 정주 조건을 향상하는 데는 오히려 걸림돌이 됨으로써 지속가능한 개발의 원칙과 배치되는 결과를 낳고 있다고 한다. 이 단체는 그린벨트에 대한 그들의 입장을 한마디로 '회의적(sceptical)'인 것으로 표현하고 있다.

하지만 이 '회의적'이란 뜻은 다분히 그린벨트 제도의 방법론적이고 실천적인 측면에 대한 것으로 설명하고 있다. 즉, 그린벨트에 대한 회의적인 태도는 대도시 개발의 확산을 봉쇄하면서 농촌환경을 보호하고자 하는 그린벨트 제도의 원칙에 관한 것이 아니라, 도시적 편익을 지키기 위해 농촌지역의 발전을 일방적으로 통제하거나 희생시키는 그린벨트 제도 운용의 부적절성에 관한 것이라는 점을 상기시키고 있다. 그 회의적인 태도가 특히 농촌 주민들의 '지속가능한 삶'을 제약하는 요인으로서 그린벨트의 문제점을 부각시키고 있는 점은 주목할 만하다. 하지만 이런 문제 제기는 결국 농촌 주민들의 지속가능한 삶의 조건을 배려하기 위해 지금의 그린벨트의 운용방식이 대폭 손질되어야 한다는 주장을 이끌어 내기 위한 것이며, 이를 통해 그린벨트의 선별적 개발과 이용의 당위성을 부각시키는 것이 그들의 입장이다.

　이런 입장을 이끌어내는 데 있어서, 이 단체는 농촌 거주민의 입장에서 바라본 그린벨트의 현실적 특수성을 부연적으로 설명하고 있다. 자연 환경의 보전을 위해 토지의 대부분을 국가가 소유한 미국식 자연공원과는 달리 영국의 그린벨트는 토지의 대부분이 민간에 의해 소유되어 있으며 일상 생산 및 소비 활동이 일어나는 취락지역들을 많이 내포하고 있다. 때문에 자연공원과 달리 장기간 개발을 억제하거나 무조건적으로 보전하는 것은 대도시 주변의 그린벨트를 지속가능한 개발이념에 맞게끔 관리하거나 활용하는 것이 못된다고 한다. 실제 현재에도 도시 확산 방지나 농촌 경관의 보호 등에 부합하는 범위 내에서 그린벨트의 개발 행위가 부분적으로 허용되고 있다는 사실은 곧 그린벨트가 자연공원과 달리 토지소유관계를 바탕으로 거주생활과 생산활동이 실제 전개되는 지역임을 전제하는 것을 의미한다고 한다. 이 단체는 바로 이 부분에서 농촌 경제의 재활성화를 위해 그린벨트의 지정 구역, 허용 활동, 이용방식 등이 대폭 완화되어야 한다는 입장을 도출해내고 있다. 이는 비단 농촌의 입장에서뿐만 아니라 농촌과 연계된 도시의 입장에서도 요청되는 바임을 덧붙여 강조하고 있다. 과거와 달리, 도시 성장도 이젠 어느 정도 멈춰 있고, 도시의 비지적 발전에 따른 농촌지역의 무분별한 개발이 확산되고 있으며, 농촌지역의 생산시설이나 주택과 같은 복지시설의 공급이 시급히 확대되어야 하는 상황에서 그린벨트의 무조건적 보전과 유지는 결코 능사가 아니라는 것이다. 이 단체는 이와 같은 입장을 담은 정책 제안서를 현재 정부에 제출해놓고 있다고 한다. 그린벨트의 기본 철학을 유지하면서 현실적인 이용을 위해 이 단체가 제안하는 그린벨트 활용방안은 그린벨트 대신 ‘부채꼴 녹색지대’의 설치안이다. 그 기본 아이디어는 다른 단체에서 언급하는 것과 대동소이지만 그 발상이 농촌지역의 개발을 지향한다는 점에서 다른 단체와 구분된다 할 수 있다.

### 3) 도시 및 농촌 계획 협회
(Town and Country Planning Association)

‘도시 및 농촌 계획 협회’는 1898년 전원도시 운동의 선구자인 하워드(Ebeneser Howard)에 의해 설립되었던 시민운동단체인 ‘전원도시 협회(Garden City Association)’를 전신으로 하여 1941년에 발족하였다. 하워드의 전원 운동(혹은 신도시 운동) 이념에 입각해 정의로운 도시 사회 구현을 위한 도시 및 농촌 계획 운동을 시민 차원에서 전개하는 운동단체로 출발했지만 지금은 공공계획 관련 전문가로 구성된 직능 단체적 성격을 더 띠고 있다. 현재 이 단체의 활동을 보면, 영국의 지방자치제도의 속성상 시민들의 일상 삶에 직접적이면서 가장 큰 영향을 주는 도시 및 지역계획과 관련된 이론 및 정책적 쟁점들의 연구 조사, 정보 교류, 정책 제시, 홍보 및 여론 조성 등이 중심을 이루고 있다. 단체의 구성원들은 크게, 도시 및 지역개발 관련 업무에 종사하고 있는 부류, 환경 보호와 보전에 종사하거나 관심을 갖고 있는 부류, 사회문제의 관점에서 도시 및 지역 문제를 이해하고 이의 해결에 관심을 갖고 있는 부류로 나뉘어져 있다. 이러한 구성에서 알 수 있듯이, 이 단체는 그린벨트를 포함한 도시 및 지역 계획 쟁점에 대해 전문적이고 원칙적인 입장과 현실 응용적 입장을 균형적으로 견지하려 하고 있다. 그린벨트와 관련된 본 단체의 입장에 대해서도, 이 단체의 책임자는 대표적인 개발단체인 ‘주택 건설업자 협회’와 대표적인 환경단체인 ‘농촌 잉글랜드 보호를 위한 위원회’의 중간에 있음을 천명하고 있다.

‘개발은 바람직스러운 것이다. 하지만 그 개발은 삶의 질을 고양할 수 있도록 지속가능해야 한다’는 것으로 그린벨트에 대한 그들의 중간 입장을 밝히고 있다. 하지만 이들은 이 중간 입장을 그저 입장의 소극적 표명이 아니라 상이한 입장을 가진 단체들 사이의 의견을 조정하면서 제3

의 대안을 제시하는 '적극적인' 입장으로 규정하고 있다. 사실, 계획 전문가나 그 관련자들이 참여하는 단체인 만큼, 이 단체가 취하는 입장은 학술 분야로부터 지방자치 단체가 수행하는 도시 및 지역계획 실무 분야 전반에 커다란 파급력을 끼치고 있다. 그린벨트와 관련하여서도, 이 단체는 최근 정부가 발표한 장기 주택 수요와 이의 실현을 위한 도시 개발의 방식에 관한 논쟁을 주도하면서 그린벨트 여론 형성에 큰 영향력을 발휘하고 있다.

그린벨트의 역사와 이 단체의 역사는 깊은 상관관계를 갖고 있다. 이 단체를 설립한 하워드는 그의 저서 『내일—진정한 개혁에 이르는 평화로운 길(Tomorrow: A Peaceful Path to Real Reform)』(1898)과 그 후판인 『내일의 전원 도시(Garden City of Tomorrow)』(1902)에서 자본주의적 산업화가 가져온 도시의 해체적 문제를 극복하기 위한 수단으로 이상적 신도시 모델을 제시했는데, 여기에 바로 그린벨트가 공동체 형성의 중요한 환경적 장치로 제안되었다. '페비안 사회주의자(Fabian socialist)'이기도 하였던 그가 제안한 그린벨트는 단순히 정주 공간의 물리적 장치로서의 의미를 넘어 자본주의 사회의 병폐를 극복하는 '사회적 도시(social city)'를 구현하는 사상적 의미를 담고 있었다. 하워드의 그린벨트 개념은 1920~1930년대에 들어 도시 관리의 실제 수단으로 활용되다가 전후 대런던 도시계획에 도입되었고, 그후 1947년 도시농촌계획법 제정을 통해 전국적인 계획으로 전면 실시되었다. 그린벨트가 도시 및 지역계획 체제 내에서 운용되기까지의 과정에서도 이 단체의 기여는 지대하였다. 본격적인 실시 이전에 당시 주무 장관의 요청으로 본 단체는 그린벨트 위원회를 내부적으로 꾸리면서 그린벨트의 형태와 기능 등에 관한 전문적 연구를 수행하였는데 그 결과의 상당 부분이 1995년 실행지침(Circular 42/55)으로 작성되어 공표 되었다. 이 실행지침에서 그린벨트가 도시정책의 수단으로 명확히 규정된 것은 바로 이 단체의 조언이 크게 작용한 결과로 알려져 있다. 그린벨트의 전면적 시행이 공표되었을 때, 그래서 이 단체는 '위대한 한 국가(영국을 지칭)가 1898년 하워드에 의해 정식화된 전원도시 사상의 주요 원칙 하나를 공식적으로 채택하게 되었다'고 논평하였다(Elson, 1986: 14).[4]

오늘날 이 단체가 취하고 있는 그린벨트에 대한 입장은 하워드의 사상적 토대를 저변에 두면서 최소한 외양적으로는 구체적인 정책 기술이나 현실문제 해결에 보다 많은 관심을 보이고 있다. 이 입장은 그린벨트를 도시관리의 수단으로 성격 규정했던 본래의 입장에서 연유한 것이기도 하지만 도시 및 지역계획 전문가들이 참여하는 조직으로서 갖게 되는 현실적인 입장이기도 하다. 어쨌든 그린벨트의 본질과 쟁점을 기본적으로 '도시관리'에 관한 시각으로 바라보고 있는 입장은 다른 여느 단체와 구분되는 이 단체 고유의 그린벨트에 대한 접근방법이면서 내용이다. 또한 이 입장은 그린벨트의 원칙적 중요성을 이해하면서 그 현실적 이용 방안을 설득력 있게 제시할 수 있는 이 단체의 현실적 역량이기도 하다.

이 단체는 그린벨트가 영국의 도시 및 지역계획 체계에서 가장 중요한 요소의 하나이며 또한 국민적 지지를 가장 확실히 받고 있는 제도의 하나임을 각별히 중시 강조하고 있다. 그린벨트에 대한 이러한 시각은 설립자 하워드의 전원도시론의 이상을 실현하고자 하는 이 단체의 입장을 기본적으로 반영하는 것이다. 그러면서 동시에 이는 전후 대도시의 무분별한 팽창과 확산을 통제하면서 대도시 주변의 환경, 토지, 그리고 농촌 경관을 보전하는데 그린벨트 제도가 중요한 기여를 했다는 점에 대한 역사적 평가를 반영하는 것이기도 하다. 사실 이 단체는 그 동안 도시관리 수단으로 그린벨트를 운용하고 활용하는데 대한 많은 기초 연구와 정책 방안을 내놓아왔으며, 또한 그린벨트가 도시 발전에 끼친 영향을 평가하는 작업도 꾸준히 수행해왔다. 전문적 평가를 지속해오는 가운데 그린벨트가 끼치는 부정적인 영향을 주목하면서 때로 현행 정책의 문제를 지적하곤 하였다. 그린벨트의 문제점에 대해 이 단체가 내리는 진단과 평가

---

4) 하지만 엄밀히 말하면, 그린벨트의 도시 성장억제기능은 하워드가 본래 제안했던 것보다 그후 에버크롬비가 제안했던 아이디어에 더 유사한 것으로 평가되고 있다. 이에 대한 것은 '농촌 잉글랜드 보호를 위한 위원회'를 분석할 때 더 자세히 논의될 것이다.

는 도시의 동태적 발전단계에 대한 인식 위에 이루어지는 것이어서 나름대로 전문성을 가지고 있지만 대체로 기술적이고 구체적인 측면을 부각시키는데 초점을 맞추어 왔다. 이런 이유로 인해 이 단체가 외양적으로 표방하고 있는 그린벨트에 대한 입장은 다분히 비판적이고 개발주의적인 것으로 내비치고 있다. 실제, 이 단체의 책임자는 그린벨트에 대한 진단을 다음과 같이 하고 있다.

"종전 후 국가 재건을 위해, 그리고 이후 전개된 급속한 경제 성장을 국민 복지의 증진 조건으로 이끌어내기 위해 국가는 사회 전반에 걸쳐 '간섭주의(interventionist)'적 정책을 폈다. 이런 시대적 배경에서 영국 정부는 전 국토를 계획적으로 관리·통제할 수 있는 '토지의 개발 권한 혹은 이용 권한'을 국유화하는 조치를 취했으며, 이 조건 위에서 도시의 성장과 확산을 저지할 수 있는 그린벨트 제도를 무리 없이 도입·운용할 수 있었다. 그린벨트의 이러한 정책적 기능은 그 동안 나름대로 효과를 거두어온 것이 사실이다. 특히 개발 제한을 통해 대도시의 주변에 보전된 방대한 개방녹지는 '그린(green)'의 가치를 소중히 여기는 지금의 일반 국민 사이에 그린벨트 제도의 성공을 평가하는 가장 중요한 잣대가 되고 있다. 이런 까닭으로 그린벨트는 심지어 신성시되고 있는 분위기마저 없지 않다. 하지만 시대는 이미 바뀌어 (그린벨트 제도를 뒷받침했던) 국가 간섭주의는 사회주의적 냄새를 풍기고 있어 국민들로부터 거부를 당하고 있으며, 그린벨트는 이젠 도시발전의 목을 졸라 성장의 통제에 따른 각종 후유증을 파생시키고 있는데, 그중에서도 그린벨트 외곽으로 도시 발전이 확산되는 문제는 가장 대표적인 것이다. 뿐만 아니라 녹지로서 신성히 보전되어야 할 그린벨트 내부는 쓰레기 매립장, 하수처리장과 같은 각종 시설이 들어서 '회색의 토지(grey land)'로 전락하고 있으며, 그린벨트 내의 농민들조차도 농사짓는 데 대한 관심보다 개발이 되어 땅값이 오르는 데 더 관심을 갖고 있다."5)

그린벨트에 대한 이 단체의 진단은 한마디로 도시 성장이 멈춘 지금의 도시발전단계에서 볼 때 '개발제한'적 기능만 우선적으로 강조하는 그린벨트 제도의 운용은 재검토되어야 한다는 점이다. 이런 논리에 입각해 이 단체는 도시의 지속가능한 발전의 조건에 맞추어 그린벨트의 토지가 신축적으로 활용되고 관리되어야 한다는 입장을 이끌어내고 있다. 하지

---

5) 이는 1998년 8월 13일 런던 소재 '도시 및 농촌 계획 협회' 사무실에서 진행된 인터뷰에서 밝힌 벨(Bell) 씨의 답변 일부이다.

만 이 같은 비판적 입장은 그린벨트의 원칙에 대한 것이라기보다 그 관리와 활용의 방법론에 관한 것임을 주목해야 할 것 같다. 이는 그린벨트의 대안적 활용을 언급하면서도 하워드가 제시한 전원도시 운동의 기본 정신을 견지하려는 단체의 기본 입장을 통해 확인될 수 있다. 전원도시 운동을 선도했던 사회운동단체로 출발했던 단체인 만큼 그 운동에 바탕을 둔 그린벨트의 이념과 철학을 지금도 소중히 여기고 있으며, 또한 그 이념을 구현하는 도시계획에서의 그린벨트의 역할과 기능을 여전히 중요시하고 있다. 그린벨트에 대한 이 같은 시각의 견지는 그린벨트가 가지고 있는 역사적인 의미와 (영국 자본주의) 체제상의 기능을 주목하기 때문에 가능한 것이다. 하워드의 전원도시 운동을 통해 제안된 그린벨트의 이념은 앞서도 언급했듯이 대도시 주변 전원지역에 1차적 인간관계를 회복하는 공동체적 사회를 조성하는 '페비안적 사회주의적 이념'을 담고 있었다. 그린벨트의 이러한 이념은 자본주의적 사회 관계 형성의 주요 토대가 되는 사적 토지이용의 병폐를 극복하면서 공동체적 삶, 전통 문화, 그 환경 및 경관을 유지해가는 정주 공간의 형성에 관한 실천 의지라 할 수 있다. 그린벨트의 이 같은 이념은 현실 사회가 자본주의적 원리를 중심으로 계속되는 한에서 언제나 유의한 것이다. 지난 10여 년 동안 그린벨트를 시장논리에 따라 개발 혹은 해제하는 것이 그린벨트를 보다 효과적으로 관리하는 것이 된다는 주장들이 분출하고 있지만 그러한 주장이 지니는 일정한 타당성을 인정한다 하더라도 기실 이는 1979년 대처 정부가 들어서면서 펼쳤던 '자유시장주의' 혹은 '신보수주의'적 정책 추구의 한 영향임을 부인할 수 없다. 토지시장의 논리에 따라 그린벨트를 개발하는 주장의 일반성은 자본주의 체제를 역사적이고 구조적인 관점에서 바라볼 때 (이는 그린벨트를 바라보았던 하워드의 관점이라 할 수 있음) 그만큼 제한적이라는 뜻이다. 이러한 취지를 담은 이 단체의 입장은 1998년 10월에 출간된 『사회적인 도시: 에베네저 하워드의 유산 (Sociable Cities: the Legacy of Ebenezer Howard, by Peter Hall and Colin Ward)』에서 집약적으로 드러나고 있다. 하워드의 전원도시 운동

정신은 100년이 지난 지금의 도시발전에서 여전히 유효하다는 전제하에서, 21세기를 지향하는 오늘날의 도시를 문명적으로 거듭 태어나게 하면서 지속가능한 발전을 이룩해내도록 하기 위해, 우리 모두 다시 한번 하워드의 아이디어에 귀기울여야 한다는 것이 이 책의 주장이다. 이 주장을 통해 강조하는 바는 오늘날 선진국 도시들은 가구의 분절과 소규모화, 상품소비를 중심으로 하는 계층 격차의 확대, 에너지 사용의 급증에 따른 생태순환의 단절 등의 문제를 직면하고 있어 그 어느 때보다 '지속가능한' 정주 공간의 형성을 위한 노력이 있어야 한다는 점이다. 이 단체를 맡고 있는 그레미 벨(Graeme Bell)은 그린벨트 활용방안에 이를 반영하고 있다.

"그린벨트는 영국 도시계획 제도의 한 장치로 계속 남아야 하지만, 그 제도가 화석으로 남지 않기 위해서는 도시의 변화에 탄력적으로 적응해가야 한다. 앞으로 도시와 농촌 지역은 보다 상호의존적인 관계를 유지해야 한다. 그린벨트는 도시, 농촌을 분리시키는 것이 아니라 사회, 환경적으로 통합하고 매개하는 역할을 수행해야 한다. 이를 위해 그린벨트는 우선 그린(green)의 기능을 다시 회복하여 자연생태적 환경 속에서 도시의 삶을 꾸려갈 수 있도록 해야 한다. 그린벨트가 이러한 조건을 갖추게 되면 우리는 그린벨트 내에 지금까지와 전혀 다른 새로운 공동체를 건설할 수 있다. 새로운 공동체란 사회적으로, 환경적으로 지속 가능하면서 창의적인 인간관계, 생산관계, 제도를 선도적으로 실천해내는 사회를 말한다. 이 공동체는 현재와 같이 그린벨트에 사는 소수의 사람들만이 아니라 가능하다면 많은 사람들이 향유하는 것이 되어야 하며, 그 크기는 현재의 밀튼 케인즈 신도시와 비슷하면 적당할 것이다. 정치적 의지가 있고, 이를 실현할 만한 기술적 역량만 갖추게 되면 이러한 새로운 공동체 건설은 쉽게 실현될 수 있다."[6]

## 4) 지구의 친구들(Friends of the Earth)

선진국에서 환경문제에 대한 관심이 점증하면서 시민운동이 본격적으로 시작되었던 시점은 1970년대이다. 이 시기에 창설되어 현재까지 가장 맹렬히  활약하고  있는  세계적인  환경운동단체로는 '그린피스(Green

---

6) 이는 위의 인터뷰 일부이다.

Peace)'와 '지구의 친구들'을 꼽을 수 있다. 영국에 본부를 두고 있는 '지구의 친구들'은 그린피스와 비교할 때 환경운동분야에서 정책연구와 대안제시에 상대적으로 보다 활발한 면모를 보이고 있다. 환경운동과 관련하여 이 단체의 우선적인 관심의 대상은 야생 동식물, 수질, 대기, 토지이용, 자원 재활용 등이다. 그린벨트는 토지의 지속가능한 이용, 혹은 친환경적인 이용이란 측면에서 관심을 지속적으로 가지고 있지만 이들의 일차적이고 직접적인 활동의 대상은 아니다. 따라서 앞의 단체들과 마찬가지로 이 단체도 그린벨트와는 직접적인 관련성을 가지고 있지 않다고 할 수 있다. 그럼에도 불구하고 그린벨트와 관련된 정책적 쟁점이 터질 때마다 영국의 환경 단체 중에서는 가장 적극적이며 비판적인 입장을 내놓는 단체에 속할 정도로 나름대로의 접근방법을 견지하고 있다. 특이한 점은 환경단체이면서 이 단체는 그린벨트에 대해 환경적인 중요성, 특히 생태적 중요성을 우선 부여하지 않고 있다는 사실이다. 하지만 알고 보면 이것은 이 단체의 독특한 접근법이라기보다 영국 그린벨트 제도의 특수성으로부터 기인한 것이다.

영국의 그린벨트 지정 목적[7]에는 환경을 직접적으로 언급하고 있는 부분이 없다. 도시 확산 방지, 농촌 경관의 유지, 도시 주변 소도시간의 독립성 유지, 도시민의 휴식공간, 도심 재활성화와 연계된 토지이용 등을 위해 개발행위가 엄격히 통제되는 '도시 주변 개방지'가 영국의 그린벨트이다. 이런 규정에서 볼 때, 환경적 가치, 특히 생태적 가치의 보전과 유지에 관한 요소는 결여되어 있는 것으로 보인다. 영국의 정책이나 시민운동부문에서 환경 및 생태적 쟁점에 관한 것은 그린벨트와 다른 분야에서 직접적으로 다루어지고 있다. 하지만 이것이 그린벨트가 환경보전과 무관하다고 보는 것으로 성급한 결론을 내려서는 안된다. 대도시 주변에 개발이 억제되고 유보된 개방지(open space)는 그 자체로서 사실 훌

---

7) 영국의 그린벨트 지정 목적은 크게 5가지로 분류된다. 즉, ① 대도시 개발지역의 무분별한 확산의 방지, ② 도시 확산으로부터 농촌지역의 보호, ③ 도시 연담화 방지, ④ 역사 문화적 도시의 경관 보전, ⑤ 도심 토지 재활용을 통한 도시 재활성화로 분류되는 데, 이 중 다섯번째 것은 최근에 추가된 것이다.

륭한 환경적 가치를 가지고 있으며 또한 수행하고 있다. 물론 그린벨트의 많은 지역은 개발에 따른 여러 후유증을 겪음으로써 환경적 가치, 특히 생태적 가치를 상실하고 있지만, 그것은 그린벨트 운용상의 문제에서 발생한 결과에 불과한 것으로 그린벨트의 환경성 평가에서 달리 인식되어야 할 부분이다.

그린벨트가 개방지로서 환경적 가치를 유지한다는 것은, 토지의 자연적 이용상태(특히 농업·농촌적 이용과 보전이나 자연 녹지로서의 이용과 보전)가 도시적 토지이용에서 향유될 수 없는, 그러면서 도시적 토지이용 체계에 환경적으로 보완적인 기능과 역할을 자연스럽게 수행한다는 것을 의미한다. 이런 점에서 개발제한을 통해 그린벨트 토지를 미이용 개방 녹지 상태로 두는 그 자체는 광역 도시적 토지이용의 한 구성부문이 된다고 할 수 있다. 그린벨트에 대해 이러한 토지이용적 기능 부여는 중세부터 도시 주변 농촌지역을 농산물의 공급지나 자연환경을 활용하는 여가 활동지(예, 사냥터) 등으로 지정하여 규제해왔던 전통에 뿌리를 두고 있다. 또한 영국의 근대도시 발전사에서 도시 인접지역을 개방 녹지 공간으로 설정한 후 그 이용과 개발을 규제해왔던 경험은 줄곧 있어왔던 터이다. 이렇듯, 영국의 토지이용 체계에서 미이용, 개발제한, 개발유보 등을 통해 토지를 자연환경 상태로 두는 행위는 토지를 적극적으로 이용하는 한 방식으로 간주되어왔다. 최근 들어 그린벨트의 자연환경적 기능은 생태도시모델이나 지속가능한 도시모델에 대한 관심이 일면서 보다 확연히 부각되고 있다. 도시를 하나의 생태순환체제로 전제하여 도시발전을 추구하는 '생태도시(eco-city)'모델에서는 도시 주변의 자연상태적 토지이용(즉, 인공시설물이 대규모로 입지하지 않는 토지이용)이 도시 체계의 인공계(즉, 도시적 생산·소비활동을 담아내는 인공시설 및 활동체계)에서 사용되는 자원 및 에너지의 이입 그리고 이의 퇴출물 처리를 위해 (즉, 도시생태체제의 순환을 유지하는 데) 절대 필요하다고 설명된다. 크게는 대기, 수계, 토지, 기후 등의 구성체계를 통해 작동하는 도시생태 순환체계의 중요성은 환경요소가 도시발전의 제약 인자로 작용하는 오늘날의 도시관리에서 아무리 강조해도 지나치지 않다. 이런 시각으로 볼 때, 그린벨트의 환경성은 몇 가지 생태 종의 문제나 시각적 환경 기능에 의해 판별될 것이 아니라 바로 생태순환체계의 관점에서 인식되어야 할 사항이다. 지속가능한 도시관리에서 그린벨트는 이렇듯, 도시확산억제의 수단으로 보다, 포괄적인 생태환경체제의 구성단위로 기능할 자원으로 간주되어져야 한다. 도시의 발전단계 변화에 따라 그린벨트에 부여해야 할 새로운 기능과 역할의 핵심은 바로 이런 것이다.

이 단체가 바라보는 그린벨트는 기본적으로 생태·환경적으로 지속가능한 개발을 위한 도시관리의 한 방편이기 때문에 흔히 믿기 쉬운 '환경보전론'적 입장과는 구분되고 있다. 이는 그린벨트를 도시관리의 한 수단으로 간주하는 인식에서 나온 것이지만, 도시관리를 이해함에 있어서 기존의 현실적 효용성(예, 토지시장 기제에 따른 그린벨트의 활용)의 관점에서 아니라 생태도시론과 같이 포괄적인 사회생태적 관점에서 접근하고 있다는 데 중요한 차별성이 있다. 따라서 이 단체가 그린벨트의 도시관리적 이용을 주장하고 있지만 그린벨트를 근본적으로 친환경적으로 이용해야 하는 것을 전제하고 있다는 데 주목을 해야 할 것 같다. 이러한 인식방법 때문에 이 단체는 그린벨트 이용과 관련하여 독특한 논리를 펴고 있다. 앞서 살펴보았던 단체들은 도시 주택가의 상승, 교통체증의 악화, 비지적 개발에 따른 녹지의 훼손 등을 그린벨트(제도)의 부정적 결과로 간주하면서, 이를 그린벨트 토지개발의 명분으로 내세우고 있다. 이에 견주어 '지구의 친구들'은 이러한 문제들이 그린벨트의 (부정적) 문제에서 비롯된 것이 아니라 관련 개별 정책, 즉 주택정책, 교통정책, 신도시 개발정책, 복지정책 등의 부적절한 운용에서 근본적으로 연유했다고 보면서, 그 해결의 실마리를 그린벨트로부터 찾기보다 바로 해당 정책의 실패로부터 찾아야 한다고 한다. 이를테면 도로를 따라 도시 발전이 확산됨으로 교통 거리가 길어지고, 그 결과 자동차 사용의 증가와 에너지 사용의 증가, 교통체증의 증가, 환경오염의 증가 문제는 신도시를 자족적으로 육성하지 못한 문제, 고용기회를 지역적으로 안배하지 못한 산업

정책의 문제, 사적 교통 사용을 부추기는 대중교통정책의 문제, 중산층을 중심으로 하는 주택정책의 문제, 도심 재활성화를 도모하지 못하는 도시 재개발정책의 문제 등으로부터 비롯되기 때문에 우선적으로 이들의 해결을 통해 지속가능한 발전의 조건을 모색해야 한다는 것이다. 이러한 인식을 결여한 그린벨트 활용론은 결국 그린벨트를 시장논리나 경제적 효용성 위주로 개발하는 것을 촉진하여 궁극적으로 도시의 지속가능한 발전을 어렵게 할 것이며, 나아가 생태순환체계나 환경집약적 도시의 개발이 필요한 미래의 도시발전을 불가능하게 할 것으로 내다보고 있다.

이 단체는 그린벨트가 기존의 도시개발 확산방지수단으로 보다 적극적으로 활용되어야 한다는 기본 입장을 취하고 있다. 이의 논거로서 도시가 적정 규모(약 100만 정도 규모를 상정하고 있음)를 유지할 때 교통거리, 에너지 사용량, 공공 서비스 공급가격, 사회적 형평성 등의 관점에서 진정하게 지속가능한 친환경적인 도시가 될 수 있다는 점을 내세우고 있다. 하지만 그린벨트가 도시의 개발을 억제함으로써 적정 규모를 유지할 수 있기 위해서는 그린벨트의 이러한 기능을 보전하고 지원할 수 있는 주택, 교통, 세제 등의 도시정책이 '제대로' 작동되어야 한다고 강조하고 있다. 이런 조건들이 입체적으로 강구된 상태에서는 그린벨트의 선별적인 (특히 친환경적) 이용도 허락될 수 있다고 본다. 왜냐하면 보전과 개발을 통제하거나 조장할 수 있는 개별 제도들이 입체적으로 강구된다면 그린벨트는 보전과 개발의 이원적 대립의 장이 되지 않기 때문이다. 그린벨트의 개발에 대한 통제를 그린벨트 그 자체의 관리를 통해서라기보다 관련된 개발 행위를 적정히 통제하거나 대안적 개발방식을 통해 흡수해 내게 된다면 그린벨트는 자연스럽게 도시 확산을 방지하면서 환경적인 기능을 수행할 수 있게 된다는 설명이다. 도시관리의 여타 제도들이 제대로 작동되는 전제하에서는 그린벨트의 선별적인 이용도 가능하다고 보는데, 특히 사회적 형평성을 구현하는 소규모 공공시설(특히 저소득층을 위한 사회주택)의 개발은 그린벨트를 보다 지속가능한 방식으로 활용하는 것이 된다고 한다. 이는 환경 단체들이 그린벨트의 무조건적인 보전이나 유지만을 주장하지 않는다는 점을 보여주는 대목이다. 실제 이 단체가 수행하는 여러 활동 중에서 그린벨트는 그 우선순위가 낮다고 한다.8) 그렇지만 전반적으로 그린벨트에 대한 이 단체는 보전과 개발 억제의 기능을 우선하고 있으며, 그린벨트에 대한 다양한 개발 수요는 다른 정책의 활성화를 통해 흡수되어야 한다는 입장을 기본적으로 취하고 있다. 이를 단적으로 보여주는 예로는 2016년까지 440만 신규 주택을 공급하기 위해 그린벨트 개발이 불가피하다는 개발론자들의 주장에 대해 이 단체는 도심의 버려진 건물이나 토지의 재활용을 통해 신규 주택의 75%를 공급할 수 있다고 반박하면서 그린벨트 개발론에 정면으로 맞서고 있는 점이다(Friends of the Earth, 1998).

### 5) 농촌 잉글랜드 보호를 위한 위원회
### (Council for the Protection of Rural England)

'농촌 잉글랜드 보호를 위한 위원회'는 농촌 지역의 문화, 전통, 경관, 환경 등을 보전·보호하는 운동을 전개하는 영국의 대표적인 환경운동단체로서, 그 운영은 전적으로 시민들의 성금으로 이루어지고 있다. 1926년 설립된 이 단체는 현재 4만 5,000여 명의 회원을 가지고 있으며, 전국적으로 40여 개의 지부를 두고 있지만, 잉글랜드 지역에서 국한하여 활동하고 있다(스코틀랜드와 웨일스에는 자매 단체가 있음). 각 지부는 지역별로 자율적으로 운영되고 있지만, 모금된 성금은 본부가 60%, 지부가 40%로 배분하여 사용한다. 중앙 조직 내에 현재 '정책팀(policy team)'을 운용하면서 정부의 각종 개발사업이나 개발계획에 대응하는 민간 차원의 대응 논리와 운동을 전개하고 있다.

이 단체의 결성은 1920년대 급격한 산업화와 도시화에 의해 파괴된

---

8) 이 단체의 한 구성원은 인터뷰에서 아래와 같은 다섯 가지의 우선순위를 예로 보여주었다. ① 기존 도시 토지의 보다 집약적 이용(특히 기존 도시 내에 보다 많은 주택의 공급) ② 야생 동식물 지역의 보호 ③ 교통정책(특히 대중교통정책)의 개선 ④ 보다 많은 사회주택의 공급 ⑤ 그린벨트의 보호.

국토환경을  회복하고  보전하는 '전원도시  운동(Garden Cities Movement)'을  전개했던 도시계획가, 건축가, 농촌보호론자들에 의해 이루어졌으며, 그 이념적 지침은 영국의 근대 도시계획에 가장 큰 영향을 끼친 페트릭 에버크롬비 경(Sir Patrick Abercrombie)이 제시한 '농촌 잉글랜드의 보전(The Preservation of Rural England)'론이었다. 합리적 계획 장치(planning system)를 통한 농촌 환경과 경관의 보전을 주장하는 운동의 전개를 통해 이 단체는 국가적 차원에서 다양한 도시 및 지역계획 제도를 수립하는 데 결정적인 영향력을 행사한 것으로 알려져 있다. 그 대표적인 예로는 1930년부터 도시계획을 농촌지역까지 확대 적용하는 캠페인을  전개한  결과  1932년에 '도시농촌계획법(Town  and  Country Planning Act)'이 제정된 것이나 9년간의 캠페인 끝에 '리본개발억제법(The Restriction of Ribbon Development Act)'이 1935년에 제정된 것을 들 수 있다. 이 단체가 전개한 운동은 당시로서는 커다란 사회적, 정치적 반향과 지지를 얻게 되는데, 이는 국왕 조지 6세(HM King George VI)를 후원자로 영입하거나 주요 캠페인에 대해 역대 수상들의 정치적 지지를 얻어냈던 데서 알 수 있다. 도시화 속에 전통 환경과 경관을 지키고자 하는 이 단체의 운동은 전후에 와서는 복지국가 시대의 국민적 정서와 일치하면서 더욱 활발해지다가, 1970년대에 환경보호에 관한 관심이 폭발하는 추세에 맞추어 활동의 영역을 환경보호까지 확대하게 되었다. 이에 따라 본 단체는 1969년에 이름을 '농촌 잉글랜드 보전(Preservation)'에서 '농촌 잉글랜드 보호(Protection)'로 바꾸면서 지속가능한 개발의 틀 내에서 영국 문화의 뿌리인 농촌의 경관(landscape)을 근대 환경의 쾌적성(amenity)으로 승화 발전시켜가는 운동노선을 추구하고 있다.

그린벨트 제도와 이 단체는 많은 인연을 가지고 있다. 도시관리 차원에서 그린벨트 개념이 주요 대도시를 중심으로 도입되기 시작했던 1930년대부터 이 단체는 농촌 보전을 위한 캠페인의 일환으로 그린벨트 지지 운동을 펼쳤다. 그 대표적인 예가 1933년에 런던 주변에 그린벨트의 일환인 '그린거들(green girdle)'의 설치를 제안했던 레이몬드 언윈(Raymond Unwin)의 입장을 지지하는 캠페인이었다. 그린벨트와 이 단체의 관계는 그후 보다 깊숙이 맺어졌다. 그린벨트가 도시계획에 본격적으로 반영된 것은 1945년 대런던 도시계획(Greater London Planning)을 통해서이며, 이듬해 영국 정부는 도시계획의 한 제도로 그린벨트를 정식 승인하고, 1947년 확대 개정된 '도시농촌계획법'을 통해 전국적으로 실시할 수 있는 제도적 장치를 마련하였다. 이런 제도적 준비를 거쳐 1955년에 발표한 실시지침(Circular 44/55)을 통해 그린벨트는 도시계획제도로 본격 운용되었다. 그린벨트의 제도화 과정에서 이 단체의 영향력은 지대하였는데, 그것은 무엇보다 단체 결성의 이론적, 이념적 지침을 제공했던 에버크롬비 경이 당시 이 단체의 회장을 맡게 되었던 사실 때문이었다. 그의 주도로 '그린 벨트 링(Green Belt Ring)'을 핵심으로 하는 대런던 도시계획이 마련되었고 이 아이디어를 국가가 정식으로 승인하면서 제도화된 것이 바로 지금의 그린벨트이다. 이런 이유로 현행 영국 그린벨트 제도의 핵심적인 내용은 이 단체가 제안한 것과 가장 근사하다는 역사적 평가가 내려지고 있다(Elson, 1986: 6). 그린벨트의 개념 자체는 전원도시론을 창안했던 하워드에 의해 제시되었지만 그의 그린벨트 아이디어는 페비안 사회주의 정신을 구현하는 '사회적 도시(social cities)'에 관한 것으로 기본적으로 공동체적 사회를 담는 소도시를 대도시 주변에 연담적으로 개발하는 것이기에 농촌지역의 개발과 이용 그리고 그에 따른 파괴가 불가피하게 발생한다고 이 단체는 보았다. 반면 이 단체가 주장했던 그린벨트는 도시의 과대 성장과 이의 확산을 봉쇄하고 억제하면서 이를 통해 궁극적으로 농촌 경관과 환경을 보전하는 것에 관한 아이디어였다. 도시 성장을 '멈추게 하는 장치(stopper)'로서 그린벨트의 기능은 에버크롬비 경에 의해 1945년 대런던 도시계획에 정식으로 도입되었으며, 그후 10년 뒤인 1995년에 지방의 '발전계획(development plan)에 이를 의무적으로 반영하는' 정부 지침에 반영되게 되었다. 하지만 이 지침은 그린벨트의 (농촌) 경관에 관한 명시적인 언급이 없는 순수한 '도시

성장 억제책'에 관한 것이어서 그린벨트의 경관적, 환경적 중요성을 어떻게 다루어야 할 것인가에 관한 국가적 논란을 불러왔던 요인이 되었다.[9] 이런 논쟁에서 이 단체는 도시성장 억제의 기능과 더불어 그린벨트의 경관과 환경적 가치의 보전 기능을 줄기차게 주장해왔다.

이런 입장으로 말미암아 이 단체는 영국의 여러 환경단체 중에서 그린벨트 보전을 가장 철저히 그리고 강도 높게 주장하는 것으로 정평이 나 있다. 최근 들어 그린벨트 보전을 위한 강령(Green Belt Charter)을 작성해 일차적으로 정부의 보다 강경한 보전정책을 촉구하면서 일반 시민에게는 그린벨트 보전을 위한 각종 실천을 촉구하는 운동을 전개하고 있다. 그린벨트의 선별적인 이용이 각계로부터 제안되고 있는 현재의 상황에 대해, 이 단체는 그러한 주장의 논거가 우선 문제란 점을 지적하면서 그린벨트의 지속적인 유지, 심지어 확대 및 신규 지정을 강조하고 있다. 많은 사람과 단체에서 그린벨트는 비지적 개발, 토지 공급의 제한에 따른 지가 상승, 교통 거리 확장에 따른 환경오염 발생 등의 부정적인 결과를 낳는다는 주장이 제기되고 있지만, 이 단체의 관계자는 이는 발생 원인에 대한 잘못된 이해와 분석에 근거하고 있음을 주목해야 한다고 한다. 이를테면 그린벨트가 도시의 비지적 개발에 영향을 주었다는 데 대해,

---

9) 1957년 국가 지침서를 통해 그린벨트의 환경적, 경관적 중요성이 고려되어야 한다는 내용이 삽입되었지만 1962년 발간된 중앙정부의 그린벨트에 관한 소개 책자는 이를 정식으로 반영하지 않은 채, 도시성장 억제기능만 다시 강조하였다. 그린벨트의 환경적, 경관적 요소를 그린벨트 정책에 정식으로 설정하지 못한 이유는 순수히 관리상의 어려움 때문인 것으로 해석되고 있다(Munton, 1984: 20). 하지만 그린벨트의 기능과 관련된 실제적인 논의에서 환경적인 쟁점은 언제나 중요한 부분을 차지해왔으며, 이는 정부의 다른 지침을 통해 지속적으로 언급해왔던 데서 알 수 있다. 1990년대에 들어 그린벨트의 환경성, 특히 '녹색성(Greening)'은 대처 정권의 핵심 인물이었던 헤즐타인(Michael Heseltine, 당시 환경성 장관)에 의해 정식으로 거론되었다. 그는 그린벨트 정책에 그린벨트의 자연 환경과 경관적 가치, 이의 활용을 위한 방안 등을 규정하는 새로운 내용을 반영할 것을 실제 약속하였다. 그래서 그 당시 정부가 출간한 백서『우리의 공동 재산(This Common Heritance)』에서 그린벨트를 보전정책의 범주에 정식으로 포함했으며, PPG12에서도 '보전과 환경'에 관한 정책 범주에 그린벨트를 넣었다. 이렇듯, 영국 그린벨트 정책지침이 명시적으로 환경성과 경관성을 규정하고 있지 않다 해도, 그 중요성을 실제적으로 인정하면서 관련 정책에 이를 지속적으로 반영하는 입장을 택해왔음을 알 수 있다.

그것은 확산적 도시개발방식(예, 신도시 건설)을 선호하면서 도심개발을 효율적으로 추진하지 않았기 때문에, 또한 농촌지역으로 무분별하게 도시적 개발이 확산되는 데 대한 대응책이 제대로 강구되지 않았기 때문에 발생한 결과라는 것이다. 교통회로망(transportation corridor)을 따라(즉, 그린웨지의 설정을 통해) 그린벨트 내 취락지를 개발하면 도심과 연계된 교통량을 줄임으로써 토지의 집약적 이용을 도모할 수 있다는 방안에 대해서도 이동이 더욱 빈번해지고 사적 교통수단의 선호가 갈수록 높아지는 현실에서 이런 문제는 일차적으로 대중교통정책의 대상이지 그린벨트 정책을 통해 달성될 성질의 것이 아님을 강조한다. 아울러 그린벨트가 토지이용 활동의 확산을 가져와 에너지 사용의 증가와 그에 따른 환경오염 발생을 촉진함으로써 지속가능한 발전의 원칙에 배치되는 결과를 낳는다는 데 대해서도 지속가능성은 물리적인 측면뿐만 아니라 사회 정의, 환경 보전, 분배와 같은 사회적, 문화적 측면까지 고려해야 한다고 주장하면서 환경의 쾌적성을 담보해주는 그린벨트의 기능이야말로 지속가능성의 철학에 보다 근접함을 역설한다. 폐기물 처리와 같은 공공시설을 위해 그린벨트를 활용해야 한다는 것에 대해서도 이는 폐기물 배출을 줄이거나 처리의 합리화를 통해 해결방안을 찾아야지 그린벨트에 시설을 입지시킨다고 해서 해결될 문제가 아니라고 한다. 이렇듯 그린벨트 토지이용의 불가피성으로 제기되는 여러 문제들은 근본적으로 관련 정책의 올바른 실시를 통해 해결되어야 할 것이지, 그린벨트의 해제나 개발을 통해서 해결될 것이 아님을 환기시키면서 그린벨트 보전의 논리를 제시하고 있다. 이는 앞서 살펴본 '지구의 친구들'이란 환경단체가 견지하고 있는 논리와 기본적으로 동일한 것이다.

이 단체의 입장에서 볼 때, 그린벨트는 초기 지정 목적, 즉 도시 확산 방지, 대도시 주변의 개방지 유지, 농촌적 경관의 유지와 같은 기능을 계속 유지해가야 한다. 이에 더해 이 단체는 경우에 따라서 그린벨트 구역을 더욱 확대해야 한다는 '그린벨트의 보전적 확대론'까지 주장하고 있다. 실제 이 단체는 뉴캐슬(New Castle) 주변에 그린벨트 지역을 새로

지정하는 캠페인을 전개한 바 있다. 하지만 그린벨트를 그냥 총량적으로 확대 지정하거나 유지하는 것만이 능사가 아니라 친환경적으로 관리하는 것이 더욱 중요함을 덧붙여 지적하고 있다. 이를 위해서는 무엇보다 그린벨트의 자연 환경과 경관을 도시민들이 즐기면서 그 보전을 일상적으로 실천할 수 있는 접근성이 확보되어야 하며, 또한 여러 이유로 그린벨트 내에 조금씩 허용되는 각종 개발행위(예, 폐기물처리장의 건설, 도로건설, 주택건설 등)를 보다 엄밀히 관리하고 규제해야 한다고 강조한다. 그린벨트의 기능과 관리에 대한 이 단체의 입장은 기본적으로 도시 관리 측면에 두고 있다. 그린벨트의 생태적 가치나 기능과 같은 것에 대해서는 중요성을 인정치 않고 있다. 그린벨트 내에 생태적으로 중요한 장소와 공간이 있지만, 이는 그린벨트 제도에 의해 보호되거나 관리되어야 할 것이 아니라 보다 전문화된 제도(예, 야생동물 보호구역으로 지정 관리)나 운동(예, 야생동물 보호운동)을 통해 접근되어야 한다는 것이 이 단체의 생각이다. 그러나 이는 생태 및 환경에 관한 좁은 해석을 전제로 한 입장 표명이라 보아야 할 것 같다. 도시 주변에 인공적 시설이 들어서지 않는 개방공간(open space)으로서 그린벨트는 이미 그 자체로서 도시민의 위락활동을 위한 여가공간, 녹지 보존을 위한 공간, 농촌적 경관의 유지를 위한 공간, 대도시 주변에 소규모 공동체를 유지하는 공간으로서 기능하면서 도시환경체제의 주요한 역할을 하고 있음을 이 단체의 강령이나 캠페인은 강조하고 있다. 그렇다고 운동적 차원에서 그린벨트의 무조건적 보전과 보호만 일방적으로 주장하는 것이 아니라 경우에 따라서 입장을 달리하는 단체나 조직과의 타협을 통해 최적의 그린벨트 이용, 보호의 방안을 추구하고 있다고 한다. 그 방식과 조건은 사안에 따라서, 그리고 지방의 여건에 따라서 다르기 때문에, 일반화할 수 없을 뿐임을 부연하고 있다. 이런 유연성에도 불구하고 이 단체는 그린벨트의 보호와 보전의 입장을 기본으로 하고 있으며, 그 내용에서는 영국의 농촌(환경)공간이 지니고 있는 가치, 이념, 전통을 보호·유지하는 철학을 바탕으로 하고 있다는 점을 줄곧 강조하고 있다. 중요한 것은 그러한 운동

철학이 영국의 일반 시민들로부터 많은 지지를 받고 있다는 사실이다.

## 3. 영국 그린벨트 제도의 특성: 민주적 자치를 통한 보전과 개발의 조화

영국의 그린벨트 제도에 대한 NGO의 입장은 개별 단체의 성격에 따라 상이하고 때로 상호 대립적인 것으로 보인다. 하지만 이런 다양성과 차이에도 불구하고 NGO 전체를 관류하는 두 가지 기본된 공통점을 추출할 수 있다. 하나는 도시관리와 관련하여 그린벨트 제도가 가지고 있는 순기능은 기본적으로 존중되고 유지되어야 한다고 보는 점이다. 때문에 방문한 NGO들 중에서 모두가 그린벨트의 문제점을 지적하면서도 그린벨트 제도의 폐기를 주장하는 단체는 하나도 없었다. 이의 연장으로 두번째 공통점은 그린벨트의 기본 틀과 원칙을 수용하면서 합리적인 활용을 하나같이 주장하고 있다는 점이다. 사실 이 두 가지 공통점은 그린벨트에 대한 NGO의 입장이라기보다 영국의 그린벨트 제도가 본래부터 가지고 있는 원칙과 운영상의 특징에서 연유한 것으로 이해해야 할 것 같다. 그것은 한마디로 영국의 오래된 민주적 제도의 틀 내에서 그린벨트 제도가 다른 유사 제도와의 유기적인 협력 속에서 운영되어왔기 때문에 생긴 결과이다. 즉, 그린벨트 제도를 담아내는 영국의 정치경제제도 전반의 합리성과 민주성 때문에 그린벨트는 보전의 원칙하에서 현실적인 활용이 허용되고 있다는 뜻이다. 보전과 이용(개발)이란 양극의 다양한 중간 지점에서 개별 NGO들은 그들 조직의 성격에 걸맞은 그린벨트 제도에 대한 입장을 견지하고 있는 것이다.

이런 기본적인 틀을 이해하면서 NGO입장을 통해 드러난 영국의 그린벨트 제도의 특성을 좀더 자세히 살펴보면 다음과 같다.

① 전통적 공간체계의 일부로 간주: 서론에서 언급했듯이, 그린벨트는

어느 날 갑자기 생겨난 제도가 아니라 영국의 오랜 농촌적 가치체계에 뿌리를 두고 있다. 오늘날 이러한 농촌적 가치체계는 영국의 전통적 문화 가치와 등치되어 있으며, 그런 점에서 그린벨트의 기본 발상은 농촌적 경관 문화나 그 공간적 속성을 보전하고 유지하는 것과 결부되어 있다 하겠다. 대도시 주변에 둘러쳐진 그린벨트는 개방적인 녹지 그 자체로서 과밀한 도시적 토지이용에서 향유할 수 없는 경관적, 토지이용적, 공간문화적 가치를 창출해내고 있다고 보는 것이다. 그린벨트의 이러한 가치는 현재 중산층의 생활방식이나 문화와 결합되어 있음으로써 그 영향력이 영국의 현실 사회·정치·문화 전반에 광범위하게 작용하고 있다. 전통 경관이나 쾌적한 환경의 보전을 강조하는 영국 문화의 이러한 특성을 감안한다면 그린벨트의 중요성은 앞으로 더욱 존중되고 유지될 것으로 기대해도 될 것 같다.

② 강력한 국민적 지지의 대상: 그린벨트 제도는 영국의 국토 관리 제도 중에서 가장 일관성 있게 실시되어 왔으며, 또한 국민들 사이에서 그 목적과 효과를 가장 명확히 그리고 광범위하게 이해하면서 지지하고 있는 제도의 하나이다. 1989년에 '소비자협회(Consumer Association)'가 성인 2,300명을 상대로 실시한 여론조사에서 영국인의 다섯 명 중 네 사람은 '그린벨트는 어떠한 비용을 치르더라고 보호되어야 한다'고 생각하고 있으며, 그린벨트의 유지 목적은 정책적으로 규정하고 있는 '개발억제'보다 '경관과 환경 보전'과 보다 밀접한 관계를 가지고 있어야 한다고 믿고 있다. 이런 믿음은 추상적이고 담론적인(discursive) 것이지만 영국의 그린벨트 관련 '일상 정치(daily politics)'의 주요한 판도를 형성하고 있으며, 이는 역으로 그린벨트의 구체적인 정책운용의 방향과 내용 설정에 지대한 영향을 끼치고 있다는 데 그 중요성을 가지고 있다. 이러한 국민적 지지에 힘입어 영국 정부는 1979년 이후에 기존 그린벨트 지정 면적을 두 배로 확대하여 현재 잉글랜드 전체 면적의 14%인 450만 헥타르가 그린벨트로 관리되고 있다. 지금도 잉글랜드 북부 뉴캐슬(New Castle)이나 웨일스 카디프(Cardiff) 지역에 그린벨트의 신규 지정을 위한

움직임이 일고 있다.

③ 효과적인 도시관리수단으로 활용: 영국의 그린벨트는 그 기능의 다목적성(multiple purposes)에도 불구하고 기본적으로 도시관리제도의 하나로 운용되고 있다. 도시 확산을 억제하고,[10] 개발 유보지를 확보하며, 경관이나 환경적 요소[11]를 보전하기 위해 개발이 기본적으로 불가한 개방적 토지로 영원히 남겨두는 것이 그린벨트란 지역의 기능이자 용도이다. 도시계획체계에서 그린벨트의 가장 중요한 속성은 '가능하다면 먼 미래까지 보호되어야 하는 영속성(permanence)'으로 집약되고 있다. 하지만 이 영속성의 진정한 의미는 도시발전의 장기성을 지칭하는 것이기 때문에 도시의 장기적인 변화에 따라 그린벨트의 기능이 꾸준히 재규정되어왔다. 도시 계획적 관점에서 그린벨트의 이러한 기능은 '개발과 보전'의 이분법적 구분에 의해 파악될 것이 아니라 발전의 장기성을 담아내는 '개방공간'의 관점에서 이해되어야 할 내용이다. 영국의 그린벨트가 장기적인 발전을 담보해내기 위해 '개발억제'나 '보전'을 우선적 기능으로 하면서도 변화를 수용하는 '개발'의 기능도 함께 구비할 수 있는 것은 그린벨트의 '영속적인 개방공간'의 속성 때문이다. 이의 가능성은 무엇보다 토지의 '개발 혹은 이용 권한'을 국유화하고 있는 영국의 지역계획 제도에 있다. 영국의 도시농촌계획법(Town and Country Planning Act)은 토지의 장기적인 이용 원칙과 구체적인 이용 방법을 지방정부가 작성하는 지역계획에 상세히 밝히도록 하고 있으며, 모든 토지의 개발과 이용 행위는 그러한 틀에 부합한지를 판정해주는 '개발허가(planning permission)'를 얻도록 의무화하고 한다. 따라서 그린벨트를 포함한 모든 토지는 계획적 규제와 통제를 비슷하게 받지만, 일정한 허용 범위 내에

---

10) 그린벨트 기능 중의 핵심인 '가속적인 성장의 억제(checking further growth)'는 1988년에 발표한 관리지침에 의해 '무분별한 확산의 억제(checking unrestricted sprawl)'로 바뀌었다.

11) (주 9)에서 언급했듯이, 그린벨트의 환경 기능은 지정 목적에 명시적으로 포함되어 있지 않지만 정부의 관련 정책이나 지침에서는 당연시하게 간주되고 받아들여져 왔으며, 또한 많은 지역계획 수립에서 이를 실제 반영하여 왔다(전형적인 예는 '동남부 지역계획'임) (Department of Environment, 1993: 135).

서는 그린벨트도 일정한 절차를 밟아 변경, 개발, 이용 등이 가능하다.

④ 지방자치와 유기적인 결합을 통한 운용: 영국의 그린벨트 제도는 구역의 지정, 변경, 개발 등에 관한 입안, 결정, 허가 등을 모두 해당 지방자치단체가 기본적으로 책임지도록 하고 있다. 이의 가능성은 영국의 지방자치제도에 있다. 영국의 지방자치는 의회 중심으로 운영되는 '주민 자치형'으로서, 지방자치단체는 중앙정부도 임의적으로 통제할 수 없는 법인체적 자율성을 행사하도록 되어 있다(임성일, 1996). 오랜 역사를 통해 축적된 이러한 자치제도는 그린벨트를 포함한 지역발전과 관련된 각종 사업들이 관련 주체들간의 민주적 절차를 거친 의사결정을 통해 집행되도록 하고 있다. 이러한 절차에는 주민, 시민단체, 지방자치단체, 중앙정부, 준정부단체, 지방자치단체간의 다양한 협력과 상호 조율이 담겨지는데, 그 과정이 복잡하고 장기간을 요하는 경우가 흔하다. 그린벨트 제도의 운용도 마찬가지로 다양한 위계의 관리주체들간의 업무 협조 속에서 이루어지고 있다. 여기서 주목할 것은 그린벨트의 구역 지정, 변경, 해제와 같이 이해관계가 첨예한 부분에 대해서는 주민 공람과 협의를 철저히 거치도록 규정하고 있어 그린벨트와 관련된 갈등이나 분쟁은 민주적 조정제도를 통해 모두 걸러지도록 되어 있다는 점이다.[12] 따라서 그린벨트의 구역 재조정과 같이 이해관계가 첨예한 쟁점의 해결은 15년~20년이 걸리는 경우도 있는데, 영국의 지방자치 제도하에서 이런 장기적인 협상과 협의 과정은 흔한 것이어서 이해 당사자 모두 이를 당연하게 받아들이고 있다. 그린벨트의 영속성[13]과 그린벨트를 둘러싼 쟁점의 장

---

12) 그린벨트의 구역 지정, 변경, 해제, 그리고 개발 허가 등은 지방자치단체가 작성한 기본계획(County 정부가 작성하는 structure plan)과 상세계획(District 정부가 작성하는 local plan) 내에서 입안되고 검토되며 결정된다. 구역 지정, 변경, 해제와 같은 사안들은 주민공람을 통해 의견을 수렴해야 하며, 또한 그 내용에 대해서는 중앙정부의 환경성으로부터 승인을 받아야 한다. 이의가 제기되거나 정부지침이나 기본계획 등에 반하는 계획안에 대해서는 환경성 조사관(inspector)의 준사법적 심의를 통해 해당 지방정부와 중앙정부 주무장관에게 그 조정을 권고 내지 건의하도록 되어 있다. 이런 장치를 통해 그린벨트 운영과정에서 발생하는 대부분의 쟁점과 분쟁은 당사자들간의 합의나 중앙정부의 조정을 통해 걸러지게 된다.

13) 영국의 그린벨트 제도는 1930년부터 부분적으로 도입하기 시작한 후 1947년 도시

기적, 민주적 해결과정은 서로 상보적인 조건으로 작용함으로써 그린벨트의 원칙(보전)과 이용(개발)의 요구가 합리적으로 만나는 중간 지점을 열어주고 있다.

⑤ 현실적 이용 추세의 점증: 1945년 대런던 도시계획에 그 개념이 도입된 이래 그린벨트는 대도시 확산을 방지하면서 대도시 주변에 개방 녹지대를 보전·유지하는 도시계획수단으로서 혁혁한 역할을 해오는 것으로 평가되고 있다(Department of Environment, 1993). 하지만 영국의 도시 발전이 그 동안 고성장의 단계에서 저성장의 단계로 접어들면서 그린벨트 관리에 대한 새로운 사고를 요구하는 주장들이 줄기차게 제기되고 있다. 성장이 멈춘 단계에서 성장 억제를 기본으로 하는 그린벨트의 관리방식은 재고되어야 하며, 그 동안 실시된 그린벨트의 제도가 만들어 낸 문제점들, 이를테면 지가상승, 그린벨트 내의 황폐화, 도심 경쟁력의 약화, 비지적 개발 등에 대한 탄력적인 정책대응도 시급하다는 것이다. 또한 발전단계가 바뀜으로써 분출하는 새로운 개발수요들, 이를테면 신규 주택의 공급, 하부구조의 건설, 도시 경쟁력 창출을 위한 신산업의 유치, 도시 생태 및 환경 용량의 확충 등의 과제들도 신도시정책을 통해 적절히 소화해내어야 한다고 한다. 따라서 도시관리정책의 한 방편으로 그린벨트는 도시개발의 새로운 과제와 요구에 부응하여 그 선별적인 이용과 활용이 불가피하다는 주장은 당연한 것이다. 현실에서는 이미 고용 창출을 위한 생산시설, 주택단지, 각종 공익시설 등이 그린벨트 내에 입지하는 사례가 근자에 들어 부쩍 늘고 있다. 하지만 이러한 추세가 그린벨트 제도의 기본적 틀이 허물어지거나 약화되고 있는 것으로 이해되어선 안될 것 같다. 영국의 모든 제도가 그렇듯이 그린벨트 제도 또한 기본 틀을 유지하면서 현실 변화에 따라 그 관리방식과 활용방식을 점진적으로 변경해갈 수 있는 조건을 가지고 있다. 이런 점을 감안한다면 최근

---

농촌계획법의 수정과 1955년의 정부지침에 의해 전국 제도로의 확대를 거쳐 1960, 70년대에 본격 실시되기까지 근 40여 년의 준비기간을 거쳤다. 그리고 그린벨트의 기능은 영구성의 원칙에 따라 20년 장기발전계획 속에서 규정되기 때문에 구역 조정이나 해제와 같은 사안들은 10~15년을 소요하기가 일쑤다.

그린벨트 이용 추세는 현실적 이용에 대한 요구를 수용해가는 제도운영의 탄력성을 보여주는 것으로 이해되어야 한다.

⑥ '쐐기형 녹지대' 개념의 확산: 영국 그린벨트 이용의 새로운 방식을 집약적으로 표현하는 개념은 '그린웨지(green wedge)', 즉 쐐기형 녹지대 개념이다. 그린벨트가 일정한 형식을 가지고 있는 것은 아니지만 기본적으로 대도시 주변을 '띠로 둘러쳐진 갇혀진 구역', 즉 '벨트 링(belt ring)'의 형태를 취하고 있는 것이 보통이다. '벨트 링' 형은 도시확산을 제어하는 방어적 공간장치이기 때문에 그린벨트 내 도심의 복잡하면서 동태적인 토지이용패턴과는 단절적이고 불일치하기 십상이다. 또한 '도시의 목'을 조르는 폐쇄성 때문에 외부로의 확산이나 연계를 근본적으로 어렵게 하고 있다. 이런 문제점을 보완하면서, 환경적으로도 지속가능한 개발을 유도할 수 있기 위해 그린벨트를 '쐐기형 녹지대'로 대체하자는 논의가 계획 전문가들을 중심으로 활발히 일고 있다. 쐐기형 녹지대는 한편에서는 지금의 닫혀진 그린벨트를 교통·통신축을 따라 열어주어 선형 개발을 유도하면서, 다른 한편에서는 그린벨트에 인접한 도심쪽의 토지를 녹지로 지정해 그린벨트와 연결해줌으로써 도심으로 개방녹지대를 끌어들이는(혹은 직접 연결해 주는) 조건을 충족시키는 토지이용의 한 형태이다. 그린웨지에 담겨지는 이 두 가지 요소는 개발과 보전의 대립적인 수요를 선택적으로 반영하는 장점을 가지고 있다. 그린웨지는 사실 그린벨트 제도의 초기부터 그린벨트의 개방녹지를 도심 내로 연결해내는 축(혹은 지대)의 개념으로 도입되었던 것으로 지금도 부분적으로 활용하고 있으며 심지어 그린벨트 지정이 안된 지역에서도 운용하고 있다. 하지만 그린웨지는 법적인 지위를 갖는 토지이용방식을 의미하는 것이 아니며 단지 그린벨트의 한 변형태로서 '벨트 링' 형보다 오늘날의 도시발전패턴에 보다 부합하다는 점에서 다시 주목을 받고 있을 뿐이다.

⑦ 합리적 '이용'과 엄격한 '규제'의 양립성: 현실적인 이용 추세가 두드러지고 있지만 영국 정부는 이와 더불어 그린벨트의 보전과 개발 규제를 더욱 강화하는 조치를 병행적으로 추진하고 있다. 다시 말해 영국

의 최근 그린벨트 관리에서 발견할 수 있는 중요한 특징은 '합리적 이용'
이 한편에서 두드러지면서도 '보전 및 개발 규제'를 더욱 엄격히 하는
두 가지 원칙을 동시적으로 강구하고 있다는 점이다. 그린벨트와 관련해
보전과 개발, 규제와 활용, 원칙과 수단, 추상적 주장과 현실 여건 사이
의 균형점을 항상 동태적으로 추구하고 있는 것이 영국 그린벨트 제도의
가장 중요한 특징의 하나임을 보여주는 대목이다. 이 균형점의 추구는
그린벨트의 다양한 차원을 상이하게 대변하는 그린벨트 관련 이해 집단
들이 민주적 합의를 통해 그린벨트를 발전적으로 유지해가는 노력에 다
름아닌 것이다. 영국 그린벨트 제도의 핵심은 아마 여기에 있다 하겠다.
정치인과 시민, 정부와 주민, 전문가와 주민, 개발론자와 보호론자 등의
주장을 모두 담아낼 수 있는 관리 방식의 '민주성'이야 말로 영국 그린
벨트 제도의 핵심이며, 여기에 바로 '결사적 역할자(associational actors)'
로서 NGO의 '매개적 역할'이 중요하게 작용할 여지가 있는 것이다.


## 4. 한국적 함의: '그린벨트 제도 개선'과 관련하여

1998년 신정부가 들어서면서 최고 통치권자는 선거 공약을 지키기 위
해 그린벨트 관련 제도 개선을 그 어느 정책보다 비중을 싣고 추진하고
있다. 그린벨트 제도개선협의회를 꾸려 그린벨트 관련 정책문제 전반을
진단하면서 그린벨트 토지이용의 현실태를 바탕으로 합리적인 제도조정
을 모색하고 있는 것은 일단 긍정적으로 평가할 만하다. 하지만 이러한
긍정적인 측면과 달리, 현재 추진되고 있는 그린벨트 제도개선은 이미
정치적으로 공약한 '대폭 해제 혹은 전면 조정의 방침'이란 공식에 따라
현실을 재단하고 실천방안을 제한적으로 강구하고 있어 그 결과가 사뭇
우려되고 있다. 무엇보다 걱정되는 바는 제도조정과정이 적법한 절차를
거치지 않고 또한 국민적 여론 수렴 없이 '밀실에서 몇몇에 의해' 주도
되고 있는 점이다. 만약 이런 식으로 진행된다면 박정권 시절 도상에 선

을 그어 그린벨트를 서둘러 지정함으로써 생겼던 후유증을 지금의 섣부른 '전면 조정'이 또다시 반복할 것 같다. 뿐만 아니라 지금의 제도조정과 관련된 이론적 당위성과 그 기본 방향, 그리고 구체적인 방안 등에 대해 머리를 제공하는 사람 중에는 개발론자가 압도적이어서 그린벨트 보전원칙의 설정이 기본적으로 설정되기 어려운 형편이다. 절차의 문제에 더해 깔려져 있는 시각과 관점마저 '반그린벨트'여서 금번 그린벨트 제도개선작업은 출발부터 많은 문제점을 안고 있다. 그린벨트 제도개선 협의회의 활동 일환으로 실시한 영국의 그린벨트 시찰마저 제도의 총체적인 이념이나 실체를 배워오기보다 '해제나 개발'의 관점에서 필요로 하는 단편적인 운영기법을 선택적으로 도입하여 '해제 위주'의 제도개선을 합리화하는 데 사용되고 있는 듯하다. 이 글은 개발론적 입장으로 영국 그린벨트 제도의 특이성을 폄하하여 국내에 소개함으로써 생길 수 있는 오해를 막기 위한 관점으로 작성된 것이다. 금번 제도개선과정에서 영국의 그린벨트 제도로부터 배워와야 할 점은 크게 두 가지이다. 첫째, 그린벨트는 장기적인 보전의 원칙하에서 운용되어야 한다. 둘째, 그린벨트 제도는 관련된 복잡한 이해관계를 합리적으로 조정할 수 있는 절차의 민주성이 확보되어야 한다. 앞서 지적했듯이 현재 그린벨트 제도 개선 작업은 이 두 가지 어느 조건도 충족시키지 못하고 있는 듯하다.

■ 참고문헌

임성일. 1996, 『영국의 지방 정부』, 법경사.
Department of the Environment. 1993, *The Effectiveness of Green Belts*, HMSO.
Elson, M. J. 1986, *Green Belts: Conflicts Mediation in the Urban Fringe*, London: Heinemann.
Elson, M. J., et al. 1996, *Green Belts and Affordable Housing: Can We Have Both?*, London: Whitaker.
Friends of the Earth. 1998, *Tomorrow: a Peaceful Path to Urban Reform*.
Munton, R. 1983, *London's Green Belt: Containment in Practice*, London: George Allen & Unwin.

# 3부

# 녹색사회의 조건: 녹색담론과 녹색실천

# 7장
# 환경론의 두 흐름: 인간중심주의 대 자연중심주의

## 1. 환경문제의 시원: 인간-자연간 길항 관계

인간이 지구상에서 살아온 세월의 대부분은 자연의 경이로운 힘과 영향을 절대적으로 받으며 살아온 기간이다. 그 기간 동안 인간에게 있어 자연은 살아가는 데 소요되는 생명의 질료를 제공해주는 은혜로운 것이면서 동시에 그 절대적인 위협과 신비로운 섭리는 극복되고 정복되어야 했던 대상이기도 했다.

자연에 대한 이 같은 인간의 태도는 사실 동일한 것의 다른 측면에 불과한 것이다. 생명유지의 본능에 따라 살아가는 인간은 그 몸뚱어리 밖에 있는 자연의 에너지를 취해 살아갈 수밖에 없지만, 그러한 존재적 조건은 자연을 끊임없이 정복하고 다스리며 이용해야 하는 심성과 행동방식을 낳게 했다.

인간이 노동을 한다는 것은 일차적으로 자연을 대상으로 하는 것이며, 그 목적은 삶에 소중한 가치를 생산해내고 이를 소비하기 위한 것에 있다. 자연을 다스릴 수 있는 지혜는 인간이 '더불어 살기' 시작하면서부터 생겨났고, 그때부터 인간은 자연의 힘을 벗어나거나 이용할 수 있는 도구, 장치, 제도, 규범들을 체계적으로 꾸려왔다.

이렇게 해서 인간은 그 동안 터잡아 살았던 천연적인 자연, 즉 '제1자연'을 버리고 사회제도적으로 조성된 '제2자연'을 진(眞) 자연으로 하여 살게 되었다. 자연을 외곽으로 하여 그 속에 살고 있지만, 우리에게 있어서 자연은 이제 더 이상 다양한 생태종이 공존·공생하는 영역으로서 자연이 아니라 인간이 중심이 되고 지배하는 대상으로서의 자연이다. 인류역사에서 이러한 삶의 단계가 본격적으로 펼쳐지기 시작한 것은 계몽주의 이후, 즉 근대산업화가 시작된 이후부터라고 볼 수 있다.

이런 변화는 인간이 먹고 살아가는 방식, 즉 아담 스미스의 표현으로 '생계의 방식(mode of subsistence)', 마르크스의 표현으로 '생산양식(mode of production)' 변화를 강제하게 된다(Brown, 1992). 1차 자연을 무대로 하여 살아온 시간대에서는 인간이 먹고 살아가는 주된 방식이 자연에 직접 노동을 가하는, 즉 '땅을 경작하는' 농업(agri+culture)이었다면, 산업혁명 이후에는 자연으로부터 채취된 물산을 '인간들로 엮어진 터전(예, 노동분업)에서 재가공하는' 제조업(manu+facturing)이 지배적인 것이 되었다. 근대적인 생계방식 혹은 생산방식이란 결국 '사람들의 관계'를 통해 자연의 산물을 보다 체계적으로 채취한 후, 이를 인간에게 보다 가치로운 것으로 전환하여 생활을 윤택하게 하는 소비를 도운 뒤, 그 폐기물을 자연으로 대량 방출하는 '자연조작의 방식'이 되었다.

근대사회에서 자연은 이렇듯 인간과 인간의 관계를 통해 이어지고 설정되는 것으로 되어버렸다. 다시 말해 근대의 인간과 자연의 관계는 일대일의 관계로부터 인간과 인간의 관계를 매개로 하여 자연과 설정되는 이중적 과정이 연속적이면서 통일적으로 이루어져 있다. 다양한 기술, 제도, 규범, 문화들이 인간의 삶을 풍요롭게 하는 장치와 도구로 활용되면서 인간은 직접적인 자연의 지배를 벗어나게 되었을 뿐 아니라 자연을 보다 생산적으로 활용하고 이용할 수 있는 그 무언가로 바꾸어놓게 되었다.

하지만 근대사회의 풍요를 구성하는 모든 질료는 궁극적으로 자연으로부터 온 것이기에, 경제주의적 가치로 평가되는 근대의 발전이 거듭될

수록 인간은 자연을 과도하게 착취하게 되면서 자연의 생태적 순환에 과부하를 걸게 된다. 오늘날 각종 환경문제는 그 어떤 것으로 설명하든 간에 근본적으로 자연생태계의 자율적 조절역량을 벗어나는 인간의 과도한 자연착취와 오용에서 연유하는 것이다. 그것의 가능성은 자연을 그렇게 이용하게끔 하는 축적체제 혹은 착취기제가 근대 사회의 구조(여기에는 가치규범, 의식세계 등을 포함)에서 깊이 배태된 데 있다.

자연은 인간들의 관계를 통해 부를 생산하고 분배하며 소비하는 흐름의 전과정에 유기적으로 연동됨으로써, 자연이 인간에게 다가오는 것은 이제 인간관계란 긴 매개항을 가지게 된 셈이다. 바꾸어 말해, 인간이 자연에 이어지는 접촉경로가 과거에는 짧고 직접적이고 일차원적이며 국지적이었다면, 지금은 인간계 내의 복잡한 사회적 과정(예, 산업생산관계, 소비관계 등)을 매개로 함으로써 길고 간접적이며, 다차원적이고 지구적인 것으로 변해 있다.

인간과 자연이 결합하는 관계가 환경이라 본다면, 근대이전의 환경은 '인간←자연'의 관계로 구성되었던 것인데 반해, 근대(혹은 그 이후)의 환경은 '인간←인간과 인간관계(사회계)→자연'의 관계로 구성되어 있다. 환경문제는 인간으로부터 자연에 이르는 복잡하고도 긴 경로의 어딘가가 고장나고 오작동된 데서 발원하며 그 지점의 설정 여하에 따라 환경문제의 인식, 처방, 담론적 주장 등이 달라지게 된다.

이를테면 기술중심적 환경론은 인간과 인간의 관계에서도 특히 경제활동을 구성하는 기술적 쟁점의 문제로부터 환경문제의 시원과 처방을 찾는다. 반면 사회생태주의나 생태사회주의 혹은 생태 마르크스주의 등은 인간과 인간관계의 거시적 구조와 그 본질적 모순, 이를테면 자본주의적 생산방식, 계급관계, 지배종속관계 등으로부터 환경문제의 발원과 해결방도를 모색한다. 이 양자는 모두 공히 인간계 내의 모순으로부터 자연의 모순을 낳는 지점을 찾으려고 한다는 점에서 유사한 인식론적 입장을 취하고 있다 할 수 있다. 하지만 인간계를 벗어나 자연계 자체가 자율적으로 가지고 있는 가치, 존재방식, 규범의 세계 내에 인간계를 위치시키고, 그 속에서 환경문제의 모순과 쟁점을 밝혀내고 극복의 초절적인 처방을 모색하는 입장도 있다. 이는 곧 생태주의적 입장을 의미한다.

이렇듯, 인간과 자연의 길항적 관계가 설정되는 긴 스펙트럼 속 어느 지점에서부터 오늘날 인류의 삶을 근본적인 위기로 내몰고 있는 환경문제의 기원을 찾느냐에 따라 환경론은 각양 각색일 수 있다. 그래서 근대 환경론은 필히 다원적이고 경쟁적일 수밖에 없다. 하지만 여러 환경론 중에서도 오늘날의 환경문제를 그나마 상대적으로 더 적실하게 인식하고 설명하며 실천적인 처방을 제시해주는 환경론을 찾는 것은 이 시대 지식인이 감당해야 할 책무의 하나가 아닌가 싶다.

우리는 근자에 우리나라의 대표적인 두 환경론자가 낸 저서를 비교하면서 그러한 답을 얻을 수 있을 것 같다. 하나는 자본주의적 생산관계에 의해 결정되는 불평등한 계급적(사회적) 관계로부터 환경문제의 발원을 찾는 것이라면, 다른 하나는 인간계의 모순이 어떻든 인간계 내부의 가치규범에서가 아니라 자연계의 생태적 규범에 준거해 환경문제 전반을 재음미해보면서 실천대안을 모색하는 것이다. 전자에 있어서 핵심어가 '환경불평등'이라면, 후자에게 있어서는 '생태담론'이다.


## 2. 환경불평등: 자본주의적 환경문제의 양태


먼저 살펴볼 저작은 최병두의 『환경갈등과 환경불평등』(1999, 한울)이다. 지리학을 전공한 최 교수는 1980년대 후반부터 비판정치경제학적 시각으로 환경문제를 조명하는 글들을 발표해왔으며, 이 책은 그중에서 환경갈등 및 불평등에 관한 글들을 모아놓은 것이다. 기존 글을 편집한 것이기에 개별 장들을 자세히 살펴보기보다 '환경갈등과 불평등'이란 타이틀을 가지고 저자가 전개하는 주장과 거기에 깔린 입장을 되새겨보는 게 더 의미가 있을 것이다.

환경담론은 인간과 사회의 세계관, 자연관, 가치관 등과 밀접하게 관련되어 있기 때문에 환경에 관한 철학적·이론적 논의는 오랜 역사를 가지고 있다. 그럼에도 불구하고, 오늘날의 환경담론은 과거의 어느 환경담론에 비해, 그리고 동시대의 어느 담론보다 중요하고도 영향력 있는 지위를 누리고 있다. 하지만 아쉽게도 당면한 환경문제를 분석·이해하고 이를 해결하기 위한 대안을 찾는 데서 오늘날의 환경담론은 모두가 한계를 가지고 있는 것도 사실이다(15쪽).

그래서 저자는 '환경관련 연구들에서 매우 중요한 주제들이지만 심도 있게 다루어지지 않았던 주제들을 고찰하겠다'고 하면서 환경불평등, 환경갈등, 환경정의 등의 개념을 그의 주된 탐구주제어로 끌어오고 있다(4쪽). 실제 그의 주장을 들어보면, "그 동안 환경문제에 관한 연구는 주로 문제의 전반적인 실태 파악에 집중되어 있었으며, 환경오염에 의한 피해의 사회공간적 차별성이나 환경자원의 제공, 환경문제 및 통제를 위한 시설이나 수단들의 불평등한 보유·이용에 대해서는 거의 관심을 주어지지 않았다"고 한다(358쪽).

환경담론을 이렇게 설정하는 데는 마르크스적 이해방식으로 사물을 보려는 저자의 학문적 입장이 작용한 것 같다. 이는 서장에서 잘 드러나 있다. 근대 환경론을 유형화함에 있어서 저자는 자본주의 물적 토대가 포디즘에서 포스트포디즘으로 이행된 것에 상응하는 상부구조적 현상으로 보면서 모던 환경론과 포스트모던 환경론으로 나누고 있다. 어떠한 유형의 환경론이든, 담론으로서 환경론은 살아가는 일체의 물적 관계(material relations)가 설정되는 영역(여기에는 환경도 포함), 즉 자본주의 체제의 물적 토대로부터 출현하고 규정되는 것이라는 주장이다.

그래서 첫 장부터 저자는 환경산업과 환경기술에 관한 쟁점을 다루면서 산업과 환경이 결합되는 측면, 즉 환경문제가 발원되는 사회적 토대를 재조명하고자 한다. 그 재조명의 결론은 '자본주의 사회경제체제하에서 이들의 발달은 일정한 한계를 가질 수밖에 없다'고 하면서 자본주의 경제하에서 환경문제 해결은 궁극적으로 자본주의적 축적논리에 복속됨을 지적하고 있다(1장). 그렇다고 환경문제가 현실영역으로부터 자동적으로 출현하는 게 아니다. 환경문제는 사회적 안녕을 위협하기 때문에 국가의 개입을 필요로 하지만, 자본주의하의 국가는 축적 활동을 지원해야 하는 다른 쪽의 역할이 동시에 요구되고 있어, 환경문제의 발생과 환경문제의 해결은 모두 자본주의하의 국가역할과 성격을 매개로 하여 결정된다(2장). 국가정책을 통한 환경문제의 해결은 결국 한계를 지닐 수밖에 없기 때문에, 시민사회의 주체들이 환경을 삶의 터전으로서 지키려고 나서면서, 오늘날 환경문제 해결은 대개 시민사회 영역에서 발생하는 '환경운동'이란 방식으로 시도되게 되었다. 하지만, 시민사회란 것도 자본주의하에서는 계급적, 권력적 관계를 궁극적으로 담고 있어, 시민세력이 주도하는 밑으로부터의 환경문제 해법도 본질적으로 한계를 가지지 않을 수 없음을 결론으로 도출한다(3장).

이러한 문제제기를 통해 저자가 결국 돌아가는 것은 마르크스적 환경분석이다. 물론 그는 마르크시즘을 유일한 대안으로 노골적으로 드러내지는 않지만 그가 전개하는 설명의 내부를 파고들면 거기에는 마르크스적 시각이 강렬히 작동함을 어렵잖게 발견할 수 있다. 그러한 점은 저서 여러 군데 흩어져 발견되지만, 4장의 '자연의 사회화'에 관한 논의에서 집약되어 드러나고 있다(258-263쪽).

"자본주의적 생산력의 발전기초가 되는 생산의 사회화는 노동의 사회화뿐만 아니라 자연의 사회화(또는 자연의 자본화)를 전제로 한다. 자본주의는…… (이러한) 사회화를 통해 잉여가치의 전유를 바탕으로 발전하지만…… 노동의 사회화가 그러한 것처럼 자연의 사회화도 그 생산결과의 사적 전유와는 모순적 관계를 가진다. 자본주의 사회가 자연환경과의 관계에서 내재하고 있는 사회생태적 모순은 생산력과 생산관계 간에 내재되어 있는 사회경제적 모순 이상의 어떤 성격을 가진다. 즉 사회생태적 모순은 자본주의 사회경제 내적 모순(예, 노자갈등—첨가)이 생태환경의 외적 모순(예, 환경갈등—첨가)으로 전환 확대된 것이며, 사회경제를 능가하여 생태환경을 포괄하는 총체적인 관계 속에서 형성·심화된다는 점에서 보다 근본적인 모순이라 할 수 있다"(259-260쪽).

핵심적인 논지는 요컨대 "자본주의 사회에서 개발과 환경을 둘러싸고 발생하는 갈등은 자본주의 사회의 지속적인 확대재생산과정과 주어진 환경의 자연적인 한계 간의 모순에 기인한다”는 점이다(350쪽). 달리 말하면, 자본주의적 경제의 확대재생산은 환경파괴의 오염의 거시적 원인이라는 주장이다.

저자는 이와 관련된 현실적인 예를 대구지역의 위천공단 조성계획을 둘러싼 환경갈등을 통해 보여주고 있다(4, 5, 6장). 위천공단을 둘러싼 환경갈등은 섬유산업의 사양화 과정에서 발생하고 있는 업체들간의 과잉경쟁과 시장의 한계, 하청제에 의한 ‘자본의 자본 착취’에 있어서 한계, 실질임금의 하락과 실업 및 불안정 고용으로 나타나는 노동 착취의 한계―이는 모두 생산영역의 ‘계급갈등’에서 연유한 것임―는 위기에 처한 자연환경(예, 낙동강 수질)에 추가적인 개발(자연의 착취)을 요구함으로써 발발한 것으로 본다. 달리 말해 위천공단 조성계획을 둘러싸고 발생하고 있는 갈등은 사회경제적 모순에 의해 발현되는 자본가와 노동자들 간의 ‘계급갈등’ 및 사회생태적 모순에 의해 발현되는 경제적 수혜 집단과 환경적 피해 집단 간의 환경적 갈등이라는 이중적 성격이 잠재된 것으로 평가된다(263쪽).

이런 사례분석을 통해 저자는 사회에서 경제와 환경과의 관계에서 발생하는 갈등은 ‘계급적 갈등→환경적 갈등→지역갈등’이라는 3단계를 통해 사회공간적으로 전이되고 있음을 주장하고 있다(273-284쪽). 생태환경의 문제발생 경로에 대한 이러한 주장은 자본주의 사회에서 발생하는 계급적 모순을 근본적인 것으로 하여 환경문제를 포함한 사회문제의 성격을 규정하고자 하는 마르크스주의 시각을 그대로 반영하고 있는 것이다.

계급모순으로 환원되어 인식되는 환경문제의 존재양식은 본질적으로 계급간 불평등에 관한 것이라 할 수 있다. 이러한 주장은 이 책의 7장과 8장의 내용이 되고 있다. 저자는 이런 그의 관점을 이렇게 표현하고 있다.

“일반적으로 환경문제는 모든 개인들에게, 나아가 사회의 모든 활동주체(개인 뿐 아니라 기업이나 정부)에게 피해와 고통을 주는 것으로 인식되고 있다…… 그러나 실제 환경문제가 모든 계층이나 모든 지역의 사람들, 그리고 모든 활동 주체들에게 동일한 영향을 미치는 것은 결코 아니다"(355쪽).

실제, 자원과 환경은 그 자체로서 지리적으로 불균등하게 분포해 있으며, 또한 문제해결을 위한 다양한 시설이나 수단들도 사회공간적으로 불평등하게 보유되거나 분포되어 있어서 환경문제의 영향은 계급간에 상이하게 미치게 된다. 이를테면 자원고갈과 환경오염은 이에 대처능력이 약한 빈곤계층이나 그들의 지역에 더 큰 피해와 부담을 안겨주는 반면, 부유계층이나 지역은 이러한 환경문제를 회피하거나 감당할 수 있는 역량과 위치를 가지고 있어 그 피해와 부담이 현저히 감소한다.

환경문제는 이렇듯 단순한 생태환경의 문제가 아니라 빈곤, 인종차별, 성차별, 세대간 차별 등에서 기인하며, 또한 이를 지지하고 유지하는 제도화된 불평등을 매개로 하여 규정되는 것이다. 환경불평등의 근원으로서는 인종, 계급, 성 등이 흔히 지적되지만, 그 핵심은 역시 자본주의 사회에서 사회적 관계나 권력의 불평등을 근본적으로 틀짓는 계급이다.

현대 사회에서 발생하는 인간과 인간 간의 불평등한 관계는 비단 계층간, 성간, 세대간의 불평등을 초래할 뿐 아니라 자연과 인간 간의 불평등으로 확대됨으로써 생태적 불평등마저 초래하게 된다. 하지만 불평등의 기원을 계급성에서 찾는 입장에서 볼 때, 인간에 의한 자연의 지배를 의미하는 생태불평등은 인간에 의한 인간의 지배를 바탕으로 하여 확장된 것에 불과한 것이다(422쪽).

하지만 환경불평등의 해법을 찾음에 있어서, 저자는 인간중심주의에서 생태중심주의로 패러다임을 옮겨야 한다는 생태주의자들의 입장을 거부한다. "생태중심주의는 인간과 다른 동식물 간의 생태적 불평등을 유발하는 사회적 불평등의 문제를 어떻게 해결할 수 있는가에 대해 아무런 답을 제시하지 못한다"(423쪽)고 보기 때문이다. 그러면서 그는 '만약 인간에 의한 생태계의 과잉착취가 인간들간의 착취적 관계에서 비롯되었다면, 환경불평등을 해결하기 위해서는 인간들간의 사회적 관계를 재구성하기 위한 정치가 우선적으로 필요하다'는 입장으로 그의 해법을 암시한다.

환경정치에 대한 그의 이러한 관점을 가지고 저자는 환경권리, 환경평등, 환경정의 등의 개념들을 중심으로 새로운 환경정치의 가능성을 모색하고 있다. 이 중에서 그는 환경정의(environmental justice)를 가장 중요한 환경정치, 즉 환경문제 해결을 위한 실천규범적 기준이자 이론(적 배경)으로 제시하고 있다. "환경정의는 환경문제의 불평등을 극복하고 모든 사람이 깨끗한 공기를 마시고 위험이 없는 환경에서 일하면서 살 수 있도록, 즉 기본적 필요를 만족시키고 삶의 질을 보장할 수 있도록, 자원접근 능력과 피해 방어 능력의 정의로운 배분을 의미한다"(425쪽)고 규정하고 있다. 환경정의의 중심원리는 자연자원, 맑은 물과 공기, 적절한 보건, 여유 있는 주거, 안전한 작업에의 균등한 접근을 강조하는 데 있다.

사회적 계급 불평등에서 환경불평등의 기원을 찾는 만큼, 그 해결을 위한 정치적 실천체계를 환경(적인) 정의를 근간으로 설정하는 것은 아마도 당연한 귀결일 것이다. 환경정의에 관한 논의는 이 책의 8장 마지막 부분에서 시작하여 마지막 장(9장)에서 넓은 논의공간을 구성하면서 전개된다. 이 마지막 장들에서 저자는 인식의 지평을 인간계를 넘어 자연생태계로 확대하면서 그 속에서 환경정치적 실천의 가치규범으로써 환경정의의 쟁점을 재설정하고 있다.

주지하다시피, 환경정의는 자유주의적 시각으로부터 공리주의적 시각, 급진주의적 시각 등에 이르는 넓은 스펙트럼을 형성하고 있다. 저자는 기존의 환경정의론을 종합하여, ① 자연자원을 매개로 한 인간들간의 공평한 분배적 관계를 설정하는 '분배적 정의'(자유주의 혹은 공리주의 정의론), ② 노동을 매개로 인간과 자연 간의 물질적 관계를 정의롭게 설정하는 '생산적 정의'(마르스크적 정의론), ③ 상호인식(즉 승인)을 매개로 한 인간과 자연 간 상호공존적 관계를 설정하는 '승인적 정의'(니체 또는 포스트모던 정의론)로 나누고 있다. 마르크스적 입장을 택하고 있는 저자에게 있어 환경정의는 결국 두번째인 '생산적 정의'로 귀결될 수밖에 없을 것이다. 하지만 마지막에서 보여주는 저자의 입장은 심층생태주의자의 일면을 엿보이고 있다. 그것은 인간중심주의적 환경론자들의 자기 콤플렉스에서 연유했을지 모른다.

## 3. 생태담론: 대안적 지식과 실천

두번째로 살펴볼 책은 문순홍의 『생태학의 담론』(1999, 솔)이다. 여성 정치학자로서 저자는 일찍이 환경정치학에 대한 관심을 가지면서 생태주의 정치사회이론을 국내에 소개하고 적용하는 노력을 기울여왔다. 이 책도 그러한 성과의 하나이다. 이 책의 구성은 저자외 글과 더불어 외국 이론가들의 글들을 함께 실은 편역서로 되어 있지만, 그 깔려진 의도는 야심차다.

앞의 책이 인간과 인간의 불평등성에서 환경문제의 기원과 그 본질을 찾고 있다면, 이 책은 인간과 자연 간의 불평등문제를 나타내는 생태적 불평등에서 오늘날 우리가 직면한 환경문제의 총체성을 진단하고 있다. 이른바 인간중심주의에서 생태중심주의로의 패러다임 이행을 통해 환경문제의 재성찰을 위한 이론적, 실천적 쟁점을 다루고 있다고 할 수 있다.

생태중심주의의 도래를 저자는 이렇게 알리고 있다. "1970년 영국 BBC는 생태학의 시대가 도래했다고 방송했으며, 3년 후 노르웨이에선 아느 네스가 환경문제의 시각을 근본적으로 전환하자는 성명서를 발표했는데, 이를 계기로 서구는 생태패러다임으로서 전환이 시작되었다"(9쪽). 한편 한국에서는 사회주의권이 붕괴되던 1989년 '한살림 선언문'을 시작으로 기존 발전관에 대한 회의가 제기되는 것과 아울러 대안적 발전관이 모색되면서 생태주의가 도래하게 되었다고 한다.

필자는 생태 패러다임으로의 전환을 생태담론이 중심이 되는 (혹은 되어야 하는) 새로운 지적 실천 상황의 출현으로 설명한다. 생태담론의 확산은 기존의 (반생태적인) 지배 담론을 전복시키는 (생태주의에 민감한) 인식소(認識素), 즉 에피스테메의 생산과 유포가 있어야 하는데, 저자는 이를 위해 '생태비평'이란 실천전략을 제시하고 있다. 이는 곧 1장의 내용이 된다. '생태비판'이란 현실개입적 전망을 가지고, 저자는 사회에서 일어나는 모든 문제들을 이른바 '생명' 또는 '생태론'이란 잣대로 재조명해보고자 하는데, 이렇게 볼 때 생태비평은 그의 독특한 '인식방법'이라 할 수 있다. 저자의 주장을 좀 더 들어보자.

> "생태비평은 생태적 사유와 생태학의 발견물에 의해 개인·공동체·제도·문명에 들어와 있는 반생명적인 요소들을 드러내고 이를 비판하는 분석장르다.…… 생태비평의…… 영역은 인간과 인간·사회관계는 물론 인간과 기계, 인간과 동·식물, 인간과 물리 환경의 상호작용을 전일적으로 재구성함으로써 생태학을 다른 방향으로 생각하도록 하고, 자연·경제·문화 등의 상관관계에 대한 방정식을 새로이 구성해서 대안적 삶의 유형을 제안하는 것이다. 이를 통해 생태비평은 그 동안 억압되어온 것들—타자의 권리, 다른 인식론, 다른 지식 등—의 목소리를 드러내주고 평가할 수 있다. 즉, 기존의 이원적·위계적·중심적·지배적인 패러다임에서 '죽어 있는 것'들을 살려내고, 생태 논의 내부의 다종다양한 견해들 간에 의사 소통할 수 있는 길을 회복하고, 동시에 새로운 생활방식·조직·경제·정치 등을 실험함으로써 적극적인 사회 참여를 유도해낼 수 있다"(38-39쪽).

생태비평적 입장은 모든 걸 생태주의적인 것으로 전복시켜 재인식함으로써 담론적 실천의 중심점을 '인간과 자연'의 연속선상에서 자연 쪽으로 옮겨놓는 인식과 실천의 대변혁을 전제한다. 이러한 생태주의적 인식과 실천 변혁에는 마르크시즘, 포스트모더니즘 등을 포함한 기존의 지배담론 전체가 비판적 전복의 대상으로 설정된다. 때문에 인간세계의 불평등에서 환경착취와 자연의 지배를 낳는 원인을 찾는 그 어떠한 환경담론도 결국 또 하나의 인간중심적 반생태론에 불과한 것으로 폄하될 수밖에 없다. 이 점에서 이 책은 앞서 살펴본 최 교수의 책과는 극명히 대조되는 입장을 취하고 있다.

생태비평적 인식에 의한 생태담론과 그 실천대안을 소개하고 있는 글들의 모음이 이 책의 구성인 셈이다. 생태비평을 통해 설정되는 문제의 파격성은 마르쿠제(Herbert Marcuse)의 '정신분석학적 생태학'을 소개하는 2장에서부터 드러나고 있다. 마르쿠제는 프로이트의 정신분석학의 기본 개념을 근거로 살아 있는 유기체는 에로스, 즉 성적인 충동, 그리고 타나토스, 즉 파괴적인 에너지라는 두 가지의 일차 충동으로 형성되어 있음을 받아들이고, 이를 근거로 오늘날 자행되는 자연파괴는 현대사회의 보편적인 파괴성에서 연유한 듯하지만 그 본질에서는 개인 내부의 타나토스에서 발원된 것으로 설명하고 있다. 결국 환경문제의 본질은 자연 속 하나의 생명체인 인간이 가지고 있는 '반생태적 본능'에 있다는 주장이다. 이렇게 본다면, 역사적인 전환은 개인의 내면에 갇혀진 '파괴적인 욕구'를 생명을 사랑하고 돌보는 에로스적 욕구로 전환시키는 것이 되어야 하며 생태운동은 이를 위한 실천으로 정의된다.

생태주의 논의는 이러한 관점을 확대시킨 것이다. 3, 4, 5, 6장은 생태 패러다임 시대를 주창하는 글들을 소개하고 있다. 환경론에서 생태 패러다임의 지평을 열었던 것은 아느 네스(Arne Naess)의 '심층생태주의 혹은 근본생태론(Deep Ecology)'이다(3장). 1960년대의 '외피적' 환경주의에 반대하여 등장한 '심층(혹은 근본)' 생태론은 인간중심적 자연관을 비판하면서 인간을 포함한 모든 생물들이 생존하고 번성할 동등한 권리가 있다는 인식을 새롭게 하기 위해 탈인간중심적인 자연관을 역설하고 있다. 인간이 자연으로 복귀하고 동화되는 것을 강조하는 근본생태론은 자연을 감각적인 주관성을 가진 타자의 한 형태로 간주해, 자연이 우리 인간들의 착취에서 벗어날 수 있는 생물평등주의를 중요한 실천적 이념으로 제시한다. 자연으로부터의 인간의 소외를, 그리고 자연의 지배를 근절시키기 위해, 근본생태론자들은 인간의식을 재주술화된 세계로, 재주체화된 생동적인 자연으로, 그리고 더 신비적인 지식을 획득하는 방식으로 회귀시키길 원한다.

하지만 근본생태론자들의 이 같은 세계관은 원시적 자연착취의 문제를 은폐하고, 원시적 비합리성을 합리화하며, 신비주의에 무감각하게 하고, 생물평등주의를 앞세워 인간중심주의를 위장하는 등의 문제를 가지는 것으로 비판을 받아왔다. 팀 룩(Tim Luke)의 '근본생태론의 꿈'(4장)은 근본생태론자들이 꾸고 있는 꿈에는 이러한 허황함과 때론 악몽이 담겨져 있음을 지적해주고 있다.

자연으로 과도히 치우친 사고를 다시 인간 쪽으로 옮기면서 양자가 적당히 교접되는 지점에서 생태론을 전개하는 이는 머레이 북친(Murray Bookchin)이다. '사회생태론(Social Ecology)'이란 글을 통해(5장), 북친이 주목하는 생태문제의 근본 원인은 인간이 지니고 있는 지배의 속성에 있다. 인간에 의한 인간의 지배에서 자연에 대한 지배로 확장되는 가운데 자연과 생태환경은 철저하게 유린되고 수탈되게 되었다고 본다. 인간에 의한 인간의 지배를 위한 위계적 조직에는 계급적 관계만이 아니라 연령, 성, 인종, 물리적 폭력, 그리고 비합리적 범주 등에 따라 제도화되어 있는 다양한 것이 있다. 자연의 지배와 관련해서 볼 때, 지배의 조직은 가부장적 위계에서 계급적, 관료적, 국가적, 시장적 위계로 확장 발전해가면서 결국 자연의 영역까지로 뻗쳐나갔다. 사회적으로 결정되는 생태문제를 극복하기 위해, 사회생태론자들은 '사회적인 것을 자연적인 것으로 해체하는 게 아니라 인간성을 자연의 맥락에 포함시키고, 자연사적 관점에서 이를 탐구하며, 자연과 사회의 뿌리깊은 연속성을 회복시키는' 실천을 제안한다.

생태주의적 실천관은 한국에서는 김지하 시인에 의해 '생명론과 생명운동'이란 이름으로 주창되어왔다(6장). 생명론은 우리 사회가 최근 겪고 있는 일련의 생명파괴현상(예, 지존파사건, 삼풍백화점 사태, 지방공동체 파괴, 토지소외 등)을 '죽임의 문명'으로 규정하면서 '생명'의 가치를 복원하고 중심화하는 일종의 심층(혹은 근본)생태주의적 실천관에 해당한다. '생명현상은 영성이 살아 있음의 과정에서 발현된 것이다'(146쪽). 생명가치란 생명현상이 온존되어 가는 과정, 이 과정에 내재해 있으면서 이로부터 발생하는 가치이다(147쪽). 생명운동은 '살아 있는 것을 살아 있도록 하고, 제자리에 있게 하는 것'의 집합적 실천이지만 궁극적으로 인간에 대한 새로운 규정을 시도하는 생명정치로 구현되어야 한다고 주장한다.

지금까지 살펴본 장들은 '생태패러다임'을 구성하는 핵심 개념과 쟁점들을 다루는 것이었다면, 이후의 장(7장에서 13장)들에서는 여러 분야로 분화되고 정교화된 '생태담론'들을 소개하고 있다. 7장과 8장은 좌파 생태주의라 할 수 있는 생태사회주의와 생태마르크스주의를 소개하고 있다.

우선 7장은 생태주의와 접목되는 사회주의를 오토 볼프(Friedrich Otto Wolf)의 '21세기 문턱에 선 생태사회주의'란 글로 소개하고 있다. 볼프에 따르면 현존 사회주의 개념은 해방의 의미를 보다 확실하게 하고, 구체적인 역사 현실과의 관계를 보다 분명히 하며, 그리고 생태계의 위기, 핵위협, 성차별 등 새로운 문제들이 등장한 이유를 제대로 해명하고 해결하는 데 결코 성공적이지 못했다. 이러한 문제들을 통합적으로 해결하기 위해서는 생태주의를 중심으로 하는 대안 사회주의가 모색되어야 한다고 주장한다. 생태주의가 중심이 되는 까닭은 생태주의가 지니는 포괄적인 관계성으로 인해 사회주의하에서 배제되었던 여성, 농민, 노동자, 자치자결운동의 세력들이 생태주의 우산 속으로 재집결될 수 있기 때문이다.

이어진 8장에서는 생태적으로 지속가능한 자본주의의 조건을 제시하는 제임스 오코너(James O'Connor)의 '생태마르크스주의'가 소개되고 있다. 생태마르크스주의자들은 생태사회주의적 환경론과 많은 공통점을 가지면서도 이들과 달리 마르크스의 정치경제학의 유의성을 인정하는 바탕 위에 그 이론 틀을 수정·확대함으로써 오늘날 환경위기를 분석·극복하고자 한다. 이들에 의하면 현대 환경위기는 생산력/생산관계와 이를 규정하는 생산조건(즉, 외적 물리적 조건과 노동력 및 시·공간 차원을 포함한 하부구조)간의 모순으로 발생한다. 따라서 오코너는 자본주의란 기본적으로 생태적으로 지속가능하지 못하기 때문에 생태사회주의와 같은 새로운 정치대안이 필히 요구된다고 하면서 지속가능한 사회와 자연을 위한 시민사회세력의 강력한 전략동맹을 제안하고 있다.

　지금까지의 논의가 서구 생태론의 유형을 근본생태론, 사회생태론, 생태사회주의, 생태마르크스주의로 나누어 살펴본 것이라면, 9, 10, 11장은 생태주의를 실천에 옮기는 발전양식과 전략들을 논의하고 있다. 저자는 생태주의적 발전관의 기초로서 슈마허(Ernst Friedrich Schumacher)의 '작은 것이 아름답다'를 꼽고 있는 것 같다(9장). 주지하다시피, '작은 것이 아름답다'는 양적, 대규모 성장을 추구하는 근대 발전론은 필연적으로 반환경적이기 때문에 이를 근본적으로 극복하기 위해서는 질적 삶을 담보하는 소규모 분권화된 발전방식으로 전환되어야 함을 강조하는 발전관인데, 필자는 이를 '생태론'의 입장으로 재구성하고 있다. 나아가 근자에 유행어가 되고 있는 '환경적으로 건전하고 지속가능한 개발(ESSD)'도 그 문제점을 지적하면서 인간과 지구의 지속적인 공생이 확립되는 생태발전론으로 재구성하는 시도를 하고 있다(10장). 이러한 생태발전론을 실천할 수 있는 구체적인 전략으로 저자는 '생물 지역론(혹은 생물지역주의)'을 제시하고 있다. 생물지역주의의 요체는 경제·정치·사회적 삶이 자연현상에 의해 결정된 지역에 맞게 조직화되어야 한다는 것이다. 생물지역은 곧 생명정치가 실천되는 공간단위이면서 생태주의적 사회변혁이 실험되는 구체적인 장으로 간주된다.

　마지막 두 장은 생태담론에서 중요한 쟁점이 되는 제국주의문제와 여성문제를 다루고 있다. 12장의 알프레드 크로스비(Alfred W. Crosby)의 '생태제국주의(Ecological Imperialism)'는 신대륙에 대한 유럽인들의 제국주의적 침략과정에서 인구학적이고 생물학적 탈취과정이 함께 수반된 점을 부각시킴으로써 기존 제국주의론에 생태주의적 시각이 부재함을 환기시켜주고 있다.

　한편 필자가 직접 집필한 마지막 장의 '생태여성론'은 여성이란 관점으로 생태담론을 총체적으로 재구성하는 야심찬 의도를 엿보이고 있다. 즉, 이 마지막 장에서 저자는 기존의 생태담론 모두를 페미니즘의 통합적인 논의 구조 속에 녹여 보다 급진적인 생태담론으로서 '거듭남'을 시도하고 있다. 이 점에서 이 장은 앞의 장들에서 소개된 글들을 단순한 논의의 소재로 삼으면서 모두를 필자의 관점으로 모아내고 있다. 이른바 '에코페미니즘(ecofeminism)'은 "자연이 인간에 의해 지배당하는 것, 그리고 여성이 남성에 의해 지배당하는 것, 이 양자 사이에는 상관성이 존재한다고 지적하면서, 여성해방이론에 생태이론적 범주와 실천적 문제와 영역을 확장시켜 놓고 있다"(372쪽). 에코페미시트들은 여성이 해방된 유토피아적 대안을 그리면서 사후적으로 생태적으로 불릴 수 있는 요소들, 즉 분권화, 비위계적 질서, 직접 민주주의적 구조, 지역 의존적 경제, 적정기술, 가부장제적 지배로부터의 자유 등을 끌어들이면서 새로운 담론과 실천전략을 제시하고자 한다. 이렇게 볼 때, 생태문제의 근본 해결은 모두 여성문제의 해결을 매개로 하여 이루어져야 할 듯하다.


## 4. 일상세계를 통한 에코토피아의 모색


환경론에서 인간중심주의와 자연중심주의 간의 관계는 마치 지배문명과 반문명 간의 관계와 같이 뿌리깊은 대립성을 담고 있다. 그러한 관계가 지속되는 한 우리는 어떠한 한 환경담론이 다른 담론보다 우월하거나 더 설득력이 있다고 단정지어 말할 수 없다. 지금으로서 그 어느 담론도, 또한 각 담론이 제안하는 그 어떠한 실천전략도 모두가 오늘날 갈수록 복잡해지고 다차원적인 속성을 띠고 있는 환경문제를 이해하고 해결하는 데 유용한 것이다.

하지만, 각 유형의 환경담론이 지니는 상대적 장점을 십분 활용하기 위해서는 해당 담론이 지니고 있는 내부적인 결함과 한계를 올곧게 이해할 필요가 있다. 이런 점에서 근대 자본주의 사회의 계급적 불평등 관계로부터 환경문제 발원을 진단하는 인간중심적 접근은 인간이 자연의 일부임을 적극적으로 인식함으로써 가치판단의 경험적 준거를 초월적인 것에서 찾고 또한 거기에서부터 생명의 근원으로서 환경문제를 재단해볼 수 있는 조건을 결여하고 있다. 인류역사는 계급투쟁의 역사라고 천명하는 마르크스 입장을 뒤집어 이야기하면, 인간사회에 계급간 평등성을 구현하는 것은 영원히 불가능하다고 할 수 있다. 그렇다면 계급적 평등, 나아가 환경평등을 추구하는 그 어떠한 현실적인 실천도 불완전할 수밖에 없다. 그리고 계급투쟁에 매몰되는 현실의 일상적 과정은 환경과 자연을 부차화함으로써 자연의 착취, 나아가 생명의 착취가 필연적으로 발생할 수밖에 없게 한다.

그렇다면 우리는 자연주의자들의 가르침에 따라 삶의 전반을 생태적 가치로 재구성하는 생태급진주의를 어쩌면 유일한 그러면서 근본적인 대안으로 채택하지 않을 수 없을 것 같다. 하지만 자연주의자들에 대해 지금까지 쏟아졌던 다양한 비판, 이를테면 신비주의와 원시적 합리주의의 문제는 여전히 해결되지 못한 채 남아 있다. 사실 현실에서 볼 때, 생태주의자들의 실천적 처방은 인간중심주의자들의 그것에 비해 그 실행력과 효험이 훨씬 떨어지고 있다. 이는 현실세계의 절박함을 이해하는 데 있어 생태주의자들이 너무나 순진하고 단순했기 때문일지 모른다. 자본주의적 이해관계를 중심으로 긴박하게 돌아가는 일상법칙에 대한 생태주의자들의 이해수준은 때론 위험스러울 정도로 불충분하고 불완전해 보인다. 이를테면 마르크스적 계급 결정성에 대한 생태주의자들의 비판은 대개가 이론과 방법론으로서 마르크시즘에 대한 불충분한 이해에서 비롯되고 있는 면을 읽게 해준다. 뿐만 아니라 생산과 소비의 역동적 관계, 가치법칙이 작동하는 상품생산과정, 자본순환과정 등의 내적 동학에 대한 이해도 대개가 피상적인 수준에 머물고 있어, 이런 동학과 환경 및 생태 문제가 맞물리는 구체적인 지점과 관계구조를 읽어내는 데 왕왕 실패하는 모습을 보이고 있다.

복잡한 사회적 과정과 구조를 내포하면서 전개되는 탈근대의 일상세계는 '혼돈스러운 복잡성(chaotic complexity)' 그 자체이다. 이러한 일상세계가 어떻게 자연과 맞물려지는지는 그저 자연주의의 규범적 시각으로는 제대로 간파될 수 없다. '삶의 일상세계', 즉 인간세계의 복잡성은 그에 대한 독자적이고 체계적인 이해가 제대로 이루어질 때 자연세계의 어떠한 부분이 어떠한 방식으로 지켜지고 공존할 수 있을지가 소상히 밝혀질 수 있다. 하지만 삶의 세계는 항상 '시장의 우상'으로 가득하기 때문에 자연에 대한 초월적인 규범을 이데아로 설정하고 그 가르침과 지시를 인간세계의 정화를 위한 것으로 받아들이는 것도 대단히 중요하다. 생태 종들간의 평등성이 복원되는 세계, 인간이 자연에 동화되고 통일되는 전일적인 세계는, '계급 없는 사회'에 대한 마르크스의 꿈이 일장 춘몽이었듯이, 손에 잡히지 않는 신기루일지 모른다. 다시 말해 그러한 자연주의적 세계는 어디까지나 머리와 원고지에서 그려지는 '에코토피아(ecotopia)'일지 모른다. 하지만 어떠한 유토피아이든 유토피아의의 이상은 그 자체로서 값진 것이다. 유토피아의 값짐은 그것을 현실에서 완벽하게 구현하는 데 있는 게 아니라 그것을 꿈꾸고 현실을 거기에 맞추어가는 데 있다. 그래서 우리에게 중요한 것은 '일상세계를 통해 에코토피아를' 구현해가고자 하는 과정적인 노력일 것이다. 여기에는 인간중심주의도 자연주의도 모두 한몫을 할 수 있다.

■ 참고문헌

문순홍. 1999, 『생태학의 담론』, 서울: 솔.
최병두. 1999, 『환경갈등과 환경불평등』, 서울: 한울.
Brown, V. 1992, "The Emergence of the economy," in S. Hall and B. Gieben, eds., *Formations of Modernity,* London: Polity.
Osborne, T. 1998, *Aspects of Enlightenment: Social Theory and the Ethics of Truth,* London: UCL Press Ltd.

# 8장
# 환경정의론의 재조명: 담론에서 실천으로

## 1. 서론

최근 우리의 환경담론에서 관심을 끌고 있는 말 중의 하나가 '환경정의(環境正義, environmental justice)'이다. 언뜻 들으면 누구나 하나같이 어렵게 느껴지면서도 뭔가 거스를 수 없는 뜻과 이치를 담고 있는 의미로 되새김되는 말이다. 환경정의가 어휘적으로 즉각 연상시켜주는 것은 '사회정의(社會正義)'일 것이다. 사회정의라 하면 사람이 사는 세계에서 통용되는 뭔가 규범적으로 도덕적으로 옳고 바른 것을 쉽게 연상시켜주지만, 환경정의라 하면 나무, 물, 공기 등으로 이루어진 환경적 세계에 과연 규범적으로 뭔가 옳고 바른 것이 있을 수 있을까 하는 의구심이 들게 한다. 설혹, 환경적으로 옳고 반듯한 것이 있다 하더라도 실제 '환경정의가 과연 어떠한 것인지'에 관한 의구심은 계속 남는다.

사회정의를 제대로 이해하려면 사회정의론을 둘러싼 쟁점들을 현학적으로 따져보아야 하듯이, 환경정의도 '환경적으로 정의로운 게 무엇인가'에 관한 복잡한 이론적 논의들을 필히 섭렵해야 될지 모른다. 그렇지만 이런 추상담론을 해박하게 이해했다 하더라도 환경정의의 경험적 실체가 명확히 이해되고 또한 이를 준거로 한 차별적인 실천조건이 자동 도출되는 것은 아니다. 이는 규범적이고 철학적인 개념으로 다루는 환경정의의 쟁점과 사회과학적 사실로 다루는 환경정의의 문제 간에는 차이와 괴리가 있다는 것을 뜻한다.

최근 들어 우리 사회에서 환경정의에 관한 논의가 심심찮게 일고 있지만, 그 수준이란 게 여전히 추상적인 정의론을 환경문제에 적용해보면서 이 두 개념을 담론적으로 결합하는 것에 불과해, 우리의 현실에서 그것의 경험적인 실체가 과연 어떠한 것인지는 불충분하게 논의되고 있다. 사실, 환경정의는 환경문제의 성격을 상이한 각도로 설명해주는 이론적 개념이면서, 또한 그러한 성격을 가지고 존재하는 환경문제이기도 하여, 그 경험적인 실체에 대한 규명이 이론적 논의에 못지않은 중요성을 가진다. 특히 오늘날 환경문제는 과거 자연환경의 문제나 공해문제와 달리 사회적 불평등 구조와 결부된 채 인간적 삶의 조건을 제약하는 '정의롭지 못한 측면'을 가지고 있어 그에 대한 올바른 이해는 참으로 중요하다. 그렇다면 환경정의란 시각에서 환경문제를 어떻게 차별적으로 이해할 수 있으며, 또한 환경문제를 해결하기 위한 환경운동은 어떠한 차별적인 조건을 갖추어야 할까?

이 글은 환경정의를 규범과 담론으로 이해하는 것을 넘어 실재하는 환경문제로 이해하고 이를 해결할 수 있는 실천적 조건들을 탐색해보는 데 주된 목적이 있다. 글의 순서는 서론에 이어, 환경문제로서 환경정의, 담론으로서의 환경정의, 실천으로서 환경정의를 논한 뒤, 환경정의의 실태를 한국의 경우를 중심으로 살펴보면서 환경정의를 위한 운동조건을 제시하는 것으로 이루어진다.

## 2. 환경문제로서 환경정의

### 1) 환경정의 문제의 대두

미국에서 1990년에 실시된 한 조사에 의하면 1980년에서 1993년 사이에 상업적으로 유해한 폐기물 처리시설이 유색인종지역에 집중되는 정도가 다른 지역에 비해 평균 25%에서 31%로 증가한 것이 드러났다. 또한 다른 분석에서는 인종과 소득에 따른 환경적 편익-비용의 분배에서 인종이 소득보다 더 유력한 변수로 작용하여, 이를테면 대기오염의 경우는 90%, 독극물 방출의 경우는 89%, 유해 폐기물의 경우는 78%, 고형폐기물의 경우는 73%가 인종변수에 의해 영향을 받는 것으로 밝혀졌다. 이러한 조사결과와 실제사례들에서 드러난 문제의 심각성을 인식하게 된 유색인종 관련 환경운동단체들은 1991년 10월 워싱턴에서 '전국 유색인 환경지도자 정상회의'를 개최하면서 '환경정의의 원칙(principle of environmental justice)'을 운동의 새로운 원칙으로 채택하였다(이상헌, 2000: 48에서 재인용). 이렇게 하여 중·상류 계급과 백인들이 이끌던 자연보전 중심의 미국 환경운동판에 유색인종의 동참으로 이끌어지는 환경정의운동, 즉 사회적 불평등과 연관된 환경운동이 등장하게 되었다.

환경정의란 개념은 이렇듯 1980년대 미국에서 소수인종과 빈곤한 지역사회가 환경오염에 과도히 노출되어 있거나 피해를 겪고 있다는 사실을 주목하고 이를 해결하려는 새로운 시민운동이 일면서 인구에 회자되기 시작했다(Bryant, 1988). 환경정의의 문제가 새로운 사회문제이자 환경문제로 떠오르면서 미국의 환경보호처는 1993년 9월 30일에 환경정의실을 창설하고 '국가환경정의자문위원회(The National Environmental Justice Advisory Council)'[1]를 설치하여 환경정의에 관한 조언과 자문을

---

1) 환경정의자문위원회는 7개 분과위원회를 가지고 있다. ① 대기·수질분과 위원회 ② 집행분과위원회 ③ 건강·조사분과위원회 ④ 원주민분과위원회 ⑤ 국제분과위원회 ⑥ 시민참여 및 평가분과위원회 ⑦ 시민참여 및 폐기물 및 시설설치분과위원회.

받도록 하였다. 그러다가 1994년 2월 11일에 클린턴 대통령은 '환경정의에 관한 대통령 칙령'(EO12898)을 공포하여 연방정부로 하여금 소수집단, 저소득층의 건강상태와 환경에 대한 관심을 제고하도록 독려하고, 행정부로 하여금 환경정의를 정책적 임무의 하나로 간주할 것을 촉구하였다. 클린턴 대통령의 칙령을 구체화하기 위해 1995년 4월3일 환경보호처장은 '환경정의에 관한 전략(the Environmental Justice Strategy)'을 발표하였다(전병성, 1999).

비록 시민환경운동을 통해 제기되었지만 미국 정부는 환경정의의 문제를 일찍이 국가정책의 대상으로 삼게 되었고, 그 결과 환경정의의 개념은 처음부터 정교하면서도 구체적인 의미와 실체를 갖게 되었다. 미국 환경보호처가 규정하는 "환경정의는 환경법·규제·정책과 관련해서는 모든 사람들이 인종·피부색·국적·소득에 관계없이 공평하게 취급되고 또한 의미 있는 참여가 이루어지도록 하는 것"이다. 풀어 말하면, 환경관련 사회제도 속에서 모든 이가 공평히 다루어지고 또한 주체적으로 참여하게 되면 곧 '환경적으로 정의로운 상태'가 된다는 뜻이다. 환경정의의 이 같은 개념규정은 인종차별과 같은 사회적 불평등 메커니즘이 환경분야에서도 그대로 재생산되고 있음을 주목하면서 그 시정의 가능성을 사회 제도의 공평한 운용에서 찾고자 하는 실천의지를 담고 있다.

## 2) 환경정의론적 환경문제 인식의 특성

미국에서 논의가 시작된 환경정의란 개념의 사용에는 몇 가지 주목할 만한 어법사용의 독특함이 있으며 그것은 곧 환경문제를 읽는 새로운 방식을 반영하는 것이다. 첫째, 환경정의란 개념은 처음부터 현장에서 확인되는 실재하는 환경문제의 한 유형이면서 동시에 정책을 통해 시정되어야 할 대상으로 간주되면서 사용되어왔다. 이 말은 환경정의란 개념이 추상적 담론을 넘어 실천의 대상을 지시하는 의미체로 사용되고 있음을 의미한다.

둘째, 환경문제를 규정하는 방식의 새로움이다. 종래의 인식에서 환경문제는 자연환경의 파괴나 환경오염 등과 관련된 것이었고 그 성격 규정에서도 자연과학적이거나 공학적인 것으로 주로 취급되어왔다. 이와 견준다면, 환경정의란 관점에서 바라다보는 환경문제는 사회적 불평등 구조와 연관되어 발원하고 또한 그 구조를 따라 환경피해가 특정 인구집단에 역진적으로 집중되는 문제로 파악된다. 즉, 자연 공학적 사실로서가 아니라 사회과학적 사실(social scientific facts)로 인식하는 것이 환경정의의 관점에 따르는 환경문제 인식의 중요 특징이다.

셋째, 환경정의란 관점에서 환경문제의 해결은 유색인종이나 빈민주거 지역 주민과 같은 사회적 약자들이 겪는 환경부정의(環境不正義, environmental injustice)의 문제를 대상으로 하며, 그에 따른 정부정책의 프로그램과 수단을 새롭게 강구한다. 기존 환경정책이 자연환경의 관리나 공해의 공학적 처방에 주안점을 둔다면, 환경정의론 시각을 취하는 정책은 사회적 맥락에서 불이익을 받는 '사람'을 중심으로 그들과 결부된 '환경불평등'이나 '환경불이익'을 시정하는 '환경복지(environmental welfare)'적 처방을 강조한다. 또한 환경정의에 관한 규범적인 쟁점을 현실 정책 프로그램 속으로 녹여내는 것도 환경정의론적 정책의 주요 특징이 되고 있다.

## 3) 한국에서 환경정의의 대두

한국에서 환경정의는 일찍이 한국공간환경학회의 몇몇 소장학자들에 의해 소개되고 논의되어왔지만, 현실문제와 관련하여 본격적으로 논의되기 시작한 것은 환경정의시민연대란 시민단체 내에 '환경정의포럼'이 발족하면서부터이다. 1999년 7월 15일 발족한 이 단체는 창립선언문을 통해 왜곡된 현실에서 규정되는 환경문제를 극복하기 위해 '환경문제에 대한 기본인식과 실천방향을 새롭게 접근해야 한다'고 하면서 '환경정의 시각으로 환경운동을 다시 조명하고자 하는 것'을 천명하였다. 발족 당시 발표한 창립선언문을 살펴보면 우리 사회에서 왜 환경정의에 관심을 가져야 하는지를 간파해볼 수 있다.

> "……환경정의의 눈으로 현실을 바라보았을 때, 우리 시대의 환경문제는 인간종이 인간 이외의 자연과 자연적 존재를 착취함으로써 초래되었으며, 이러한 인간에 의한 자연 억압은 인간의 지배적인 세계관과 가치관 및 각종 제도로부터 비롯되었다. 이 원인들은 또한 인간, 사회 내에서도 계급문제와 인종문제, 여성문제, 남북문제, 심지어 인간 현세대와 미래세대 간의 문제를 초래하게 되었다. 따라서 환경문제를 근본적으로 해결하기 위해서는 자연환경과 야생동식물 보호에 주력하는 것과 더불어 다른 사회문제와 연장선상에서 환경문제를 초래한 그릇된 세계관, 가치관, 사회체제와 제도를 바로 잡는 일을 진행해야 한다. 이처럼 복잡하게 얽힌 환경문제를 해결하기 위한 도덕적 잣대로 기능하는 것이 바로 환경정의의 시각이다……"(환경정의포럼, 1999).

한국사회에서 환경정의는 아직까지는 개념적 이해 수준에서 논의되고 있지만 중요한 것은 그러한 논의를 통해 환경정의의 문제를 현실 환경문제의 한 유형으로 파악하려는 인식들이 광범위하게 일어나고 있다는 사실이다. 환경정의를 실천의 문제로 살펴보기 전에 우선 담론으로서 환경정의에 관한 논의는 어떠한 유형과 설명내용, 그리고 한계를 가지고 있는지를 검토해볼 필요가 있을 것 같다.

## 3. 담론으로서 환경정의: 논의의 유형과 한계

### 1) 정의의 문제

환경정의는 사회 내에서 인간과 인간 사이의 문제인 정의의 시각을 '환경을 배경으로 설정되는 인간과 인간 사이뿐만 아니라 환경과 인간 사이에 작용하는 문제'로 확대 적용하는 것이라 할 수 있다. 그렇기에 환경정의에 관한 논의는 자연스럽게 (사회)정의의 관점에서 전개되면서 담론화되어 왔다. 환경은 삶의 기회와 질을 결정하는 가치를 함축하고 있는 희소자원인 만큼, 이를 둘러싼 접근과 배분은 자연스럽게 인간관계가 '어느 정도로 정의로운가'에 의해 좌우되기 때문에 그 핵심적인 잣대는 바로 '정의'가 무엇인가에 관한 것이다.

정의론에서 말하는 정의(justice)는 '무엇이 옳고 무엇이 그른가'에 관한 원칙에 관한 것으로 대체로 평등하고 공정한 상태를 지칭한다(이정전, 1999: 38). 현대사회의 정의론은 주로 분배적 정의, 즉 사회구성원 각자가 자기 자신의 응분의 몫을 향유하며 살아가는 상태를 뜻하며, 그런 상태가 실현된 사회를 정의로운 사회로 간주한다(한면희, 1999a 132). 그러니까, 정의는 사회적 자원과 기회가 사회성원들 사이에 공평히 배분된 사회적 상태라 할 수 있지만, 사회를 어떠한 이념으로 바라보느냐에 따라 정의를 구현하는 방식과 내용에 대해서는 자유주의로부터 공리주의, 마르크스주의, 롤즈의 계약주의 등에 이르는 상이한 해석적 입장이 있다. 간단히 비교를 한다면, 자유주의는 개인의 이익이 극대화되는 분배를, 공리주의는 최대다수 최대행복이 되는 분배를, 마르크스주의는 필요(needs)의 원리에 따른 분배를, 롤즈의 계약주의는 정당한 과정을 거쳐 합의된 (계약된) 분배를 강조하며, 담론으로서 환경정의는 이러한 사회정의론에다 환경문제를 결합한 방식으로 유형화되어 왔다(이에 관한 국내의 논의로는 이상헌, 2000; 이정전, 1999; 정회성, 2000; 최병두, 1999a, 1999b; 한면희, 1999a, 1999b, 1999c). 이를 나누어 살펴보면 다음과 같다.


## 2) 자유주의 정의론

자유주의란 기본적으로 이성과 합리성을 갖춘 개인의 역량을 신봉하고 그 가치를 자유롭게 구현하는 사회의 이상을 강조한다. 이성과 합리성은 인간의 천부적인 역량에 해당하는 만큼, 인간은 태어날 때부터 그것을 사용할 수 있는 권리를 갖고 있기에, 이를 올곧게 실현하는 것이야말로 개인에 따른 응분의 몫이 공정히 배분되는 '정의의 구현'임을 자유주의자들(예, Locke, Nozick 등)은 믿는다. 때문에 이러한 역량이 구현될 수 있는 투명한 사회적 상황, 즉, 불합리한 인위적 작위가 개입되지 않는 (즉, 공정한 게임 룰이 작동하는) 경쟁 상황이야말로 정의구현의 가장 중요한 조건으로 간주된다. 자유주의 시각에서 환경은 기본적으로 희소한 가치재이다. 따라서 투명한 경쟁과 거래과정이 보장된다면 보전될 환경재는 보전재로 구매되어 보전될 것이며, 반면 이용될 환경재는 이용재로 구입되어 활용됨으로써, 모든 환경재는 그 가치에 따라 적재적소에 골고루 배분된다고 보는 것이다.

환경문제가 발생한다면 이는 이용과 보전의 가치가 시장에서 올바르게 실현되지 못함으로 발생하는 것임으로써, 그러한 시장적 상황의 연출만이 환경문제 해결의 실제적인 조건이 된다고 간주된다. 수익자부담원칙이나 오염자부담원칙은 환경의 이용에 따른 대가나 훼손에 따른 비용의 몫을 시장을 통해 지불하게 하도록 함으로써, 이용자는 환경가치를 정당하게 점유하게 되고 피해자는 피해에 책임을 다하여, 환경의 이익과 불이익이 공정히 배분될 것을 기대하면서 운용되는 기법들이다. 개인들 간 투명한 경쟁을 통해 환경재가 자유롭게 거래되는 과정이 곧 정의가 구현되는 그 자체임을 간주하는 자유주의는 정의의 과정적 측면을 특히 강조한다.

그렇지만 현실에서 개인은 결코 합리적이거나 이성적이 아닐 경우가 많을 뿐만 아니라 투명한 경쟁이란 것도 많은 경우 불가능한 것이어서 자유주의가 가르쳐준 대로 환경가치를 공평하게 배분하게 하는 것은 사실 불가능하다. 이성과 합리성을 결여한 인간 외의 생태종은 경쟁과 시장거래에 참여하지 못함으로써 그들의 '응분의 몫'이 결국 인간종에게 빼앗기는 부당함이 자유주의 시각에서는 잡혀지지 못한다.

## 3) 공리주의 정의론

공리주의는 글자 그대로 사회적으로 이(利)가 되는 것의 창출을 중요한 준거로 하여 사회정의의 구현정도를 판가름하는 입장을 제공해준다. 사회적 유용성은 최대 다수 최대 행복과 같이 개별적 주체로서 개인의 행복이나 이득보다 집합적 주체로서 전체 사회의 이익을 강조한다(이정전, 1999). 따라서 그 집합적 주체를 현세대뿐만 아니라 미래세대까지 확장하여 이를 승인할 수만 있다면 공리주의는 '역사적 공리성'을 전제로 자원과 가치의 공정한 분배, 즉 세대를 걸친 '다수의 최대 행복'을 가져다 줄 수 있다. 물론 이것을 실제 어떻게 기술적으로 배분하고 이를 어떻게 제도화하느냐는 별개의 문제이다. 전체의 이익을 준거로 한다고 보면, 환경에 대해 공공재적 성격을 부여한 다음, 다수의 이익을 보전하는 쪽으로 환경재의 소유와 이용의 배분이 일어난다면 공리주의적 정의는 구현될 수 있다. 또한 공리주의는 환경을 복지재로 간주하고 복지정책을 통해 배분시킴으로써 사회적으로 환경의 공리적 가치가 최대화될 수 있다는 응용적 접근도 종종 취한다.

이런 점에서 공리주의적 입장에서 환경정의는 환경가치가 배분되어 그 공리적 가치가 최대화되는 상태, 즉 결과로 드러나는 공리의 총합을 중요하게 여긴다. 그래서 상대적으로 공리의 분배과정이 옳은지 그렇지 않는지를 제대로 주목하지 못하는 한계를 가지고 있다. 사실 환경재는 사적 소비재로서 소유되고 거래되고 있는 게 현실이어서, 사회전체로 볼 때 환경의 공리적 총합규모는 경제·환경기술의 발전에 따라 커지고 있지만, 그 배분과정은 왜곡된 분배구조로 말미암아 늘 편향되는 경향을 가지고 있다. 또한 공리주의가 설정하는 '공리적'이란 것의 실체도 명확치 않다. 즉, '공공(公共)'에 대한 성격 규정은 당대의 지배적인 사회적 관행이나 역학관계의 영향을 받음으로써 환경정의를 객관적으로 판단할만한 '공리성'은 늘 애매한 상태에 있으며, 이런 까닭으로 공리적 목표는 현실에서 기껏해야 추상적 목표로만 설정된다. 더욱이 미래세대 몫의 공리적 가치에 대한 측정과 판단은 더욱 불투명해 현실적인 분배기준으로 설정하기가 힘들어 공리주의적 세대간 형평성을 논하기가 참으로 어렵다. 이런 등의 이유로 공리주의적 설명에서는 사회적 약자인 소수가 겪는 환경불평등이 근본적으로 치유될 길이 없게 된다. 보다 중요하게는, 공리란 것도 인간사회 내의 집단간 관계 속에서 평가되고 인정되는 것이어서, 그러한 계산방식이 적용되지 않는 인간계 밖의 생태종간에 맺어지고 지켜져야 할 공리, 즉 '생태적 공리'는 현재의 인간 중심적 공리주의 사고에서는 쉽사리 인정받을 수 없다.

### 4) 마르크스주의 정의론

정의와 같은 보수적이고 이데올로기적 개념을 거부하는 마르크스로부터 정의를 찾는다는 것은 사실 불가능하며, 대신 마르크스 자신의 급진적 철학과 실천관으로부터 이를 연역해낼 수밖에 없다. 주지하다시피 '계급이 없는 사회', '착취가 없는 사회', '소외 없는 사회'를 꿈꾸었던 마르크스에게 정의는 사회의 성숙된 발전상태에서만 구현될 수 있는 그 무언가이다. 따라서 그러한 상태에 이르지 못한 현실, 특히 자본주의 사회에서 정의의 원리에 부합한 환경가치의 공평한 배분을 논의한다는 게 기본적으로 어불성설이다. 마르크스적 정의가 있다면, 그것은 불평등구조를 내화(內化)하고 있는 자본주의 사회를 넘어서는 발전상태, 즉 평등한(egalitarian) 사회적 관계가 유지되는 상태에서 '각자의 능력에 따라 일하고 필요(needs)에 따라 몫'을 분배받는 정도로 언급될 수 있지만 이 기준 자체가 현실 자본주의에서 정의 구현의 잣대가 될 수 없는 법이다.

마르크스적 정의론의 의의가 있다면, 이는 정의로운 사회의 이상형(ideal type)을 염두에 두고 정의가 구현되지 못하는 현실의 모순적이고 불평등한 사회를 비판하면서 계급 없는, 착취 없는 해방적인 이상향(理想鄕)으로 나가는 진보적인 실천을 위한 지침과 준거를 제시해주는 데 있다 하겠다. 이런 점에서 마르크스적 정의는 최종적으로 이룩된 결과에 해당하며, 현실에서는 그러한 결과를 이끌어낼 수 있는 구체적인 조건, 이를테면 생산부문에서 착취의 축소, 이를 위한 합리적 노동분업, 사적소유의 축소 내지 폐지 등이 정의의 달성을 가늠하는 하위 잣대가 된다(최병두, 1999b). 축적을 위한 축적의 끊임없는 욕망을 포기하고 생존의 필요에 따라 가치재가 배분된다면 자본주의하에서 부풀어진 생산력은 줄어들 수 있고, 그 결과 자연에 가해지는 작위의 부하량이 줄어들게 될 것이다. 하지만 그 필요가 기본적으로 인간 중심적인 것이라면 자연은 여전히 착취의 대상이 될 수밖에 없다. 생태적 필요(ecological needs)는 자본주의와 사회주의를 모두 넘어서 가능할 '생태주의적 혁명'을 통해서만 성취될 수 있는 것일지 모른다.

## 5) 롤즈의 정의론

롤즈의 계약주의는 합의와 계약을 통한 가치의 공평한 배분상태를 정의로 간주하면서, 그러한 상태를 설정하기 위한 사전적 조건으로 합의와 계약 자체가 정의롭게 설정해야 할 것을 주문한다(Rawls, 1971). 따라서 롤즈는 절차가 공정하면 결과도 정의로울 수 있다고 봄으로써 '절차의 공정성을 결과의 공정성'과 함께 묶어서 다루고자 한다. 절차가 공정하기 위해서는 합의와 계약에 참여하는 주체들이 모두 사회적·자연적 특성에 대해 사전 편견과 사전 지식이 없게끔 '무지의 베일'을 써야 한다. 이런 절차적 조건이 갖추어진 상태에서 정의는 두 가지 원리로 구현되어야 한다고 한다. 첫째, 각자는 타인의 유사한 자유와 양립할 수 있는 가장 광범위한 기초적 자유에 대한 평등한 권리를 갖는다. 둘째, 사회적, 경제적 불평등은 다음의 두 가지 조건을 만족시켜야 한다: ① 최소 수혜자에게 최대의 이익이 되고, ② 직책과 직위는 공정한 기회 균등의 조건 속에서 모든 사람들에게 열려 있어야 한다(한면희, 1999a). 전자를 자유 우선성의 원리라 한다면, 후자는 차등의 원리라 한다. 전자는 자유와 같은 기본가치의 극대화, 즉 최대의 극대화를 추구하는 정의의 원리라면, 후자는 최악의 상황을 가장 낮게 만드는, 즉 최소의 극대화를 추구하는 원리라 할 수 있다. 전반적으로 볼 때, 자유와 평등의 양립성에 초점을 맞춘 롤즈의 정의관[2]은 정의가 이념형적으로 이룩되어야 할 최상의 상태와 현실에서 이룩되어야 할 최소한의 상태를 제시하고 있어 정의의 문제를 구체적인 맥락에서 짚어볼 수 있게 해준다.

하지만 투명한 합의와 계약이 저절로 이루어지는 게 아니라 이미 현실의 권력화된 절차, 규범, 편견 속에서 이루어지기 때문에 합의와 계약 자체가 정의실현의 사전적 장애가 된다. 환경과 관련해서, 특정 환경재(예, 그린벨트)가 보전 혹은 개발되어야 할지에 대한 사회적 합의는 이를 둘러싼 사회세력간의 힘 관계에 의해 이루어질 수밖에 없다고 본다면, 절차의 공정성은 이미 오염되어 있어, 그 결과가 어느 정도 정의로운 지가 늘 의문시될 수밖에 없다. 하지만 롤즈의 정의관에는 이러한 한계를 돌파할 수 있는 가능성이 담겨 있다. 즉, 현실에서 불가피할 수밖에 없는 차등적(불평등한) 상황에서 '최소 수혜자가 최대의 이익'을 얻도록 배려해줌으로써 그렇지 못한 상황에 비해 정의가 확률적으로 더 구현될 수 있게 된다. 그럼에도 불구하고 최소 수혜자의 몫이 최대 수혜자가 베푸는 일시적 시혜로 끝나고, 더욱이 그러한 시혜를 통해 최대 수혜자가 더 많은 이익을 수취해간다면, 이는 실제 차등과 불평등을 오히려 심화시키는 것이 된다. 이것은 가상이 아니라 현실이다. 더욱이 롤즈의 계약주의는 인간과 인간 간의 계약을 전제로 하고 있어 이를 인간과 생태의 종 사이의 계약으로 어떻게 확장할 수 있을지, 설혹 계약이 맺어졌다 하더라도 인간이 누리는 자유가 어떻게 인간종 밖의 자유로 확대될 수 있을지, 그리고 인간 사회 내의 최소수혜자에 대한 최대이익의 배려를 생태계의 종들간에 어떻게 적용할 수 있을지 등은 모두 롤즈의 계약주의 정의론에서 답이 쉽사리 내려질 수 없는 것들이다.

---

2) 롤즈는 정의관(conception of justice)과 정의의 개념(concept of justice)을 구분하고 있다. 정의의 개념은 상충하는 요구들간의 적절한 균형을 의미하는 것이지만, 정의관은 이러한 균형을 결정하는 데 고려해야 할 원칙과 관점들의 체계라 할 수 있다.

## 6) 담론으로서 정의론의 한계

지금까지 살펴본 정의론은 기본적으로 사회정의론을 바탕으로 하면서 환경이 부가적으로 논의되는 내용으로 엮어진 것이다. 기존의 각종 사회정의론은 그 정교한 설명에도 불구하고 현실에서 복잡한 메커니즘을 통해 출현하는 정의의 실재성이나 구체성에 대한 이해시켜주기에는 추상성이 높고 규범적이면서 동시에 제한된 전제 속에서만 논리적 일관성을 갖는다. 뿐만 아니라 인간과 인간관계를 바탕으로 설명되는 사회정의론이 인간계를 벗어나는 인간-환경의 관계 속에서 결정되는 정의의 문제를 설명하는 데는 많은 한계를 가지고 있다. 그래서 환경정의론이 비록 사회정의론을 확대 적용한 것이라 할지라도 사회 정의론으로부터 환경정의론을 자동 추론하는 것은 담론 이상의 효과밖에 없다. 사회적으로 정의롭다 해서 환경적으로 필히 정의롭다고 말할 수 없는 법인 것이다. 환경정의가 주목을 끄는 것은 정의에 관한 담론적 화려함이 아니라, 환경적으로 정의로운 현실사회의 조건을 찾고 이를 실천하는 정책적 노력을 기울일 수 있는 실천적 함의를 던져주는 이유 때문이다. 따라서 담론으로서 환경정의는 실천으로 환경정의로 재정의되고 재인식되어야 한다.


## 4. 실천으로서 환경정의: 실천적 이해를 위한 주안점

### 1) 담론에서 실천으로

환경정의란 담론이 실천과 결부될 때 그 기능은 정책에 대한 추상적 정당화를 기하는 것 이외에는 이렇다 할만한 정책방향이나 실천대안을 제시하지 못하는 비판이 종종 제기된다. 이런 점에서 한 논자의 지적에 귀기울일 만하다.

"우리가 정의를 논하는 목적은 도덕적으로 잘 정돈된 사회, 즉 정의로운 사회를 만들기 위한 것이지 단순히 정의라는 논리적 유희를 위한 것은 결코 아닐 것이다. 그러므로 정의라는 추상적 개념에 과도하게 매달리는 것보다는 정의로운 사회라는 방향성을 가지고 정의를 향상시키는 인자와 부정의를 감소시켜주는 인자를 각각 찾아서 정책적으로 활용하는 것이 보다 현실적이다"(정회성, 2000: 95).

그렇다면 실천으로서 환경정의를 이해하고 선용하려면 어떠한 측면을 주목하고 강조해야 될까? 아래에서는 환경정의를 실천적으로 이해하기 위한 주안점들을 나누어 살펴보고자 한다.

## 2) 환경부정의에의 주목

환경정의는 어떤 것이 환경적으로 정의롭다는 것을 추론하고 밝히기보다 무엇이 환경적으로 정의롭지 못한가라는 문제를 전략적으로 제기하면서 이의 해결을 모색하는 데 역점을 두어야 한다(정회성, 2000). 이는 환경의 정의로운 상태보다 환경오염이나 그 비용이 부당하게 전가되는 상태, 즉 환경비용과 피해의 불공정한 배분이 야기하는 환경부정의(不正義, environmental injustice)가 환경문제의 가장 중요한 존재양태로 인식되기 때문이다. 사회정의가 이익의 공정한 배분에 초점을 맞추고 있는 것에 견주어 환경정의는 불이익의 공정한 분배에 더 많은 관심을 갖는다는 뜻이다(한면희, 1999a; Wenz, 1988).

## 3) 환경약자에의 주목

환경부정의를 환경문제로 바라볼 때 환경정의론은 두 가지 측면을 각별히 인식시켜 준다. 첫째는 사회적 국면에서와 마찬가지로 삶의 터전인 장소·도시·지역과 같은 환경도 희소자원으로서 환경이 지닌 가치가 사회성원들한테 골고루 배분되지 못한 결과 환경을 매개로 한 사회적 불평등이 발생한다는 점이다. 둘째는 사회적 불평등이 사회적 약자들의 생존권과 삶의 권리를 제약하고 박탈하듯이 환경불평등 또한 환경약자의 환경향유권과 그에 기초한 생존의 권리를 박탈하고 억압함으로써 삶의 상황을 소망스럽지 못하게 한다는 점이다. 환경정의론은 결국 환경약자들이 겪는 삶의 소망스럽지 못한 문제를 핵심으로 다룬다(Harvey, 1995; Smith, 1994).

그간 우리는 환경문제가 모든 개인들에게, 나아가 사회의 모든 구성원들에게 피해와 고통을 주는 것으로 인식해왔다. 환경정의론적 입장에서 환경문제는 모든 계층, 모든 지역의 사람들, 모든 활동 주체들에게 결코 동일한 영향을 미치고 있지 않음을 인식할 수 있다. 환경오염에 의한 피해나 환경자원에 대한 접근의 기회가 사회적 권력관계의 지형에 따라 차별화되는 것은 오늘날 일상영역 전체로 확산되는 환경문제의 보편적인 특징이다. 이를테면 부유계층보다 빈곤계층이, 남성보다 여성이, 청장년층 보다 노인이나 아동이, 백인 보다 유색인이, 발전지역의 주민보다 저발적 지역의 주민이, 선진국 국민보다 후진국 국민이, 현세대보다 미래세대가, 인간종보다 생태종이 환경오염을 발생시키는 일이나 그 피해가 발생하는 부문에 훨씬 더 많이 노출되어 있으며, 또한 그에 따른 고통을 더 많이 받고 있는 게 현실이다.

### 4) 환경불평등 구조에 대한 주목

환경부정의에 대한 인식은 오늘날 인류의 생존을 위협하는 환경문제가 기실 사회 내의 계층간, 세대간, 성(性)간, 인종간, 지역간 불평등 구조에서 발원한다는 사실을 지적해 준다. 사회 내에서 발생하는 인간과 인간 간의 불평등한 관계는 환경을 둘러싼 인간간 다양한 불평등을 만들어 낼뿐만 아니라 인간과 다른 동식물 간의 생태적 불평등까지도 야기하는 근본원인이 된다. 문제는 사회적 부정의가 그러하듯이, 환경적 부정의 또한 사회계층간 분배체제의 불공정성을 강제하거나 은폐하는 권력적 작용을 배경으로 관철된다는 점이다. 그래서 불평등하고 부당한 상태가 갖는 부정의의 현상적인 문제도 문제지만, 권력의 부당한 작용에 의해 부정의스러운 것이 사회적으로 주목받지 못하고 은폐되는 상태가 더욱 문제이다(조명래, 2000d).

권력의 구조화된 메커니즘으로 강제되는 환경의 부정의는 환경적 약자들의 인간다운 삶과 자아실현을 제약하면서 궁극적으로 삶의 탈주체화와 소외를 전면화시키게 한다. 환경권의 향유나 환경가치의 사회적 배분에서 응분의 몫을 받지 못하는 상태, 즉 환경피해로부터 올바르게 보호를 받지 못하고, 쾌적한 환경에 살 권리를 박탈당하며, 장기적으로 구조화된 메커니즘 속에서 발생하는 환경피해에 무방비로 노출되고, 이념과 제도적 통제를 통해 환경부정의가 은폐되는 상황에서 겪는 문제는 모두 환경정의가 부재한 상태에서 환경약자들이 겪는 탈인간적 고통들이다. 권력의 불평등 구조에 의해 강제되는 환경불평등은 환경약자들의 인간다운 삶의 권리와 기회를 억압하고 박탈하여 궁극적으로 삶의 과정으로부터 탈주체화·소외를 촉진하게 된다. 탈주체화와 소외의 문제는 환경부정의에 의해 초래되는 환경문제가 궁극적으로 인간의 해체적 문제로 귀결된다는 점을 주목시켜준다(조명래, 2000d).

환경이 정의롭지 않다고 한다면, 이는 사적 소유관계를 바탕으로 한 환경자산의 소유나 사용이 불평등하고 불공정함으로써 발생하며, 궁극적으로 사회적 효용의 희생을 통해 (특히, 환경적 약자의 생태적 박탈과 소외와 같은 사회적 비용을 통해) 특정 환경주체에게로 환경가치가 독점되는 결과를 초래하게 되는 것이다. 환경 불이익이 환경약자에게 역진적으로 집중되는 현상은 이의 다른 결과라 할 수 있다. 그렇지만 환경부정의는 사적 소유관계나 경제적 관계에서만 나타나는 것이 아니라 사회적 희소자원의 배분을 체제적으로, 정치적으로, 군사 권력적으로, 폭력적으로 왜곡시키고 이를 강제시키는 관계에서도 나타나고 있다.

## 5) 생태적 가치의 재배분에 대한 주목

부정의스러운 환경의 가치배분 상태가 시정되어야 하는 것에 대해 어느 누구도 반대할 사람이 없을 것이다. 환경을 통해 기울어진 정의의 추를 바로잡기 위해서는 어떠한 보편율에 의거해야 될까? 이런 대목에서 우리는 앞 절에 살펴 본 환경정의에 관한 담론의 가르침이 소중함을 발견하게 된다. 주류의 정의론이 가르쳐주는 바에 따라 기울어진 추를 바로잡기 위해서는, 우선 성원들 사이에 환경(가치)의 배분이 공정하고 평등하도록 하면서(자유주의 입장), 환경의 공리성 혹은 공공성이 극대화되도록 해야 하고(공리주의적 입장), 아울러 사회적 합의를 바탕으로 열세하고 열등한 계층의 몫이 많이 돌아가는 방식으로 배분되어야 한다(롤즈의 계약주의 입장). 하지만 자본·체제·제도·계급의 권력에 의해 불평등이 강제되는 자본주의적 환경 현실에서 기울어진 정의의 추를 되돌리려면 환경을 둘러싼 사회집단간 권력의 재배분이 이루어져야 하며 이를 위해서는 환경약자들의 대자적(對者的) 계급의식이 형성되고 집합적 실천이 필이 강구되어야 한다(마르크스주의 입장).

현실에서 이러한 실천방식은 환경의 사적 소유나 이용을 억제하는 가운데 공공성이 극대화되는 것으로 해야 할 것이다. 하지만 당대뿐만 아니라 미래세대, 그리고 인간 이외의 생태종까지 고려하는 환경의 공공성 확보를 위해서는 환경의 이용과 개발시 생태적 가치를 보전하는 소극적 접근을 넘어 인간과 인간, 인간과 생태종 간에 생태적 가치의 적극적인 구현에까지 나가야 하며, 그래서 환경정의는 생태적 공공성 혹은 생태적 정의(ecojustice)로까지 확대되어야 한다(조명래, 2000d).

생태정의란 인간과 인간, 인간과 자연의 관계에까지 정의로움, 공정함, 평등함이 구현되는 상태를 의미한다. 이러한 뜻의 생태정의가 구현되기 위해서는 일차적으로 인간계 내에서 불평등이 시정되고, 나아가 인간과 자연 간의 호혜성, 양립성 그리고 병존성이 최종적으로 실현되어야 한다. 생태성은 체제성과 순환성을 기본 속성으로 하는 만큼, 인간-인간, 인간-

자연의 전체적 조화와 교호체계를 전제해야 하며, 아울러 이러한 교호체계가 과거로부터 현재와 미래에까지 지속하는 생태적 영속성을 전제해야 한다.

## 5. 환경부정의의 양태(樣態): 개발과정에서의 환경부정의

사회적 부정의는 인간과 인간의 불평등 관계 속에서 발원하여 그 피해가 사회적 취약부문으로 집중되지만, 환경부정의는 사람과 사람의 불평등 관계와 사람과 자연의 불평등 관계가 중첩되어 드러나며 그 피해는 자연의 약자에게 우선 집중되지만 궁극적으로 인간의 약자에게로 돌아간다. 즉, 사람들의 불합리한 생존 및 생활관계를 통해 발생하는 자연의 오염·파괴·훼손·멸실은 일차적으로 자연의 약한 부문에 직접적인 피해를 가하지만, 그 피해는 이차적으로 사람들의 세계로 돌아온 뒤 특정 약자에게로 집중된다.

따라서 어느 나라나 사회적 형평성을 도모하기 위해 사회정책을 펴는 것과 아울러 도시·지역·토지 등의 환경자원이 공평하게 사용되도록 하기 위한 환경정책을 펴고 있다. 그 비근한 예가 바로 (환경을 포함한) 토지이용관련 정책이라 할 수 있다(<표 8-1> 참조). 사람이 환경에 접하는 바탕이 토지인 만큼 환경자원으로 토지소유의 공공적 통제나 용도의 합리적 배분이 제대로 이루어진다면 토지를 둘러싼 현세대 집단이나 계층간에 형평성이 도모될 수 있다. 또한 개발행위의 제한, 토지수요의 통제, 토지훼손과 파괴를 사전적으로 예방할 수 있는 제도가 효율적으로 운용되면, 자원이용이 미래의 세대까지 지속될 수 있어, 세대간 형평성이 구현될 수 있다. 뿐만 아니라 생태계보전지구나 국립공원과 같은 토지이용제도는 비록 사람들의 쾌적한 삶에 필요한 환경보전을 목적으로 하지만 결과적으로 인간과 생태종 간의 형평성을 구현하는 것이 된다. 이러한 형평성이 제도를 통해 골고루 구현된다면 이는 다름아닌 환경정의가

<표 8-1>    환경정의를 담보하는 토지이용제도

| 영역 | 수단(예) | 환경정의의 구현방식 |
|---|---|---|
| 소유·용도구분 | 개발권-이용권의 분리<br>선계획 후개발<br>용도지역의 구분<br>개발이익의 환수 등 | 현세대 내 형평성 구현 |
| 사전예방·통제 | 용도변경의 통제<br>개발제한<br>개발의 사전허가<br>수요절감<br>방지시설투자 등 | 세대간 형평성 구현 |
| 보전관리 | 녹지 및 생태계보전지역 조성<br>생태도시건설<br>환경관리 등 | 생태종간 형평성 구현 |

이룩된 상태라 할 수 있으며, 그렇지 못한 상태가 곧 환경부정의가 출현하는 상태가 되는 것이다. 우리의 현실을 본다면, 토지와 같은 환경자원을 이용하고 개발하는 과정은 정의롭지 못한 정책운용으로 인해 필요 이상의 파괴와 훼손을 수반하며, 또한 그 피해가 특정 계층과 지역에 부당하게 집중하는 현상이 최근 들어 부쩍 두드러지고 있다. 아래에서는 앞 절에서 언급한 '환경정의를 위한 실천적 주안점'들을 고려하면서 개발과정에서 실제 발생하는 환경 부정의의 유형과 피해집단을 개발의 영역별로 나누어 살펴보고자 한다.

최근에 논란이 되고 있는 새만금 간척사업이나 동강댐 건설사업은 모두가 당대의 경제적 편익을 극대화하기 위해 무리하게 추진된 국책 사업으로, 그 추진과정에서 현지주민들의 삶의 터전이 사라지는 것은 물론 미래세대의 환경권이나 생태종의 권리가 과도히 박탈당하는 환경 부정의를 범할 것으로 우려되고 있다. 이러한 우려에도 불구하고 사업이 추진되는 까닭은 개발우선주의 국가정책이 가지고 있는 과도한 권력과 그 권력에 의해 뒷받침되는 정책결정과정의 불공정성(폐쇄성, 비민주성, 비생태성 등) 때문이다. 동강의 경우는 비록 건설안이 백지화되었지만, 그간의 부적절한 개발정책으로 인해 지역주민들이 겪어온 엄청난 재산상(혹은 생활상)의 불이익에 대한 적당한 보상이 강구되지 못하고 있어 이들이 겪는 기왕의 환경부정의는 새로운 국면으로 발전해가고 있다.

준농림지 난개발의 경우, 도시인근의 토지를 소수의 개발업자들이 손쉽게 개발할 수 있도록 마구잡이로 (불공정하게) 허가한 결과, 녹지와 농지가 무분별하게 (부당하게) 훼손되고 기반시설 결여로 생활환경이 급속도로 (부당하게) 악화되며 지형지세의 변경에 의해 잦은 자연재해(예, 홍수)가 발생하고 있다. 문제는 개발이익은 소수의 개발업자가 취해가는 반면 유기적으로 발생하는 각종 피해는 힘없는 지역농민이나 싼 집을 찾아 이주한 주민들에게 온전히 전가된다는 사실이다. 전형적인 환경부정의 사례인 것이다. 이러한 부정의로운 상황은 준농림지란 불합리한 용도지구제의 도입, 개발의 무분별한 허가, 개발에 대한 공공기관의 감독소홀, 기업의 투기적 개발과 같은 것이 조건이 되어 발생한 것이다.

도시지역에서 일어나는 각종 개발행위는 유기적인 환경훼손과 악화를 초래하는데, 대표적인 예가 바로 고밀도 주거지재개발이다. 대규모 주거지 재개발은 지형지세를 심대히 변경시켜 우선은 지역 생태계를 완전히 망가뜨려 놓고, 나아가 그곳에 오랫동안 살아왔던 영세민들의 생존기반 자체를 파괴하며, 초고밀화에 따른 주거환경질을 급격히 악화시켜 인근 지역주민들에게 각종 불편과 피해를 전가시킨다. 또한 경인운하와 같은 대규모 도시교통시설의 경우는, 대개가 경제적 수익성을 우선하다보니 정책적 특혜가 개발업자들에 편파적으로 돌아가는 반면, 주변의 토지이용 체계를 단절시키고 생태계를 파괴하며 저소득층이 밀집된 인근지역의 생활환경을 급속히 악화시키는 데 따른 피해는 적당한 보상책의 결여로 힘이 약한 지역주민과 생태계로 온전히 전가된다. 도시적 개발과정에서 저질러지는 이 같은 환경부정의는 공공의 탈을 쓰고 사적 이익을 도와주는 (불공정한) 개발방식이나 영세 세입자와 같은 하층민들의 입장을 배려하지 않는 개발과정이 원인이 되어 발생하는 것이다.

산업개발의 경우에 산업공해는 광범위하면서도 치명적인 피해를 대규모로 발생시키지만, 그 피해가 힘이 약한 지역이나 집단에게 상대적으로 집중시키는 전형적인 부정의를 범하는 사례로 꼽힌다. 예를 들어, 울산의 온산공단 주변지역에 발생한 역병은 공단에서 배출한 유독물질에 의해 야기된 것으로, 그 피해가 지역주민들 중에서도 노약자나 아동과 같이 신체적 약자에게 더욱 뚜렷이 나타났지만, 피해 자체가 국가권력에 의해 은폐되어 적당한 보상이 이루어지지 못하였다. 최근 들어 논란이 되는 대구의 위천공단 경우는 지역경제를 살리기 위해 오염유발산업을 유치하는 단지를 무리하게 (불공정하게) 조성하려고 했지만 하류의 식수오염이란 '피해의 지역간 이전문제'가 불거지고 있는 사안이다. 산업시설개발과정에서 발생하는 환경부정의들은 반환경적인 공단건설정책, 보상정책의 불공정성, 국가권력의 개입에 의한 피해의 은폐, 비합리적 의사결정, 지역경제 논리의 우선 등이 원인이 되어 발생한 것이다.

혐오시설의 경우도 환경부정의 문제를 쉽게 낳는 사례로 간주된다. 소각장이나 매립장 같은 혐오시설들의 입지는 그 자체로서 인근 지역주민들에게 복합적인 환경피해를 일방적으로 끼치게 된다. 대개 피해와 피해보상(미래세대에 대한 것까지 포함해)에 대한 엄밀한 판단이 없는 상태에서 주민들의 저항이 거세면 저항이 적은 저발전, 저소득층 지역, 자연지역으로 입지를 옮기게 되고, 그렇게 되면서 입지에 따른 피해는 저항 없는 지역의 주민(대개 저소득층 주민, 농민 등)이나 말없는 미래세대 혹은 생태종에게 일방적으로 전이된다. 한편 혐오시설로 간주되는 군사기지, 특히 용산미군기지와 같은 경우는 공여지란 이름으로 토지를 부당하게(즉, 주둔군의 힘을 이용해) 광범위하게 점유한 채(즉, 식민화한 채) 인근의 일상적 토지이용을 통제하여 (주둔국) 시민들의 생활권을 부당하게 제약하는 사례이다(Rob, 2000). 미군기지와 관련하여 환경부정의가 발생하지만 어떠한 적극적인 치유가 이루어지지 못하는 까닭은 근본적으로 미국과 한국 간의 불평등한 협약, 즉 국가간 불평등 관계 때문이다(조명래, 2000d).

정리를 한다면(<표 8-2> 참조), 우리나라에서 환경부정의는 대개가 개발과정에서 특정 집단이나 계층의 이익이 우선적으로 충족되는 가운데

<표 8-2> 환경부정의의 발생영역과 피해집단

| 발생영역 | 실례 | 부정의의 실상 | 부정의의 피해집단 | 발생원인 |
|---|---|---|---|---|
| 자원개발 | ·새만금 간척지 조성<br>·동강댐 건설 | ·단기적 개발 이익을 위한 생태계의 광범위한 파괴<br>·인근지역주민의 생활터전 박탈 | ·인근지역 영세어민<br>·미래세대<br>·생태종 | ·개발우선주의 정책<br>·폐쇄적인 정책 결정과정 |
| 농업(농지)개발 | ·준농림지 난개발 | ·무분별한 녹지 및 농지훼손<br>·부적격 시설 집적에 따른 주거생활환경의 악화<br>·자연재해로부터 주민피해 | ·농민, 저소득층 현지주민<br>·미래세대 | ·용도지구지정의 불합리<br>·세수확대를 위한 무분별한 개발허가<br>·토지소유자와 기업의 투기적 개발 |
| 도시개발 | ·주거지 재개발<br>·교통시설개발(예, 경인운하 건설) | ·초고밀화에 따른 환경악화와 영세민 주거지의 해체<br>·경제적 타당성 우선하는 운하건설로 지역 환경 파괴 | ·도시저소득층, 주변지역주민<br>·미래세대<br>·생태종 | ·상업적 이익극대화를 부추기는 재개발제도<br>·공공부문투자 부족<br>·사기업투자논리의 우선 |
| 산업개발 | ·울산온산공단 조성<br>·위천공단조성 | ·온산병피해(와 피해의 은폐)<br>·하류지역식수원 오염 | ·인근지역주민(노약자, 아동 등)<br>·하류지역주민<br>·저발전지역 주민 | ·반환경적 공단건설정책<br>·공해발생피해의 통제<br>·비합리적 의사결정과정<br>·지역기업 입장의 반영 |
| 혐오시설입지 | ·매립장 건설<br>·군사시설(예, 용산미군기지) | ·지역생활환경의 악화(적정피해보상 부재)<br>·부당한 토지 점유와 주변 토지이용의 왜곡 | ·인근지역주민, 저소득층주민<br>·시민일반 | ·비합리적 정책결정<br>·피해지역주민에 대한 배려부족<br>·불평등한 군사협약(국가간 불평등)<br>·시민생활권에 대한 국가적 불감증 |

협상과 지위접근에 열등한 집단(지역)과 계층이 상대적으로 불이익을 겪는 상황을 배경으로 출현하고 있다. 이들 피해집단이 곧 환경약자다. 개

발과정에서 환경부정의는 권력기관인 국가의 불합리하고 비민주적인 정
책운용으로부터 생겨나지만, 관련되는 주체들간의 관계로 환원해본다면,
정부와 시민, 기업과 주민, 도시민과 농민, 고소득층과 저소득층, 신체적
강자와 약자(노인, 아동, 여성), 개발수혜 지역주민과 개발피해 지역주민,
주둔군(미군기지)과 주둔지 지역주민 사이의 불평등한 권력관계와 불공
정한 자원배분과정을 통해 발생한다. 환경부정의가 쉽사리 시정되지 못
하는 까닭은 불평등을 사회적으로 정당화하고 이데올로기적으로 은폐하
는 '부정의로운 사회적 상황' 때문이다. 이런 상황하에서 환경약자들은
생존권과 환경권이 억압되고 박탈되는 것은 물론, 보다 근본적으로는 삶
의 과정으로부터 탈주체화와 소외[3]를 경험하게 된다.


## 6. 환경정의를 위한 환경운동의 조건

환경평등이 구현되고, 나아가 사회의 다양한 주체들 사이에 환경자원
에 대한 접근능력과 환경피해에 대한 방어능력이 공평하게 배분되는 사
회구조를 이룩하기 위해서는 기존의 환경운동과 근본적으로 다른 새로운
환경운동방식이 필요하다. 이러한 목적과 방향을 가진 환경운동을 우리
는 곧 '환경정의운동'이라 한다. 그렇다면 환경정의를 중심원리로 하는
환경운동은 기존 환경운동과 어떻게 달라야 하나?
첫째, 환경정의운동은 우선 환경문제를 인식하고 평가하는 데서부터
관점과 문제의식을 달리해야 한다. 인류의 생존기반 자체를 흔드는 오늘
날의 환경문제는 국부적인 환경오염이나 자연자원의 훼손과 같은 물리적
문제로서가 아니라 환경을 둘러싼 인간과 인간, 나아가 인간과 자연 간
의 불평등 관계로부터 발원하는 인간사회의 질적 문제로 환원되어 인식

---

3) 예를 들어, 영월댐 건설계획 폐지 후 많은 농가들이 그 동안 진 부채로 풍비박산되면
   서, 과거와 같은 오붓한 삶을 더 이상 누리지 못한 채 도시로 이주하지만, 도시의 하
   층민적 생활은 사회적 과정으로부터 소외를 더욱 경험하게 할 뿐이다.

되어야 한다. 즉, 환경정의론적 관점에서 환경문제는 근본적으로 '환경불평등'의 현상과 성질로 이해되어야 한다는 주장이다. 환경문제를 이같이 인식하기 위해서는 운동을 주관하고 참여하는 주체들이 우선 그러한 안목을 가져야 하며, 이를 위해서는 전에 없는 철저한 자기학습과 비판적 실천의식을 갖추어야 한다.

둘째, 환경평등을 추구하는 환경정의운동이 지향하는 목표는 현실에 존재하는 다양한 환경불평등을 시정하고 해결하는 데 있는 만큼 그 대상 설정은 '막연한 자연이나 환경의 문제'가 아니라 '구체적인 사람의 문제'에 두어야 한다. 이런 점에서 환경정의운동은 공해반대운동이나 생태환경보전운동과 같은 기존 환경운동과 구분되어야 한다.4) 사람의 문제를 중심으로 하는 환경정의운동이 각별히 주목하고 대변해야 할 대상은 다름아닌 사회적 약자이자 동시에 환경약자가 되는 특정 계층·성·세대·인종·지역·생물·생태적 집단이 겪는 각종 환경불평등 문제이다.

이를테면 노동자들이 작업현장에서 겪는 환경불평등, 보이지 않는 환경유해물질로부터 고통을 겪을 아동의 환경불평등, 가난한 사람들이 사는 지역에 대한 낮은 환경투자로부터 겪는 가난한 주민들의 환경불평등, 육체적 힘이 약하여 오염물질에 대한 피해에 더 노출됨으로써 겪는 노인이나 아동들의 환경불평등, 상품화되는 환경재의 구득을 어렵게 하는 가격 및 소득정책에 의해 겪는 저소득층의 환경불평등, 환경자원의 배분을 결정하는 국가정책으로부터 배제됨으로써 겪는 여성의 환경불평등, 저발전 지역으로 환경오염물질이 용이하게 이전함으로써 겪는 지역주민들의 환경불평등 등은 모두가 환경정의운동이 특권적으로 주목해야 할 사람중심의 환경문제 유형들이다.

---

4) 환경불평등을 해소하기 위해 인간중심주의에서 생태중심주의로 패러다임이 이동해야 한다는 주장도 있다. 인간과 다른 생물종들 간의 생태적 평등을 강조하는 생태중심주의자들은 인간사회의 보편적 권리를 동식물의 생태계에까지 확장하여 동식물들에게 환경권을 인정함으로써 환경불평등이 전반적으로 극복될 수 있다고 주장한다. 하지만 이러한 생태중심주의는 인간과 다른 동식물들 간의 생태적 불평등을 유발하는 사회적 불평등의 문제를 어떻게 해결할 수 있는 가에 대해 아무런 답을 제시하지 못한다(최병두, 1999a: 422-423).

셋째, 실제 운동을 실천함에 있어서 환경정의운동이 수행해야 할 1차적인 과업은 사회·환경적 약자들이 처한 현실과 그들이 겪는 환경불평등의 구체적인 양상, 그리고 그러한 문제를 낳게 하는 현실의 각종 제도적 모순들을 파헤쳐내면서 이의 해결을 위한 사회적 관심을 이끌어내는 일이다. 이른바 환경부정의의 다양한 경험적 실체를 '사회적 사실(social facts)'로 들추어내면서 사회적 경각심을 불러일으키는 일이 운동의 일차적인 과제로 추진되어야 한다는 주장이다. 환경정의론에 입각한 환경운동은 그래서 쓰레기문제, 물문제, 대기문제, 토지문제를 다루는 것이 아니라, 그러한 환경문제가 사회·환경적 약자의 불평등 문제와 어떻게 결합되어 있는지를 다루는 것이 되어야 한다.

넷째, 환경정의운동의 최종적인 목표는 인간사회 내에 존재하는 인간과 인간의 불평등 문제를 해결하는 데로 겨냥되어야 한다. 인간에 의한 인간의 지배와 착취가 없어진다면, 인간에 의한 자연의 지배와 착취도 사라질 것으로 여겨진다. 때문에 환경정의가 생태정의로 확장될 수 있는 미래적 가능성은 환경을 둘러싼 인간과 인간 간의 불평등이 해소되는 현재의 가능성에 달려 있다 할 수 있다. 이런 점에서 환경정의에 이르는 길은 1차적으로 사회적 정의가 구현되는 사회적 삶의 구현, 즉 제도화된 불평등을 최소화하고 시정하는 데 있다 하겠다. 환경정의운동은 바로 이런 것을 일상운동의 대상으로 삼아야 한다. 이를테면 시민전체가 향유할 환경보전을 위해 토지의 사용권과 개발권의 분리를 촉구하고, 환경약자를 위해 세율의 계층간 차등화를 요구하며, 환경유해물질로부터 아동이나 앞으로 태어날 생명의 건강을 지키기 위해 환경유해물질을 생산하는 업체의 활동을 감시하고, 환경약자의 건강을 위한 국가보험을 제정토록 요청하는 것 등은 모두 환경정의운동의 대상이 되는 것들이다.

환경적인 측면에서 사회정의를 이룩하는 실천수단이란 것은 알고 보면 결국 우리가 지금 꾸리고 있는 제도나 관행들을 환경약자를 배려하는 방식으로 재편하는 것과 관련되어 있다 할 수 있다. 환경정의운동은 그래서 토지정의를 위한 토지개혁, 도시계획의 공공성을 구현할 수 있는 도시계획제도의 개혁, 환경오염물질의 지역간 이동을 통제하기 위한 지역정책의 개혁과 같은 제도의 개혁을 실천 프로그램의 중요한 내용으로 설정해야 한다.

끝으로, 인간과 인간 간의 불평등, 나아가 인간과 자연 간의 불평등을 해소하면서 환경평등 사회를 이룩하는 것을 꿈꾸는 환경정의운동은 장기적으로 인간의 의식과 삶의 방식을 바꾸는 변혁운동이 되어야 한다. 우선 사회에서 일어나는 모든 문제들을 이른바 '생명' 또는 '자연주의'란 잣대로 재조명해보면서, 개인·공동체·제도·문명에 들어와 있는 반생명적이고 반자연적인 요소들을 드러내고 이를 비판하면서, 인간과 인간·사회관계는 물론 인간과 기계, 인간과 동·식물, 인간과 물리 환경 간에 '생태적으로 전일적인 관계'를 복원하는 대안적 삶의 방식을 찾아가는 의식개혁 및 대안사회의 모색을 환경정의운동은 지향해야 한다는 뜻이다(문순홍, 1999). 마르쿠제(Herbert Marcuse)는 프로이트의 정신분석학의 기본 개념을 근거로 살아 있는 유기체는 에로스, 즉 성적인 충동, 그리고 타나토스, 즉 파괴적인 에너지라는 두 가지의 1차 충동으로 형성되어 있음을 받아들이고, 이를 근거로 오늘날 자행되는 자연파괴는 현대사회의 보편적인 파괴성에서 연유한 듯하지만 그 본질에서는 개인 내부의 타나토스에서 발원된 것으로 주장한 바 있다(문순홍, 1999). 결국, 환경문제의 본질은 자연 속 하나의 생명체인 인간이 가지고 있는 '반생태적 본능'에 있다는 주장인 셈인데, 이렇게 본다면, 역사적인 전환은 개인의 내면에 갇혀진 '파괴적인 욕구'를 생명을 사랑하고 돌보는 에로스적 욕구로 전환시키는 것이 되어야 하며, 환경정의운동은 이를 위한 실천이 되어야 한다(조명래, 2000a, 2000c).


■ 참고문헌

문순홍. 1999, 『생태학의 담론, 담론의 생태학』, 서울: 솔.
이상헌. 2000, 「위천산업단지 조성을 둘러싼 갈등의 해결과 환경정의론」, 환경정의포럼 주관 '환경정의로 바라본 주요 정책과 환경운동 세미나' 발표논문.
이정전. 「공리주의와 롤즈의 정의론에 입각한 환경정의」, 환경정의포럼 주관 '정의의 눈으로 환경을 본다' 심포지움 발표논문.
전병성. 1999, '환경정의포럼 토론자료', 환경정의시민연대·환경정의포럼, 환경정의포럼 창립식 및 기념토론회 자료집.
정회성. 2000, 「국토의 보전 및 이용에서 환경정의와 부정의」, 새국토연구협의회 주관 '우리나라 국토관리 정책의 나아갈 길에 관한 토론회' 발표논문.
조명래. 2000a, 「환경론에서 인간중심주의 대 자연중심주의」, ≪환경과 생명≫, 통권 23호.
______. 2000b, 「공간의 정의와 생태문화운동」 ≪문화과학≫겨울호.
______. 2000c, 「공간의 정의와 생태문화운동」, ≪문화과학≫, 겨울호.
최병두. 1999a, 『환경불평등과 환경갈등』, 서울: 한울.
______. 1999b, 「맑스주의적 환경정의론」, 환경정의포럼 주관 '정의의 눈으로 환경을 본다' 심포지엄 발표논문.
환경정의포럼. 1999, 「창립선언문」, 환경정의시민연대·환경정의포럼, 환경정의포럼 창립식 및 기념토론회 자료집.
한면희. 1999a, 「환경정의와 시대적 요청」, 환경정의포럼 창립기념토론회 발표논문.
______. 1999b, 「환경정의의 이론과 실제」, ≪환경과 생명≫, 통권 21호.
______. 1999c, 「생태정의를 위한 새로운 모색」, 환경정의포럼 주관 '정의의 눈으로 환경을 본다' 심포지엄 발표논문.
Byant, B., ed. 1995, *Environmental Justice: Issues, Policies and Solutions*, Washington, D. C: Island Press.
Harvey, D. 1996, *Justice, Nature & the Geography of Difference*, Oxford: Blackwell.
Rawls, J. 1971, *A Theory of Justice*, Cambridge: Harvard University Press.
Shields, R. 2000, "Military Landscape and Cultural Ecology," paper presented at People's 2000 Forum, Seoul, Korea, Oct. 18-20 2000.
Smith, D. 1994, *Geography and Social Justice*, Oxford: Blackwell.
Wenz, P. 1988, *Environmental Justice*, Albany: State University of New York Press.

# 9장
# 시장지배사회의 등장과 녹색정치의 재설정

## 1. 서론: 위기의 유산

1997년 12월 3일, 우리는 제2의 국치라 여겨지는 IMF 지배하에 들어 갔다. IMF 지배하에서 우리가 강요받았던 것은 '시장의 이치'에 따라 국가사회 전반을 바꾸라는 것이었다. 과거와 같이 국가가 앞장서 투자방향을 확정하고, 자본을 임의적으로 분배하며, 노동을 인위적으로 통제하고, 가격과 분배의 자연적 흐름을 왜곡하는 반(反)시장적 작위(作爲)는 이젠 모두 버리고 '시장의 보이지 않는 손'의 섭리에 경제, 사회, 정치적 흐름을 맡기라는 요청이었다. 인간에게 필요한 모든 것은 시장이 돌아가는 순리에 맡길 때, 최적의 가격으로 생산되고 또한 적재적소로 골고루 배분됨으로써, 궁극적으로 사회전체의 편익을 증진시킨다는 것이 IMF 처방의 효험으로 제시되었다. '시장의 교설(敎說)'은 선택의 대상이 아니라 지켜야 할 원칙이며 또한 지킬 때만 21세기를 살아남을 수 있게 되는 생존의 원리란 것이다.

시장의 교설은 심지어 국가 최고 권력자에게도 예외 없이 강제되었다. 1997년 12월 19일 당시 대통령 당선자였던 김대중 씨는 경제단체장들을 불러다놓고 'IMF와의 협력이 국가 운명을 좌우하는 만큼, 시장경제에 명운을 걸겠다'고 천명한 뒤, '국내외 기업을 동등하게 대우하고 외국 투자자본에 대해서는 최상의 조건과 안정을 보장한다'고 약속하였다. 그 후 그가 실제 설정했던 국정운영의 최고 지표는 '민주적 시장제'를 확립하는 것으로 제시되었고, 그 지표에 따라 각종 국가개혁이 단행되어왔다. IMF 섭정하에서 온 국민이 1년 여 간 겪었던 시련은 우리의 인성과 일상생활을 시장의 원리에 맞추는 데 따른 고통에 다름아니었다 할 수 있다.

1989년 동구 사회주의국가들이 몰락한 뒤, 세계의 유수한 석학들은 사회주의에 대한 자유민주주의와 시장경제의 승리를 호언하였다. 시장의 원리를 바탕으로 하는 서구 자본주의가 역사적 승리를 거두는 그 순간을 후쿠야마(Fukuyama)는 '역사의 종언'이라 단정하면서 시장의 자유천국이 온 천지에 도래했음을 기뻐하였다. 사실, 사회주의 경제체제가 몰락한 후 그 동안 적대적인 관계에 있었던 지구상의 모든 국가들은 상품, 정보, 자본, 인력 등의 자유스러운 시장적 거래를 통해 전에 없이 한 울타리 속으로 들어와 살고 있다. 시장적 사회관계가 압도하는 산업사회의 도래를 폴라니(Polyani, 1944)는 '대변혁(great transformation)이라 불렀다.

이젠 공기, 숲, 물, 햇볕, 노을, 꽃 모두가 시장을 통해 구매되고 소비되어야 할지 모른다. 이러한 환경재들은 시장의 교환방식에 따라 그 값어치가 제대로 매겨질 수 없는 외부재(externalities)로 여겨졌지만 시장사회의 전면화에 따라 시장의 거래품목으로 포섭될 날이 머지않은 듯하다. 이른바 '시장 환경론자(market environmentalism)'들은 환경이 시장의 손에 맡겨져 관리될 때 그 가치가 보다 올곧게 발휘될 수 있다고 주장한다(김정호, 1999). 하지만 자연이나 환경이 시장의 계산법칙에 의해 제대로 평가되고, 또한 시장적 가치를 우선하는 현실 사회제도하에서 제대로 지켜질 수 있을지는 그 답이 긍정보다 부정이 더 많을 듯싶다(이정전, 1999). 분명한 것은 시장사회가 전면화되면 환경을 지고한 가치로 하여 이상 사회를 기획하는 현실의 다양한 노력들이 앞으로 더 무력해질 것이라는 점이다. 그중에서도 권력에 맞서 녹색의 가치를 최우선의 정치적 목표로 추구하는 녹색정치의 실험들은 시장적 가치가 지배하는 현실 정치에서 그 입지가 더욱 협소해질 것이며, 경우에 따라 정치의 장으로부터 퇴장되어야 할지 모를 위기를 직면하고 있다.

이 글은 자유시장주의가 전지구적으로 휩쓸면서 나타나는 새로운 사회를 '시장지배사회(market-dominant society)'로 명명하고, 그 사회의 출현배경과 특성, 그리고 그와 더불어 재설정되는 환경과 시장의 관계를 조명한 뒤, 생명의 터전으로서 환경의 가치를 최우선적으로 추구하는 정치적 실천인 녹색정치의 의미와 위상을 재성찰하면서 그 실천과제를 모색해보고자 한다.


## 2. 근대사회의 탈조절화와 시장지배사회의 등장

17, 18세기 서구에서 계몽주의의 등장은 신에게 박탈당했던 인간의 이성적 능력을 인간에게 다시 돌려주는 역사적 계기를 가져다주었다. 이렇게 해서 회수된 인간의 이성은 그 동안 신학적인 해석에 가려졌던 우주와 생명의 원리뿐만 아니라 인간의 존재와 삶의 복잡한 원리를 밝히는 지식 및 실천체계로까지 발전하였다. 계몽주의 담론에 따르면 인간은 자유와 이성을 가지고 태어났지만, 자연상태에서 인간이 지니는 본성과 이기적인 심성으로 인해 그 자유와 이성이 올곧게 발휘될 수 없다고 한다. 때문에, 공동체적 이익을 위해 개별적인 자연권의 일부를 포기하여 이를 토대로 사회 전체를 다스리는 지배의 기구가 필요하다고 하였다. 그렇게 생겨난 것이 곧 근대국가이다. 근대국가는 과거의 절대군주하의 국가와 달리 인민 위에 군림하는 게 아니라 이성적 존재인 인민의 삶의 권리와 자유를 최대한 보장하는 한에서 합의를 바탕으로 최소한의 간섭과 통제를 행사하는 공리주의적 지배기구로 간주되었다.

근대의 개개인들은 국가사회란 틀 내에서 그들이 살아가는 방식을 합

리화하는 데 최대의 노력을 기울이면서 이를 담아내기 위한 제도적 틀로
만들었던 것이 곧 시장이다. 근대의 주체들은 그들에게 주어진 자유이성
이란 능력을 일차적으로 사용한 곳이 바로 그들이 먹고 살아가는 방식을
합리적으로 조직하는 시장의 건설이었다는 뜻이다. 애덤 스미스로 대표
되는 초기 계몽주의 사회사상가들은 그래서 계몽적인 역사의 진보는 근
대 주체들이 먹고 살아가는 데 필요한 그들의 재화를 자유스럽게 거래하
는 '생계의 방식(mode of subsistence)'이 제도화되는 방향으로 설정되어
있다고 하였다. 그래서 이들은 시장을 근대 주체가 가진 이성적 능력이
자유거래를 통해 최대한 발휘되면서 사회 전체의 이익을 생산해내는 장
으로 보았고, 그러기에 비이성적 권력이 배제된 시장에서의 상호작용은
근대의 합리성과 이성을 구현해내는 '보이지 않는 손'이 작동하는 것으
로 간주하였던 것이다. 이들이 믿는 근대 시장적 사회의 형성에는 두 가
지 중요한 원리적 요소가 있다. 첫째는 근대 이성과 합리성의 화신인 '호
모 에코노미쿠스(hom economicus)'이며, 두번째는 시장에서 경제적 거래
의 자유(즉, 국가간섭의 최소화)였다.

산업혁명과 자본주의의 등장은 근대 사회 성립의 이 두 가지 요소가
상호 작용하면서 구현된 것이었다. 하지만 자본주의적 산업화의 실제 전
개과정과 그 결과를 보게되면 단순한 시장의 영역을 통해서만 발전해왔
던 것이 아님을 알 수 있다. 자본주의를 구성하는 두 주체인 자본과 노
동은 시장에서 동등한 상품으로 만나 생산관계로 투입되고 조직되지만,
생산영역에서 실제 관철되는 그들의 관계는 생산수단을 소유한 자와 그
렇지 않는 자 간의 관계이며 또한 생산된 잉여가치가 불평등하게 배분되
는 관계를 보다 중요한 특징으로 한다. 나아가 그러한 구조가 사회적으
로 지속되기 위해서는 시장 영역 밖, 즉 정치사회 영역에 구축되어 있는
사회제도의 간섭과 지도를 받아야 한다. 시장거래의 평등은 생산영역에
서의 불평등, 그리고 이를 사회적으로 재생산해내는 구조의 불평등 위에
성립되는 것이기에, 시장원리를 바탕으로 하는 자본주의 사회 전반은 항
상적인 모순과 위기를 겪게 된다.[1)]

그러한 사회적 모순을 치유하고 동시에 위기 유발적인 자본주의 경기를 안정적으로 지속시켜가기 위해서 시장에서 배제되었던 국가가 다시 시장에 개입하게 된다. 국가의 개입은 시장이 제대로 작동하기 위한 가격, 유통, 화폐, 소비, 세제 등과 같이 시장뿐만 아니라 시장 밖의 조건들을 상호 균형적으로 조절하기 위해 필요했던 것이다. 말하자면, 근대자본주의 경제는 생산으로부터 유통, 분배, 소비에 이르는 각 부문들이 국가의 조절을 통해 상호 균형적으로 결합되면서 확대재생산될 수 있게 되었다. 국가의 조절 덕택에, 시장경제는 영토 전반으로 확대되었고, 그 결과 단일화된 '국민경제'가 생겨나게 되었으며, 이는 나아가 근대자본주의가 하나의 완결된 재생산구조로 작동할 수 있는 기본 단위가 되었다. 시장경제에 대한 국가의 개입은 시장에 대한 단순한 규제만이 아니라 자본주의적 사회관계 전반을 재생산하면서 국가공동체의 안녕과 번영을 지키기 위한 것으로서 그 도덕적, 이념적 정당성을 갖는다. 전후 유럽의 '케인지안 복지국가'는 바로 그러한 국가 역할의 결정체였다 할 수 있다(Jessop, 1999).

하지만 장기적으로 볼 때, 국가의 간섭은 자본주의의 무정부성과는 조화될 수 없는 것이다. 시장활동을 국가란 울타리 내로 가두고 통제하게 되면 자본가의 창의성과 축적의 동기가 그만큼 억압됨으로써 경제활동이 위축될 것이며 시장의 확대를 통해 경제가 지속적으로 성장할 수 있는 가능성을 봉쇄하게 된다. 자본주의의 발전은 자본의 집중과 집적이란 경향을 수반할 뿐 아니라 축적활동의 중심이 생산부문으로부터 금융, 서비스와 같은 유통·순환부문으로 이행해가는 경향을 수반한다. 이런 경향 때문에 자본활동은 국민국가 내에 고착된 자본주의적 재생산 틀을 스스로 해체해가면서 국가 밖의 영역으로 상품과 자본의 순환 망을 팽창시키는 초국경적인 시장거래와 유통구조를 만들어낸다. 이렇게 해서 자본주

---

1) 헤겔(Hegel)에 의하면 국가의 존재 이유는 사적 욕망과 이익에 매몰된 시정잡배들이 가득한 시장(시민사회)을 교화하고 다스려 공동체적인 사회로 이끌어가기 위한 '공공선'의 집행자로의 도덕성에 있다.

의 경제는 국민국가에 기반을 둔 시장체계를 해체하여 지구전역으로 통합되는 '지구적 레짐(global regime)'으로 변모해간다. 오늘날 금융자본을 중심으로 하는 경제활동의 초국경화 혹은 전지구화(globalization)는 그동안 국민국가에 의해 조절되던 시장경제를 지구적으로 확대시키는 현상에 다름아닌 것이다(조명래, 1999b).

지구화는 현재 우리가 경험하고 있는 것 중에서 가장 근본적인 것에 해당한다고 할 수 있다. 이는 계몽주의 시대 이후 우리가 살아왔던 국민국가적 삶의 패턴과 질서를 해체하는 동시에 전지구적으로 구성되는 새로운 경제, 사회, 정치, 문화적 관계와 구조를 만들어내기 때문이다. 이는 달리 말하면 지난 수백 년 동안 국가의 주권적 권력에 의해 전일적으로 통제되고 제도화되었던 국가란 공동체적 삶의 질서와 패턴이 급속히 와해되고 있다는 뜻이다. 비록 지구적 연계를 통해 정보, 상품, 금융적 거래가 긴밀히 이루어지면서, 물질적 소비수준이 고도화되는 동시에 국민국가란 틀 내에 그 동안 구속되었던 일상 활동과 의미들이 광역의 공간에서 자유스럽게 설정되는 변화를 가져왔지만, 전반적으로 사회적 삶이 보호될 수 있는 공동체적 울타리는 점점 더 사라지고 있다. 아직은 경향적인 것이지만, 국민국가의 약화 혹은 해체는 자본주의 사회의 모순적이고 갈등적인 사회적 관계들이 더 이상 안정된 패턴으로 조절될 수 없는 상황을 초래하고 있다. 지구화의 이 같은 경향 속에 출현하는 사회를 우리는 '탈조절사회(deregularized society)'라 부른다.

사회의 탈조절화는 자본주의적 경제활동이 국가의 경계를 넘어 전지구적으로 일어나면서 생긴 국민국가 중심의 사회적 체제가 해체되는 현상을 가리키는 것이다. 국가의 약화나 해체는 탈조절화란 현상을 국가 중심으로 보는 것이라 할 수 있다. 시장의 모순에 대응해 출현한 현상이 '경제의 국가화(statification)'였다면 국가의 간섭에 의해 초래된 국민경제의 모순에 대응해 출현한 현상은 '경제의 초국가화(transnationaliza-tion)' 혹은 지구화(globalization)이다. 경제의 국가화는 국가의 역할에 의해 조절되었던 결과였던 데 반해, 경제의 초국가화는 국가의 해체를 매개로 해서 이루어짐으로써 탈조절화를 중요한 결과로 수반하고 있다. 다시 말해 지구화는 초국경적인 경제사회 활동구조를 출현시키고 있지만 이를 조절할 수 있는 역할자의 부재로 국민국가에 기반한 기존의 활동구조가 더 이상 조절될 수 없는 (즉, 탈조절화되는) 현상이 나타나고 있는 것이다.

국가사회의 탈조절화 속에 남는 지구화란 전체 구조에 상대화되는 '개별 주체' 혹은 개인뿐이다. 지구적 통합은 파편화된 무수한 개체들을 결합시켜주지만 그 관계가 국가와 같은 공동체적 조절기구에 의해 통합되지 못함으로써 불안정한 '경쟁적인 결합'으로만 남게 된다. 지구적 결합이 경제의 초국경적 활동에 의해 생겨난 것이라면, 개체들의 경쟁적 결합도 바로 이러한 지구적 활동을 만들어내는 힘에 의해 강제되는 것이라 할 수 있다. 이것이 함의하는바, 국민국가란 공동체의 약화 속에 남는 개별 주체는 결국 개인이지만, 이들 개인들을 초국경적인 관계로 결합하면서 전체로서 나름대로 새로운 질서와 구조로 재편해내는 힘은 바로 자본주의를 구성하는 상품과 화폐의 거래이다. 여기서 우리는 '시장의 규범'이 지구화 시대 사회적 과정을 조절하는 새로운 기제로 등장하고 있음을 알 수 있다. 지구적으로 상호 작용하는 경제, 사회, 정치적 활동의 경쟁적인 관계를 조정하고 질서화하는 역할은 이제는 생산의 국제적 분업망, 교역, 가격 및 환율의 담합, 자본의 이동 등을 담당하는 초국적 기업이나 국제금융기구들에 의해 수행되면서, 국가에 대비는 시장이 지배하는 시대가 열리고 있는 것이다. 시장지배사회의 등장은 바로 이를 두고 하는 말이다.

시장적 관계가 전면화되는 사회의 등장을 칼 폴라니(Polayni)는 일찍이 근대가 이룩한 '대전환'(great transformation)이라 불렀다. 인간의 역사에서 사실 시장은 오랜 역사를 가지고 있다. 하지만 폴라니는 자본주의 시장이 형성되기 전까지 시장은 시장 밖의 전체 사회의 일부에 불과하여 '경제가 사회적 관계에 배태되어 있었다'고 한다. 경제적인 재화의 교환·분배·축적 등은 모두 전체 사회의 구조나 규범 속에서 일어났던 것이다.

그러다가 자본주의가 본격화되면서, 자율적인 가격형성과 수요-공급 메커니즘인 '보이지 않는 손'을 갖게 된 시장은 역으로 전체사회의 흐름과 관계를 규정하는 중추기구가 되었다. 시장의 '보이지 않는 손'의 지배는 결국 '사회가 경제에 배태되는(embedded)' 근대 사회 원리의 '대전환(great transformation)'을 불러왔다. 사회가 경제에 배태되는 것은 바로 '시장이 전체 사회를 지배하는' 사회의 출현을 의미하는 것이다. 폴라니가 언급한 '대변혁'은 사실 200여 년 전 산업화와 함께 시작되었지만, 이의 완결은 지구화가 전면화되는 오늘날에 와서 이루어지고 있다고 볼 수 있는데, 이는 곧 진정한 '시장지배사회'가 지금부터 열리고 있다는 것을 의미하는 것이다.

## 3. 시장의 사회지배 원리

시장은 재화의 거래가 일어나는 장이다. 시장에서 거래되는 재화란 대개가 인간의 생존과 생활을 유지하기 위해 필요로 하는 것으로 사람들이 쓰고 싶어하고 소유하고 싶어하는 선호(reference or want) 그 자체에 의해 값어치(즉, 사용가치)를 갖는다. 재화가 지니는 개별 가치들간의 대등한 교환이 이루어지도록 하기 위해 거래 당사자들이 다양한 흥정을 거친다는 의미에서 시장에서 거래되는 재화를 '상품'이라 한다. 교환이 될 수 있는 재화인 상품은 사람들이 원하는 만큼 충분치 않고, 또한 상품간에는 가치의 조건과 크기가 다르다. 따라서 반복되는 교환에서 상품의 가치를 획일적으로 측정될 수 있는 표준단위가 필요해 지면서 가격이란 것이 시장의 거래를 성립시키고 지속시키는 필수적인 수단이 되었다. 가격이 없는 상품의 수수는 시장의 영역을 구성하지 못한다. 가격은 상품의 상이한 가치를 양적으로 획일화하여 거래되는 조건을 평준화하고 또한 규칙화한다. 가격이란 측정단위가 없다면 교환되는 상품의 가치를 둘러싼 흥정은 매 거래마다 반복됨으로써 시장은 그야말로 늘 아비규환과 같은 다툼의 장이 된다. 가격은 통상적으로 화폐란 것으로 표식된다. 따라서 가격이란 가치의 화폐적 표식은 흥정과 합의, 거래의 조건을 표준화시켜 줌으로써 어떠한 재화라도 시장에서는 가격의 기제를 통해 거래될 수 있게 된다. 단순한 생필품뿐만 아니라 그림, 인간의 장기, 인간의 성, 심지어 인간의 품성 등과 같은 것도 모두가 가격의 기제를 통해 상품화될 수 있다.

시장에서 형성되는 가격은 절대적인 것이라기보다 상대적인 것이다. 교환이란 행위를 통해 이루어진다는 점에서 그것은 필연적인 현상이긴 하지만, 중요한 것은 가격 메커니즘에 의해 시장은 자율적으로 작동하는 듯한 신비한 힘을 가지게 된다는 점이다. 동일한 것이라도 찾는 사람에 비해 시장에 그 물건이 많이 있게 되면 가격은 내려갈 것이며, 반대로 적게 있으면 찾는 사람이 많아 가격이 다시 올라가게 된다. 이때 가격은 상품의 양에 의해 결정되는 것이지만, 역으로 가격 자체가 양을 결정하기도 한다. 즉, 가격이 높으면 생산자는 시장에 물건을 더 많이 내놓으려 하며, 반대로 그렇지 않을 경우 덜 내놓으려 한다. 그러한 이치는 구매자나 소비자의 입장에서도 마찬가지이다. 가격의 도움을 통해 생산자가 생산한 상품의 양과 소비자가 필요로 하는 상품의 양간에는 동태적인 균형이 이루어지게 되는데, 이를 통해 시장은 자동적인 조절 메커니즘을 갖게 된다. 시장의 보이지 않는 손은 바로 이런 메커니즘을 지칭하는 것이다.

시장은 결국 가격이란 신호에 따라 상품의 수요와 공급이 저절로 이루어지는 법칙과 힘을 행사한다. 그 법칙은 시장에 인위적인 교란이나 왜곡이 없을 때 비로소 제대로 작동하는 것으로, 그것은 인간의 합리성과 이성이 상품의 거래와 흥정을 통해 구현되기 때문에 가능한 것으로 간주된다. 말하자면, 시장이 보이지 않는 손을 가질 수 있는 것은 근본적으로 시장에 참여하는 인간들이 이성과 합리성을 가지고 있기 때문이라는 것이다. 시장의 법칙이 경제영역은 물론 경제영역 밖의 사회적 과정에 대해서도 '보편적인(cosmopolitan)인 규정력'을 발휘할 수 있는 것도 시장에 참여하는 주체들의 이성과 합리성에서 유래하는 것이다.

하지만 시장이 보편적인 규정력을 가질 수 있는 또 다른 이유는 시장을 매개로 하는 상품의 거래가 인간의 욕구를 최대한 충족시킬 수 있는 것을 가능케 해주기 때문이다. 시장에서 상품의 교환은 사용가치를 가진 재화의 단순한 거래가 아니라 공급자 입장에서 볼 때 거래에서 최대한 이익을 남기려 하며, 수요자 입장에서는 최소의 비용으로 최대의 만족을 기하려는 욕구에 의해 추동되는 것이다. 시장의 거래에는 이윤의 실현이 동반된다. 자본가가 상품을 생산하는 것은 궁극적으로 시장판매를 통해 최대 이윤을 실현시키면서 잉여를 축적해가고자 하는 '욕구충족'을 위한 것이다. 그렇기 때문에 그들은 상품이 될 수 있는 것은 물불을 가리지 않고 생산하여 시장에 내다 팔려고 한다. 이윤의 실현을 담보해주는 한 모든 게 상품화의 반열에 오르게 된다는 뜻이다. 생산자의 축적 욕구는 상품의 소비관계를 사회생활 전역에 확산시키는 결과를 낳게 됨으로써 상품의 영향력이 미세한 영역으로 끊임없이 파고들게 된다. 그것은 심지어 사람의 욕구와 정신의 세계까지도 파고들어 상품화의 대상으로 만든다. 한편, 소비자의 입장에서 볼 때, 상품의 소비는 그들의 욕구를 충족시키는 수단이 된다. 그렇기 때문에 무한한 욕구는 결국 무한한 상품의 소비를 자극하는 추동력을 만들어냄으로써 소비를 위한 소비를 심화시킨다. 소비는 사회적 기호로 전락되면서 소비를 중심으로 한 정체성마저 나타나게 된다. 탐욕스러운 축적의 욕구나 탐욕스러운 상품소비의 욕구는 모두 인간이 지니고 있는 본능적 욕구를 시장을 통해 최대한 충족시키는 현상인 것이다. 이렇게 볼 때, 시장의 신비한 자율메커니즘은 사실 인간의 욕구를 최대한 충족시킬 수 있는 것을 보장해주고 정당화해주는 기제에 불과한 것이다.

욕구의 충족이 경쟁적으로 이루어지는 만큼 시장은 욕구 충족을 남보다 더 우월하게 할 수 있는 자와 그렇지 않는 자를 구분한다. 상품의 판매로부터 더 많은 이윤을 내기 위해 생산자들은 보다 저렴하게 생산하거나 보다 많이 생산하여 가격을 낮추는 등과 같은 방법으로 이윤실현을 극대화하는 방도를 모색한다. 여기에서 개별 생산자들간에는 자본력과 정보력의 차이가 있는데, 이 조건은 이들 사이에 이윤실현의 차등화를 가져오는 중요한 관건이 된다. 이 차등화는 경쟁을 유발하는 조건이면서 동시에 결과이기도 하다. 시장의 참여자 중 시장에서 살아남는 것은 이 경쟁에서 이긴 자만이 가능하다. 경쟁의 결과는 승자와 패자를 구분하는 것뿐만 아니라 소비자의 경우는 삶의 기회에 대한 상대적인 박탈을 조건 짓는 결과를 낳는다. 계몽주의적 인성의 발현으로 간주되었던 시장은 결국 스스로의 법칙을 작동시키는 과정에서 사회전반의 불평등을 생산하는 구조를 만들어낸다.

지구화와 더불어 시장경제의 원리는 사회편성의 보편원리가 되고 있다. 그 원리는 작게는 인간의 인격, 사고, 욕구를 상품소비의 한 단위로 전락시켜 인간의 인격적 전일성을 해체하는 것으로 구현된다. 뿐만 아니라 일상과정으로 상품 소비관계가 침투함으로써 인격과 신뢰 등을 바탕으로 한 전통적인 인간관계(예, 부부관계, 가족관계)를 파편화시키기도 한다. 시장의 원리, 경쟁의 원리는 심지어 민족과 국가란 공동체적 삶의 틀 전반을 무장해제 시킬 뿐 아니라 국가사회 자체를 세계적으로 통합되는 시장 및 자본관계의 한 단위로 편입시키기도 한다(예, 사회주의 국가의 몰락). 시장의 지배는 공동체의 해체를 자동등식으로 한다. 공동체의 해체 뒤에 남는 것은 모래알 같은 개개인뿐이며 이들간에는 상품적 욕망의 무정부적 충족을 둘러싼 홉스(Hobbes)적 경쟁이 전면화된다. 그러한 상태에서 인간과 인간, 제도와 제도, 지역과 지역을 이어주고 통합시켜주는 것은 시장의 거래를 통해 상품과 돈의 흐름 전반을 조절하는 국제 금융자본과 다국적 기업들과 같은 기구들이 전담하게 된다. 시장의 원리는 상부구조의 영역인 종교마저 세속화시키고 문화와 이념의 통일을 해체하여 그 스스로의 존재를 정당화시켜가는 이념을 만들어낸다. 이른바 신자유주의는 시장의 이념을 표방하는 지구화 시대의 지배적인 이념이다 (이정전, 1999: 112). 미시적인 개인의 정체성으로부터 거시적인 이데올로기의 영역까지 통일된 지배력을 행사하고 있는 '시장경제는 이젠 세계를 통합하는 유일한 시스템이며, 역사상 처음으로 시장경제의 시대가 명실상부하게 도래하게 된 것이다'(이시재, 1998: 100-101).

## 4. 시장환경론의 대두와 환경정책의 위기

시장은 사회의 모든 것을 상품으로 흡입해내고 토해낸다. 그래서 그동안 시장적 영역에 들어와 있지 않던 부문까지 상품의 형태와 그 소비관계로 전환시켜 이를 시장의 법칙 속에 작동하도록 한다. 시장경제가 지배하는 사회에서는 시장의 법칙이 적용되지 않는 게 없게 된다. 거기에는 공기와 물과 같은 자연의 요소, 인간의 욕망, 윤리적 항목까지도 망라된다. 그래서 폴라니는 생활과 생명의 요소를 이루는 토지나 노동과 같이 상품이 될 수 없는, 또한 되어서도 안될 요소까지도 상품으로 전락되어 시장을 통해 가격이 형성되고 또한 공급과 수요의 관계가 이루어진다고 하였다. 이렇게 형성되는 시장은 그 자체로서 시스템이 되어 외부로부터 자연, 환경, 토지, 노동력 등을 생산과정 속으로 투입시키고 이를 시장의 가격으로 표식되는 상품으로 생산하여 유통·소비시킨 뒤 폐기물로 배출시켜 시장 밖의 세계 즉, 자연으로 돌려보낸다. 시장은 이렇듯 스스로를 유지하기 위해 끊임없이 외부로부터 자원과 노동력, 토지 등을 상품화하면서 환경과 생명의 자연적 질서마저 그 영역 내로 포섭해간다. 확대재생산을 자신의 존재이유로 삼는 시장은 자연의 유한한 자원을 무한정 끌어다 쓰는 구조를 만들어내게 된다.

시장론자들은 시장에 의한 환경의 포섭을 환영하고 있다. 환경의 가치가 새롭게 인식되고 있는 지금, 시장의 한 상품으로 취급될 때 환경은 그 값어치가 제대로 향유될 수 있다고 한다. 시장지배사회가 되면서 전에 없이 담론적 위세를 떨치고 있는 시장론자들은 이젠 시장을 통한 환경의 보전까지 주장하면서 환경보전의 새로운 전사로 등장하고 있다(조명래, 1999). 이런 상황을 배경으로 고개를 들고 있는 환경담론이 바로

'시장환경론(market environmentalism)'이다(김정호, 1999). 시장환경주의는 다음과 같은 몇 가지 인식으로 구성된다. 첫째, 장기적으로 보았을 때 소득수준이 높은 사회일수록 환경의 질은 높아진다. 둘째, 일단 환경규제가 시작되면 과도해지는 경향이 있으며, 그것은 소득 수준의 향상을 저해하여 자연스런 환경 질의 향상 속도를 오히려 더디게 한다. 셋째, 환경문제가 있다면 그것은 환경에 대한 재산권이 설정되어 있지 않기 때문이어서, 환경 문제의 일차적 해결책은 환경에 재산권을 부여하는 데서부터 출발해야 한다. 넷째, 부득이하게 환경규제가 필요할 경우일지라도 피규제자에 대한 보상을 원칙으로 함으로써 과도한 규제가 이루어지는 것을 막아야 한다(김정호, 1999: 102).

이런 문제의식을 가지고 시장환경론자들은 '가능한 한 많은 환경들에 대해 재산권을 설정함으로써 환경문제가 시장의 힘에 의해 자동적으로 해결되어나가도록 해야 한다'고 주장한다. 그러면서 이들은 긴 역사를 두고 본다면 희소성이 높아지는 자원은 사유화라는 진화적 과정을 필연적으로 거치지 않을 수 없는데, 그 까닭은 사유화의 이득이 커지기 때문인 것으로 제시한다. 이러한 관점으로 깨끗한 공기, 물, 바다 같은 것들도 점점 희소성이 커져가고 있어 언젠가는 반드시 사유화의 길을 걸어야 한다고 보면서, 그렇게만 된다면 공기나 바다, 물 같은 것들은 진정 귀한 자원으로 대접받게 될 것이라고 한다. 환경의 사유화가 어려운 것은 기술적 제약보다 심리적 거부감, 즉 환경의 사유화를 잘못 이해한 데서 비롯된 것이라고 한다.

IMF 위기 이후의 상황은 시장환경주의자들의 주장이 현실에서 실제 설득력과 실천력을 얻도록 해주었다. 경제운용에서 시장개방과 경쟁원리를 우선하라는 IMF의 처방에 따라 정부는 실제 그 동안 국가 공동체의 이익을 우선한다는 명분으로 규제하고 간섭하던 각종 정책들을 대폭 축소하거나 완화하는 조치를 단행하였다. 특히 경기 진작을 위해 토지이용에 관한 각종 규제를 해제하는 동시에 토지·주택거래를 촉진하기 위한 시장규제 등을 대대적으로 완화해왔다. 투자 및 자원배분도 생산활동에 우선함으로써 환경보전이 정책우선에서 밀려나는 가운데 환경을 담보로 하는 개발행위가 대폭 허용되었다. 이런 현상은 단지 위기에 따른 일시적인 것이라기보다 국가경영방식 전반이 시장원리를 강조하는 신자유주의식으로 바뀌어가고 있음을 반증하는 것이라 할 수 있다. 그중에서 가장 대표적인 사례는 그린벨트의 해제조치이다. 그린벨트 해제를 위한 정책개선 과정을 보게 되면 국토환경과 관련된 정책에서 전에 없이 시장론자들의 입장이 강하게 반영되고 또한 그 영향력이 발휘되었음이 발견된다(조명래, 1999b). 시장주의적 논리를 바탕으로 하는 그린벨트 해제의 당위성은 개발제한이 행해지는 그린벨트의 정책운용은 사유제하에서 토지와 환경을 제대로 활용할 수 없게 함으로써 오히려 지켜야 할 그린벨트를 황폐화시키는 결과를 가져왔다고 한다. 따라서 그린벨트와 같은 도시주변의 개방녹지공간을 제대로 지켜가기 위해서는 시장원리에 반하는 개발제한구역제를 폐지한 뒤 토지시장의 메커니즘에 따라 보전할 것은 보전하고 개발할 것은 개발하도록 해야 한다는 게 시장론자들의 핵심적인 주장이다.

신고전경제학 이론으로 무장한 시장론자들이 그린벨트 해제론을 주도했다는 것은 국토 및 환경정책에서 자유시장원리가 그만큼 설득력을 얻었다는 것을 뜻한다. 다시 말해 국토운용에서 시장주의 접근이 대두했다는 것은 환경정책을 포함한 우리의 국가운영방식이 세계적으로 힘을 얻고 있는 신자유주의 이념과 원리에 우리도 추종하고 있음을 의미하는 것으로 이는 IMF 위기가 남긴 중요한 유산이다. 환경의 사유화를 바탕으로 환경이 상품으로 전환되어 시장을 통해 활발히 거래되면, 환경이 지니는 희소성에 따라 가격형성이 자연스럽게 이루어질 것이고, 그렇게 되면 그 가격을 지불할 수 있는 소비자에 의해 해당 환경이 소유 내지 소비가 됨으로써, 환경의 쾌적성이 지켜진다는 시장환경론자들의 주장은 전형적인 신자유주의적 입장를 표방하는 것이다.

하지만 시장원리가 환경을 지켜줄 수 있을지는 시장의 현실적인 운용에 달려 있다. 환경은 비계량적이고 초역사인 가치를 가지고 있다. 이런 특성으로 인해 환경은 일상 상품거래의 장인 시장영역에 들어오지 못한 채 그 동안 시장의 외부에 머물렀다. 현실의 시장거래는 즉물적인 소비를 위한 상품을 중심으로 이루어진다. 시장의 이 같은 신호에 따라 생산자들은 시장에 쉽게 내다팔 수 있는 상품을 생산하는 데 우선하게 된다. 그 결과 환경보전과 같은 비생산적 행위는 생산활동을 우선하는 개발행위에 늘 밀리게 된다. 환경훼손과 파괴는 그런 점에서 시장경제하에서 유기적이며 구조적으로 자행되는 것이어서, 시장원리가 강화될수록 환경훼손의 메커니즘은 더욱 고도화되고 은폐될 수밖에 없다. 상품으로 환경이 시장에 상정되면 해당 환경은 당분간 지켜질 수 있을지 모르지만 환경 본래의 성질이 제대로 지켜지기 위해서는 희소재로의 환경의 상품성이 시장의 변동에 관계없이 영원히 보장되어야 한다. 하지만 자본주의 시장은 가격변동에 따라 늘 변하기 때문에 환경의 이러한 초역사적인 상품성이 유지되는 것을 보장해주지 못한다. 상품생산을 위한 자원공급처이자 생산 및 소비활동에 따른 폐기물의 처리장인 환경은 이윤추구에 추종되는 시장적 관계로 편입되면 이는 즉물적인 이윤을 생산하고 축적하는 활동에 복속될 수밖에 없다.

시장환경론자들이 말하는 환경의 사유화가 환경의 시장적 가치를 부여하는 것이라면, 현실에서 환경은 보전보다 개발과 훼손의 논리에 더 쉽게 노출될 수 있다는 뜻이다. 그런 점에서 시장환경론은 사실상 반환경적이라 할 수 있다. 경기진작을 위해 환경을 담보로 하는 투자와 생산이 최우선되는 현실은 시장과 환경의 관계가 결코 호혜로운 것이 아님을 실제 확인시켜준다. 사실, IMF 위기를 겪으면서, 국가운영방식이 경쟁력을 제고하는 방향으로 선회하는 가운데, 환경보전을 위한 국가정책 전반은 약화되는 경향을 보였으며, 이와 함께 사회운동이나 정치적 실천 부문에서도 환경론자의 입지가 약화되는 경향을 나타내었다. 자유시장의 원칙을 그토록 강조했던 IMF 교설은 현실의 시장-환경 관계를 결코 호혜적이거나 상보적인 것으로 뒷받침해주지 않았던 것이다. 시장과 환경의 모순적 관계로 말미암아, 시장지배사회가 두드러지면서 녹색을 지고 한 정치적 목표로 추구하는 녹색정치는 그만큼 무력해지거나 위기에 처할 수밖에 없다.

## 5. 녹색정치의 위기와 재설정

시장지배사회의 출현은 녹색정치의 미래를 어둡게 한다. 시장지배사회의 출현이 이 같은 현상을 초래하는 것은 근본적으로 근대사회 전반의 지각변화 때문이다. 즉 시장의 지배에 기초한 사회의 등장은 근대를 통해 구축되어왔던 '국가-시민사회-시장' 부문간의 관계를 재배열시키는 결과를 가져오면서 근대사회 내부에 형성된 이해관계와 권력관계의 지형을 심대히 바꾸고 있다. 근대사회에서 녹색정치가 출현하는 계기는 '정치사회(political society)'와 '경제사회(economic society)'의 중간 영역에서 시민사회가 새롭게 열리는 데 있었다. 정치사회란 기본적으로 사회구성원들간의 권력관계를 조절하면서 사회체제 전체를 통일적으로 이끌어가는 지배와 통치의 권력기구가 조직되는 영역이다. 반면 경제사회는 개인들의 이해관계, 특히 사적인 이해의 극대화를 위한 상호 작용관계가 구축되어 있는 장으로서 주로 시장관계를 중심으로 하여 조직된다. '국가'와 '시장'은 정치사회와 경제사회 각각이 현실적으로 제도화된 모습이다. 이 두 영역은 각기의 역할을 가지고 근대사회를 합리적인 체제로 발전시켜 가는 기능을 수행하지만, 문제는 양 영역이 제도화되고 이념화되는 내용에서는 상충적이고 갈등적이라는 점이다. 국가사회가 공동체적인 이익을 위한 통치와 간섭의 원리를 내부화하고 있다면, 경제사회는 사적인 이익의 극대화를 무정부적으로 추구하는 경쟁과 자유의 원리를 내부화 하고 있다. 이 양자의 대립은 현실에서 사회와 개인 간의 대립방식으로 구체화되지만, 그 결과는 사회를 구성하는 개체들의 삶의 부문이 피폐화 되는 것으로 드러난다. 다시 말해 국가권력이 고도화되거나 자본주의적 생산관계나 시장관계가 고도화되면 결국 사회 개개인들의 일상

영역으로 체제의 힘과 자본의 촉수들이 끊임없이 파고들어 이른바 '체제에 의한 생활세계의 식민화'가 일반화된다. 여기에 일상인들은 그들의 삶의 권리를 지키고 주장하기 위해 정치사회와 경제사회 중간 영역에 그들의 권리공간을 설정하게 되면서 시민사회라는 제3의 영역이 구축된다. 시민사회란 달리 말하면 사적인 삶의 관계가 공민적인 권리와 의무의 관계로 구축되면서 형성된 사회의 한 영역이다. 이 영역을 통해 시민들은 그들의 삶의 관계가 유지되고 보호될 뿐만 아니라 이를 지키기 위한 투쟁을 일상화한다. 시민운동은 바로 이러한 사회영역에서 이루어지는 집합적 실천이다(조명래, 1997).

녹색정치는 일상 시민들이 그들의 삶의 터전인 환경이 국가와 시장에 의해 파괴되고 훼손됨으로써 발생하는 삶의 위기를 주체적으로 극복하기 위한 대응으로 출현한 것이다. 국가와 시장 사이에 위치한 시민사회를 무대로 하여 등장하고 활동하는 만큼, 녹색정치는 전체 사회에서 이 양 부문간의 관계가 어떻게 설정되고 어떻게 변하느냐에 따라 그 위상과 역학관계가 달라지게 된다. 서구사회 현상이기는 하지만, 그 동안 녹색정치가 나름대로 활성화되면서 대안 정치로 떠오를 수 있었던 것은, 제3의 영역으로 시민사회가 시장보다 국가의 권력을 향해 투쟁하면서 그로부터 일정하게 자율성을 획득해왔기 때문에 가능했다. 이런 연유로 녹색정치는 정치사회에 대한 다양한 참여와 영향력을 행사하는 방식을 취해왔다. 녹색정당이 생겨나고 환경론자들이 국가경영에 참여하는 것은 바로 그러한 경향을 보여주는 것이다. 하지만 지구화의 경향이 두드러지는 추세 속에 국민국가의 역할과 위상이 상대적으로 약화됨에 따라 시민사회의 위상이 변하는 가운데 시민사회의 정치적 실천으로서 녹색정치도 변화를 겪고 있다. 무엇보다 중요한 변화는 국가권력의 약화와 맞물려 경제사회, 즉 시장부문이 사회적 이해관계를 설정하고 조절하는 영역으로 새롭게 설정되면서 '국가와 시민사회의 관계'에 기반을 둔 녹색정치의 위상이 급격히 바뀌어지고 있는 점이다. 사적인 이해의 우선과 무정부적 경쟁원리를 강조하는 시장사회의 등장은 삶의 터전인 환경을 그러한 원리 속으로 편입해 냄으로써 환경을 둘러싼 이해관계가 시장적 관계를 축으로 새롭게 설정하는 결과를 초래하고 있다. 그에 따라 '국가와의 권력관계' 재편을 통해 생명과 생활의 기본권을 추구하고자 했던 기존의 녹색정치는 그 위상이 크게 뒤흔들리게 되었다.

중요한 것은 녹색정치의 위상이 변모하고 있지만 녹색정치의 이상과 의미가 퇴색되고 있지는 않다는 점이다. 사회전반의 구조가 바뀜으로써 (즉, 시장지배사회가 등장함으로써) 녹색정치를 둘러싼 권력관계나 실천 구조가 변하고 있다는 사실은, 한편으로는 녹색정치를 무력화시키는 조건이 되기도 하지만, 다른 한편으로는 녹색정치가 시민사회의 새로운 집합적 실천 방식으로 다시 태어날 수 있는 기회를 제공하기도 한다. 시장지배사회가 전면화되는 지금, 녹색정치가 일차적으로 주목해야 할 것은 바로 시장과 시민사회의 관계에 관한 것이다. 다시 말해 녹색정치는 이제부터 시장사회에 대한 투쟁과 개혁을 내용으로 하여 그 전열을 가다듬어가야 한다는 뜻이다.

그렇다면 시장지배사회에서 녹색정치는 어떻게 재설정되어야 하는가? 이에 대한 답은 시장을 통한 환경의 보전을 강조하는 시장환경론자의 관점을 비판적으로 살펴보면서 찾아보도록 하자. 시장환경론자들은 소득 증대와 환경의 질 향상 간에 상관관계가 있다고 보면서 그 물증을 선진국의 경험에서 찾고 있다. 그러한 경험을 바탕으로 그들은 환경이 상품으로 시장에서 거래될 때에만 제대로 지켜질 수 있다고 주장한다. 하지만 선진국의 환경이 지켜지는 보다 본질적인 메커니즘의 하나는 그들이 다른 지역이나 다른 사람에게 환경에 대한 부담을 전가시키는 데 있다는 사실을 우선 직시해야 한다. 소득수준이 높은 선진국 사람들은 그들의 높은 생활수준을 유지하려는 관심의 일환으로 그들의 환경을 쾌적하게 지키려고 하는 게 사실이다. 하지만 이를 위해 이들은 국가적 힘의 도움을 받아 환경부담이 큰 그들의 활동을 환경적으로 취약한 저개발국가나 지역으로 옮기거나 아니면 그 활동의 일부를 국제분업이란 이름으로 분산한 뒤 이를 통해 생산된 제품을 우선은 시장의 장악을 통해 저가로 구매하면서 쾌적한 생활수준을 누리며, 또한 상품의 시장판매에서 발생한 이윤의 상당부문을 비경쟁적으로 전취하여 여기서 발생한 각종의 이득을 쾌적한 환경을 지켜가는 자원으로 활용한다. 최소한 이 점에서 볼 때, 선진국의 쾌적한 환경은 다른 환경의 비용을 담보로 한 것임을 알 수 있다.

시장담론이 지배하는 상황에서 얻어지는 일시적인 환경보전은 그런 점에서 결코 근본적인 것이 아님을 알 수 있다. 이것이 함의하는 바, 환경을 지키기 위해서는 환경 그 자체를 지키는 게 아니라 환경을 지켜갈 수 없게 하는 시장지배의 사회관계를 바꾸어 가는 것이 보다 중요하다는 사실이다. 이러한 이상을 달성할 수 있는 정치가 바로 녹색정치이다. 녹색정치란 정치적 이해관계의 형성과 목표 추구에서 녹색으로 상징되는 환경, 생명, 생존의 가치를 현실의 정치적 과정을 통해 구현하는 정치적 실천을 지칭한다. 녹색의 이러한 정치적 이상과 목표는 정치 및 경제 체제의 권력관계를 획득하려는 전통적인 정치의 그것과 다르기 때문에, 자연히 기존의 지배적인 정치, 사회, 경제적 시스템을 거부하고 뛰어넘는 대안 정치적 지향성을 가지게 된다. 그래서 녹색정치의 이념형은 오늘날 시장적 관계를 중심으로 구축되어 있고 또한 구조화되어 있는 기업관계, 생산방식, 소비양식, 조세제도, 민주주의적 대표제 등을 바꾸는 것을 중요한 정치적 실천 과제이자 목표로 삼는다. 이에 따라 녹색정치는 성장보다 분배와 안정, 시장적 경쟁보다 공동체적 결속, 지금의 세대뿐만 아니라 미래세대의 생존권에 대한 배려, 상품소비를 적게 하는 생활양식, 인간과 다른 생태종 간의 공존, 인간 내의 세대 및 성(性)간 형평성 등의 추구를 주요한 실천 내용으로 하면서, 실천방식에서는 중앙집권적이면서 특정 계급에 장악되는 기존의 정당체제나 중앙집권적인 제도보다 사회운동적이면서 지방분권적인 방식을 통해 녹색의 정치적 이상을 실천해간다.

녹색정치가 어떠한 지배적인 유형과 방식을 갖고 있는 게 아니지만 공유해야 할 지향점이 있다면, 이는 환경을 인간 삶의 터전이며 생명의 바탕이라고 간주하면서 그 가치를 시장의 법칙을 넘어서는 것, 즉 탈상품적인 것으로 간주해야 한다는 점이다. 환경은 자연에 의해 주어진 것이며, 인간도 결국 주어진 자연의 일부에 불과하다. 환경에 대한 배타적인 소유권과 재산권을 인정해주고, 환경의 생명적 가치를 상품적 이윤의 가치로 규정하는 시장경제의 원리는 환경의 이러한 본질과 정면으로 배치된다. 때문에 녹색정치의 실천은 무엇보다 환경을 상품적 가치로 인식하는 시장주의적 가치관을 초극하는 것을 주요한 지향점으로 삼아야 한다. 환경의 탈상품화는 우리의 삶을 기본적으로 시장의 보이지 않는 손에 맡기는 것을 지양할 때 가능해진다. 중요한 것은 그러한 환경 및 삶의 탈상품화가 결국 '내가 다시 나의 주체로 돌아가는 것'을 보장해내는 삶의 방식이 된다는 점이다.

시장이 지배하는 시대에 환경가치를 최우선으로 지켜내기 위해서는 비시장 세력들이 전체로 연대를 하면서 시장의 전복을 범사회적으로 시도해야 한다. 이를 위해서는 무엇보다 분권적인 공동체 운동을 녹색정치 구현의 중요한 방식으로 활용해야 한다. 이를 통해 일상 소비에서 상품의 투입요소를 줄이고, 생활에 필요한 재화들이 시장가격에 의해 좌우되지 않는 공동체적 생산과 소비방식을 확산시켜야 하며, 화폐 사용을 줄이거나 대신할 수 있는 물물거래의 다양한 방식을 발굴해야 한다. 최근에 많은 관심을 끌고 있는 지역화폐운동은 그러한 목표를 달성하는 한 실천 방식이 될 수 있다.

녹색정치의 공간적 장은 지방의 일상공간을 기본적으로 하여 설정되어야 한다. 서구의 녹색정치가 지방정치에 참여하면서부터 영향력을 갖기 시작한 것은 녹색정치가 지방의 정치적 과정을 통해 보다 의미 있게 구현될 수 있기 때문이었다. 지방공간은 생산으로부터 소비에 이르는 과정이 지역의 생태환경체제와 유기적으로 통합되어 있는 특징을 가지고 있다. 그러기에 지역주민들 스스로가 그들의 일상과정을 생태환경의 흐름과 일치시키는 환경자치를 추구하게 되면, 이는 곧 녹색정치의 이상을 실현하는 그 자체가 된다. 환경자치를 통해 녹색정치가 지방실정에 맞게끔 구현되면 이를 바탕으로 녹색정치의 세력들은 점진적인 연대를 통해 국가정치 그리고 세계정치의 무대로까지 진출해야 한다. 녹색정치의 힘이 이렇게 지방을 넘어 중앙정치의 무대로 나갈 수 있기 위해서는 중앙정치의 중심에서 녹색의 담론이 정치적 비중을 가지고 논의되고 반영될 수 있는 제도적 장치가 마련되어야 한다. 이를테면 국가의 다양한 정책들이 지속가능한 발전이란 목표하에서 입안되고 조정될 수 있기 위해서는 국가적 차원에서 지속가능한 발전 위원회를 구성하고 이 기구를 통해 국정의 전반이 친환경적인 원칙에 따라 조정될 수 있어야 한다. 경우에 따라 녹색정치세력들은 녹색정당의 결성을 통해 그들의 힘을 결집한 후 의회 등으로 적극 진출하면서 국정의 여러 분야에서 그들의 이상을 실현할 수 있어야 한다.

하지만 녹색정치가 기존의 패러다임 전반을 바꾸는 급진적 방식을 반드시 따라야만 실현될 수 있는 것은 아니다. 녹색정치는 환경의 가치 구현을 정치적 이상으로 하면서 그 수단을 모색하는 실천이기 때문에 그러한 목표를 달성할 수 있는 방법은 기존의 국가정책이나 제도 내에서도 충분히 강구될 수 있는 것이다. 국가운용에서 환경을 우선하는 제도 체계를 보다 확고히 정립하고 부문별로 환경을 우선하는 투자배분, 제도적 지원 등을 강구할 수 있다면, 이를 통해서도 녹색의 이상을 점진적으로 달성할 수 있는 것이다. 하지만 그러한 부분적인 접근들은 시장의 논리가 지배적인 전체 사회에서 지배담론의 일부로 편입되면서 전체 이데올로기 유지에 기여할 가능성도 있기 때문에 여기에 대한 자기성찰이 늘 있어야 한다.

요컨대, 시장지배의 시대 녹색자치는 지배적인 사회체제나 담론, 이데올로기, 생활양식을 근본적으로 바꾸는 대안사회운동을 궁극적으로 지향하면서 구체적인 실천전략을 모색해야 한다. 그 전략은 무엇이라 해도 시장의 지배를 바꿀 수 있는 데 최종점을 두어야 한다. 환경의 진정한 가치는 상품화나 시장관계로부터 자유로울 때 비로소 구현되고 지켜질 수 있다. 그런 점에서 녹색정치는 궁극적으로 시장적 사회를 넘어 '결연적(associational) 사회' 혹은 '광장의 사회'로 향하는 정치적 실천이 되어야 한다.


## 6. 맺음말

새로운 밀레니엄을 맞이하는 시간의 변동과 더불어 근대사회의 원리가 크게 바뀌고 있다. 근대 자본주의 사회는 자유스러운 경쟁원리를 바탕으로 발전해왔지만, 그래도 국가사회란 틀 내에서 최소한의 공동체적인 이상을 지키는 범위 내에서 전개되어왔다. 하지만 자본의 고유한 법칙에 따라 국가의 경계를 넘어서는 상품과 자본의 개방적 흐름이 가속화되면서 그 전체를 지배하는 원리가 파편화된 사리(私利)의 충족을 극대화하는 '시장의 보이지 않는 손'에 맡겨지면서, 후기 근대의 삶과 그 바탕을 이루는 환경은 시장적 관계 혹은 상품화의 논리에 의해 침윤되고 있다. 시장의 지구적인 지배에 항거할 수 있는 유일한 방법은 녹색의 이상을 향해 시민사회를 재정치화하는 것이다. 시장지배의 시대, 녹색정치는 그 동안의 '국가-시민사회'의 권력관계에서 이젠 '시장과 시민사회'의 권력관계를 재편하는 쪽으로 실천전략의 중심을 옮겨야 한다. 그런 점에서 녹색정치는 환경운동의 단순한 급진화가 아니라 시장지배시대의 진보적 사회이상을 추구하는 총체적인 개혁운동이 되어야 한다.


■ 참고문헌

김정호. 1999, 「시장 환경주의 핵심은 환경의 사유재산화」, ≪환경과 생명≫, 통권21호.
이시재. 1998, 「새로운 문명과 한국의 사회운동」, ≪창작과 비평≫, 통권 100호.
이정전. 1999, 「시장논리는 불평등·이기심·탐욕의 논리」, ≪환경과 생명≫, 통권 21호.
조명래. 1997, 「자치시대 시민운동의 역할과 과제」, ≪도시연구≫, 제3호.
______. 1999a, 「시장주의·개발주의의 망령에서 벗어나자」, ≪환경과 생명≫, 통

권20호.
_____. 1999b, 『포스트포디즘과 현대사회위기』, 서울: 다락방.
Jessop, Bob. 1999, "Reflections on Globalisation and Its (il)logic(s)," in Olds, K., et al., eds., *Globalisation and the Asia-Pacific,* London: Routledge.
Polanyi, Karl. 1944, *The Great Transformation,* Becaon Press.

# 4부

# 녹색사회의 실천모델

# 10장
# 환경자치와 대안적 지역발전

## 1. 문제제기: 지방자치는 반환경적이다?

지방자치와 환경자치는 어떠한 관계에 있을까? 우리나라의 경우를 본다면, 환경문제가 본격적으로 불거져나오기 시작할 무렵, 지방자치의 복원에 대한 정치적 요구 또한 그 목소리가 커지기 시작하였다. 그러다가 1995년 지방선거를 즈음하여 지방자치제(이하 지자제)는 최소한 형식적으로 온전한 모습을 되찾게 되었고, 그와 더불어 환경문제도 지방자치란 제도 틀에 맞추어 해결의 새로운 가능성을 모색하고자 하는 움직임들이 잦아졌다. 때마침 외풍도 불어 유엔 주도하에서 세계적으로 추진되는 '지방의제 21' 운동은 '지속가능한 사회의 건설'을 위한 지방의 역할을 전면으로 부각시켰다. 이쯤 되면, 환경문제는 지방자치란 제도 틀의 도움으로 그 해결이 보다 용이하게 되었을 뿐만 아니라, 역으로 지방자치는 환경문제를 다룰 수 있게 됨으로써 생활자치란 지자제 본래의 기능을 수행할 수 있게 되었다고 인식될 것이다.

어느 모로 보나 지방자치의 쟁점과 환경문제의 쟁점이 조우하는 것은 바람직한 현상이다. 우선 환경문제 쪽에서 보자. 그간 성장이란 기계를 빠르게 돌리면서 폐출된 '환경문제'는 해가 거듭될수록 양과 질에서 기존의 해결책이 손을 쓸 수 없을 정도로 악화되어왔다. 그런데 환경문제 해결은 성장 모델과 제도의 손질과 같은 중앙 차원의 방식도 필요하지만 '내가 사는 곳'의 일상적인 것에서부터 실마리를 찾는 미시적·지방적 방식도 동시에 유효하다. 쓰레기 배출을 줄이고, 공단오염을 척결하며, 환경파괴를 일상적으로 감시·감독하고, 오염된 현장에 당장 달려가서 진단하고 처방하기 위한 환경문제 해결의 '지방자치식 해법'에 대한 요구가 갈수록 커지고 있다.

다음으로 지방자치 쪽에서 보자. 지방자치에 대한 국민적 요구는 그동안 소외되어왔던 정치과정에 우리 스스로 이젠 주인된 의식을 가지고 참여해야 한다는 국민적 권리 주장에 다름아니었다. 내용적으로 볼 때 그 요구는 일상생활에 직접 영향을 주는 삶의 주변을 관리하고 결정할 수 있는 주민 자치권을 획득하는 것에 관한 것이었다. 특히 생활수준이 높아짐에 따라 생활환경의 질에 대한 관심이 점증하고 있는 시점에서 요구되는 지방자치는 (지방의 생활) 환경에 대한 자율적 관리를 주된 대상으로 삼지 않을 수 없게 되었다.

이렇듯 환경문제 해결과 지방자치는 상호보완적 관계에 있으며, 이 두 요소가 안정적으로 결합된 실천이 곧 '환경자치'이다. 환경자치의 어휘적 정의는 환경을 '지방자치'적으로 관리하는 것을 지칭한다. 환경에 관한 쟁점이 중시되는 발전단계에 이르러 실시되는 지방자치는 필연적으로 환경자치란 형태를 취하지 않을 수 없다.

하지만 현실을 냉정히 돌아보게 되면 이 양자간의 관계가 결코 호혜롭거나 보완적이지 못한 것 같다. 지방자치가 복원된 후 모든 지방에서 목도되는 '개발이란 미명하에 자행되는 환경파괴'란 실태를 보면 그러한 생각이 각별해지지 않을 수 없다. 이러한 양상은 선거 과정에서부터 그 증후군을 엿볼 수 있다. 선거에 출마한 입후보자들은 그들의 공약 90% 이상을 모두 환경을 담보로 하는 지방개발에 관한 것으로 제시하곤 한다. 이런 유의 개발공약 중에서도 가장 전형적인 예로는 그린벨트가 있는 지역에 출마하는 입후보자들이 그린벨트 해제 내지 활용을 전제로 하는 각종 개발사업을 무책임하게 선심 공약하는 것을 꼽을 수 있다. 이런 분위기 때문인지 선거철만 되면 그린벨트의 불법 이용 빈도가 폭증하여 도하의 각종 매스컴의 입방아에 오르내리는 것을 우리는 잘 기억하고 있다. 실제 선거 전후로 그린벨트 내 불법행위 단속 건수는 무려 4배 폭증하는 것으로 보고되고 있어 그러한 주장이 터무니없는 것은 아닌 것 같다.

선거 후에도 각 지역의 자치단체장들은 선거공약을 지키기 위해 각종 개발 사업을 착수시키는 데 혈안이 될 뿐 아니라 그 분위기에 편승하여 그 동안 보류되었던 개발사업들마저 무더기로 재추진되는 기회를 맞게 된다. 얼마 전까지도 쟁점이 되었던 대표적인 사례들을 꼽아보면, 설악산 모노레일 설치, 김제 모악산 관광지 개발, 발왕산 스키장 건설, 덕유산 리조트 개발, 특별법에 의한 경기북부지역 개발, 부산 가덕도의 공단 개발 등 일일이 헤아릴 수 없을 정도이다. 뿐만 아니다. 지방개발의 붐 속에 사업입지를 두고 지방들 사이에 혹은 지방 내 주민들 사이에 갈등이 치열해지면서 자치시대의 새로운 지역문제로까지 등장하고 있다(조명래, 1996). 소각장과 같은 혐오시설이 '나의 주변'에 들어서는 것을 거부하는 주민저항운동, 환경보전지구 지정을 둘러싸고 벌어지는 중앙정부와 지방정부 간의 대립, 문화고도인 경주의 고속철도 통과에 관한 중앙부처와 지방시민단체 간의 마찰 등은 모두 지역적 맥락에서 벌어졌던 자치시대 '개발'과 '환경보전' 간 갈등의 실례들이다.

이 같은 현실은 한마디로 환경보전과 지방자치의 관계가 긴장과 대립에 있음을 의미하는 것이다.[1] 최소한 지금까지의 공과를 본다면 우리의 지방자치는 결코 친환경적이지 못하였다고 말할 수 있다. 사실 이것은 일찍이 예견된 것이기도 하였다. 경제적 이해관계에 민감하게 영향받는 지방자치단체들이 재정적 어려움 때문에 개발 위주의 자치행정으로 나가

---

1) 한 시민단체가 최근에 실시한 한 조사에 따르면, '지난 1년 동안 지방자치단체장이 환경개선과 지역개발 중 어느 부문을 우선시하는 정책을 수행했다고 보느냐'는 질문에 대해 환경전문가들의 74.0%는 '환경개선보다 지역개발을 우선시했다'고 답하였다. 민선 1기와 민선 2기를 비교할 때 이런 추세는 '변화가 없거나 혹은 오히려 나빠지고 있다'고 판단하는 전문가는 75.2%에 이르렀다.

기 쉬우며, 그 결과 지방에서 환경파괴가 더욱 심화될 것이라는 것은 이미 자치제 실시 이전부터 예상되고 우려되었던 바였다(문태훈, 1995). 물론 지방자치가 지방으로 하여금 지역 특성에 적합한 창의적 정책을 펼 수 있는 기회를 넓혀줌으로써 종래 오염억제에 머물던 소극적인 환경보전이 삶을 쾌적한 공간을 적극적으로 만들어가는 '환경창조'로 획기적인 전환을 이룩할 것이라는 낙관론도 없지 않았다. 하지만 그 낙관론은 하나의 희망사항으로 끝나는 것 같고 비관론이 보다 현실화되고 있는 것 같다. 그렇다면 우리의 지방자치는 정말 반환경적일까? 지방자치가 반환경적인 것은 불가피한 것인가? 어떠한 조건하에서 지방자치는 환경자치로 기능할 수 있을까? 환경자치란 과연 무엇이며, 왜 필요한가?

## 2. '환경자치'의 필요성과 전제

오늘날 환경문제는 생산으로부터 생활 부문 전반에 그 발생조건을 가지고 있으며 그 영향 또한 그에 걸맞게 광역성을 띠고 있다. 환경문제의 국제화 및 세계화는 환경문제의 본질을 규정하는 주요한 측면임에 틀림없다. 하지만 환경문제는 동시에 지방성 혹은 국지성(locality)을 가지고 있는 점도 더욱 분명해지고 있다. 에너지와 자원을 끌어다 상품을 만들고 이를 시장에 내다팔면 소비자들이 구매하여 소모하게 되는 일련의 과정에서 발생하는 환경문제의 영향은, 구체적인 지방적 맥락(local context)에서 구현되며 환경문제의 해결도 그 맥락에서 강구되어야 실효성을 얻을 수 있다.

환경문제의 지방성 혹은 국지성이 분명해지는 것은 과거 공해로 인식되던 대기오염, 수질오염, 소음 등이 한정된 발생원을 가지고 있었던 것과는 달리, 오늘날의 환경문제는 특정 장소나 지방에서 꾸려지는 생산과 생활의 전체 과정에 의해 발생하는 것과 관련되어 있다. 환경문제의 이 같은 발생 메커니즘하에서 운용되어야 할 환경관리는 생산과 재생산 활동 전반의 발생 원인에 대한 종합적 관리를 전제해야 한다. 그러기에 환경관리는 과거 환경오염에 대한 대증적인 사후적 해결방식과는 달리 환경오염의 원인 자체를 예방적으로 해결하는 방식을 필요로 한다. 환경문제에 대한 이러한 접근은 일상생활이 전개되는 지방공간 전체를 친환경적으로 관리·유지하는 것인 만큼, 이는 곧 지방공간 전체에 대한 사회체제적 관리를 하는 것과 다를 바 없다.

환경문제 해결의 지방적 접근은 지방 정주환경 전반을 환경적으로 지속가능한 재생산 구조로 재편하는 개발전략으로 활용되어야 한다. '지방의제 21'이 바로 이런 전략의 예가 될 것이다. 지금까지 제출된 각국의 지방의제 21 계획안들을 보면,2) 대부분 지방의 정주환경을 구성하는 교통, 주택, 도시하부구조, 건물구조 등과 같은 물리적 시설체계뿐만 아니라 산업생산이나 일상 소비활동과 같은 지역사회활동 전체를 환경적으로 지속가능한 방식으로 재편하는 발전전략을 제시하고 있다(우동기, 문태훈, 1994). 환경적으로 지속가능한 환경과 사회체제는 구체적인 일상들이 전개되는 정주단위에서 구축되고 관리되어야 한다는 것은 이젠 환경문제 해결의 보편적인 처방이 되고 있다는 뜻이다.

지방단위의 환경문제 해결방식이 중요해지는 까닭은 단지 환경의 물리적 요인들이나 처리규모 때문만이 아니다. 오늘날 환경문제가 그 복잡성 때문에 단편적인 기술적 수단의 사용에 의해서가 아니라 지방공간 전체를 친환경적인 사회체제로 탈바꿈할 수 있는 조건의 확보에 의해 그 해결이 가능하다면, 이런 차원에서 가장 중요한 전제는 환경문제 해결에 대한 확고한 실천의지를 갖고 효과적인 제도적 장치를 마련하는 일일 것이다.

서구의 경험을 보더라도 환경보호주의가 팽배하게 되는 계기는 환경문제에 대한 시민들의 자의식과 실천력이 갖추어질 때였다. 또한 환경관

---

2) 1998년 말까지 전세계적으로 약 2,000여 개 이상이 지방의제 21을 작성하였거나 작성하고 있으며, 우리나라에서도 전국 248개 지방자치단체 중 53개가 수립을 완성하였다.

리가 제도화되기까지는 무엇보다 환경에 대한 주민들의 집단운동, 즉 환경운동이 시민사회에서 상당한 힘을 얻게 되고 나아가 그 힘이 환경문제 해결을 위한 정치적 요구와 실천으로 옮겨지는 과정들이 있었다. 환경문제 해결방식의 최종적 단계는 환경보호론자들의 정치세력화이다. 이 단계에 이르면 환경 쟁점을 가장 중요한 정치적 협상과 해결의 대상으로 삼는 '녹색정치(green politics)'가 제도 정치권 내에 등장하게 된다(차명제, 1999).[3]

서구의 경험에서 중요한 대목은 녹색정치, 즉 환경주의 정치가 힘을 얻고 실천이 되는 것은 중앙정치 차원에서보다는 지방정치 차원에서라는 점이다.[4] 이것의 가능성은 일단 주민 주도적인 정치를 펼 수 있는 지방자치의 제도적 유연성에 있다. 서구의 지방들은 스스로의 관할영역 내에서 생산과 재생산 활동과 관련된 일상 과정을 상대적으로 완결시킬 수 있는 정치적, 행정적 조건과 역량을 우리보다 훨씬 더 양호하게 가지고 있다. 이는 지방을 하나의 독자적인 통치단위(governance unit)로 조직할 수 있는 지방자치가 오랫동안 실시되어왔던 결과이다. 이런 제도적 여건 속에서 환경문제가 생활상의 주요 쟁점이 되었을 때 지방의 자율적 관리는 환경관리를 우선하게 되고, 그에 따라 지방자치는 환경자치로 기능하게 된다.

환경의 지방자치적 관리는 오늘날 환경문제 해결의 필수적인 해법이 되고 있다. 환경자치는 이제 더 이상 미룰 수 없는 이 시대의 과제인 것이다. 1992년의 브라질 리우 회담에서 채택된 지방의제 21의 제28장은 "위기에 직면하고 있는 환경문제의 해결은 그 뿌리를 지방자치제의 행동

---

3) 독일의 녹색당과 벨기에의 생태당이 1980년에 창당된 이래, 1981년에는 포트투갈에서, 1982년에는 네덜란드와 덴마크에서, 그리고 1984년에는 프랑스와 스페인에서 각각 녹색당이 창당되었다. 지금은 유럽의 거의 모든 나라에서도 녹색당이 활동하고 있다.

4) 독일의 녹색당을 지지하는 고정유권자 분포를 보면, 연방정부차원에서는 전체 유권자의 5% 미만이지만 광역이나 기초자치단체 수준에서는 10%를 훨씬 넘어서고 있다. 녹색당의 정치적 기반이 지방에 있게 되는 주요한 계기 중에 하나는 1970년대의 학생운동 출신들이 고향으로 들어가 지방의 각종 개발을 둘러싼 쟁점(여기에는 원전건설 문제도 포함)을 주민들과 더불어 해결하는 운동의 전개였다(차명제, 1999: 58).

에 두고 있다"고 규정하고 있다.

그렇다면 환경자치는 어떤 조건(혹은 전제)하에서 가능할 것인가? 그 조건은 기본적으로 지방자치와 환경보전 간의 관계 설정에 관한 것으로, 이 양 요소간의 결합 정도는 발전단계의 조건에 의해 결정된다. 가령 정치발전의 성숙단계로서 분권화의 조건과 경제발전의 성숙단계로서 환경보전의 조건이 동시화되는 시점에 이르면 지방자치는 환경자치로 보다 용이하게 탈바꿈할 수 있다. 이것은 1인당 국민소득 5,000달러에서 1만 달러 사이에 이르면 환경투자에 대한 마인드뿐만 아니라 환경보전의 가시적 결과들이 생겨난다는 가설과도 유사한 주장이다(이정전, 1995). 우리의 경우를 보더라도, 환경에 대한 관심이 본격적으로 대두하기 시작한 것은 1인당 국민소득이 5,000달러를 넘어선 1990년대에 들어와서부터였다.5) 소득가설에 따르면 우리나라 지방들은 환경보전을 우선으로 생각할 만큼 지역소득이 그리 높지 못하기 때문에 지방자치제의 본격적 실시는 소득증대를 위한 지역개발에 대한 주민들의 요구만 분출시켜 지역환경 파괴를 더욱 촉진할 것으로 예견될 수 있다. 따라서 이런 상황에서 지방에 대해 환경자치를 섣불리 허용하는 것은 결국 '고양이 목에 방울을 다는 꼴'만 낳는다는 주장이 제기되기도 한다.

하지만 소득이 높아진다고 해서 환경에 대한 투자여건이 자동적으로 조성되고 관리의 분권화가 저절로 되는 법은 아니다. 또한 역으로 말해, 개발의 수요가 크다고 해서 환경보전이 항상 소홀히 다루어지거나 시간에 의해서 해결되는 것도 아니다. 조사결과에 의하면, 전국 평균 소득 보다 적은 제주도민들 중 과반수는 "도가 앞장서서 환경보전을 우선으로 하면서 개발을 추진해야 한다"고 생각하고 있다. 이것은 그간의 환경 파괴적인 개발에 따른 피해가 결국 도민 스스로에게 돌아온다는 '환경에

---

5) 이에 관한 예는 언론에서 다루는 환경관련 기사 건수를 들 수 있다. 환경문제에 대한 중앙의 일간신문 보도건수는 1980년부터 1988년 사이에 총 5,000여 건에도 못미치던 것이 1990년 한 해에만 5,331건이 될 정도로 폭증하였다. 이런 추세는 1990년대 들어와서도 사실 계속되었다. 이를테면 1990년부터 1997년 사이 10개 중앙일간지의 환경관련 기사 건수가 6~7배인 연간 7,000건 정도로 늘어났다.

대한 자의식'이 형성된 결과일 것이다. 이런 예에서 보듯이, 지방자치와 환경보전 간의 상호 보완성은 주민의식이나 제도와 같은 조건들에 의해 쉽게 촉진될 수 있는 것임을 알 수 있다.

이러한 조건들은 앞서 시사했듯이 기본적으로 두 가지 영역에서 형성되어야 한다. 하나는 환경문제의 심각성, 즉 환경의 불경제가 가측되고 경험되며, 이를 회피하고자 하는 자의식이나 사회적 분위기 조성과 관련된 것이다. 다시 말해 환경보전이란 것이 경제적 가치를 창출할 뿐 아니라[6] 진정한 삶의 질을 향유하는 기본 전제로 인식될 수 있는 조건이 첫 번째이다. 이런 환경인식하에서는, 지방사회의 발전은 물질적이고 일회적인 편익의 증대보다 비물질적이고 환경적으로 지속가능한 편익의 증대로 간주될 것이다. 이것은 환경적 가치가 발전의 최상위 가치로 인식되고 구현되는 지역생태체계가 형성될 때 가능한 것이므로, 환경자치의 첫 번째 조건은 궁극적으로 '지역생태체계의 형성'에 관한 것이다.

한편, 지방 환경체제가 형성되고 작동하기 위해서는 그 체제를 구성하는 다양한 요소들간의 상호작용에 대한 미시적인 관리가 현실적으로 뒤따라야 한다. 이윤을 추구하는 기업활동이 친환경성을 경영의 현실적인 기준으로 삼을 수 있으려면 세재 지원, 청정기술의 개발에 대한 지원, 오염자 부담 원칙을 실현하는 상품 가격의 책정 등과 같은 친환경적인 제도의 운용이 현실적으로 강구되고 집행되어야 한다. 지방공간 전체의 친환경성을 보장할 수 있는 조례 제정, 예산 배정, 정책작성, 오염기준치의 설정, 관리기구의 조직, 생활수칙의 제정, 환경보전의 홍보 등은 모두 관리 측면에서 제도나 조직의 형성을 통해 지방환경을 고양시킬 수 있는 조건들이 된다.

이 두 가지 조건, 즉 환경우선주의를 실현할 수 있는 대상적 조건과

---

6) 녹지나 자연상태의 토지와 같은 환경자원에 대한 수요는 소득탄력적이다. 즉, 소득수준이 향상됨에 따라 환경의 가치는 매우 민감하게 증가한다. 소득이 증가함에 따라 깨끗한 공기에 대한 수요, 깨끗한 물에 대한 수요, 아름다운 경치에 대한 수요가 매우 빠른 속도로 증가하기 때문에 환경보전은 그 자체로서 경제성이 있다. 이것은 다름아닌 지역개발에서 환경이 지역발전의 중요자원이 될 수 있음을 의미하는 것이다.

친환경적인 체제를 관리할 수 있는 수단적 조건이 상호 결합될 때 환경자치의 현실적 실현은 일단 가능해진다. 이 두 조건간의 상호작용은 몇 가지 변수의 인위적 조작을 통해서가 아니라 지방의 경제·정치·문화 발전 과정 속에 일어나도록 해야 할 것이다. 왜냐하면 지방의 환경성은 구체적인 개발과정에서 친환경적인 결과를 낳을 수 있는 것으로 판단되는 여러 변수들을 종합적으로 통제할 때 비로소 확보되고 구현될 수 있기 때문이다. 따라서 환경자치의 보다 현실적인 가능성은 이를 담보하는 지역의 총체적 발전양식, 즉 지역발전 모델이나 방식의 문제에 달려 있는 것이다.

요컨대, 환경자치가 의도하는 목표는 '환경적 가치요소들'이 '지방의 발전 틀에서 작용하는 변수들'과 상호작용하는 가운데 달성되어야 한다. 이런 면에서 환경자치의 가장 중요한 조건은 바로 지방을 하나의 자율적인 '환경체제'로 간주하면서 지방발전 전반을 이끌어갈 수 있는 방식에 관한 것이다. 이것은 곧 환경자치의 진정한 조건이 지방의 발전 과정 그 자체에 내재되어 있다는 것을 의미하는 것이므로, 환경자치의 문제는 궁극적으로 지방의 발전 모델에 관한 문제이다. 그렇다면 환경자치를 위한 대안적 지역발전 모델은 어떤 것인가?


## 3. 환경자치를 위한 '대안적 지역발전'의 조건

지금까지 지역개발은 성장이란 목표를 최대한 달성하는 것을 주된 내용으로 하였다. 외부자본을 끌어들여 하부구조와 생산시설을 확충하고, 아울러 주민편익의 증진이란 이름하에 대규모 주거단지나 시설지구를 개발하는 것을 지역개발의 주된 역할로 간주했던 것이다. 그 같은 사업을 효과적으로 추진하기 위해 중앙정부는 중앙집권적인 개발관리기구를 만들었고, 이들을 중심으로 중장기적 발전계획을 세워 지방별로 분산적인 개발사업을 추진하였다. 지역의 하부구조에 대한 기초투자가 이루어진

연후에는 대기업이나 그와 관련된 생산주체가 지역경제 활동의 중심이 되어 확대재생산을 위한 사업을 계속 수행해갔다.

이런 지방발전 상황에서 지방의 중소기업들은 하청업자와 같은 종속적 지위의 생산활동을 수행해야 했으며, 투자과정에서도 주민복지와 같은 생활편익 향상을 위한 부문은 상대적으로 소홀히 취급되었다. 지방정부 또한 중앙정부가 조성해놓은 지역의 각종 사업을 국가 위임사무의 범주 내에서 사후 관리하는 역할에 머물렀다. 그나마 이 같은 조건이 결여된 지역은 이른바 '저발전지역'으로 분류될 수밖에 없었다.

이렇듯 지금까지의 지배적인 지역개발은 외부자본에 의한 성장위주의 개발을 우선하며 중앙정부와 대자본을 개발의 주체로 삼는 방식을 선호하였다. 따라서 이 같은 방식으로 추진된 지역개발은 지역의 자율적이며 통합적인 발전을 불가능하게 했을 뿐 아니라 지역의 지속가능한 환경을 파괴하는 결과를 가져옴으로써 개발 방식과 내용 면에서 반(反)지방적이며 반환경적인 것으로 귀결되었다. 성장 위주의 하향적 지역개발로 불리는 전통적인 지역개발의 한계는 바로 여기에 있으며, 이 한계는 곧 대안적 발전모델의 등장을 불가피하게 하는 조건이 된다.

대안모델은 그간의 성장 지향적·하향적·반환경적 개발 방식에 대칭하여 분배지향적·상향적·친환경적 방식을 부각시킬 수 있어야 할 것이다. 다시 말해 대안적 지역발전은 개발의 목표 자체를 성장 중심에서 보전, 분배, 정의 중심으로 설정하고, 개발 과정을 중앙이 하향적으로 통제하는 것이 아니라 지방이 창조적으로 관리토록 허용하며, 지방을 경제개발의 한 단위로만 삼는 것이 아니라 삶의 생태적 틀이 보장되는 정주 공동체로 발전시켜가는 것을 그 지향점으로 해야 한다.

그러나 이 같은 지역 발전방식이 환경자치란 조건을 올바르게 담아내기 위해서는 그에 걸맞은 보다 구체적인 발전 조건들을 구비해야 한다. 이런 측면에서 '환경자치적 지역개발'을 위한 몇 가지 조건을 제시하면 다음과 같다.

## 1) 지역발전의 새로운 중심가치 설정: 혁신, 재생산, 지속가능성

환경자치적인 지역발전을 위해서는 무엇보다 지역발전의 힘이 내부로부터 나오고 내부로부터 관리되는 것이 가장 중요한 조건이다. 국가주도적 발전기간 동안 지역발전은 주로 외부로부터 충동되어 왔다. 그 결과 지역은 외부의 자본, 기술, 제도적 통제에 종속되어 지역 내부와 어우러지는 발전을 경험하지 못하였다. 그 결과 '장소적 번영'은 이루었다 하더라도 '주민의 번영'은 이룩되지 못하였다. 복지, 분배, 환경, 참여 등과 같은 발전가치는 발전 전략에서 항상 부차적이었다. 대안적 지역발전은 바로 이런 발전요소들을 발전의 중심가치로 설정해야 한다.

지역의 발전가치를 창출해내기 위해 지역은 자체 발전의 충동력을 내부로부터 자아낼 수 있는 역량, 즉 혁신력을 갖추어야 한다. 여기서 말하는 혁신력은 국제화·개방화되는 경제체제 속에서 지방이 살아남을 수 있는 경쟁력을 보장해주는 기술 및 생산의 혁신 역량을 의미한다. 지방이 혁신력을 갖고 있다 하더라도, 그 혁신이 지방의 진정한 발전의 조건으로 작용할 수 있어야 한다. 다시 말해 지역혁신에 의해 생산성 증대가 도모되더라도, 그 혁신이 고용 및 생산영역을 넘어 소비, 보건, 교육, 환경 등과 같은 지역의 사회·문화·정치 영역의 확대 발전을 가져오는 계기로 작용할 수 있어야 한다. 혁신력에 기초한 지역발전의 효과가 지역사회의 민주적이고 평등한 사회관계나 분배구조로 재생산된다면 이는 가장 바람직한 것이다.

한편 지역사회구조의 재생산은 그 환경적인 틀이 지역의 인적·문화적·정치적 구조로부터 미래세대까지 '지속가능한' 것이어야 한다는 점도 중요하다. 여기서 말하는 '지속가능성'은 다음과 같은 요건으로 충족되는 발전양식의 한 형태를 의미한다. 첫째, 모든 개발은 지구의 생명유지 장치와 생태계의 보존에 적합한 개발이어야 한다. 둘째, 개발은 인정하되 그 범위는 현세대의 기초수요를 충족하는 정도에 머물러야 한다. 셋째,

사회정의와 공평의 원리에 적합한 개발이어야 한다. 넷째, 개발은 민주주의와 주민 참여의 원리에 적합한 것이어야 한다. 다섯째, 개발은 통합과 지양의 원리에 적합한 것이어야 한다(노융희, 1995: 35).

## 2) 상대적으로 완결되는 지역의 발전체제

환경자치를 위한 지역발전은 구체적인 개발의 과정과 결과가 지역 틀 내로 상대적으로 완결되는 방식(혹은 체제)으로 수행되어야 한다. 이렇게 될 때 지역환경을 구성하는 생산과 재생산의 요소들이 전체로서 묶여지는 '체제적' 관리가 가능하게 된다. 자원 이용, 기술 활용, 생산관계, 시장거래, 재투자, 인력 관리, 교육, 제도적 규제, 정치적 결정 등의 활동요소가 지역이란 사회공간적 틀 내에서 상대적으로 완결된다면 환경문제를 야기하는 요소들간 상호작용은 보다 쉽게 통제될 수 있게 된다.

이 요소들 중에서도 가장 중요한 것은 '생산의 지역적 완결성'과 '생활의 지역적 완결성'이다. 생산의 지역적 완결성은 생산주체들간의 지역적 차원의 네트워크적 분업구조 형성에 의해서 달성될 수 있는데, 이것이 가능하려면 이 네트워크 관계가 지역 문화나 제도와 같은 생활관계에 뿌리내려야(embedded) 한다. 한편 생활부문에서 상대적인 완결성은 '공동체적 삶'의 조건이 갖추어지는 것에 의해 보장될 수 있다. 환경자치적 지역발전은 공동체적 지역공간 틀 내에서 재생산되고 지속가능한 형태로 전개될 수 있어야 한다.

## 3) 지역발전에 대한 주체적·자율적 관리

지역발전의 효과가 지역 내부에 최대한 머물게 하고 지역의 환경변수에 대한 통제력을 높이기 위해서는 지역발전에 대한 주체적·자율적 관리가 최대한 허용되어야 한다. 발전조건을 지역이 우선적으로 관장할 수 있는 권능(權能)을 해당 지방이 가져야 한다는 것인데, 이런 조건이 구비될 때 생산으로부터 분배에 이르는 제반 사회·정치과정이 해당 지방 사회구조 내로 완결될 수 있다. 지방주권(local sovereignty)의 다른 표현으로서 개발권능은 현재의 통치체제에서 볼 때 중앙정부의 개발권한이 지방으로 대폭 이양되는 것에 의해서만 확보될 수 있다.

한편 지방의 자원과 조직, 인력을 내부적으로 동원하는 지역개발이 효과적으로 추진되기 위해서는 무엇보다 지방의 주체들(예, 기업, 시민조직, 노동자 등)이 개발과정에 개방적으로 참여하는 것이 보장되어야 한다. 이는 지역개발 결과의 계층적 편향화(이는 궁극적으로 환경의 계층적 차별화를 가져옴)를 막기 위해서 우선 필요하지만, 보다 중요하게는 지방단위에서 상대적으로 완결되는 생산체제의 관리를 위해서도 반드시 필요하다. 지방의 생산주체들이 경쟁보다 협동과 신뢰를 가지고 지역의 각종 개발 사업에 개방적으로 참여할 수 있는 조건이 전제된다면 지방단위의 자율적인 생산 네트워크는 그만큼 용이하게 구축될 수 있다.

## 4) 환경체제로서 지역공동체의 발전

환경자치를 위한 대안적 지역발전은 궁극적으로 지역공동체가 생태환경체제로 발전하는 것을 지향해야 한다. 다시 말해 환경자치적 지역발전이 추구하는 장기적인 '지역발전의 상(像)'은 지역을 하나의 환경체제나 생태공동체로 발전시켜가는 것에 관한 것이어야 한다. 이런 발전단계에서 지역의 사회·경제의 개발행위는 모두 지역환경용량과 부합해야 한다. 또한 지역공동체 내에서 통용되는 가치는 인간중심적인(human-centered) 것에서 벗어나 자연과 환경의 구성물이 동등한 권리를 획득할 수 있는 것으로 바뀌어야 한다.

따라서 이런 생태사회를 움직여가는 '정의(justice)'는 인간 관계의 평등을 전제로 하는 사회적 정의가 아니라 생태환경을 구성하는 모든 생물·무생물간의 호혜성과 평등을 전제로 하는 '생태정의(eco-justice)'가 되어야 할 것이다. 생태공동체적 발전모델은 지금으로서는 이상적이거나 다소 급진적인 것일지 모르지만 환경자치가 궁극적으로 추구해야 하는 발전관에 걸맞은 최종적 사회발전 상으로는 그 가치가 결코 사소한 것이 아니다.


## 4. 환경자치적 지역개발을 위한 실천과제


지금까지 논의한 지방발전모델은 다소간 규범적이고 이상적인 측면이 강했다면, 이 같은 모델을 현실화시키기 위해서는 그에 상응하는 현실적인 개발 수단과 절차가 강구되어야 할 것이다. 이와 관련해 마지막으로 환경자치가 구현되고 또한 환경자치를 보장해줄 수 있는 지역개발의 실천 과제들을 몇 가지 나누어 살펴보도록 하자.

첫째, 환경차지적 지역개발에 앞서 각 지방은 모두 생태환경과 통합되는 지역개발 계획을 수립해야 한다. 환경친화적 지역계획은 우선 지역생태체계의 환경용량에 근거하여 수립되어야 하며 지역이 중장기적으로 달성해야 할 환경목표치(예, 2010년까지 이산화탄소 배출량을 20% 감소)를 제시하여야 한다.[7] 아울러 지역을 하나의 생태체계로 설정한 후, 권역별로 분권적인 생태발전 방향과 내용이 책정되어야 한다(예, 생태자치구 전략)(조명래, 1997b). 이 같은 생태계획 틀 내에서 전통적으로 수행하는 각종 부문 계획들이 중장기적으로 수립·집행되어야 한다. 이를테면 토지이용계획, 인구계획, 산업계획, 하부구조계획, 환경오염처리계획 등은 모두 지역환경 목표치를 달성하는 하위수단으로 운용되어야 한다. 현

---

7) 생태도시계획으로 유명한 일본 가와사키시는 2000년대 환경목표를 구체적으로 설정하고 있다. 이를테면 2000년까지 자동차 배기가스를 1990년대 수준 대비 40%, 공장배출가스를 20% 감축, 물순환과 관련해 1990년대 수준의 지하수 침투능률의 보존, 시면적의 30%를 녹지공간으로 확보, 생활용수 사용량이나 쓰레기 발생량을 1990년대 수준으로 동결하는 등을 환경목표치로 설정하고 있다. 우리나라에서도 환경정책기본법 제10조 3항에 근거하면 광역자치단체는 환경기준을 설정해야 한다. "서울특별시, 광역시 또는 도시자 등의 지방 자치단체장은 지역환경의 특수성을 고려해 지방자치단체별 조례에 의해 환경부장관의 승인을 얻어 별도의 환경기준을 설정할 수 있다."

재 많은 지역이 '지방의제 21'을 작성해놓은 상태여서 이를 체계적인 '지역계획'으로 확대 개편하여 법정계획으로 활용하는 것이 바람직할 것 같다.

둘째, 지방을 환경생태체제로 개발하는 틀 내에서 추진되는 지역개발사업 중에서 친환경적인 조건을 일차적으로 갖추어야 할 것은 지역의 생산하부구조이다. 지역의 지속가능성과 친환경성을 견지하기 위해서는 지역의 자원이용체계, 도로·통신과 같은 사회간접자본, 기업의 생산방식, 제조부문과 금융서비스 부문 간의 관계, 시정거래 등과 같은 지역산업활동 전반에 친환경성이 관철되도록 해야 한다. 이 중에서도 핵심은 기업들의 생산방식과 생산관계이다. 에너지 집약적이고 친환경적인 기술 및 생산방식이 현실화될 수 있는 방안으로는 지방소재 중소규모 기업들간의 협업적 분업 네트워크를 바탕으로 하는 '지속가능한 지역생산체제(local productive system)'를 조성하여 이를 지방 자율적으로 운용하는 것이 고려될 수 있다. 지식기술을 보유한 생산자들간의 지속적인 시너지적 학습관계를 통해 기술혁신과 경쟁제품을 추구하는 지식기반산업들은 대개가 이 같은 '생산-주거가 통합되는 공동체적 산업공간'의 조성을 통해 활성화되고 있어 이런 대안생산체제가 반드시 이상적인 것만은 아니다.

셋째, 친환경적인 생산구조가 지역 생태공동체의 물적 기반이 된다면, 이 물적 기반에 대응하는 사회적 과정과 조직이 지역의 시민생활에서 반영되어야 한다. 다시 말해 환경친화적인 지역발전의 틀에서 지역생산구조에 대응하여 지역당국이 관리와 개발의 대상으로 삼아야 할 영역은 바로 친환경적인 '지역생활양식'의 형성이다. 이 부문은 특히 소비생활과 관련되어 있다. 생활부문에서 에너지 사용을 줄이고, 폐기물 방출을 최소화하며, 자연적 질서와 조화하는 일상 리듬을 부활시키고, 공동체적 상호작용이 가능한 주거구조나 건물배열을 건설하는 등의 작업은 지역개발차원에서 실제 모두 실천 가능한 것들이다. 한마디로 환경친화적인 소비생활양식이 지방사회 내에 정착될 수 있는 다양한 지역 사회개발 프로그램이 지역개발 일환으로 운용되어야 한다는 주장이다.

넷째, 친환경적인 생산과 소비의 조응구조가 지방사회 내에서 재생산되기 위해서는 이를 제도화하는 관리체제가 구축되어야 한다(조명래, 1995c). 친환경적인 관리체제를 구축하기 위해서는 무엇보다 지방정부 관리자들의 친환경적인 마인드가 우선적으로 필요하다.[8] 아울러 개발에서 친환경성의 원칙이 지켜지기 위해서는 환경관리 업무의 다변화와 확대가 이루어져야 하며, 이를 위해 지방정부는 환경관련 업무범위의 확대와 더불어 결정권한, 재정력, 집행력을 충분히 구비해야 한다.[9] 확대된 지역환경관리를 위해서는 환경관련 업무부서의 유기적인 통합과 역할 확대가 시급하며 다른 일반 부서에서 취급하는 업무에서도 환경가치나 목표를 우선할 수 있도록 기능의 재배분과 조직개편이 이루어져야 한다(예, 상공과에 환경업무 취급자 배치). 또한 친환경적인 관리조직이 그 기능을 올바르게 발휘하려면 그에 걸맞은 집행수단이 강구되지 않으면 안된다. 즉, 오염자 배출허용 기준의 강화, 원인자 부담금의 현실화, 환경오염피해보상제의 확립, 환경기초시설의 다양화와 확대설치, 감시 및 측정기술의 개선 등이 현실화되어야 되어야 한다. 끝으로 지방행정의 모든 업무부문에 대한 주기적인 경영진단에서 관련 업무 성과의 친환경성이 측정되고 공표되어야 한다.

다섯째, 공공부문과 민간부문 간의 다양한 협력을 통해 영역별 환경관리가 접근되어야 하며 아울러 지방정치에서 녹색정치가 본격적으로 활성화되어야 한다. 오늘날 환경문제는 일상과정 전체에서 발생하기 때문에

---

8) 서울시 도시계획과 내에 있는 '생태도시팀'은 관료, 시민단체, 전문가 등의 네트워크를 통해 꾸려지고 있으나, 이런 네트워크 기구가 설치되고 운용될 수 있는 것은 무엇보다 계획담당 관료들의 높은 환경자의식 때문이다(권민, 1999).

9) 우리 나라의 환경관련 사무건수는 현재 1,050여 건에 해당하지만 지방정부가 주무할 수 있는 것은 이 중 12%에 불과하다(권해수, 1995). 최근 들어 환경관리기능의 분권화가 가속화되고 있지만(특히 페놀사태 이후), 그 관리가 여전히 기술적·재정적 집행력을 갖추지 못한 채 이루어지고 있다. 기술력 부족과 관련해서 지방에 근무하는 일부의 환경행정가를 제외하면 지방관리자의 대부분은 환경에 대한 충분한 의식과 지식을 갖고 있지 못하다. 재정문제만 하더라도 아직 국가재정에서 환경재정은 극히 적은 부문에 불과할 뿐 아니라 1985년과 1992년 사이 시도예산은 연평균 23.5%로 증가했지만 환경예산은 18.2% 증가하는 데 그쳤다.

이의 효율적 관리를 위해서는 환경문제 영역별 공공부문과 민간부문 간의 조정, 협력, 공조를 통해 분권적으로 접근되어야 한다. 이는 이른바 '환경가치의 공생산(co-production)'을 의미한다(조명래, 1997a). 한편 환경에 대한 의식의 고취, 친환경적 규칙의 제도화, 환경 규제수단의 강구, 환경부문에 대한 투자 우선은 이를 지지하는 지역의 사회세력이 있을 때 보다 효과적으로 추진될 수 있다. 따라서 환경쟁점을 어느 쟁점보다 더 우선하고 이를 정치적 목표로 달성하고 실현하고자 하는 시민세력의 정치화는 친환경적 지역개발의 중요한 전제이나 맥락이 된다(예, 지방녹색당건설, 환경주의자들의 의회진출, 지역시민환경운동의 활성화 등). 녹색정치의 활성화는 환경목표를 달성하는 절차의 민주화와 평등성을 존중하고, '정의(justice)'에 바탕을 둔 지속가능한 지방사회의 운영을 촉진할 수 있는 중요한 정치적 활력소가 될 수 있다.


**■ 참고문헌**

권민. 1999, 「서울시 도시생태팀의 패기와 도전」, ≪환경과 생명≫, 통권20호.
권해수. 1995, 「지방자치시대의 환경정책」, 한국공간학회 편, 『새로운 공간환경론
　　　의 모색』, 서울: 한울.
노융희. 1995, 「지방환경행정의 과제와 방향」, ≪지방자치≫, 7월호.
우동기. 문태훈, 1994, 「서울시와 외국도시의 Local Agenda 21 실천계획의 비교」,
　　　서울시정개발연구원 외 주최, 'Local Agenda 21과 지방정부의 대응에 관한
　　　워크숍' 발표논문집.
이정전. 1995, 「지역개발과 환경보전」, ≪환경과 사회≫, 제8호.
문태훈. 1995, 「지방정부의 환경정책 과제」, ≪지방자치≫, 8월호.
조명래. 1995, 「친환경적 대도시관리체제 구축을 위한 방안」, 서울시 및 서울시정
　　　개발연구원 주최 '서울환경포럼' 발표논문.
조명래. 1996, 「자치시대의 지역갈등」, ≪지역사회개발연구≫, 제21집 1호.
조명래. 1997a, 「환경행정에 대한 주민참여에 관한 연구: NGO활동을 중심으로」,
　　　≪지역사회개발연구≫, 제22집 1호.
조명래. 1997b, 「생태자치구 모델에 관한 연구」, ≪지역사회개발연구≫, 제22집 2
　　　호.
차명제. 1999, 「시민사회와 녹색정치」, ≪환경과 생명≫, 통권19호.

# 11장
# 생태자치구의 개념과 전략

## 1. 서론: 왜 '생태자치구'인가?

환경문제는 다양한 원인이 복합적으로 작용하여 발생하지만, 기실 그 내부 발생메커니즘을 들여다보면 대개 고도화되는 도시적 일상 삶과 관련되어 있다(조명래, 1994, 1997a). 도시는 그 자체로서 거대한 생활체계를 이루면서 엄청난 양의 투입물을 끌어다 쓰고 이를 다양한 노폐물의 형태로 방출한다. 이러한 시스템의 작용과정에서 산출물이 투입물의 양을 초과하여 도시생태환경체제에 누적될 때 나타나는 것이 곧 대기오염, 수질오염, 폐기물, 소음, 진동 등의 환경문제이다. 이렇기 때문에 환경문제의 진정한 해법은 도시시스템을 전체로 상정해 놓고 그 발생 메카니즘을 찾은 뒤 그 작동방식에 따라 문제해결을 처방하는 식으로 접근되어야 할 것이다.

비슷한 이치로 서울과 같은 대도시 환경문제 해결도 도시 자체를 하나의 체제로 설정해 놓고 이를 친환경적으로 재편하는 획기적인 원칙과 방식을 전제하지 않으면 안된다. 일련의 선행연구를 통해 필자는 대도시(특히, 서울의 경우) 환경문제 해결을 위한 세 가지 전제를 제시한 바 있다.

① 대도시 환경관리체제는 자치구 단위로 분권화되어야 한다. 오늘날의 환경문제는 일상생활 전체에서 발생하고 또한 영향을 끼치기 때문에 중앙집권화된 관리체제로서는 이를 효과적으로 대처할 수 없다(조명래, 1994, 1996, 1997a).

② 환경관리는 환경오염의 사후해결이란 소극적인 방식 대신에 일상 과정 그 자체의 재편을 통해 환경적, 생태적 가치(ecological values)를 적극 창출하는 방식으로 전환되어야 한다(조명래, 1995).

③ 일상 과정 전체가 환경문제 발생의 조건을 가지고 있다고 본다면, 그러한 환경문제의 해결은 이제는 제한된 정부의 행정적 수단으로는 불가능하고 주민들의 적극 참여를 통해 이루어져야 한다(조명래, 1997d).

이 세 전제를 하나의 통합된 실천 틀로 묶어 낸다면 이는 곧 '자치구 단위의 환경문제 해결의 방식'으로 귀결된다(조명래, 1997c). 본 논문의 중심개념 '생태자치구'는 주민들의 자치적 노력을 통해 도시의 생태환경 복원이 이루어지면서 장기적으로 '에머니티 도시(amenity city)'를 이룩해내는 대도시 자치구를 의미한다. 본 논문의 목적은 생태자치구의 개념, 원리, 구성요소, 목표, 실천수단, 주체별 역할, 일본의 마쯔지꾸리 운동 사례 등을 살펴보면서 생태자치구가 대도시 환경문제 해결의 새로운 대안이 될 수 있는 가능성을 모색해보는 데 있다.


## 2. 생태자치구의 원리와 개념

도시를 친환경적으로 재편하려는 접근은 근자에 들어 다양한 방식으로 이루어지고 있다. 이를테면 생태도시, 녹색도시, 에코폴리스, 환경집약도시, 지속가능한 도시, 환경공생도시 등은 모두 친환경적 도시조성을 제창하는 개념들이다. 용어의 상이함에도 불구하고 기본적인 목표와 지향성의 측면에서 이들 개념들은 그렇게 쉽사리 변별되지는 않는다. 이들

<표 11-1> 일본 고베시 에코시티계획의 구체적인 실행방안

| 환경조화형의<br>도시골격 만들기 | · 보전지구 등 제도적 장치활용<br>· 인구·도시기능의 적정배치 (도시기능의 분산적 집중과 직주근접) |
|---|---|
| 자립·안정·순환형의<br>도시시스템 만들기 | · 빗물이용, 중수도 시스템 도입<br>· 지역냉난방, 도시배열의 효율적 이용<br>· 에너지의 효율적 이용<br>· 도시녹화, 수변정비 |
| 자연의 혜택을 느끼는 분위기 만들기 | · 녹색의 연출, 꽃의 연출, 수변 연출<br>· 생태적인 도시 시스템과 공동체시설의 연구 |
| 환경과 공생하는 활동을 목표로 한 조직 만들기 | · 행정 주도사업: 환경교육, 주민참가제도<br>· 지역주민의 활동: 시민농원, 지역녹화운동, 공원관리<br>· 가정 및 산업현장의 노력 |

자료: 고베시 인간환경도시선언(1972.7.31): 한국도시연구소, 1998에서 재인용

접근은 대체로 도시를 하나의 유기체로 보면서 도시의 다양한 활동이나 구조를 자연의 생태계가 가지고 있는 다양성, 자립성, 안정성, 순환성에 가깝도록 재편하여 인간과 환경이 공존하는 도시상을 상정하고 있다(이동근, 1997).

이러한 접근들을 통칭한다면 그중에서 '생태도시(eco-city)' 혹은 '에코폴리스(eco-polis)'가 가장 대표적인 것이 아닐까 한다. 일본에서 만들어 사용되기 시작한 이 개념은 총괄적으로 '도시의 구조 및 기능면에서 환경에 대한 배려가 잘 되어 있으며, 이를 우대로 한 인간의 생활·행동 면에서 시민 개개인의 자각에 기반을 둔 환경배려가 잘되어 있는 도시'로 정의된다(한국도시연구소, 1998). 이 개념을 최초로 적용한 고베시는 1972년 인간환경도시선언을 통해 '환경과 공생하는 도시상 만들기'의 4대목표를 설정한 바 있는데, 이에는 ① 자연과 공생하는 생태공간을 창조하고, ② 도시내에서 물질순환이 적절하게 이루어지도록 하며, ③ 여유있고 쾌적한 도시공간을 창조하고, ④ 환경과 부드럽게 어울리는 생활과 생산활동을 전개할 것 등이 포함되어 있었다. 이런 목표 아래서 구체적인 시책을 항목별로 선정하여 전략적으로 실시해 왔는데, <표 11-1>에서 보듯이 도시구조물과 관련된 물리적 계획뿐 아니라 행정에 대한 지

침과 지역주민의 참여를 유도할 수 있는 지원제도 등 사회적 측면의 계획이 함께 고려되고 있다.

생태도시의 기본원리는 '삼림생태계(의 구조와 기능)로부터 배워서 도시생태계의 자립성, 순환성을 가지도록 하는 도시'라는 것이다. 즉 "자원이나 에너지를 계속하여 순환사용할 수 있도록 외부로부터의 입력량과 외부로의 출력량을 극소화하는 동시에 입력과 출력의 질을 생태적으로 하는 도시"이다(熊本一規, 1992: 한국도시연구소, 1997 재인용). 이러한 개념에 따른 '생태도시 만들기'는 다음의 세 가지 원리에 근거해야 한다.

① 환경보전형, 순환형 도시시스템이 필요하다. 생태도시의 핵심은 순환성에 있다고 보면서 도시에 입력되는 물질과 에너지의 순환사용을 계속할 수 있도록 하는 것이 중요하다.

② 도시 속에 자연을 재생, 회복, 육성하는 것이 필요하다. 도시에 남아 있는 자연과 농지, 하천과 수변, 용수 등의 보전과 생물 등의 보호는 말할 것도 없고 적극적인 도시녹화, 작은 동물의 서식환경 창출 등을 계속해야 한다.

③ 시민주체의 제도를 확립하는 것이 중요하다. 도시환경을 잘 숙지하고 있고, 또 환경의 악화로 인해 피해를 받고 있는 것도 그곳에 살고 있는 사람들이기 때문에, 시민은 도시의 환경을 바꿀 수 있는 주체적인 존재이고, 또 이를 위한 에너지를 가지고 있다.

이러한 생태도시의 원리를 대도시 자치구 차원으로 적용하고자 하는 것이 곧 생태자치구의 개념이다. 생태자치구의 원리가 생태도시의 그것에 기반을 두지만 몇 가지 측면에서 차이가 있다.

① 생태자치구는 (대)도시의 물질과 에너지의 순환체계를 구성하는 한 하위단위로 상정된다. 즉, 생태자치구는 대도시 생태순환체계의 하위체

계로서의 상대적 자율성을 가지고 있다.

② 도시체제의 하위 단위로서 생태자치구의 건설은 자연생태성을 복원, 재생, 회복, 육성하는 것을 궁극적으로 겨냥한다. 즉, 생태자치구는 자치구 단위에서 생태성의 복원을 자치의 최우선 목표로 설정한다.

③ 구 단위의 자연생태성 복원과 순환은 자치구의 지방정부, 시민, 시민단체, 기업 등의 일상적인 노력을 통해 달성되는 것을 전제한다. 즉, 생태자치구의 조성은 대도시의 기초자치단체로서의 자치적 역량을 주된 실천적 수단으로 삼는다.

④ 생태자치구는 생태적 원리의 회복을 지향하지만 이를 통해 구현하고자 하는 것은 대도시내에 '환경공생적 공동체' 건설이다. 즉, 생태자치구는 생태윤리를 중심으로 하는 새로운 도시철학의 구현을 근본원리로 삼는다.

위와 같은 네 가지 원리를 반영하는 생태자치구 개념은 다음의 두 가지 방식으로 규정될 수 있다.

① 생태적 원칙과 원리를 우선시하면서 구의 발전을 주민자치적으로 추진하고 관리하는 區(ecologically self-governing districts) 혹은,

② 구민들의 자율적인 노력을 통해 구단위의 생태환경을 복원하고 이를 유지해가는 구(self-governing eco-districts)이다.

## 3. 생태자치구 모델의 구성

### 1) 생태자치구 건설의 모델

환경문제 해결이 모든 정책과 관리의 최우선 목표가 되고 있는 오늘날, 대도시 자치구의 발전방식은 이제는 생태적으로 지속가능한 조건을

최우선으로 충족시키지 않으면 안된다. 이는 달리 말하면, 구의 자치행정이나 구민들의 일상활동 모두는 구(區)가 생태환경적으로 지속가능할 수 있는 방식으로 재편되어야 한다는 것을 뜻한다. 생태환경적으로 지속가능한 구(區)가 되도록 도시생태계 뿐만 아니라 도시사회생활 전반을 재편해가는 자치적 노력을 우리는 '생태자치구 건설(혹은 조성)'이라 부른다.

'생태자치구 건설' 모델에는 구(區) 단위의 '자치활동체계'와 구 단위에서 상대적으로 작동하는 '생태체제' 두 영역이 포함되어 있다. 이 모델에서 생태자치구의 건설은 이 양 영역이 역동적으로 맞물려 돌아가는 활동체계로 상정될 수 있다. 즉, 구 자치활동의 최대목표를 구 생태체제의 복원과 유지에 맞추어놓고, 한편에서는 이의 달성을 위한 주민들의 다양한 실천 프로그램을 강구하여 집행하면서, 다른 한편에서는 구의 생태성 회복이나 이의 유지·발전이란 측면에서 구 자치활동의 결과를 재평가하여 그 결과를 자치행정과정에 환류시키는 과정을 반복하는 가운데, 구 생태체계의 자율적인 순환성을 형성해내는 것이 '생태자치구 건설'의 모델이다(<그림 11-1> 참조).

<그림 11-1>에서 보듯이 생태자치구 모델의 기본구성 단위는 구의 '생태체제(生態體制)'와 구의 '자치체제(自治體制)'이며 이를 매개하는 것은 '자치활동의 목표와 집행과정', 그리고 '자치활동의 평가와 조정과정'이다.

<그림 11-1> 생태자치구 건설의 모델

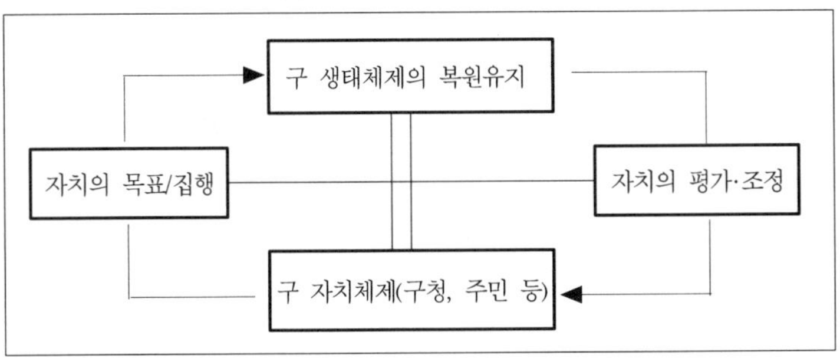

## 2) 구단위 생태체제의 구성

구의 생태체제는 구 지역 내에 있는 ① 식물과 동물들로 구성된 생물 서식체계, ② 대기, 하천, 지하수, 우수 등의 흐름으로 구성된 대기 및 수문환(水文還)체계(혹은, 순환체계), ③ 주택, 공장, 상업시설, 교통시설 등으로 구성된 인공시설물 체계, ④ 사람들의 일상사회적 활동들로 구성된 사회체계가 전체로써 조화적인 관계를 이루면서 순환하는 체제적 상태를 지칭한다. 이렇듯 구단위 생태체계는 하나의 하위체제이면서도 내용적으로 독자적인 체제적 다원성을 가지고 있다.

생태체제(혹은 생태성)란 개념은 환경체제(혹은 환경성)란 개념보다 인간과 자연(환경) 간의 관계에서 자연(환경)상태의 속성과 중요성을 더 강조할 뿐 아니라 인간의 활동체계(예, 도시적 활동)가 전체 체제의 한 단위로 생태계의 다른 부문과 상호 호혜적인 관계를 가져야 함을 강조해준다. 때문에 이러한 발상하에서 추진되는 도시관리나 도시계획의 방식은 그 기본 전제나 개발체계 면에서 기존의 사람중심(혹은 개발중심)의 접근에서 자연과 인간의 조화, 그리고 생태기능의 복원을 중심가치로 하여 접근되어야 할 것을 알 수 있다. 생태자치구는 이렇듯 구단위의 생태체제의 자연성을 회복하고 지키는 것을 발전의 중심가치로 삼는다.

실제의 도시계획이나 관리에서 상정되는 구 단위의 생태체계는 폐쇄적이고 완결된 체제가 아니라 대도시 광역체제의 하위 단위로 기능하는 만큼 그에 따른 상대성이 인식되고 존중되어야 한다. 이를테면 생물서식체계, 순환체계, 인공시설물체계, 사회제도체계 모두는 대도시 광역체계내에서 다른 체계와 수직적, 수평적 연관을 갖은 상태로 형성되고 기능하여야 하며, 그런 관계 속에서 특정 구의 생태체계가 특성화되고 순환되어야 한다. 미시적으로 볼 때 구의 생태체제는 주택단지, 녹지지역, 하천 등의 개별적인 생태단위들이 집합화된 것이지만, 그 전체로의 특성은 광역생태체계의 한 하위 단위로서의 생태체계의 상대성에 의해 규정된다.

<그림 11-2> 구 생태체제의 구성

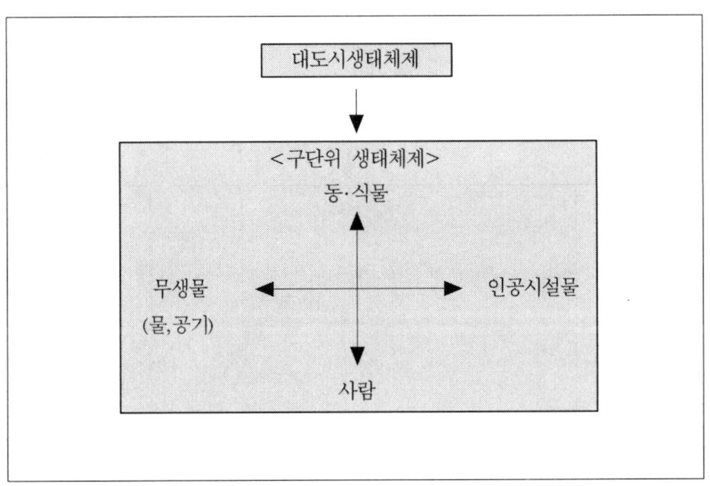


## 3) 구단위 자치체제의 구성

구(區)는 대도시 광역자치체의 하위단위이다. 따라서 구자치는 구에 부여된 자치역량을 가지고 구를 자율적으로 통치하는 것을 뜻한다. 다시 말해 구 단위의 통치(governance)의 조건과 방식은 광역자치체제에서 구가 차지하고 있는 행정·제도적 지위와 역량에 의해 일차적으로 결정된다. 이는 생태체제와 마찬가지로 구 단위 통치의 상대적 자율성을 의미하는 것이다.

이런 상대성에도 불구하고 구 단위의 생태가치의 발현은 구 단위의 정치체(polity)를 구성하는 주체들의 관계와 이들간의 실천방식에 의해 실제적으로 결정된다. 구자치를 구성하는 주체로는 이를테면 구청, 구의회, 주민, 시민단체, 기업 등이 있다. 따라서 구청이나 구의회와 같은 공공부문의 역할과 기능 뿐 아니라 해당 구 주민들의 사회계층적 관계가 어떠한 것인지, 어떠한 생활양식을 공유하고 있는지, 어떠한 생산관계를 가지고 있는지에 따라, 또는 민간부문으로 통칭되는 그들이 공공부문이 펴는

<그림 11-3> 구 자치체제의 구성

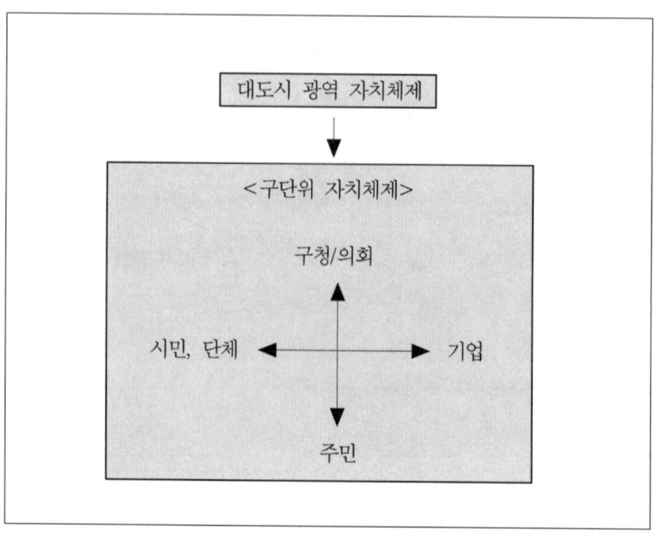


각종 제도적 정책이나 집행과정에 상대적으로 어떻게 참여하고 대응하며 나아가 비제도적인 실천을 해가는지에 따라 해당 구의 통치방식은 달라 진다. 이는 구자치의 주민주도성을 전제하는 것이다.

이런 점에서 구 단위의 특정 정책이나 사안의 해결방식은 결국 관련된 주체들간의 결합과 연대방식에 의해 결정된다고 할 수 있다. 다시 말해 일상의 미시적 관계를 통한 생태적 가치(예, 생태공원 조성)의 창출은 구 청, 구의회, 시민, 시민단체, 기업들간의 협력방식(예, 민관협력)의 여하에 의해 결정된다고 볼 수 있다. 이는 구자치의 실제적 결과는 구성원들간 의 파트너십(partnership)에 의해 좌우된다는 것을 의미하는 것으로, 이는 구 단위의 생태체제 관리에서 핵심적인 실천조건에 해당한다.

### 4) '생태자치구' 건설의 과정

생태자치구를 건설한다는 것은 구 자치를 담당하는 주체들(구청, 구의

회, 주민, 시민단체, 전문가, 기업 등)의 역할을 통해 구의 생태체제를 복원·유지하는 노력이라 할 수 있다. 실천 주체들간의 관계는 녹색정치의 실천원리에 의거하는 다양한 '민관협력방식'을 활용하여야 한다. 하지만 이러한 협력이 일회로 끝나는 것이 아니라 사업결과의 평가→새로운 목표의 설정→수단강구→집행 등의 과정을 반복적으로 수행하면서 이루어져야 한다. 따라서 생태자치구 건설은 장기적인 틀과 단기적인 틀로 나누어 추진되어야 하지만, 반복적인 집행과정을 통해 양자는 상호 통합되어야 한다.

여기서 장기적인 목표는 구 단위의 생태순환체제를 구축하는 것이라면, 단기적인 목표는 관련 주체들 중심으로 개별사업이나 프로그램을 추진하면서 전략적으로 주요한 생태시설이나 상태를 확보하는 것에 해당한다. 생태자치구 건설의 통합적인 틀에서 볼 때 전자는 후자에 대해 실천, 정책, 사업의 목표이며 또한 평가의 준거가 되는 반면, 후자는 전자를 달성하기 위한 수단이자 단계로 기능하는 것이 된다. 생태자치구는 기존의 정책이나 제도 틀로는 달성될 수 없는 것이 많기 때문에 장기적으로 해결하고 달성해야 하는 것과 그러한 틀 내에서 단기적으로 동원하고 집행해야 할 과제들간의 관계가 면밀히 밝혀져야 한다.

지금까지 언급한 생태자치구 건설은 다음과 같은 단계를 계속적으로 반복하는 방식으로 추진된다.

① 생태환경 실태(혹은 환경체제)의 파악
- 장기적으로 복원되고 기능해야 할 구의 생태순환체제를 규명한다.
- 구 자치를 담당하는 개별 주체의 활동분야별로 생태환경의 실태를 분석한다.

② 문제점/잠재력의 파악과 개선방향의 설정
- 구 단위 생태환경의 문제점과 잠재력을 확인하고 이를 토대로 구 단위에서 생태체제 복원을 위해 해야 할 장·단기 과제를 파악한다.
- 이와 관련하여 주체별 활동방향과 과제를 설정한다.

③ 분야별 과제와 주체별 실천 프로그램의 개발

· 구 생태환경 복원을 위한 분야별 과제를 파악한다.

· 분야별 과제를 수행하기 위한 주체별(구청/구의회, 주민, 시민단체, 전문가, 기업 등)의 역할 과제를 파악하며, 이를 실천하기 위한 구체적인 행동 프로그램을 강구한다.

④ 단기적인 프로젝트의 선정과 추진

· 위와 같은 활동과제를 확인한 후에는 단기적으로 추진할 수 있는 전략과제를 선정하여 이를 집중적으로 추진한다.

　예 : 녹지축 회복을 위한 사업

　　　생활하수 정화를 통한 하천살리기 사업

　　　구 생태종 보존을 위한 녹지지구 조성사업

　　　생태지구조성을 위한 자치조직 건설 사업 등

⑤ 자치활동의 주기적인 평가와 재조정

· 생태성의 회복과 유지를 위해 추진되었던 제반의 실천 프로그램들의 성과를 주기적으로 평가하면서 재조정하도록 한다.

· 이런 평가는 장기적으로 구 단위의 생태체제 복원을 목표로 하여 반복적으로 지속되어야 한다.


## 4. 생태자치구 건설의 목표와 수단

### 1) 생태자치구가 지향하는 목표

생태자치구가 지향하는 목표는 구 단위의 생태체계가 복원되어 그 내에서 생태순환이 상대적으로 완결되는 상태를 달성하는 것이다. 이러한 발전단계는 <그림 11-2>에서 제시된 구 생태체제를 구성하는 하위체계가 <그림 11-4>와 같은 내용으로 변화된 상태로 설명될 수 있다. 즉 생물서식체계에서는 '생태종의 복원과 다원화'가 이룩된 상태이고, 인공

<그림 11-4> 생태자치구의 발전상태

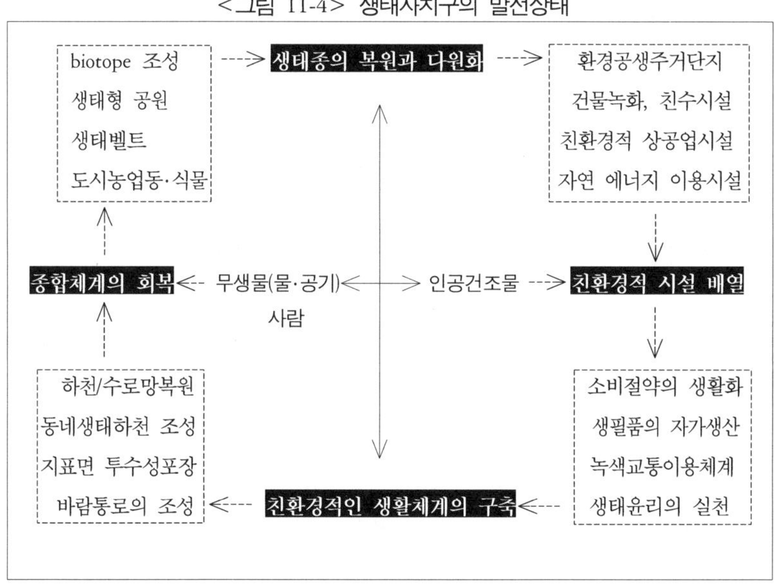


건조물체계에서는 '친환경적인 구조로 배열'된 상태이며, 사회제도체계에서는 도시인들의 일상관계가 '친환경적인 생활체계'로 구축된 상태이고, 대기·물순환체계에서는 '원활한 순환기능의 회복'이 이룩된 상태가 될 때를 생태자치구의 목표가 구현된 것으로 간주된다. 여기서 이 네 가지 하위체계의 기능복원과 작동은 상호 순환관계를 갖고 있어야 한다.

## 2) 생태자치구 건설을 위한 방안들

### (1) 생태종의 복원과 다원화

구의 생태계 복원 중에서 가장 중요한 부문은 생태종의 복원과 다양한 생태종간의 조화로운 의존관계를 형성하는 것에 있다. 이를 구현하기·위해서는 이러한 생태계에서 인간은 하나의 종으로서 다른 종과의 상호공생하는 관계를 유지하는 것이 중요하다. 환경공생은 구차원의 사회경영(예, 도시계획)에서도 중요한 실천적 목표이자 기준으로 실제 도입·활용되어야 한다. 구 차원의 생태종이 복원되고 다원적으로 존재하기 위해서는 해당구가 여러 하위 '바이오톱(biotop, biotope)'[1]으로 나누어 구성되면서 전체로서 유기적인 전체성을 띠도록 해야 한다.

이런 생태종의 복원과 다원화를 이끌어내기 위한 방안들로는 다음과 같은 것을 예거할 수 있다. 우선 보전녹지를 조성해 동식물 서식처를 마련해야 하되, 이를 위해서 서식지별로 군집식재, 습지조성, 하천복원, 서식처간의 통로형성 등을 마련해야 한다. 전략적으로 필요로 하는 곳에는 다양한 규모의 생태공원을 조성하여 생태종의 복원과 유지를 기해야 한다. 생태공원은 주거지역이나 상업지역 등에 점 조직으로 위치시킨다면 우선은 도시인의 사회적 생활과 (도시인들의 생태공원 이용을 통해) 생태활동의 결합을 도모할 수 있는 주요한 생태거점이 된다. 뿐만 아니라 도시 녹지축이나 생태하천망 등을 따라 개별 생태공원간에 네트워크가 형성된다면 이는 곧 도시 전체를 생태체제로 복원하고 기능케 하는 기본 틀로 작용하게 된다. 생태네트워크를 형성함에 있어서 다양한 유형의 도시농업 공간의 설정은 도시생활과 생태적 활동을 연계시키는 다른 유형의 '생태공원적 거점(nodes)'으로 기능할 수 있다. 구 단위의 생태시설과 기능이 이렇듯 점과 선의 형태로 위치되고 연결된다면 이를 바탕으로 구 단위의 생태벨트가 구역별로 조성될 것이다. 이 벨트와 구 생태계 밖의 광역 생태축과의 선택적인 연계를 통해 구의 생태체계는 대도시 체제의 하위단위로서의 상대적 완결성과 자율성을 구사할 수 있게 된다.

### (2) 순환체계의 복원

도시생태계의 유지는 물과 공기의 자연스러운 순환이 이루어질 때 비로소 가능하다. 물과 공기는 토지, 동식물, 인간생활계 모두를 관류하면서 각종 에너지를 투입시키고 폐기물을 배출시키는 작용을 수행하면서 도시의 생물·무생물간의 상호의존관계를 맺게 하고 유지케 해준다. 이중

---

1) 바이오톱은 야생생물의 생식·생육 공간을 의미하는 개념이다. 이러한 야생생물의 생식·생육 및 이동에 필요한 공간을 도시 내에서 계획적으로 조성하여 사람과 타동물이 공생할 수 있는 도시환경조성이 곧 비이오톱을 영역별로 나누어 조성하는 것이 된다.

에서 도시순환체계를 살리기 위해서는 특히 물순환 체계를 복원하는 것이 각별히 중요하다. 물순환을 복원하기 위한 가장 손쉬운 방안으로는 우선 도심 하천복개의 철거를 통해 하천정화를 시도하면서 하천생태계를 복원하고, 나아가 친수(親水)공간의 조성을 통해 인간과 물(혹은 물에 서식하는 각종 생물)과의 생태적 친화를 도모하는 것들이 될 것이다. 하지만 도시 물 순환의 전체적인 체계는 강, 하천, 수로망 등을 위계적으로 입체적으로 연결하여 그 흐름을 자연스럽게 하면서 다른 한편에서는 미시적으로 생활현장인 동네 단위별로 작은 생태하천을 조성하여 일상부문 속에서 유기적인 생태적 흐름을 구축해내야 한다. 아울러 오수, 폐수, 중수의 분리 그리고 폐수의 적정 처리도 물순환 체계구축과 관련하여 동시적으로 추진되어야 할 과제이다. 한편 지표수와 지하수 사이에 원활한 순환을 위해서는 각종 공개지를 인위적으로 조성하되, 특히 지표면을 투수성 포장으로 바꾸어가는 사업을 체계적으로 추진해나가야 한다.

최근에는 각종 대기오염의 증대 그리고 고밀도 인공시설의 집적 등으로 순조로운 대기순환이 차단되는 경우가 많다. 이를 막기 위해서는 바람의 통로를 확인하여 도시 내에 각종 시설이나 활동체계를 이에 따라 배치시켜야 한다. 그리고 보다 직접적으로는 대기오염 저감을 위한 친환경적 시설을 대폭 확대해가는 사업도 꾸준히 추진해가야 한다.

### (3) 인공시설의 친환경적 배열

생태자치구를 도시계획적 방식으로 조성하는 데 있어서 가장 효과적이면서 실제적으로 할 수 있는 방안은 각종 도시(인공) 시설물을 친환경적으로 건설하고 배열하는 것이다. 도시가 반환경적이라 한다면 그것은 무엇보다 도시의 각종 인공시설이 개발되고 이용되는 과정에서 각종 환경유해물질이 발생하기 때문이다. 그런 만큼 생태자치구의 건설에서 도시계획 시설의 건설과 배열, 이용체계에 친환경성을 확보해내는 것이 그어느 수단보다 중요하다는 것을 알 수 있다.

환경친화적인 도시계획을 유도하기 위해서는 우선 도시계획의 골간이 되는 토지이용체계의 기준을 인간중심적 기준으로부터 생태순응형 기준으로 변환을 기해야 한다. 환경친화적 토지이용배분 체계를 바탕으로 개별 시설물은 기본적으로 에너지 절약형으로 디자인되고 건설되어야 하며, 그 이용에서도 소음, 진동 등을 저감할 수 있는 장치를 동시에 갖추도록 해야 한다. 주거단지의 경우는 환경공생주거지 모델을 개발하여 지역별 특성에 맡는 주거지 단지를 계획적으로 조성해야 가야 한다.[2] 이들 단지간에는 에너지 사용을 효율적으로 집단화하는 지역냉·난방체계, 에너지공급체계 등을 갖추어야 할 것이다. 한편 상업지구나 공업단지의 조성과 관련해서는 저밀도·저에너지 절약적인 건축물, 단지, 시설체계 등을 지역의 생태환경 실정에 맞도록 설계하여 운영하도록 유도해가야 한다. 개별 인공시설물(특히 대형빌딩)의 경우는 옥상녹화나 전면녹화의 실시를 유도하고, 빈터를 이용한 포켓공원이나 쌈지공원 조성을 권장하며, 작은 생태기능을 갖춘 친수시설 등을 조성하도록 하여 시설단지 자체가 도심내의 '작은 바이오톱'이 되도록 해야 한다.

### (4) 친환경적 생활체계의 구축

생태자치구의 조성의 성패는 인공적인 시설이나 생태시설의 설치보다 궁극적으로 일상과정에서 친환경성과 생태성을 구현하고 유지하는 데 달려 있다. 친환경적 생활체계의 구축은 우선은 개인적인 생활차원에서 환경유발형 상품의 사용을 최대한 줄이는 것으로 시작해야 한다(조명래, 1997c). 이를테면 소비절약형 생활을 바탕으로 에너지 절약형 단순소재로 된 소비재 사용을 확대하면서 생필품의 자가생산과 공동소비 등을 일상적으로 실천해가도록 시민생활이 계몽되어야 한다. 아울러 도시 대기오염, 소음·진동의 주범인 교통문제를 해결하기 위해서 일차적으로 사적

---

2) 우리의 도시 주거지 재개발은 현재 너무나 과도하게 상업적 논리에 따라 추진되기 때문에 그에 따른 환경문제가 심각하게 수반되고 있다. 따라서 향후 대도시 주거지 재개발에서 설정되어야 할 여러 기준 중에서도 생태성과 환경성을 최우선으로 해야 한다면, 환경공생적 주거단지 조성의 모델은 대도시의 주거지 재개발을 위한 기본모델이 될 수 있다.

소비재(즉 자가용) 사용을 최대한 억제하면서, 대중교통이나 녹색교통(도보, 저전거, 경전철 등)을 교통의 주된 수단으로 이용할 수 있는 도시교통체계 기조를 친환경적인 것으로 바꾸어가야 한다. 생활과 생산에서 배출되는 폐기물의 방출이 최소화되는 각종 실천방안도 활동 영역별로 강구되어야 하며, 특히 폐기물의 경우는 주민들과 지혜를 모아 재활용을 극대화하는 현실적인 방안을 모색해가야 한다. 도시생활방식이 전체로 친환경적인 것으로 재편되기 위해서는 일상 활동을 친환경적으로 유도하고 규제하는 각종 제도적 장치(예, 세제, 산업정책, 행정규정 등)가 점진적이면서 입체적으로 마련되어야 한다.

친환경적 생활체계의 조성은 소극적이고 사후적 방식보다 적극적이고 사전적 방식으로 접근해가야 한다. 여기에는 계층간 소비격차를 줄이는 포괄적인 사회정책의 실시, 시민들의 친환경적 마인드를 일깨우는 효과적인 환경교육의 일상적 실시, 환경문제에 대한 시민들의 적극적인 감시, 녹색상품의 생산과 소비를 장려하는 사회적 분위기의 조성, 경쟁적 소비를 자제하는 방안 등이 포함될 수 있다. 여러 방안 중에서도 진정한 생태자치구의 구현하기 위해서는 물질만능주의에 매몰된 감각적 소비생활 대신에 자연과 조화로운 삶이 값진 삶이고 근본적인 삶이 된다는 '생태윤리'를 일상적 삶의 윤리적, 행위적 준거로 삼는 도시인들의 생활철학을 확립해가는 방안이 가장 중요하다 할 수 있다.

지금까지 논한 구 생태체제 복원과 유지를 위한 방안들을 영역별로 정리하면 다음 <표 11-2>와 같다.


## 5. 생태자치구 건설을 위한 실천구조

### 1) 실천구조: 녹색정치의 지방화

생태자치구 조성의 관건은 자치구의 자치적 역량을 어떻게 동원하고

<표 11-2> 구 생태체제의 복원을 위한 방안들

| 영역 | 방안들 |
| --- | --- |
| 생태종의 복원과 다원화 | · biotope 조성<br>· 보전녹지 조성<br>· 동식물 서식을 위한 군집식재<br>· 녹도의 체계적 조성<br>· 그린벨트/생태벨트 조성<br>· 자연(생태)하천의 복원<br>· 인공습지의 조성<br>· 생태공원의 체계적 조성<br>· 도시농업의 확대<br>· 친수공간(시설)의 조성, 등 |
| 순환체계의 복원 | · 하천복개의 철거<br>· 하천정화<br>· 중수도 시스템 및 자연정화 하수처리장 시설<br>· 동네생태하천의 조성<br>· 하천/수로망 형성<br>· 우수분리와 저류<br>· 지표면 투수성 포장<br>· 대기오염 저감 시설의 확대<br>· 바람통로의 조성 등 |
| 인공시설의 친환경적배열 | · 생태순응형 토지이용체계<br>· 에너지 절약형(자연에너지 사용) 건물 건축<br>· 소음·진동 저감 시설<br>· 지역난방체계<br>· 환경공생주택의 단지화<br>· 저밀도·저에너지 사용 상업·공업시설<br>· 건물녹화/옥상녹화<br>· 쌈지공원<br>· 친수시설, 등 |
| 친환경적 생활체계의 구축 | · 소비절약의 생활화<br>· 저에너지, 단순 소비재의 사용확대<br>· 생필품의 자가생산<br>· 녹색교통수단의 활용(도보, 자전거 등)<br>· 폐기물의 저감과 재활용 확대<br>· 친환경적 도시관리기법의 개발<br>· 계층간 소비격차의 완화<br>· 환경교육의 실시<br>· 환경감시의 일상화<br>· 생태윤리의 실천, 등 |

조직화하느냐에 달려 있다. 환경문제의 해결이 주민들의 참여에 의해 보장되어야 하는 당위성이 제기되는 단계에서 실시된 지방자치는 그런 점에서 환경문제 해결의 새로운 제도적인 돌파구가 될 수 있다(조명래, 1996). 지방자치는 지방의 발전을 둘러싼 제반의 문제를 지방 주민들간의 정치적 합의과정을 통해 진단하고 해결하는 제도방식이라면, 환경문제의 해법은 바로 이러한 지방정치의 틀과 결합되는 것이 필수적이다. 지방자치적 과정에서 담아내고 성취해야 할 지방발전의 과제가 한 두 가지가 아니겠지만, 오늘날의 발전가치가 '지속가능한 공동체 건설'을 중심으로 하고 있는 만큼, 지방자치의 최우선은 바로 '(지방)생태환경'을 '(지방)자치' 방식으로 지켜가는 것, 즉 '생태자치'에 두어야 할 것이다. 이는 다름아닌 '녹색정치의 지방화'를 의미한다. 환경과 생태적 가치를 최우선으로 하는 새로운 정치적 실천의 모색이 녹색정치라 한다면, 이를 현실적으로 구현하는 방식은 일상환경의 문제가 전개되는 지방적 상황을 매개로 해야 할 터인데, 이는 다름아닌 녹색정치의 지방화를 뜻하는 것이 된다.

녹색정치의 지방화는 달리 말하면 지방정치의 주체들이 환경/생태가치의 복원을 지방발전의 최우선 목표로 하면서 이를 달성하기 위해 지방의 이해당사자들 사이에 합의적 실천을 이끌어내가는 지방정치의 한 방식을 지칭하는 것이다. 녹색정치의 지방화는 기존의 지방정치의 구도, 즉 지방정부/의회(정치사회영역), 시민/시민단체(시민사회영역), 기업/시장(경제사회영역)간에 역학관계가 구 단위의 생태환경가치의 달성을 위한 정치적 타협과 협력의 관계로 설정되는 것을 의미한다. 다시 말해 녹색정치의 지방화는 지방의 정치정치의 3주체인 지방정부, 시민, 기업이 지방의 생태환경적 가치를 복원하고 유지하는 방식을 둘러싸고 경쟁, 협상, 합의, 협력 등을 추구하는 지방정치의 한 방식이란 뜻이다.

생태환경의 문제를 지방정치의 최고의 가치로 삼고, 이를 정치적 협상과 타협, 그리고 지방발전정책의 핵심으로 삼기 위해서는 이를 주도적으로 이끌어낼 수 있는 정치세력이 있어야 할 것이다. 녹색정치세력을 지방정치의 틀내에서 결집해내면서 제도적 실천력을 얻어내기 위해서는 우선은 지방정당제의 활성화가 허용되어야 한다. 중앙집권적 이념정치가 약화되는 오늘날의 공간정치 상황에서 지방이 스스로의 쟁점을 정치적 협상을 통해 해결하도록 허용한다면 지방정치의 핵은 지방일상환경의 문제를 중심으로 쉽게 형성될 터인데, 이는 다름아닌 녹색정치세력이 그 주도적 위치에 서게 됨을 의미하는 것이다. 하지만 이러한 계몽적 지방정치의 활성화는 다양한 입장을 가진 정치세력을 제도 틀내로 결집시키는 지방정당제의 활성화를 절대필요로 한다. 최근 서구에서 환경친화적 도시정책을 효과적으로 펴고 있는 도시들을 보게 되면, 환경론자들이 지방정치세력으로 등장하여 해당 도시의 자치를 친환경적으로 펴고 있는 것이 그 주요 까닭으로 작용하고 있음을 알 수 있다.

녹색정치의 지방화가 제대로 정착이 된다면, 이는 지방의 생태환경에 대한 관리와 통제의 권한을 지방이 갖는, 즉 '환경자치권'을 지방이 명실상부하게 행사하는 것이 된다. 따라서 생태자치구의 실천구조는 녹색정치의 지방화가 구현되는 정도와 방식에 의해 좌우된다고 한다면, 녹색정치의 지방화를 전제로 하는 생태자치구 건설은 결국 지방주체들이 어떻게 정치적 연대를 꾸미느냐에 달려 있다고 할 수 있겠다.

## 2) 생태자치구 건설을 위한 주체별 역할

### (1) 공공부문: 중앙정부, 지방정부, 지방의회

① 생태자치구의 통치역량을 가늠하는 일차적 조건은 구정부가 향유하고 있는 자치권한의 정도이다. 구는 중앙정부-광역시를 상위정부로 두고 있는 대도시의 기초자치단체이다. 때문에 이러한 행정위계에서 차지하는 위상이 곧 구자치의 역량을 결정하게 된다. 환경부문만 좁혀본다면 현재 지방자치단체에 주어진 자치사무는 국가전체 사무단위수(1995년 현재 총 1만 5,774 가지)의 1%(약 151건)에 불과하여 환경자치는 현재로서 요원한 실정이다. 서울의 기초자치단체인 구의 경우, 환경관련 업무

는 실제 이보다 더욱 제한되어 있다.3) 따라서 생태자치구 건설의 가장 중요한 제도적 조건은 중앙 혹은 상위정부로부터 환경자치와 관련된 관리권이나 정책결정 권한을 대폭 이행4)받는 일이다.

② 이러한 전제하에서 또 다른 중요한 제도적 조건은 구 차원의 자치에서 환경관리업무가 차지하는 위상의 제고와 관련업무 간의 협력체제를 갖추는 일이다. 이를 위해서 환경관련부서를 구청장의 직접적인 관장하에 두면서 이를 구자치 행정의 종합적인 기획·집행부서로 운영해야 할 것이다. 이는 구자치행정의 골간이 도시계획이나 산업진흥과 같은 개발관련 업무에서 생태환경보전관련 업무 중심으로 옮겨져야 한다는 것을 의미하는 것이다. 아울러 구 단위의 도시계획사업과 환경관리 업무 간의 유기적인 협조가 필요한데, 여기에서도 그 협조의 중심은 물론 환경보전업무에 두어야 할 것이다. 친환경적인 자치행정제도는 관련 법이나 규정의 개정과 신설이 필요할 것이지만, 구 단위에서도 지방의회와 합의하여 환경중심적 관리행정 구현을 위한 조례나 규칙 등을 제정할 여지가 많다. 필요할 경우 다른 구 정부와 연대하여 상위정부에 대해 관련 법 및 규칙의 개정, 권한의 이행 등을 집단적으로 요구할 수 있다.5) 제도의 친환경적 중심성 확보와 더불어 중요한 것은 각종 사업을 지원할 수 있는 재정력의 확보이다. 환경관련 재정의 확보는 정책우선 순위를 달리해 예산편성에서 환경부문의 비중을 전략적으로 늘리는 방법, 상위정부에 대해 환

---

3) 구의 환경업무 분장은 환경과(산하에 보통 환경관리계, 환경지도계, 생활공해계가 있음)가 책임 맡고 있는데, 업무의 대부분이 환경오염감시, 부과금부과·징수와 같이 오염문제의 사후규제와 관련되어 있는 것들이다. 따라서 환경계획의 수립이나 일상부문에서 환경문제를 예방적이며 사전적으로, 종합적으로 다룰 수 있는 자율적 환경행정능력은 미약하기 짝이 없는 실정이다.

4) 이러한 권한에는 특히 구 단위의 환경계획수립이나 일상부문에서 환경문제를 예방적이며 사전적으로, 종합적으로 다룰 수 있는 자율적 환경행정능력을 확보할 수 있는 것이 주로 포함되어야 한다. 아울러 이러한 권한 부여와 더불어 구 생태체계를 구성하는 동식물, 물, 대기, 토양, 녹지 등의 생태적 자원을 보호, 보전, 유지하는 데 대한 자치구의 책임과 권한을 적극 규정할 필요가 있다.

5) 이는 특히 선거시 후보자들의 공약으로 제시되고 임기동안 이를 위한 실행 프로그램을 운영한다면 여러 가지 면으로 실현가능하다. 이런 자치활동은 '녹색정치의 지방화'를 실천하는 그 자체라 할 수 있다.

경관련 지원금을 요구하는 것과 같은 제도적 방식 외에 구 정부 차원에서 각종 기금조성이나 민간자본의 조성을 통해서도 재정력 확보를 기할 수 있다. 요는 구 단위의 자치행정의 비중이 이런 부문에 어느 만큼 실리느냐이다. 다시 말해 녹색정치의 지방화를 실천할 수 있는 지도자의 정치적 의지가 무엇보다 중요하다는 것이다.

③ 구 단위에서 추진되는 도시계획 전반이 친환경적 원칙과 틀로 바뀔 필요가 있다. 현행의 도시계획은 도시계획법에 의해 추진되지만, 그 운용의 기본원칙은 친환경적인 것과 여전히 거리를 갖고 있는 것이 사실이다. 인구활동과 관련된 물적 시설의 개발과 이의 효율적인 관리가 기존 도시계획의 기본방식인 만큼, 기존의 도시계획체제는 생태가치를 중심으로 하는 자치구 관리 틀과 그렇게 잘 맞지 않다는 뜻이다. 구민들의 일상적인 생산, 소비, 여가 활동 등에서 환경문제가 출현하고 또한 그 결과로 피해를 겪는다면, 환경문제 해결 그리고 더 나아가 생태적 기능의 복원은 물적 사업 위주의 기존 도시계획을 벗어나 일상의 전반적인 영역에서 그 조건이 확보되어야 할 것이다. 그리고 그러한 사업의 결정과 집행은 결코 지금과 같은 공공부문의 독점에 의해서는 실현될 수 없다. 이런 측면에서, 주민들의 일상적 과정(예, 소비활동, 가족활동)뿐 아니라 도시개발 전반을 환경친화적으로 이끌어낼 수 있는 계획작성의 새로운 방식을 우리는 '지방의제 21' 모델에서 찾을 수 있다(서울특별시 녹색서울시민위원회, 1997). 향후 도시계획제도는 '지방의제 21'을 실천가능한 법정계획으로 바꾸어 이를 도시계획의 새로운 체제로 꾸려가는 변신을 기해야 할 것으로 본다.

④ 생태자치구의 건설이 자치의 기본원리인 주민들의 발의와 직접적인 참여, 그리고 주도에 의해 이루어져야 한다면, 이를 위해 공공부문이 적극적으로 취해야 할 조치의 중요한 내용은 자치행정 전반(좁혀서는 환경행정)에 주민들의 다양한 참여를 보장하고 이를 지원하는 제도를 강구하는 것이다. 지방정부가 관장하고 있는 환경관련 업무는 기획으로부터 집행, 평가 각 단계별로 주민들이 실제 참여할 수 있는 여지를 많이 갖

고 있다. 한편 환경행정에 대한 주민참여는 여러 가지 방식의 주민조직이나 NGO를 결성해 이루어지는 것이 바람직하다. 이는 개별적인 참여보다 조직적이고 집합적인 참여가 참여의 효과를 극대화해주면서 환경영역별로 참여방식과 내용을 특화해주는 효과를 담보해주기 때문이다(조명래, 1997d).

⑤ 끝으로 구 단위의 생태자치가 장기적으로 구현되기 위해서는 생태환경에 대한 주민들의 상이한 입장과 이해관계를 상호 조율하면서 이를 집합적인 실천으로 이끌어내는 녹색정치의 제도화가 필요하다. 즉, 친환경적인 지도자를 뽑고, 환경정책에 대한 주민들의 저항을 조직화하며, 생태권리의 요구를 제도적으로 표출하고, 각종 프로젝트에 주민들이 집합적으로 참여할 수 있는 것 등을 제도적으로 보장하는 장치는 모두 녹색정치의 제도화 속에서 갖추어야져야 한다는 뜻이다. 녹색정치가 지방화되기 위해서는 무엇보다 지방정당제의 실시가 시급히 요청되며, 나아가 지방의회가 구의 친환경적 발전을 주도하는 '지방의회주의'의 활성화가 제도적으로 보장되어야 한다.

### (2) 민간부문: 시민과 기업

① 공공부문에 대응되는 지방정치의 영역은 시민사회의 주체, 즉, 시민과 경제사회의 주체, 다시 말하면 기업으로 구성된 민간부문이다. 이 중에서 생태자치구 건설과 관련하여 민간부문이 수행해야 할 가장 중요한 역할은 시민들이 생태적 자의식을 가지고 일상생활을 친환경적으로 영위해 갈 수 있는 '일상적 태도'를 갖추는 일이다. 시민들은 근본적으로 개인적인 이해관계를 우선적으로 추구하는 집단이기 때문에, 그들의 집합적 삶의 가치를 경제적 논리, 시장논리, 자본의 논리에 우선하는 것에서 탈경제적, 생태적 논리를 우선하는 것으로 전환하는 것이야말로 생태윤리를 일상과정에 옮기면서 생태자치구의 이상을 일상영역으로부터 구현해내는 으뜸의 조건이 된다. 이런 조건은 대체로 규범적이고 도덕적인 것이어서 24시간 내내 물질적 이해관계에 매몰되어 살아가는 일상인의

의식이나 태도의 변화에 별 영향을 못 주는 것으로 간주한다. 하지만 우리의 도시발전상황은 환경적 가치를 규범적 중요성으로만 받아들이던 단계로부터 이의 실현을 위해 일상관계나 사회정책의 변화를 구체적으로 요구하는 단계와 맞물려 있기 때문에, 정치지도자의 역할, 국가정책의 방향, 교육의 내용, 제도운영의 방식의 변화 여하에 따라 개인적 생활방식이나 제도적 관행을 충분히 친환경적인 것으로 이끌어낼 수 있다.[6] 이를 테면 환경문제를 낳은 상품의 과도한 소비를 억제하고, 에너지 절약형 기기나 도구를 일상적으로 사용하며, 동식물에 대해서도 생존권을 인정하는 것 등은 사회적 캠페인[7]이나 교육 여하에 따라 주민들이 이를 쉽게 수용하고 실천할 수 있다. 시민들의 친환경적인 마인드와 생활양식이 전제되지 않으면 지금과 같은 환경파괴적인 재건축이나 재개발, 혹은 무분별한 환경훼손 등은 계속 자행될 것이며, 그 결과 도시생활환경은 더욱 열악해질 것은 불문가지인 것이다.

② 시민은 환경문제 발생의 원인자이나 또한 직접 피해자이기도 하다. 따라서 환경문제 해결, 나아가 공동체 내에 생태적 기능을 복원해내는 실질적인 관건은 이들이 환경문제 해결의 직접적인 실천자로 나서는 정도에 달려 있다 하겠다. 환경문제는 워낙 다양한 영역에서 다양한 경로를 통해 발생하고 또한 그 영향이 복잡한 메커니즘을 거쳐 나타나기 때문에, 공공부문의 몇 가지 환경행정수단으로는 해결할 수 없는 법이다. 따라서 주민들이 환경문제 해결의 제도적, 비제도적 과정에 적극적인 주체로 참여하는 것이 전제될 때에만 생태자치구의 이상은 구현되는 것이다. 하지만 시민들이 개별적으로 이러한 환경문제 해결에 참여하는 것은 비효과적이고 또한 비생산적인 경우가 많아 그 참여가 집합적으로, 조직적으로 이루어져야 한다. 이를 위해서는 프로젝트의 사안별로 다양한 NGO를 결성하여 환경실천을 추진하는 것이 가장 바람직하다 할 수 있

---

6) 이런 점에서 지방정치의 활성화는 지방적인 차원에서 환경주의적 정치적 가치를 지역 주민들이 수용하고 실천할 수 있는 여건을 조성하는 데 크게 기여할 것으로 본다.

7) 이런 점에서 주민주도적인 지역(환경)운동은 생태자치구 건설을 주민자치적 방식으로 실천하는 주요한 수단이 된다 할 수 있다.

다(조명래, 1997d). NGO를 통한 참여는 주민의 창의성과 주도성을 담보하면서도, 다양한 시민세력과의 연대 그리고 공공부문문과의 유기적인 공조를 보장해주는 집합적인 참여방식을 보장해준다. 때문에 생태자치의 성패는 NGO들이 민간부문과 공공부문 중간에 포진한 채 매개역할을 수행하는 방식과 정도에 의해 판가름된다 할 수 있을 정도이다(조명래, 1997d).[8]

③ 민간부문의 또 다른 주요 역할자는 경제활동의 주체인 기업이다. 앞서 살펴 본 시민들의 사회적 역할이 주로 소비자 역할을 중심으로 하는 것이라면, 여기서 살펴볼 경제활동의 주체는 주로 생산자 역할을 전제로 한다. 구 단위의 경제활동에 관여하는 시민들은 생산업체의 소유자, 근로자 뿐 아니라 서비스 상품을 생산·공급하는 종사자도 포함된다. 대도시 자치구의 생산주체는 제조업자보다 서비스업 종사자가 더 많은 것이 보통이다. 그 유형과 분포가 어떻든 재화와 용역의 생산과 판매활동은 이윤동기에 끊임없이 추동되며, 이 추동은 상품의 가치구성을 고도화하기 위해 생산으로부터 판매의 전과정에 에너지, 물질, 자료의 투입을

---

8) NGO는 환경문제인식으로부터 환경문제 해결의 전과정에서 공공부문의 활동(즉, 환경행정활동)과 민간부문의 활동(즉, 주민의 인식과 실천활동)을 매개하는 역할을 수행한다. 보다 자세히 말하면, NGO는 민간부문에서 감지되는 환경문제를 적극적으로 쟁점화하여 주민들의 환경 자의식과 실천활동을 불러내는 동시에(아래 <그림>에서 ①), 공공부문에 대해서는 주민들의 생활환경을 제약하는 환경문제의 쟁점을 분명히 부각시켜 공공행정의 기제를 통해 이를 해결하도록 자극함으로써(<그림>에서 ②), 환경행정과 주민의 참여적 노력이 만나게 해주는 역할을 한다. 한편 NGO는 공공부문과 민간부문이 함께 한 환경개선의 효과가 주민 모두에게 골고루 돌아갈 수 있게 할 뿐 아니라(<그림>에서 ③), 공공부문에 대해서는 집행결과의 평가를 정책작성 부문에 다시 투입하여 다음 단계의 입안에 주요한 조건이 되도록 하는(<그림>에서 ④) 매개 역할도 동시에 수행한다(조명래, 1997d).

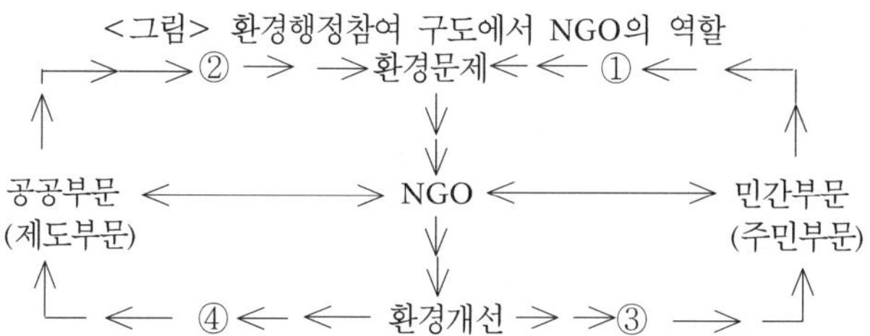

끊임없이 늘리는 성향을 낳으며, 이 결과 환경오염물질의 배출이 비례적으로 급증한다. 따라서 생태자치구 건설과 관련하여, 생산주체의 가장 중요한 실천은 친환경적인 마인드를 갖고 녹색상품9)을 생산하며, 그리고 생산 및 판매방식을 친환경적으로 경영해가는 것에 있다 하겠다. 경제주체들의 이러한 녹색실천을 유도해내기 위해서는 교육, 홍보, 세재, 정책 등의 제도적 지원방안이 구 자치 차원에서 효과적으로 강구해야 할 것이다.

④ 생태자치구의 조성은 근본적으로 지속가능한 발전을 구현하는 것을 전제로 한다. 지속가능한 공동체 건설은 생태종의 복원만으로 가능한 것이 아니라 그러한 생태적 상태가 인간사회시스템과 조화로운 관계를 갖고 맞물려 돌아가면서 지속될 수 있어야 한다. 이러한 조건의 형성은 궁극적으로 인간사회시스템이 지속가능한 방식으로 재편되는 것에 의해 결정된다. 지속가능한 '인간사회시스템'의 형성조건으로서 호톤과 헌터는 '세대간의 형평성(inter-generational equity)의 원칙 혹은 미래성(futurity)의 원칙', '사회정의(social justice) 원칙 혹은 세대 내 형성성(intra-generational equity)의 원칙', '초경계적 책임(transfrontier responsibility)의 원칙'을 제안하고 있다(Haughton and Hunter, 1994).10) 여기서 특히 세대 내의 형평성의 원칙이 중요하다. 오늘날의 환경문제는 상품의 과도한 소비를 매개로 하여 발생한다. 그런데 소비의 조장은 주로 중상류층에 의해 주도되고 있지만, 소비결과로 출현하는 환경문제의 피해에 대해서는 이들 계층의 노출정도가 상대적으로 가장 적다. 이는 환경이 상품화되면서 환

---

9) '녹색상품의 생산'은 이를테면 환경물질 배출을 최소화하는 원자재를 쓰고, 폐기물발생을 최소화하는 부품과 포장재를 사용하며, 소비조장을 억제하는 상품유형을 생산하고, 폐기물 수거를 쉽게 하는 상품유형을 생산하는 것 등을 의미한다.

10) 세대간 형평성 혹은 미래성의 원칙은 각종 개발행위를 취함에 있어서 미래세대들의 필요와 열망을 충족시킬 수 있는 측면/조건이 함께 배려되어야 한다는 원칙에 관한 것이다. 사회정의 혹은 세대 내 형평성의 원칙은 지금의 세대 내에서 이루어지는 자원이용과 열망 충족에 대한 기회 및 권력의 접근에 있어서 계층간 평등성이 확보되어야 한다는 원칙에 관한 것이다. 초경계적 책임의 원칙은 환경문제 해결과 관련해서는 모든 영역과 경계를 뛰어넘어 관련된 주체, 조직, 국가가 함께 책임져야 한다는 원칙에 관한 것이다.

경재에 대한 접근이 계층간에 상이함으로써 나타난 결과이다. 계층간 격차와 불평등은 도시사회 내에서 분배와 점유의 누적적 편중을 유발하여 결국 환경에 대해 과부하를 거는 사회구조적 메커니즘으로 작용하게 된다. 이런 점에서 이의 해결은 생태자치구 구현을 위해 대단히 중요한 사회적 조건임을 알 수 있다. 자치구 차원에서 지방정치적 과정을 통해 격차문제가 공론화되고, 그런 가운데 해결에 관한 계층간 합의가 형성된다면, 이의 해결은 제한적이긴 하지만 충분히 가능할 수 있다. 이 또한 녹색정치의 활성화가 생태자치구 구현의 중요한 실천조건임을 다시 확인해주는 대목이 된다.

## 3) 민관협력을 통한 실천: 생태자치의 공생산(coproduction)

생태자치구의 구현을 위한 실천방식은 공공부문과 민간부문 간의 협력적 분업관계를 통해 추진하는 것이 가장 이상적이다. 생태환경의 쟁점별로 공공부문과 민간부문이 협력을 통해 공동의 생태환경의 가치를 생산한다는 점에서 이는 생태환경의 '공생산(共生産)'이라 할 수 있다. 생태가치의 공생산은 지자체와 주민들이 각종 생태환경 개선 사업을 공동으로 추진함으로써 그 의도하는 목표달성을 극대화하는 활동방식이다. 공생산활동은 주민참여의 원리를 바탕으로 하여 환경행정이나 환경개선 프로젝트의 성과를 최대한 얻어내는 방식이란 점에서 생태자치 그 자체를 실천하는 행위라 할 수 있다(조명래, 1997d).

생태가치를 공생산하기 위해서는 생태자치구 실현을 위한 '민관협력조직'을 결성하여 이 조직을 중심으로 장단기 개별 프로젝트들을 통합적으로 추진해가야 한다. 그 조직의 구성은 구청/의회, 주민, 시민단체, 기업, 전문가집단으로 이루되, 이들간의 역할과 활동영역을 명확히 설정하는 한편 이들간의 활동을 네트웍화하는 식으로 운영되어야 한다. 이런 조직의 전형으로 서울시가 환경조례에 근거해 구성한 '녹색시민위원회(시민대표 100명으로 구성됨)'를 꼽을 수 있다. 서울시의 모범적인 '지방의제

21' 작성은 녹색시민위원회가 주축이 되어 시민전문가(일반시민, 학자, 기업, 관료) 200명을 7개 분과로 나누어 개방적이면서 민주적으로 의제 작성을 추진하는 방식을 활용했기 때문에 가능했었다. 이런 경험에서 볼 때 민관협력조직을 운영함에 있어서 중요한 것은 관련된 주체(지방정부, 시민단체 등)간에 관계를 조율하고 조정하는 역할자(coordinator)이다. 이 조정자는 사안에 따라 다르지만 전문성을 갖춘 시민조직(예, YMCA, 환경운동연합의 시민환경연구소)이 맡는 것이 가장 바람직스럽다. 구체적인 생태자치구 사업의 추진시에는 장기적 목표와 과제를 명확히 설정해 놓고 이를 달성하는 수단으로 간주되는 단기적 사업을 중심으로 접근하는 것이 당장의 효과를 보장해준다. 단기적 과제로는 이를테면 '녹지축 복원을 위한 주민사업', '하천생태계 복원을 위한 주민사업', '친환경적 재개발을 위한 계획작성', '주민환경의식조사 및 지역환경탐사', '구 생태계종 보존을 위한 녹지지구 조성사업', '생태하천 조성사업', '생태자치모델 개발연구' 등을 예거할 수 있다.

## 6. 생태자치구의 사례: 일본 마치즈쿠리 운동

지난 몇십 년간 급속한 경제성장을 이루는 동안 일본은 여러 시기를 거치면서 환경문제의 양상을 달리해왔고, 그에 따른 대응도 변화해왔다. 공업화 초기 동안(즉 1950, 1960년대)은 공해로 일컬어지는 각종 환경오염에 의해 산천이 시달리면서 그에 대한 각종 분규, 갈등, 국민적 저항이 전개되었다. 이 기간 동안 행정당국과 주민은 서로가 서로에 대해 대립적이고 적대적인 입장에 있었던 셈이었다. 하지만 1970년대를 넘어오면서 본격적인 도시화 속에서 생활수준의 향상에 따른 일상환경이 유기적으로 파괴되고 훼손되는 데서 환경문제의 새로운 양상이 나타났다. 녹지의 파괴, 전통적인 경관의 파괴, 하천오염에 의한 수변공간의 축소, 친숙한 동식물의 소멸, 자가용의 급격한 확산에 따른 교통공해, 상업적 개발에 따른 공동체 공간의 침식 등은 분명 과거 공장활동에서 파생된 공해와 다른 환경문제인 것이었다. 이때부터 국민들이 갖는 환경에 대한 관심은 공해추방이나 이의 저항과 같은 것이 아니라 일상적으로 살아가는 공동체의 '에메니티(amenity)', 즉 쾌적한 환경을 회복하고 유지하는 것에 관한 것으로 바뀌었다. 이렇게 해서 일본 전국의 도시에 번지기 시작한 운동이 곧 '마치즈쿠리(마을 만들기)'이다.

마치즈쿠리 운동은 기존의 공동체를 단순히 보호, 유지하는 것이 아니라 파괴되고 훼손되었으며 사라진 공동체의 쾌적한 환경 전반으로 창조적으로 만들어내는 것을 지향하는 운동이다. 그런 만큼 그 운동 방식은 과거의 대립적, 저항적 환경운동방식이 아니라 주민들이 스스로 발의하고 적극적으로 실천하면서 이루어지는 참여적, 적극적, 협력적, 창조적 운동방식으로 전환된 것이다(김수현, 1995). 수질악화, 쓰레기배출, 자동차공해 등으로 겪는 일상환경의 문제를 제공하는 원인자는 주민 스스로이며, 그 해결 또한 주민들이 스스로 맡지 않으면 안된다는 의식과 태도의 변화가 운동양식의 변화를 가져왔던 주된 동인이었다.

마치즈쿠리 운동은 주민들이 주도하는 것이 보통이다. 하지만 실제 많은 경우, 1970년대 중반 지방자치의 틀이 부활하면서 지방정부를 책임맡은 정치인과 주민들 간의 협력에 의해 추진된다. 이것은 녹색정치의 지방화를 보여주는 현상 그 자체이다. 지방자치가 더욱 무르익어가면서 행정당국과 주민들 간의 관계는 초기의 '행정발의-주민참여'라는 공공부문 중심에서 점차 '주민발의-행정지원'이라는 민간주도로 옮겨가는 변화를 겪었다. 그러한 변화가 나타난 것은 마치즈쿠리 운동을 구성하는 사업이나 프로그램들이 대개 주민들의 미시적인 일상생활과 직접 관련되어 있었던 것이어서 공공부문의 제한된 행정역량으로 효과적으로 추진할 수 없었기 때문이었다.

마치즈쿠리 프로그램은 일상환경의 쾌적성을 복원하고 유지하는 것이 주된 내용이지만 그 중심은 항상 하천, 식생, 녹지, 동식물, 친환경적인 식생활과 같은 공동체의 생태환경 기능을 활성화하는 데 있다. 따라서 지역 생태환경의 여건에 따라 구체적인 프로그램과 전략은 다르다. 그 대표적인 예 몇 가지를 살펴보면 다음과 같다.[11]

### (1) 니카하미시의 '친근한 환경 만들기'

니카하마시(長兵市)는 히가현(滋賀縣)의 비와코(琵琶湖) 북쪽에 위치해 있는 도시로서 여러 강이 흐르고 있어 물과 관련이 깊은 고장이다. 이 지역시민들은 '마이가와(米川) 지류 환경만들기 협의회'를 만들어 하천환경을 지키는 것을 중심으로 각종 지역만들기 운동을 전개하였다. 협의회가 처음 벌인 일은 '친근한 환경만들기 페스티벌'이었는데, 여기에는 아이들의 수생생물조사, 물고기방류, 강놀이 등의 사업이 포함되어 있었으며, 후에는 '자기 집에서 버리는 물이 마이가와에 어떻게 흘러가는지'를 주민 스스로 밝히는 '배수로 지도'작성을 캠페인으로 벌인 바 있다. 주민들의 친환경적인 마인드는 행정당국이 벌이는 사업에도 반영되어 마이가와 지류정비사업시 강바닥에 수초가 자라도록 구멍 뚫린 블록으로 강바닥을 정비하도록 하는 안을 내놓았을 뿐 아니라 강변에 청포를 심고, 강주변 관광지나 상업지를 친환경적 경관으로 복원하는 사업을 전개하였다. 1990년대 들어서는 '에코하우스(eco-house)'를 만들어 각종 폐기물의 재활용을 실천하는 캠페인을 벌이면서 '친근한 환경의 지역'을 보다 적극적으로 만들어 갔다.

### (2) 야오시의 '에코네트워크(eco-networks)'

오사카부 동쪽에 있는 야오시(八尾市)는 1985년에서 1990년에 걸쳐 '플레이 환경교육 시대'로서 환경전과 지역학습회 등 환경계발운동을 전개하였다. 이 여세를 몰아 1990년대 들어와서는 주민, 기업, 각종 단체, 전문가 등으로 구성된 에코네트워크를 만들어 각종 동네만들기 사업을

---

11) 아래의 내용은 "김찬호, 1996, 일본의 환경행정과 주민참가, 서울시 녹색시민위원회 주관, 환경행정에 대한 시민참여방안에 관한 시민토론회 발표 논문"에서 주로 발췌된 것임을 밝혀둔다.

전개하였다. 이 사업에는 온지가와(恩智川) 유역의 1,300세대를 대상으로 '생활배수 대책 실천 모델지구'를 지정하여 시민과 행정이 일치하여 수질조사를 벌이고 오염물질 배수에 대한 주의를 촉구하는 운동을 실시하였다.12) 그 과정에서 여성을 대상으로 '생활배수 어드바이저(advisor)'와 '환경 라이프 디자이너(life desinger)' 등을 선정하여 환경문제와 씨름할 지역 리더를 육성하는 한편, 환경계몽을 위한 각종 환경이벤트 및 교육을 개최하는 등의 프로그램을 함께 추진하면서 주민들의 자의적 참여, 실천을 효과적으로 유도해내었다.

### (3) 스이타시의 '리사이클 사회 만들기'

인구 35만의 스이타시(吹田市)는 시 전체가 바다나 산을 끼고 있지 않아 쓰레기 처분이 가장 심각한 지역현안 문제의 하나였다. 이를 해결하기 위해 1985년 시당국은 폐기물 처리 기본구상계획을 토대로 '리사이클 사회(recycle society)의 형성'을 위한 정책을 실시하였다. 여러 조치 가운데 주목할만한 것은 폐기물 처리 현장과 시민의 활동을 매개하는 리사이클 센터의 운영이었다. 쓰레기의 수집, 분류, 파쇄, 선별처리, 재활용13) 등을 전 과정에 주민들을 참여시켜 리사이클을 중심으로 하는 지역생활체계를 정립하고자 하는 것이 주된 취지였다. 한편 이러한 리사이클 사회의 의식적, 지적 토대를 만들기 위해 시민연구소14)를 만들어 운영하고 있다. 이 연구소는 시민자율적으로 연구하고 그 결과를 주민에게로

---

12) 주민의 참가와 이해를 구하기 위해 설명회나 학습회의 개최, '물과 삶'의 정보지 발행, 자연에 어울리는 요리교실의 개최, 실천활동에 의한 수질효과 측정, 온지가와 반딧물 써미트, 목탄정화시설 건립 등의 사업을 함께 추진하였다.
13) 재활용에 시민들을 적극 참여시키기 위해 폐자재로 각종 공예(의류, 가전제품, 자전차, 유리, 가구 및 목공 등 6가지)를 주민들이 직접 만드는 시민공방을 운영하였는데, 그 결과는 대단히 성공적으로 드러났다.
14) 이 연구소는 스이타시, 오사카부, 민간의 출자로 만들어진 재단에서 자금을 출연하여 만들어졌는데, 연구원은 학력, 나이, 성에 관계없이 자원봉사활동의 형식으로 임용하도록 하여 1992년에 70명이 활동하고 있었다. 토요일과 일요일을 중심으로 이루어지는 연구활동에는 스이타시에 있는 4개 대학 교수 및 연구원들이 주임연구자 겸 코오디네이터로서 연계되어 있다.

환원하는 방식으로 운영한 결과, 주민발의의 많은 사업이 제안[15]되는 것과 아울러 주민들의 자발적인 실천을 효과적으로 이끌어내고 있다.

### (4) 미스마시의 '그라운드 워크(ground work)'[16]

최근 일본에 도입되는 마치즈쿠리 운동의 한 방식으로, '그라운드 워크'는 생활현장 주변의 공간을 주민들의 자발적 참여와 기여, 그리고 행정당국의 지속적인 지원을 받아 다양한 형태의 자연공원이나 생태체험공간으로 조성하여 이를 주민들 스스로가 가꾸어가는 운동방식이다. 전형적인 예가 시즈오카현(靜岡縣) 미스마시(三島市)이다. 미스마시는 후지산에서 물이 흘러 들어오는 연못, 강, 수로 등을 핵으로 하여 다양한 환경만들기를 전개해온 시민단체들이 연대하여 '수변 프라머네이드(promenade)' 건설, '농업용수의 친수공원화', '꽃과 반딧불이 사는 고향만들기' 등을 추진하였다. 최근 사례로는 요로이 사카공원이라는 휴식처를 조성한 것이 되겠는데, 이 자리는 본래 시유지로서 주택가에 방치되어 있던 공터를 주민들이 미스마시로부터 허가를 받고, 지역기업들로부터 나무와 잔디를 기증받아, 휴일을 중심으로 주민들이 손수 공사하여 공원으로 조성하였던 것이다. 이러한 프로젝트를 추진하는 과정에서 주민들은 환경에 강한 애착, 주민간의 근린의식, 터를 이용한 농사짓기로 생태환경의 체험 등을 접하게 됨으로써 지역을 생태적으로 건전한 공동체로 만들어갈 수 있었다.

---

15) 발굴된 주제로서는 '리사이클형 사회의 CI(city identity) 만들기', '도시에 있어서 쓰레기 처리의 장래 최적 시스템 연구', '쓰레기 감량의 요인 분석과 시뮬레이션', ' 폐기물을 둘러싼 사회적 룰 연구', '환경정보와 이벤트 연구', '재상자원 분류 시스템의 조사연구' 등이 있다.

16) 그라운드 워크(ground work)는 1970년대 영국에서 시작된 환경만들기의 한 방식으로 행정, 기업, 그리고 주민이 파트너십을 이루어 펼치는 지역환경개선운동이다. 생활현장에서 창조적 활동을 벌이는 것이 그 주요 특징이다. 이를테면 기업이 사용하지 않고 있는 공장부지를 지역주민에게 무상으로 대여해주고 주민들이 손수 자연광장을 정비하거나, 학교 정원에 자연관찰원을 조성하는 방식으로 추진된다.

### (5) 마스루초시의 '지역만들기 조례-미(美)의 기준'

가나가와현(神奈川縣) 서부에 위치한 마스루초(眞鶴町)는 1985년부터 리조트 맨션(resort mansion)의 건설붐으로 지역환경이 급격히 훼손되는 상황에 있었다. 이에 마스루초는 무분별한 리조트 건설을 통제하기 위해 기존 도시계획법과는 별도의 조례를 만들어 주민감시와 합의의 과정을 거치는 개발방식을 규정하였다. 이 조례는 '주민, 의회, 개발업자 모두가 참가하는 적절한 절차(공청회, 열람, 의견서제출, 보고서 작성, 의회의결 등)를 밟아 개발을 진행할 것', '마스루초 독자의 용도구역을 설정해 토지이용규제를 실시할 것', '모든 개발은 마스루초의 아름다운 경관과 어울리는 미(美)의 원칙'을 지킬 것 등으로 되어 있다. 여기서 중요한 것은 무분별한 개발보다 지역의 환경의 쾌적성, 경관, 특히 지역의 미적 관점을 우선하는 원칙이 주민발의로 세워졌고, 또한 모든 개발의 과정에 이해당사자간의 충분한 협의를 통해 원칙에 합당한 개발을 이끌어 냄으로써 지역을 친환경성을 확보하게 되었다는 점이다.

### (6) 동경 세다가야구의 '공익신탁'

1974년 지방자치법 개정으로 동경도 23자치구들은 지역만들기에 관한 많은 권한을 동경도로부터 이양받게 되었다. 이러한 여건을 바탕으로 각종 마을만들기 운동을 전개하는 가운데, 세다가야구(世田谷區)는 그동안 행정기구로부터 지원을 받아 실시하던 방식을 넘어 주민들 스스로가 재원을 마련하여 이를 가지고 사업을 추진하는 주민주도적 마치즈쿠리 운동을 실시하게 되었다. 1992년 세다가야 지역만들기 센터는 '공익신탁 세다가야 지역만들기 펀드(fund)'를 조성한 후, 매년 500만 엔을 자주적으로 지역만들기를 펼치는 주민단체에게 지원해주고 있다. 1993년에는 총 15개 단체가 자금을 받았다. 주민, 기업, 행정당국으로 기부를 받아 자금을 적립하고 이의 관리는 수탁자인 은행이 맡아 수익자를 대표하는 운영위원회의 조언에 따라 지원대상을 결정한다. 지원을 받은 주민단체에서는 구체적인 사업을 실시하는 데뿐 아니라 사례를 모집분석하고, 전문가에 연구를 의뢰하여 새로운 사업주제나 방식을 발굴하는 데까지 지원금을 활용하였다. 어느 재개발 자치회가 본 자금을 재개발이 친환경적이면서 동네의 정체성을 보전하는 원칙에 따라 이루어지도록 하기 위해, 주민들로 하여금 스스로 '단지 워칭(watching)', '야조관찰(野鳥觀察)', '동네나무를 헤아려보는 녹지보고(綠地寶庫)지도 그리기', '아이들이 어른과 함께 참여하여 동네에 서식하는 동식물들 조사' 사업 등을 실시하는 데 주로 활용하였다. 세다가야구의 공익신탁은 주민들의 연구와 창의를 자극하면서 주민 스스로가 환경, 역사, 문화, 정체성 등을 고루 갖춘 마을 만들기를 주도할 수 있는 훌륭한 재정적 유인책이자 지원책으로 기능하고 있다.

지금까지 살펴본 일본의 마치즈쿠리 운동은 생태자치구건설이란 하나의 통일된 틀에 맞추어 추진되어온 것은 아니지만, 그 지향성이나 절차, 내용, 전략 등에서는 대개 본 논문에서 제안하는 생태자치구 모델의 요건과 일치하는 부문이 많아, 시사하는 바가 대단히 크다. 이 시사점을 정리한다면 다음과 같다.

① 동네만들기의 준거를 단지 물질적으로 편리한 환경으로 꾸미는 것이 아니라 자연환경의 아름다움을 복원하고 동식물의 서식공간을 확보하면서 일상에서 생태환경과 자연스럽게 동화되는 '환경 인테페이스(interface)'를 주된 가치와 목표로 설정하고 있다.[17]

② 개별적인 실천주체(특히 민간부문)들은 마을 만들기에 참여하는 것으로 끝나는 것이 아니라 그 참여를 통해 스스로의 생각과 사고를 발굴하고 이를 가지고 다른 주민이나 행정당국과 함께 실천하는 계기를 만들어내는 자기학습, 주체적 참여, 지향성의 공유 등의 새로운 실천행태를 취득하게 되었다.

---

17) 환경지표를 설정함에서도 주민들은 마을을 돌아다니면서 생태환경을 직접조사한 후 생태적 상태(예, 반딧불의 숫자)를 표식으로 하였다. 이러한 지표설정은 생태환경과의 보다 직접적인 인터페이스를 추구하기 위한 것이었다.

③ 공공부문의 경우, 특히 지방자치단체의 경우는 그 동안의 소극적인 지원의 입장에서 스스로의 역할 범주 내에서 적극적인 제도의 개편, 규칙의 제정, 그리고 주민들과 더불어 하는 절차와 방식을 제도화하는 시도를 하고 있다. 특히 기존 제도나 규칙을 뛰어넘는 조례나 규칙을 제정하는 지방정부의 노력은 마을만들기를 제도적으로 견인하는 결정적인 역할을 하고 있다.

④ 구체적인 실천에서는 대체로 특정 주민단체의 발의에 의해 시작되나 실제의 캠페인과 사업을 진행하는 과정에서는 다양한 주민집단과 네트웍을 형성할 뿐 아니라, 공공부문과의 연대도 맺게 된다. 행정당국의 경우도 주민들과의 다면적인 협력을 지원하기 위해서 환경업무를 중심으로 하는 부서별, 조직별 경계를 가로지르는 업무협조체계를 운영하고 있다.


## 7. 맺음말

이 글은 대도시를 친환경적 도시로 재편할 수 있는 하나의 새로운 시도로서 '생태자치구 모델'을 제안하였다. 생태자치구는 생태적 가치의 복원과 유지를 자치구운영의 최상위 목표로 설정하고, 주민들의 자치적 역량을 동원해 이를 일상적으로 달성해가는 자치단위로 규정하였다. 생태자치구의 구성조건은 현재의 제도적인 여건과 부합하지 않는 면이 많기 때문에 다분히 하나의 '이상형'에 불과할지 모른다. 하지만 하나의 완벽한 모델을 전제하지 않는다면, 일본의 마치즈쿠리 사례에서 보듯이, 현재의 제도적 상황 속에서도 관련 주체들의 자의식적인 노력을 통해 생태자치구의 이상을 점진적이긴 하지만 구현할 수 있는 가능성은 대단히 크다. 일본의 경우에서도 그렇듯이, 지방자치란 상황은 주민들이 이러한 변혁의 적극적인 주체로 역할하는 것을 가능케 해준다. 다시 말해 지방자치가 녹색정치의 지방화를 담아낼 때, 대도시의 자치구는 생태적으로, 사회적으로 지속가능한 공동체로 다시 태어날 수 있다.

■ 참고문헌

권해수. 1995, 「지방자치시대의 환경정책」, 한국공간환경학회 편, ≪새로운 공간
　　환경론의 모색≫, 서울: 한울.
김수현. 1995, 「창조적 도시사회운동의 모색」, 한국공간환경학회 편, ≪새로운 공
　　간환경론의 모색≫, 서울: 한울.
김찬호. 1996, 「일본의 환경행정과 주민참가」, 서울시녹색시민위원회주관 '환경행
　　정에 대한 시민참여방안에 관한 토론회' 발표문.
박철수. 1996, 『지방화시대의 도시건축』, 서울: 세진사.
서울시·서울의제 21 추진협의회. 1997, ≪21세기 녹색서울 만들기: 서울의제 21≫.
이동근. 1997, 「환경친화적 도시의 구축」, ≪도시정보≫, 제180호.
조명래. 1994, 「친환경적 서울 개조론」, ≪환경과 생명≫, 통권 2호.
＿＿＿. 1995, 「서울시의 친환경적 도시관리체제 구축방향」, 서울시정개발연구원
　　주관 '서울환경포럼' 발표논문.
＿＿＿. 1996, 「환경자치와 대안적 지역개발」, ≪환경과 생명≫, 통권 9호.
＿＿＿. 1997a, 「대도시발전양식의 위기와 극복」, 환경운동연합부설 시민환경연구
　　소 주관 '지속가능한 도시에 관한 세미나' 발제논문.
＿＿＿. 1997b, 『생태자치구 개념과 전략』, 한국도시연구소 (미출간).
＿＿＿. 1997c, 「상품노예에서 지속가능 소비양식으로」, ≪환경과 생명≫, 통권
　　13호.
＿＿＿. 1997d, 「환경행정에 대한 주민참여에 관한 연구: NGO활동을 중심으로」,
　　≪지역사회개발연구≫, 제22권 제1호.
한국도시연구소. 1998, ≪생태도시론≫, 서울: 박영사.
Haughton, G. and Hunter, C. 1994, *Sustainable Cities,* London: Jessica Kingsley
　　Publishers.
Nijkamp, P. 1996, *The Co-evolutionary City, paper presented at International
　　Sysmposium on Cities in a Time for Paradigm Shift: Rethinking Modern
　　Urbanism,* organized by Seoul City University, Seoul, Korea, 10-14th
　　December, 1996.

# 12장
# 환경행정에 대한 주민참여: NGO 역할을 중심으로

## 1. 머리말

1992년 브라질 리우에서 열린 유엔환경회의는 지구환경보전을 위해 각국 지방정부가 지역주민들과 협의하여 지속가능한 지역공동체 발전 계획을 작성하도록 하는 '지방의제 21'[1])이란 것을 채택하였다. 이에 따라 우리나라에서도 1994년 영국 멘체스터에서 열린 글로벌 포럼의 참석을 계기로 현재 많은 지방자치단체가 지방의제 21을 준비하고 있다. 서울시의 경우도 녹색시민위원회결성(1995년 11월), 환경헌장제정(1996년 6월), 환경기본조례의 제정(1996년 10월), 녹색서울계획(Green Seoul Plan)의 수립(1996년 8월) 등을 토대로 '서울시 지방의제 21' 작성을 1997년에 완료했다. 이와 병행하여 1996년에는 지방의제 21 작성 지침을 자치구에 배포하여 자치구별 지방의제 21 작성을 권고하였다.

지방의제 21 작성의 취지는 지방정부와 지방주민이 주관하여 지속가능한 친환경적인 발전 계획을 작성하고 이를 지방적 차원에서 실천할 것

---

1) 지방의제 21이란 용어는 1992년 리우회의에서 채택된 의제 21의 제28장 제2절(a)에서 나온 것으로, 그 조항은 '1996년까지 각국의 대부분의 지방정부들은 주민들과 협의하는 과정을 거쳐 지역사회를 위한 지방의제 21에 대한 합의에 도달하게 되기를 기대한다'라고 명시하고 있다.

을 권장하는 데 있다. 이런 세계적인 조류에서 드러나는 중요한 함의는 환경문제 해결은 이젠 일상주체들이 나서야 한다는 점이다. 지방정부가 앞서고 지방주민들이 적극 참여하는 환경실천의 방식 그 자체가 환경문제 해결의 보편적인 해법으로 인식되고 있다라는 점이다(우동기·문태훈, 1994; 박영숙, 1995). 이러한 해법은 다시 말하면 환경문제는 근본적으로 일상생활환경의 문제이며, 그 해결은 지방주민들의 자치적 노력에 의한다는 '환경자치적 해법'을 의미한다(조명래, 1996a, 1996b).

본 연구의 목적은 환경자치의 핵심 개념이 환경행정에 대한 주민참여를 확대할 수 있는 방안을 밝혀보는 데 있다. 우리의 환경문제도 이젠 그 성질이 과거와 같이 공장의 생산활동에서 유래한 공해형 환경문제가 아니라 고도화된 도시적 소비생활방식에서 연유한 생활환경문제의 그것으로 변해있다. 이것은 그 동안 가파른 경제성장과 그에 따른 생활방식의 변화가 가져온 환경적 결과라고 할 수 있다. 환경문제는 이젠 단지 환경상의 단순한 문제만이 아니라 우리의 발전단계에서 새롭게 규정되는 발전에 관한 총체적 문제이기 때문에, 그 어느 문제보다 역점을 두고 해결해야 할 이 시대의 국가적 과제이다.

환경문제의 성질과 그 해결방식이 바뀌어야 할 시점에 실시된 지방자치는 환경문제 해결의 새로운 실마리를 제공해주고 있다(조명래, 1996a). 엄밀히 말하면 지방자치는 환경문제 해결에 대해 긍정적인 측면과 부정적인 측면을 동시에 가지고 있어 현재로서 낙관만을 할 수는 없지만 노력의 여하에 따라 환경문제 해결의 새로운 제도적 돌파구로 기능할 수 있는 것은 분명하다. 지방자치가 환경문제 해결의 새로운 제도적 돌파구가 될 수 있는 여부는 환경문제 발생의 원인자이자 이의 해결자인 지방주민들이 환경문제 해결의 제도적 과정에 어느 정도 주체적으로 동원되고 참여하느냐에 달려 있다고 본다.

이런 목적과 배경을 가지고 본 연구는 ① 환경자치를 위한 주민참여의 의의를 성찰하면서, ② 환경행정에 대한 주민참여의 실태와 문제점, ③ 환경행정참여의 조건과 영역을 검토한 뒤, ④ NGO 활동을 중심으로 하는 환경행정에 대한 주민참여의 조직화, 그리고 ⑤ 환경행정참여를 위한 NGO, 주민, 지자체간 협력적 관계의 재정립을 시도하면서, 끝으로 ⑥ NGO중심의 '환경자치의 공생산(co-production)'이 가능한 과제를 제시하는 등의 내용으로 구성되어 있다.

## 2. 환경자치를 위한 주민참여의 의의

오늘날의 환경문제는 생산으로부터 생활부문 전반에 그 발생조건을 가지고 있으며 그 영향 또한 그에 걸맞게 광역성을 띠고 있다. 환경문제의 국제화 및 세계화는 환경문제의 본질을 규정하는 주요한 측면임에 틀림없다. 하지만 환경문제는 동시에 지방성 혹은 국지성을 가지고 있다는 점도 더욱 분명해지고 있다. 에너지와 자원을 끌어다 상품을 만들어내고 이를 소비자들이 구매하여 소비하는 일련의 과정에서 발생하는 환경문제는 구체적인 지방적 맥락에서 나타나며, 환경문제 해결도 그 맥락에서 강구되어야 실효성을 얻을 수 있다. 환경문제의 지방성과 국지성이 두드러지는 만큼, 그에 따른 환경문제 해결은 지방공간 전체를 친환경적으로 관리·유지할 수 있는 방식을 활용하지 않으면 안된다는 주장이다(조명래, 1996a).

환경자치란 지속가능한 공동체 건설을 위해 '(지방)환경'을 '(지방)자치'적으로 관리하는 것을 지칭한다. 환경의 지방자치적 관리는 오늘날 환경문제 해결의 필수적인 해법이 되어가고 있는 추세이다. 이런 점에서 앞서 언급한 지방의제 21, 제28장에서 '위기에 직면하고 있는 환경문제의 해결은 그 뿌리를 지방자치제의 행동에 두고 있다'고 규정한 것은 수긍이 갈만하다. 우리의 현실에서도, 환경쟁점이 중시되는 발전단계에 이르러 실시되는 지방자치는 필연적으로 환경자치란 형태를 취하지 않으면 아니될 것이다.

환경자치는 주민참여를 필연적으로 전제한다. 지방환경체제를 구성하는 모든 영역, 즉 생산으로부터 소비에 이르는 전과정에서 환경문제가 발생하고 그 구체적인 영향이 끼치기 때문에 공동체 주민 모두가 환경문제 해결의 적극적인 주체가 되지 않으면 환경문제 해결은 근본적으로 불가능하다. 더욱 환경문제 해결이 지방자치란 제도적 틀을 통해 접근되어야 한다면, 지방자치의 주인으로서 지역주민들이 자치의 각종 영역에 적극 참여하게 될 때 환경문제 해결을 위한 주체적이면서 입체적 방안이 강구될 수 있다. 요컨대 환경자치, 즉 환경의 지방자치적 해법은 환경문제 해결을 위한 각종 제도적 과정과 조직에 지방사회 구성원들이 다양하게 참여할 때 비로소 가능해진다고 본다면, 환경자치는 주민참여의 함수라 단정할 수 있을 것이다.

환경자치를 위한 주민참여는 환경행정이란 제도적 영역에 환경문제와 관련하여 주민들이 직간접으로 참여하는 것을 뜻한다. 따라서 '주민참여(citizens' participation)'는 일단은 '제도적 과정에 대한 관여(institutional engagement)'를 전제해야 한다. 그런 만큼 주민참여는 공공의 행위로서 정책의 입안, 집행, 평가 등의 각종 단계에 주민들이 관여하여 일정한 역할을 하는 것으로 이해되어야 할 것이다. 정책안을 입안하는 과정에 주민들이 각종 의견을 내고 이를 합의하는 과정을 거치면서 최종안을 선정하는 일, 사업집행과정에서 각종 환경목표치를 달성할 수 있는 과제를 주민들 스스로가 직간접으로 수행하는 일, 집행된 각종 공공행위나 사업이 환경에 가하는 영향을 평가하면서 저항운동을 통해 부정적 결과를 시정하는 일 등은 모두 환경행정에 주민들이 참여하는 내용이자 양식이 된다.

현실적으로 환경행정에 대한 참여는 현행 환경행정제도의 영역과 규정에 의해 제약된다. 이는 곧 민주주의의 한 원리로서 참여는 그 이상에 비해 실제 수행될 수 있는 여지가 크게 제한되어 있는 것을 의미해준다. 특히 지방자치가 일천한 우리의 현실에서 지방정부가 주체적으로 관장하고 수행할 수 있는 환경행정의 영역은 대단히 협소하다. 이런 연유로 해서 우리의 지방자치 현실에서 주민참여는 여전히 규범적이고 이상적인 것에 불과하다고 말할 수 있다. 참여가 제도의 함수라면 제도의 경직성과 제한성으로 말미암아 특정한 집단의 참여는 배제·억압되어 제도권 밖에서 저항운동으로 나타나기도 한다. 따라서 환경자치를 위한 주민참여는 이론적으로는 광범위하지만 현실적으로 제한되어 있기 때문에, 주민참여는 개방적이면서 점진적인 사고를 가지고 접근되고 조장될 필요가 있다. 참여의 성공은 무엇보다 주민들의 주인 된 의식에 의해 좌우되겠지만, 현실적으로는 제도의 개방성과 민주성에 달려 있음을 냉철히 인식해야 한다. 또한 환경자치나 환경행정에 대한 참여의 내용과 방식은 지방별로 상이해야 한다는 점도 주목되어야 한다. 그것은 지방별로 주민생활 형편이 다를 뿐 아니라 그에 따른 환경의 쟁점과 문제의 성격이 상이하기 때문이다.

## 3. 환경행정에 대한 주민참여의 실태와 문제점

환경행정은 환경과 관련된 국가 및 관련단체의 관리업무를 지칭하는 것이다. 따라서 환경행정체계의 성격은 국가 전체 행정체계 속에서 차지하는 관계적 위치에 의해 결정된다. 우리나라 환경행정체계는 환경처와 관련 부처로 구성된 '중앙정부의 업무영역'과 환경관리청, 광역자치단체, 기초자치단체 등으로 구성된 '지방정부 업무영역'으로 크게 나뉘어져 있다. 1993년 현재, 우리나라 각급 정부기관이 수행하는 사무의 단위는 1만 5,774개에 달했는데, 이 중에서 중앙정부가 관장하는 사무는 1만 7,44개로서 75%를 차지하고 있으며, 지방위임사무는 1,920개로 12%, 그리고 지방의 고유사무와 단체위임사무를 합한 지방자치단체 사무는 2,110개로 13%에 불과하다(이달곤, 1994). 한편 전체 행정사무건 중에서 환경관련 사무단위는 1,050여건이 되는데, 이 중에서 권한과 책임이 지방자치단체장에게 주어진 자치사무는 14.4%인 151건에 불과하다. 그리고 686건 (65.3%)은 환경부, 내부무 등 중앙행정기관과 환경관리청

등이 맡은 사무이고, 214건 (20.3%)은 위임사무이다(권해수, 1995).[2]

이렇듯 우리나라 행정은 지방자치제의 실시에도 불구하고 여전히 중앙집권적 구조를 띠고 있는데, 이는 환경행정체계에도 그대로 반영되어 있다. 전반적으로 지방자치단체의 고유사무는 적고, 중앙으로부터의 위임사무가 대부분을 차지하고 있을 뿐 아니라 고유사무에 대해서도 과다한 통제가 행사되고 있는 형편이다. 이러한 제도적 여건이 바로 세계화시대, 환경문제 해결의 적극적이고 중추적인 행위자가 되어야 할 지방정부의 역할을 크게 제약하는 구조적 조건이 되고 있다.

지방자치단체는 쓰레기수거와 매립업무 등 몇 가지 자신의 고유 업무를 제외하면 대부분 환경보전법에 의해 환경처장관으로부터 위임받은 업무를 담당하여 수행하고 있다. 환경관련 법규에 의해 지방자치단체, 특히 시·도의 고유권한으로 되어 있는 사무는 대별하면 ① 관할구역에 대한 환경보전계획의 수립과 시행에 관련된 사무, ② 대기오염, 수질오염, 소음·진동 측정망의 설치와 운영에 관한 사무, ③ 폐수종말처리장의 건설과 관련된 사무, ④ 특정호소, 농경지 등의 수질관리에 관련된 사무, ⑤ 건설소음과 진동, 생활소음과 관련된 사무 등이다(정회성, 1994).

지방자치단체의 환경업무는 광역자치단체의 하위기관인 기초자치단체 수준에 이르면 더욱 더 협소하고 자율성이 결여되어 있다. <표 12-1>에서 보듯이, 서울의 기초자치단체인 구의 경우 환경업무의 주관은 환경과가 맡고 있는데, 업무의 대부분이 환경오염감시, 부과금부과·징수 등과 같이 오염문제의 사후규제와 관련되어 있는 것들이다. 환경계획의 수립이나 일상부분에서 환경문제를 예방적이며 사전적으로, 종합적으로 다룰 수 있는 자율적 환경행정능력은 미약하기 짝이 없음을 재확인할 수 있다.

환경자치적 측면에서 볼 때 주민들의 환경행정에 대한 참여는 일상생활공간을 직접 관장하는 지방정부, 그것도 기초자치단체 수준에서 이루

---

2) 전체로 볼 때 우리나라 기초단체가 관장하고 있는 환경업무건은 전체국가사무건의 1%에 불과하다.

<표 12-1> 구청 환경과 업무분장표

| 구분 | 업무분장 |
| --- | --- |
| 환경관리계 | 환경개선비용부담금 부과·징수<br>배출시설 설치허가<br>시민홍보 및 교육<br>타계 소관에 속하지 아니한 사항 |
| 환경지도계 | 배출업소 지도단속 및 행정처분<br>배출 부과금 및 과태료 부과징수에 관한 사항<br>무허가 공해업소 단속 |
| 생활공해계 | 자동차 공해단속 및 행정처분<br>생활공해 (소음·분진·진동·악취 단속)<br>유해화학물질업소 지도단속<br>공해관련 민원처리 |

어지는 것이 소망스럽다. 하지만 기초자치단체의 환경행정이 오염단속위주의 협소한 부문에 국한되어 있어 시민들이 참여할 여지도, 필요성도, 제도도 불비한 형편이다. 오염단속과 관련된 주민참여란 기껏해야 오염배출을 스스로 억제하거나, 부과금이나 각종 벌과금을 신속히 납부하는 정도이다. 물론 구 행정전체 차원에서 환경과 관련된 직·간접인 주민참여는 여러가지 채널을 통해 열려 있다. 가장 대표적인 예는 환경보전자문위원회나 녹색시민위원회와 같은 시민위원회의 활동을 통한 참여이다. 현재 구청단위에서 시민참여가 직·간접으로 이루어지고 있는 영역을 정리해보면 다음과 같다(<표 12-2> 참조).

<표 12-2>를 본다면 지방정부가 가지고 있는 환경행정업무 범위나 역량에 비해 환경행정에 대한 직·간접의 주민참여는 실제 다양하게 이루어지고 있다고 평가할 수 있을 지 모른다. 하지만 환경문제가 일상의 모든 영역에서 복잡하게 발생하고 있는 현실에서 볼 때, 환경관련 잠재적 행정수요는 실로 광범위하고 다양하다 할 수 있다. 이러한 현실에 견준다면 지방자치단체가 관장하고 있는 환경행정업무는 상대적으로 더욱 협소할 뿐 아니라 소극적인 것으로 판단된다. 주민들의 참여가 이루어지는 것도 대부분 부분적이고 형식적이며 일시적인 것인 것들에 불과하다. 한

<표 12-2>  환경행정에 대한 구 단위의 주민참여 영역

| 활동유형 | 내용 |
|---|---|
| 제안 | 환경관련 행정·제도 개선에 대한 주민 발의, 민원제기를 통한 참여 |
| 의견청취 | 각종 공청회에서의 환경관련 주민의견·여론 수렴을 통한 참여<br>(예, 환경영향평가나 도시계획과 관련된 공청회에서 의견청취) |
| 자문 | 시민녹색위원회, 환경보전자문위원회, 공해감시위원회 등의 활동을 통한 참여 |
| 위임 | 환경감시, 오염단속, 교육·홍보 등의 환경행정업무를 민간단체에게 위임하는 방식에 의한 참여 |
| 지도·교육·홍보 | 구청이 주민·기업을 대상으로 실시하는 환경 관련 지도·교육·홍보에 대한 참여 |
| 분쟁 | 환경관련 각종 분쟁(소음, 진동 등과 관련된 분쟁)을 제도적으로 해결하는 데 관여됨으로써 참여 |
| 자발적 운동 | 환경행정 개선을 요구하는 주민자생적인 환경운동을 통한 참여 |

마디로 현재의 구 단위의 환경행정과 관련된 주민참여가 공식적으로 제도화되어 행정과정으로 투입되는 여건은 전반적으로 불비한 형편이다라고 결론지을 수 있다. 현재 환경행정과 관련된 주민 참여의 문제점을 정리하면 다음과 같다.

① 환경행정관련 지자체의 업무범위와 역량이 너무 제한되어 있다. 이것은 비단 환경업무에만 국한된 것이 아니라 우리나라 지방자치제도 전반과 관련되어 있는 것이다. 그럼에도 불구하고 환경행정분야는 지방정부의 역할과 자율성이 상대적으로 더욱 빈약하다고 말할 수 있다(국가전체 업무단위의 1%정도). 그 까닭은 주민참여적인 환경행정을 위한 기술적·재정적 조건이 지방정부차원에서 충족될 수 없다는 이유가 주된 것이다. 하지만 환경행정이 제대로 돌아가려면 생산·소비활동 전반의 업무와 유기적인 관계를 가지고 추진되어야 되지만, 아직 우리의 행정구조는 통합적·조정적·계획적 업무수행을 촉진할 수 있는 여건을 못 갖추고 있는데도 중요한 이유가 있다.

② 환경행정에 대한 참여를 제도적으로 보장해주지 못하고 있다. 일부

공식화된 참여도 대부분 형식적이고 일시적인 것에 불과하다. 뿐만 아니라 각종 시민위원회 활동을 통한 참여는 대체로 지역엘리트의 참여만 허용하는 기제로 작용하고 있어 참여의 계층적 차별화만 부추기고 있다.

③ 환경문제가 주민의 권익 보호와 관련된 것으로 판단하고, 이를 권리로서 보호하고자 하는 주민들의 환경자의식이 빈약하다. 현재 환경문제는 일상의 모든 영역에서 발생하는 것이기에 주민들 스스로가 환경문제의 원인자로 생각하면서, 스스로의 책임 뿐 아니라 주어진 환경권을 지킬 수 있는 자의식이 있을 때 비로소 환경행정에 대한 참여가 적극화될 수 있다.[3]

④ 환경행정에 대한 주민참여가 제대로 이루어지려면 환경행정제도가 공식화·공개화되거나 주민들의 자발적 참여의식이 전제되어야 한다. 하지만 이런 상황에서도 주민들의 참여가 지속적이면서 시민주도로 되기 위해서는 주민과 지자체를 연결하는 중간조직으로서 건전한 지역환경운동단체가 활성화되어야 한다. 최근 지역단위의 주민 자발적인 환경운동단체들이 많이 생겨나고 있으나 아직 충분하지 못할 뿐 아니라, 현실적으로 운동단체는 여전히 위험하고 불순한 것으로 인식되는 경향이 있어, 이들의 적극적이고 창의적인 역할이 제대로 발휘되지 못하고 있다. 또한 그들의 활동에 대한 제도적 지원이나 제도적 수용 등이 제대로 안되고 있어 그들의 참여적 역할은 극히 제한적인 영역에서만 이루어지고 있다.

---

3) 소득가설에 의하면 환경문제는 국민소득이 5,000달러 이상이 될 때부터 본격적인 사회문제로 인식되기 시작한다고 한다. 서울의 경우 시민들의 소득수준은 사실상 2만 내지 3만 달러 정도 되는 것으로 추정되지만, 그러한 높은 수준에 비해 시민들의 환경자의식은 대체로 낮은 편이다.

## 4. 환경행정참여의 조건과 영역의 설정

### 1) 환경행정참여의 조건과 종류

환경행정에 대한 주민참여가 활성화되려면 ① 행정참여의 제도적 과정과 ② 일상환경과 직접 관련된 주민들의 문제의식과 참여적 행동의 조건이 동시에 구비되어야 된다. 이 두 가지 조건, 즉 '제도부문'의 조건과 '주민부문'의 조건이 환경행정참여의 구조를 결정하게 된다(<그림 12-1> 참조).

<그림 12-1> 환경행정참여의 조건과 종류

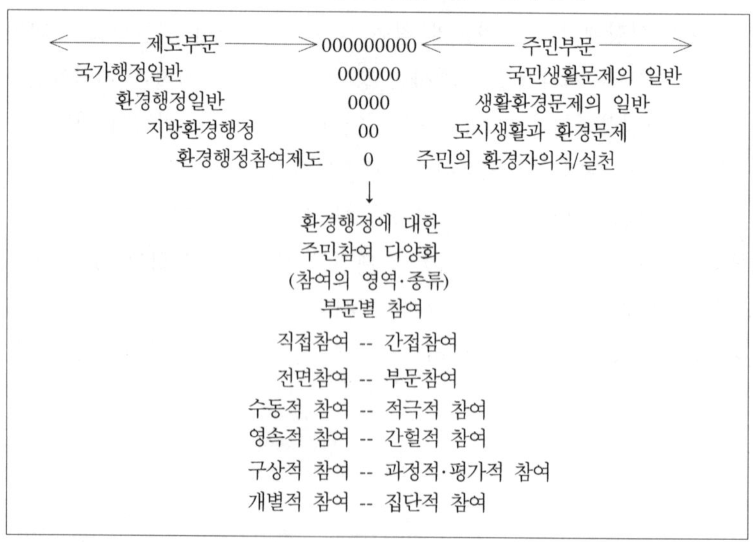


따라서 환경행정에 대한 주민 참여가 보장되고 활성화되려면 그 제도부문과 주민생활부문에서 조건이 갖추어져야 한다.

우선 제도부문의 조건을 보자.

① 무엇보다 '국가행정 전반'이 개방적이고 민주적으로 운영되는 조건

을 갖추는 것이 중요하다. 중앙집권적이고 폐쇄적인 국가행정체제하에서는 주민의 참여는 어느 영역에서나 불가능하다. 특히 환경문제는 생산-소비의 전체 영역에서 발생하는 만큼, 이의 제도적 해결은 좁은 의미의 환경행정제도만으로는 불가능하다. 환경문제와 관련된 법, 정치, 사회, 문화, 경제 제반의 영역을 통합적으로 운영할 수 있는 국가행정 역량의 신장과 참여적 운영원칙들이 전제될 때 일상적인 참여를 바탕으로 하는 환경행정이 실현될 수 있다.

② 그 다음으로는 '환경행정 일반'이 주민참여적으로 운영될 수 있는 조건이 갖추어져야 한다. 환경문제는 기술적인 성질 때문에 전문지식을 갖춘 집단만이 접근가능한 것이 보통이다. 또한 환경문제가 사회적 쟁점이 될 때는 일부 제한된 인구집단의 주장이 정책결정에 과도하게 영향을 끼치게 된다. 아직도 우리의 환경행정일반은 건전한 주민참여를 허용하고 조장하며 반영할 수 있는 제도적 조건을 결여하고 있다.

③ 그 다음단계에서는 '지방자치체 차원'의 환경행정과 참여제도의 개선조건이 있어야 한다. 현재의 제한된 지방정부의 환경행정능력과 참여제도로는 주민참여가 그냥 수사학적 주장에 불과한 것이다. 지방자치제도가 실시된 후 여러 영역에서 주민참여방안이 강구되고 있으며, 최근에는 주민참여법 같은 것을 제정해 참여를 의무화하는 방안 등이 고려되고 있다. 그럼에도 불구하고 지방행정, 특히 환경행정에 대한 주민참여의 제도적 여건은 태부족인 것이 사실이기 때문에, 지방정부 차원에서 주민참여를 정착시킬 수 있는 제도적 장치가 시급히 갖추어져야 한다.

④ 끝으로 환경행정에 대한 참여 그 자체는 '정책사안'의 입안으로부터, 집행, 평가의 전체 과정에서 이루어지는 조건에 의해 좌우된다. 참여의 조건과 형태 그리고 그 영향은 행정과정의 각 단계에서 일어나는 주민참여의 종류, 이를테면 직접참여/간접참여, 수동적 참여/저항적 참여, 개별적 참여/집단적 참여, 일시적 참여/장기적 참여 등에 따라 다르다. 따라서 행정과정의 각 단계에 가장 적합하고 유의한 참여의 유형과 성격을 범주 짓고 이를 제도적으로 보장·지원하는 조건이 강구될 때 주민참

여가 효과적으로 이루어질 수 있다.

다음으론 주민부문의 조건을 살펴보자.

① 주민부문에서 참여를 결정하는 조건은 국민생활문제 일반에 의해 결정된다. 환경문제가 반드시 경제발전수준과 상관관계를 갖는 것은 아니지만 국민생활의 발전수준, 그리고 그 수준에서 나타나는 국민적 관심이나 쟁점에 의해 인식의 정도가 달라진다. 국민소득이 급격히 신장되는 지금의 발전단계에서 국민생활의 평균적인 관심은 상품소비, 그것도 자원집약도가 낮은 물질적 소비보다 집약도가 높은 비물질적 소비(시각적, 기호적 소비)에 집중되어 있기 때문에 환경문제에 대한 관심은 화려한 담론적 표현에 비한다면 실제는 부차적인 것이다. 참여를 결정하는 주민들의 정치적 관심이나 담론 또한 여전히 물질적 발전에 더 많은 영향을 받고 있다.

② 환경문제에 대한 국민적 관심은 국민소득 5,000달러 이상이 되면서 급격히 나타나기 시작한다고 한다. 그러나 환경에 대한 관심은 초기에는 환경오염문제에 치우치다가 점차 일상생활환경의 문제, 그리고 생태환경의 문제, 그리고 이의 정치적 해결에 대한 관심으로 옮겨간다. 국민생활과 관련하여 어떠한 환경문제가 지배적으로 나타나고 이를 해결하고자 하는 지가 주민참여의 주요한 배경적 조건이 된다.

③ 오늘날 환경문제는 대부분 도시생활과 관련하여 나타난다. 주민들이 생활을 영위하는 도시의 환경문제의 유형과 성격에 따라 주민생활에서 환경문제를 인지하는 정도가 다르며, 나아가 환경행정에 대한 주민참여의 동기와 정도가 달라진다. 또한 각 지방정부가 어떠한 환경정책을 펴는지, 그리고 지방정치의 지도자가 환경마인드를 어느 정도 갖고 있는지 등에 따라 주민참여의 조건이 상이해진다.

④ 지자체가 펴고 있는 구체적인 환경행정과정에 대한 주민참여는 주민들의 자의식, 태도, 조직화의 방식 등에 따라 그 정도와 효과가 달라진다. 문제의식이 강하고 집단별 대응력이 강할 경우, 주민참여는 적극적으

로, 그리고 조직적으로 나타날 수 있다. 주민들의 계층적 구성, 생활양식, 생활환경의 차이에 따라 참여는 여러 가지 형태와 수준으로 나타난다. 따라서 환경행정에 대한 주민참여를 효과적으로 이끌어내기 위해서는 이러한 주민생활여건, 의식, 조직화의 정도 등의 조건이 우선적으로 고려되고 강구되어야 한다.

환경행정에 대한 주민참여는 이렇듯 제도부문과 주민부문의 조건들이 상호 접합되어 드러나는 결과라 볼 수 있다. 이렇게 드러난 주민참여는 여러 영역에서 여러 유형으로 나누어질 수 있는데, 그 종류를 예시해보면 다음과 같다.

① 부문별 참여: 환경문제의 종류, 부문별로 참여하는 방식

② 직접참여/간접참여: 행정과정에 직접참여하는 것과 행정과정밖에 간접적으로 참여하는 방식

③ 전면참여/부문참여: 특정 환경행정사안 전반에 참여하는 방식과 부분적으로만 참여하는 방식

④ 수동적 참여/적극적 참여: 행정지침에 따라 주민들이 수동적으로 동원되어 참여하는 방식과 주민들이 자발적으로 참여하는 방식

⑤ 간헐적 참여/지속적 참여: 쟁점이 부각될 때 일시적으로 참여하는 방식과 긴 시간을 두면서 지속적으로 참여하는 방식

⑥ 구상적 참여/과정적·평가적 참여: 행정계획이나 정책의 입안과정의 단계, 즉 구-집행-평가 단계별로 참여하는 방식

⑦ 개별적 참여/집단적 참여: 주민들이 개별적으로 참여하는 방식과 조직을 만들어 집단으로 참여하는 방식

⑧ 대화형 참여/저항형 참여: 문제해결시 기존 제도의 틀내에서 협상과 대화를 통해 합의에 이르는 참여방식과 기존 해결방식을 거부하면서 저항운동 형식으로 해결하고자 하는 참여방식

<표 12-3> 주민참여의 영역과 종류(예)

| 행정과정<br><br>참여방식 | 입안 | 집행 | 평가 |
|---|---|---|---|
| 직접 | ①<br>·각종 사업 제안<br>·개발관련 공청회참석<br>·시민위원회활동<br>·규칙·법제정요구<br>·의제 21작성참여 | ②<br>·환경기준지키기<br>·쓰레기봉투쓰기<br>·세금납부<br>·환경교육·홍보참여 | ③<br>·행정의 친환경평가<br>·선거통한 정책평가<br>·항의집회 |
| 간접 | ④<br>·친환경적 대표선출<br>·주민주도환경개선<br>·프로그램작성 | ⑤<br>·에너지절약<br>·녹화운동<br>·하천살리기운동<br>·생협운동 | ⑥<br>·환경감시<br>·오염업체추방캠페인<br>·사업평가회 |

## 2) 주민참여의 가능한 영역과 방식

위의 여러 가지 참여 방식의 유형화 중에서 가장 유의한 것은 제도부문의 조건과 주민부문의 조건을 결합시켜 분류하는 방식이라고 생각된다. 제도부문에서는 행정과정별 참여방식의 구분, 즉 입안-집행-평가 단계별로 참여를 분류하는 것이라면, 주민부문에서는 참여의 정도, 즉 직접이냐 간접이냐에 따라 분류될 수 있을 텐데, 현실적인 참여의 유형·종류는 바로 이 두 가지 기준을 교차시켜 추출해낼 수 있다(<표 12-3> 참조).

이런 표준 모델을 바탕으로 하여 현실적으로 환경행정과 관련하여 주민참여가 가능한 영역과 방식을 추출하면 다음과 같은 것이 예시될 수 있다.

① 친환경적 일상생활을 통한 간접참여(<표 12-3>에서 ⑤)
· 주거환경의 미관정비: 건물색, 건물형태의 배열, 환경친화적 건물양식의 도입에 대한 주민합의

- 일상생활 속에서 쓰레기감량이나 자원 재활용의 일상적 실천
- 소비절약(세제, 음식물, 생활용기 등)의 일상적 실천
- 에너지 절약(전기, 가스, 기름 등)의 일상적 실천
- 여성, 노약자, 저소득층의 생활환경 개선을 주민합의 형성

② 주민자원조직활동을 통한 간접참여 (<표 12-3>에서 ⑥)

- 대기오염, 수질오염, 반경환경 사범 등에 대한 환경감시
- 역내 지역환경지표의 일상적 체크와 공표
- 환경취약 지역, 주민, 부문에 대한 환경교육실시(혹은 참여)
- 환경의식 고취를 위한 홍보 및 캠페인 실시(혹은 참여)

③ 공공행정에 대한 직접참여(<표 12-3>에서 ①, ③)

- 각종 정책입안과정(특히 도시계획사업)에 대한 참여
- 친환경 사업방식의 제안
- 공공사업의 친환경성 평가
- 지방경영의 친환경성 측정
- 각종 개발사업과 관련된 공청회에 대한 참여
- 법제정 및 개정 요구
- 주민투표
- 친환경적 주민대표의 선출

④ 공공사업에 대한 직접참여(<표 12-3>에서 ②)

- 재개발사업에서 친환경적 개발조건의 형성
- 이전 적지를 친환경적으로 활용할 수 있는 주민합의의 형성
- 각종 교통시설 개발시 생활교통, 보행권 등이 보장되는 녹색교통개 방식의 촉구
- 복지환경시설(예, 청소년교육시설 등)의 공급 촉구
- 기타 각종 공공 사업집행과정에 대한 참여

⑤ 주민운동에 의한 참여(<표 12-3>에서 ⑥)

- 생활주변의 녹화운동
- 지역자연생태보호 운동(식물, 동물 등)

- 각종 법안, 규칙제정을 위한 청원운동
- 하천살리기운동
- 생활협동조합 등을 통한 친환경적 공동체 운동
- 환경오염을 낳는 상품의 불매운동
- 오염발생업체의 추방운동

## 5. 주민참여의 조직화: NGO활동을 중심으로

### 1) NGO를 통한 주민참여의 조직화

환경자치와 관련하여 주민들이 참여할 수 있는 영역은 넓고 다양하지만 현실적으로 개별주민이 직접적이면서 적극적으로 참여하는 것은 결코 용이한 일이 아니다. 사안의 성격과 형태에 따라 주민들이 개별적으로 참여할 수 있는 여지가 많겠지만, 다양한 조직을 만들어 제도 과정에 직·간접으로 참여하는 것이 전반적으로 보다 효과적이다. 이같은 역할을 할 조직을 흔히 '시민운동조직' 혹은 '비정부단체(non-governmental organizations, 이하 NGO라 칭함)'라 부른다. NGO는 순수민간단체로서 시민들이 자발적으로, 자율적으로, 자치적으로 조직하고 운영하는 기구로서 공공부문으로부터 독립되어 있으면서도 공공부문에 대해 시민들의 의견과 입장을 전달하고 표방하며, 때로는 압력을 가하는 역할을 한다. 그러면서 역으로 공공부문이 수행하는 각종 정책입안 및 집행에 직·간접으로 참여하여 사업의 효과를 시민의 입장에서 극대화하는 쪽으로 유도해내는 역할을 수행한다.

이런 점에서 주민참여적 환경행정, 즉 환경자치의 관건은 건전한 NGO의 활동에 달려 있다 하겠다. 그래서 지방의제 21은 민간단체의 역할을 특히 강조하고 있는 것이다. 즉, 지방의제 21은 '사회적인 동반자로서 민간단체의 역할을 강화해야 하며, 유엔기구들과 각국 정부들은 정책

입안, 결정과정, 그리고 집행의 모든 단계에 민간단체가 참여할 수 있도록 그 절차와 운영방식을 재검토하여 제도화해야 한다'고 밝히고 있다.

### 2) NGO의 유형화

NGO의 조직화는 그 활동영역에 따라 다음과 같이 나눌 수 있는데, 이 유형화는 주민참여적 환경개선을 조직화하는 전략의 유형화로도 활용될 수 있다고 본다.

<그림 12-2> NGO활동의 유형화

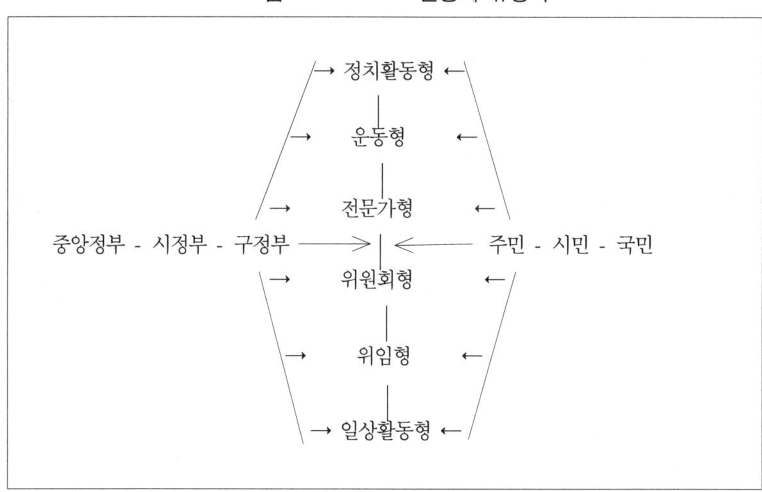


① '일상활동'형: 환경문제는 일상의 각종 활동을 통해 출현하고 구체적인 영향을 끼치기 때문에, 시민들의 건전한 자의식을 바탕으로 일상활동의 문제해결을 통해 환경문제를 해결하는 것이 가장 바람직하다. 그것은 환경자치의 가장 이상적인 구현방식이기도 하다. 요즘의 환경문제는 대부분 일상의 소비활동에서 나타나는 것이기 때문에 지방정부의 제한된 정책프로그램을 가지고 생활환경문제를 효과적으로 해결하는 것은 근본적으로 불가능하다. 따라서 일상활동의 각 영역에서 환경문제를 인식·감

시하고 이를 해결할 수 있는 민간단체나 조직이 다양하게 조직되도록 하여야한다. 쓰레기 감량, 에너지절약, 취약자 환경보호, 기업환경활동의 모니터링, 녹지가꾸기, 환경보호캠페인, 환경교육 등은 분야별 다양한 민간조직의 활성화를 통해 달성되어야 한다. 이런 일상적 환경활동 조직은 경우에 따라 수백 개가 될 수 있을 뿐 아니라, 환경행정이란 제도부문과의 관계도 직접적인 것으로부터 관계가 전혀 없는 것 등의 다양함이 있을 수 있다. 시정부나 구정부는 이러한 민간단체들을 양성화하기 위해서는 선별적인 지원 프로그램을 운용해야하며, 아울러 이들의 활동을 정책형성과 집행 전반에 투영해 낼 수 있는 제도를 갖추어야 한다.

② '위임'형: 지방정부가 수행해야 하는 환경업무 중 관내 민간단체가 수행하는 것이 참여의 효과뿐 아니라 업무의 효과까지 담보해내는 데 도움이 될 경우, 그런 사업들은 과감하게 민간단체에 위임하도록 해야 한다. 이를테면 환경감시, 환경교육실시, 환경백서발간, 지역별 환경개선 프로그램의 개발 등의 업무를 지역내에 있는 민간단체에 위임하게 된다면 주민의 적극참여를 통해 환경개선을 달성하는 효과를 얻게 된다. 이 경우 일정한 사업비를 지원해 준다면 민간단체의 활동을 보다 유기적으로 활성화하는 계기도 마련되어 환경행정에 대한 참여가 더욱 증대될 수 있다.

③ '시민위원회'형: 환경(행정)과 관련하여 각계의 주민입장을 대표·대변할 수 있는 주민대표위원회를 조직하여 이를 통해 각종 공공사업의 기획, 집행, 평가 단계에 참여토록 해야 한다. 서울시와 각 구 단위에서 만들어진 녹색서울시민위원회가 전형적인 예가 되겠다. 여기서 유념해야 할 것은 위원회 구성과 조직, 그리고 참여방식을 구청이 하향적으로 결정하는 식은 지양되어야 한다는 점이다. 시간이 걸리더라도 주민이 주도적으로 조직하는 방식을 통해 구성하고 참여를 허용하는 식이 되어야 환경자치의 목표를 올곧게 달성할 수 있다. 현재에도 구청단위에는 이미 많은 시민위원회가 조직되어 있고 또한 가동되고 있다. 하지만 대체로 형식적으로만 운영되고 있어 환경자치와는 무관한 경우가 많다. 더욱 시

민위원회는 다른 분야의 위원회(예, 주택, 교통, 지역경제, 복지 분야 등) 활동과 유기적인 연대활동이 이루어져야 생활환경개선의 총체적 효과를 낼 수 있는데, 현실은 그렇지 못하다. 요컨대, 환경자치의 관건은 이런 위원회의 적극활용과 이를 통한 주민의 다양한 참여가 보장되는 데 달려 있음이 재인식되어야 한다.

④ '전문가'형: 환경업무 중 전문적 기술이나 노하우가 필요로 하는 부문에는 지역소재 민간전문가나 전문조직들이 효과적으로 참여하도록 하여야 한다. 민간전문가 집단의 참여는 구 단위에서 운영하는 구정연구단를 통하여 유도해내는 방법도 있으나, 부서별/사안별로 지역전문가들과 소통적 네트워크를 만들어 이들의 참여를 항시적으로 이끌어내야 한다. 관내 대학, 연구소, 용역회사, 기업, 혹은 위의 시민위원회 중에서 전문적인 능력을 갖춘 위원, 그리고 주민 자생조직에 관여하는 전문가들을 하나의 네트워크로 연결하여 이들을 환경행정 각 분야에서 직·간접으로 참여토록 하는 것이 구체적인 방법이 되겠다. 이 경우 네트워크는 전문가 중심의 지역 자원봉사활동조직으로 결성하는 것이 바람직하다.

⑤ '운동'형: 일상적인 민간단체 중에는 환경문제 해결을 위한 운동단체적 성격을 띤 조직도 있을 수 있다. 운동단체나 조직은 쟁점위주로 활동하는 경우도 있고(예, 세입자주거권쟁취를 위한 주민조직), 시민단체들이 특정사안을 두고 캠페인형 운동이나 저항운동을 벌이는 경우(예, 경실련)도 있을 수 있다. 어떠한 경우이든 운동형 민간단체들은 공공당국의 입장과는 대립되는 경우가 많을 수 있는데, 대화와 협상을 통해 그들의 요구를 선별적으로 받아들이거나 설득시키는 당국의 지혜가 필요하다. 소득이 높아지고 개발사업의 환경피해가 다양하게 발생함에 따라 앞으로 분쟁이나 갈등형의 환경운동 출현이 더욱 빈번할 것으로 예상되기 때문에, 이에 대한 공공당국의 합리적인 대응과 대화적 자세가 대단히 중요하다. 분쟁이나 갈등형 단체활동은 사업집행의 평가의 한 형태인 동시에 정책수정과 정정을 요구하는 정책투입의 한 형태가 되기 때문에 환경자치를 위한 주민참여의 주요한 한 방식으로 인식되어야 한다.

⑥ '정치활동'형: 특정 시민단체들은 지방선거에 출마를 목표로 활동한다. 환경자치의 주요한 조건의 하나는 건전한 환경 마인드를 가진 지역정치 지도자가 지방경영을 담당하는 일이다. 지방자치가 내용적으로 환경자치가 되는 현실에서 환경운동 지도자의 건전한 정치적 활동은 조장되고 보호되어져야 한다.


## 6. 환경행정참여에서 NGO, 주민, 지자체간의 관계

### 1) 환경행정 참여구도에서 NGO의 역할

환경자치의 성공여부는 NGO들이 민간부문(혹은 주민부문)과 공공부문(혹은 제도부문) 중간에 다양하게 포진해 있으면서 매개역할을 수행하는 방식과 정도에 의해 판가름된다 할 수 있다. <그림 12-3>에서 보듯이 NGO는 환경문제인식으로부터 환경문제 해결의 전과정에서 공공부문의 활동(즉, 환경행정활동)과 민간부문의 활동(즉, 주민의 인식과 실천활동)을 매개하는 역할을 해야 한다. 보다 자세히 말하면, NGO는 민간부문에서 감지되는 환경문제를 적극적으로 쟁점화하여 주민들의 환경 자의식과 실천활동을 불러내는 동시에(<그림 12-3>에서 ①), 공공부문에 대해서는 주민들의 생활환경을 제약하는 환경문제의 쟁점을 분명히 부각시켜 공공행정의 기제를 통해 해결할 수 있도록 자극함으로써(<그림 12-3>에서 ②), 환경행정과 주민의 참여적 노력이 만나게 해주는 역할을 해야 한다. 한편 NGO는 공공부문과 민간부문이 함께 한 환경개선의 효과가 주민 모두에게 골고루 돌아가도록 해야 할 뿐 아니라(<그림 12-3>에서 ③), 공공부문에 대해서도 정책결과에 대한 평가를 투입하여 다음 단계의 정책·행정입안에 주요한 조건이 되도록 하는(<그림 12-3>에서 ④) 매개역할도 동시에 수행되어야 한다.

<그림 12-3> 환경행정참여 구도에서 NGO의 역할

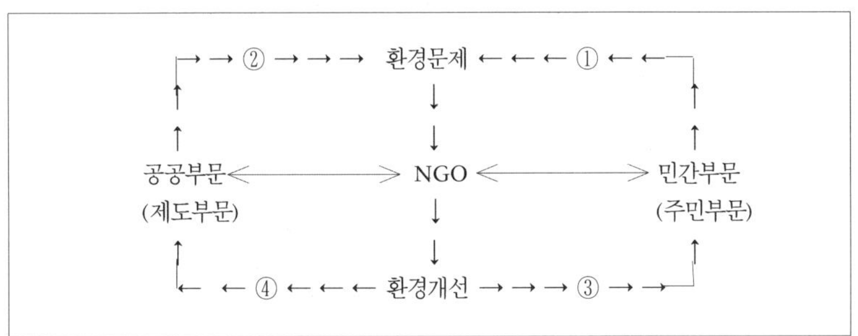



## (1) NGO-주민,  NGO-지자체간의 관계

민간단체로서 NGO는 공공부문과 민간부문을 매개하는 역할자이지만, '공공부문↔민간부문'의 연결선상에 어느 위치에 놓이느냐에 따라 그 역할이 달라진다. 다시 말해 주민참여의 조직화는 일상주민활동을 비조직적으로 수행하면서 참여효과를 내는 경우로부터 공공부문의 공식제도 틀 내에서(혹은 공공부문과 긴밀히 연계되어) 조직적으로 수행함으로 참여효과를 내는 양극단을 두고 다양한 NGO의 활동 혹은 조직화가 규정될 수 있다. 이 역할/조직화는 궁극적으로 'NGO-주민', 'NGO-지자체간'의 관계 설정에 의해 달라짐을 의미한다.

### ① 'NGO-주민'

주민들이란 기본적으로 비조직적이며 다원적인 집단이기 때문에, 일상 환경문제에 대한 주민들의 인식은 다양할 뿐 아니라 그에 대응하는 주민들의 집단화의 가능성과 형태 또한 일의적이지 않다. 공공부문과의 관계에서 주민활동이 수행되는 정도와 방식도 다양하다. 제도권 밖에서 저항적으로 진행되는 주민활동이 있는가 하면 제도적인 틀 내에서 합법적으로 보호를 받으면서 수행되는 주민활동이 있다. 때문에 주민들의 일상적이고 분산적이며 비제도적 환경실천 행동을 지속적이고 집중적이며 제도적인 환경개선 행동으로 이끌어내는 매개자의 역할이 대단히 중요하다.

<표 12-4> NGO-주민의 창조적 관계를 위한 역할배분

| NGO → 주민 | 환경의 쟁점부각, 환경정보의 제공, 행정·정책의 해석 |
|---|---|
| | 환경행정 지침의 준수 홍보 |
| | 활동의 조직제공, 지속적인 활동을 위한 프로그램유지 |
| | 조직의 개방성과 민주성 |
| | 주민여론/의견의 파악, 주민지도.교육 |
| | 조직운영자의 헌신적 노력과 지도자적 자질 필요 |
| NGO ← 주민 | 환경쟁점에 대한 높은 감수성 유지, 공동체 문제로서 환경문제인식 |
| | 자조활동에 대한 적극동참, 자조활동의 재정적 후원에 동참 |
| | 공공당국의 환경행정에 대한 이해와 동참 |
| | 자조활동에 대한 신뢰, 친환경적 대표의 선출 |
| | 가족이나 공동체 생활에서 친환경적 생활가치의 준수 |

주민활동을 이렇게 조직화하는 것은 환경행정에 대한 주민참여를 의미하는 것으로, 이는 곧 NGO가 담당해야 할 핵심역할에 해당한다.

어떤 경우이든 NGO의 역할은 일상환경문제를 주민의 관점에서 인식하고 쟁점화하면서 주민들과 함께 해결할 수 있는 실천적 여건을 자조적으로 만들어내는 데 최대한 역점을 두어야 한다. 이러한 측면에서 NGO는 일상의 다양한 환경쟁점을 중심으로 다원적으로 조직화될 필요가 있다. 음식물쓰레기 줄이기, 폐품재활용, 환경파수, 맑은 물보전, 녹색교통, 청소년공간만들기, 친환경적 생협운동, 하천살리기, 동네녹화운동 등은 모두 주민들이 스스로 조직화하여 환경개선을 실행하는 자조적인 NGO 활동 유형이 된다. 이러한 종류의 NGO 활동은 무엇보다 잠재화된 주민들의 환경자의식을 일깨우면서 해결의 주민주도성을 부각시키는 데 기능적이어야 한다. 이 수준의 주민활동은 지자체가 벌이는 각종 환경사업에 주민들이 직접 참여하는 유형과 환경행정의 틀 밖에서 주민들이 스스로 친환경적인 지역사회를 건설하는 데 동참하는 간접적인 참여유형 두 가지로 나눌 수 있다.

현재 지역사회에는 이러한 유형의 NGO가 이미 많이 활동하고 있다 (예, YMCA, 대한주부클럽, 어머니회 등). 문제는 이러한 NGO들이 주민들의 일상생활과 긴밀히 연결되는 기제를 약하게 가지고 있는 점이다.

다시 말해 이들 NGO 활동들이 주민들의 일상적 참여를 바탕으로 하고 있지 못하기 때문에 지역생활여건에 맞는 활동의 특성화가 결여된 경우가 많다. 따라서 NGO-주민간의 관계에서 가장 역점을 두어야 할 사항은 NGO활동이 주민생활에 '뿌리내리게 하는 데' 있다 하겠다. 이를 위해서는 주민참여를 효과적으로 이끌어낼 수 있는 NGO활동의 조직화가 필요하며, 나아가 주민의 참여를 바탕으로 NGO활동이 지속될 수 있는 최소한의 제도적 지원이 있어야 한다.

NGO는 지역환경의 실정에 맞는 조직적 성격과 실천프로그램을 작성·운용하여야 하는데, 이를 위해서는 무엇보다 NGO 활동가들의 봉사정신과 지도자적 역할이 요청된다. 전국조직을 갖고 있거나 특정 활동을 중심으로 조직된 것 경우라도(예, 교통환경, 공동체환경, 저소득층 주거환경을 위한 운동단체들), 지역에 기반을 두는 NGO는 지역특성, 특히 지역주민의 계층적 특성과 그들 생활환경의 특수성에 민감하게 적응할 수 있는 조직구조를 필수적으로 가져야 한다. 환경개선운동에 대한 주민참여란 측면에서 이러한 유형의 NGO는 많으면 많을수록 좋으나, 다른 한편으로 지역이란 틀 내에서는 개별 NGO들이 공조·협력할 수 있는 네트웍이 구축되어야 한다. 이를 위해 NGO 스스로의 개방적이고 협력적인 태도가 필수적이다.

하지만 NGO의 이러한 활동은 그냥 이루어지는 것이 아니라 주민들의 적극적인 호응과 공공당국의 지원이 전제될 때 담보될 수 있는 것이다. 주민들의 참여를 효과적으로 이끌어내기 위해서는 무엇보다 주민 공통의 관심거리가 되는 환경문제의 쟁점화가 있어야 하며, 또한 주민참여의 필요성을 일깨우면서 초기동원을 이끌어낼 수 있는 방식이 효과적으로 꾸려져야 한다(이 점에서 홍보·교육 기능이 중요함). 초기단계에서는 전반적으로 NGO에 대한 주민신뢰 구축이 그 어느 것보다 중요하다. 한편 조직적으로 안정된 후에는 주민참여의 물적 조건을 담보시키는 뜻에서 각종 자선모금 운동을 참여운동의 일환으로 전개할 필요가 있다.

한편 공공당국에서는 주민자조활동을 지원하는 각종 제도나 지원책을 강구하여, 일부 관변단체 위주의 지원방식을 지양하고 공개 심사를 통해 여러 NGO가 재정적, 행정적 지원을 받도록 해주어야 한다. 아울러 NGO 활동에서 얻어진 여러 사업결과들을 공공당국의 정책입안과 평가에 반영하는 제도적 장치를 강구하는 것도 NGO의 주민참여성을 보장하는 장치가 된다.

지금까지 논의한 NGO-주민간의 관계는 주민에 대한 NGO의 역할(NGO→주민), NGO에 대한 주민의 역할(NGO←주민)이 상호 성립될 때 올바르게 자리매김될 수 있다. 어떠한 관계형이든 그 관계가 생산적(혹은 창조적)이어야 한다는 점은 당사자 모두가 인식되어야 할 사항이다. 왜냐하면 무조직적인 주민활동을 조직적인 참여활동으로 이끌어내는 것은 다분히 사회관계의 창조적인 변형을 필요로 하기 때문이다.

② 'NGO-지자체'

NGO는 한편에서 공공부문, 특히 지자체와 동반자적 관계를 유지해야 한다. 이 관계는 앞서 살펴 본 'NGO-주민'의 관계를 행정제도 부문으로 옮기고 반영하는 것일 뿐 아니라 공공부문의 정책집행과정을 주민의 일상생활부문으로 해석하고 연결시키는 역할을 행하는 것이 된다. NGO의 이러한 관계적 역할이야말로 환경행정에 대한 실제적인 주민참여의 효과를 내는 것이 된다.

NGO가 주민들의 의견을 집약하고 그들의 입장을 대변하기 때문에 NGO를 각종 환경 행정계획 입안·집행·평가에 참여시키는 것은 주민참여 그 자체가 되는 것이다. 이 참여는 각종 위원회, 전문가네트워크, 운동단체 등의 NGO와 지자체가 환경사업을 협력적으로 추진하는 방식에 의해 이루어져야 한다. 현재 지방정부가 수행하고 있는 환경행정은 다양하고 광범할 뿐 아니라, 각 분야별로 지자체와 NGO가 공조할 여지가 많다. 지역환경목표치의 설정, 환경보전계획의 수립, 각종 환경시설투자 및 입지계획(예, 소각장입지, 생태공원 조성 등)의 수립, 환경감사, 환경감시, 각종 환경기준 지키기, 지역환경조성사업, 행정의 친환경성 평가

등 무수히 많은 영역에서 NGO와 지자체는 협력관계를 통해 지역환경의 질을 공동생산(co-production)할 수 있다(보다 자세한 것은 다음 절 참조). 이런 공생산이 바로 바로 NGO를 통한 환경행정 참여의 백미를 이룬다.

NGO-지자체의 관계는 이렇듯 협력적이고 공동생산적이어야 하기 때문에 각 주체는 그에 따른 역할이 정립되어야 한다. 우선 관건은 지자체의 제도적 조건이다. 현재의 지방자치제하에서는 NGO의 역할이 적극 활용되거나 이들의 입장이 환경행정에 체계적으로 반영되지 못하고 있다. 지자체의 그러한 태도는 우리나라 지방행정 제도 그 자체의 문제에서 비롯된 것이지만, 지자체를 경영하는 지방공무원 스스로도 이에 대한 올바른 인식과 태도를 가지고 있지 못하다. 근자에 들어서 선거를 의식하는 지자체장들은 지방행정의 기조를 개발위주로 운영하는 경우가 많아,[4] 선거캠페인시 제시된 환경에 대한 실천공약은 제대로 지켜지고 있지 못한 실정이다. 이런 상황이다 보니 주민들과 더불어 환경을 지키고, 환경개선을 위한 정책우선순위를 설정하는 것은 현재로서는 담론적 중요성을 갖는 것에 불과하다. 따라서 지자체의 친환경적인 경영마인드와 제도적 조건의 구비가 환경행정에 대한 주민참여를 가름하는 실제적인 요인이 된다. 여기에 더해 환경행정예산, 전문기술능력이 턱없이 부족한 것도 주민참여를 제약하는 지자체 쪽의 조건이 되기 때문에 이 부분에서 개선이 절대 필요하다.

한편 지자체에 대칭되는 NGO의 역할의 올바른 정립이 짝으로 있어야 한다. 이 점에서 무엇보다도 중요한 조건은 지자체의 행정에 대한 NGO의 협조적, 동반적인 자세와 태도이다. 우리나라의 NGO들은 공공당국의 노선과 갈등을 빚는 경우가 많아, 양자간의 협력적 관계에 의해 얻을 수 있는 잠재적인 사회적 생산이 불가능해지기 일쑤이다. 실제 지금까지의 지역환경운동을 보면, 운동주관자들의 사적인 이해관계에 따라

---

4) 1995년 지방자치단체장 선거에서 출마한 후보자들의 80% 이상이 환경을 담보로 한 각종 개발공약을 제시한 것으로 분석된 바 있다.

<표 12-5> NGO-지자체 간의 협력적 관계를 위한 역할배분

| 지자체→NGO | 친환경적 지방행정 기조 확립<br>주민참여의 제도적 장치 강구<br>NGO활동의 합법화와 지원각종 정책수립에 대한 참여(예, 환경보전계획)의 확대<br>NGO와 각종 환경사업의 공동추진환경사업에 대한 주민평가 수용 |
|---|---|
| NGO→지자체 | 활동노선의 명확화<br>공조적, 동반적 태도<br>주민대표성의 견지<br>활동의 전문성 확보<br>조직의 자기 평가<br>지도자 자질<br>NGO간의 네트워크화 |

운동방향과 노선이 영향받게 됨에 따라 그 활동이 수단화되거나 단절적으로 이루어지고 있음이 종종 발견된다. 주민참여를 담보할 NGO는 주민의 이익을 대변하면서 공동체 환경을 개선하는 데 조직활동의 최우선 목표를 두도록 해야 한다. 이와 더불어 NGO 활동의 전문성 확보도 시급한 해결과제이다. NGO 유형에 따라 그 전문성은 다를 수 있으나 활동목표를 달성할 수 있는 올바른 상황인식과 수단의 동원을 위해서는 어느 유형이든 조직적 전문성과 활동의 노하우를 갖추지 않으면 안된다. 이런 측면에서 NGO를 움직여가는 지도자들의 자질이 각별히 중요하다. NGO 활동은 환경문제의 쟁점만큼 다양화되는 동시에 전문적 역량을 길러가야 하지만, NGO들간의 수평적 연대와 협력 또한 지역공동체라는 범주내에서 반드시 이루어져야 한다.

'NGO-지자체'의 관계는 기본적으로 지역환경의 질을 공동생산하는 협력적 관계를 바탕으로 해야 한다. 이런 점에서 지금까지 살펴본 각 부문이 구비해야 할 역할 및 활동조건들을 정리하면 <표 12-5>와 같다.

## 7. NGO를 중심으로 한 환경자치의 공생산

### 1) 공생산이란

공생산(co-production)은 공공부문과 민간부문의 당사자들 간의 협력적 분업 관계를 형성해 필요로 하는 활동 목표를 달성하는 것을 의미한다. NGO를 매개로 하는 환경자치의 운영은 활동과정상 환경쟁점별로 공공부문과 민간부문 간의 협력을 통해 공동의 환경가치를 생산하는 것을 지칭한다는 점에서 이는 '환경의 공생산'이라 말할 수 있다. 환경의 공생산은 환경행정에 대한 주민참여의 내용이면서 또한 환경자치가 추구하는 활동적 내용이기도 하다. 이 점에서 환경의 공생산은 지방자치 시대 환경행정의 기본원리로 운영되어야 할 방식이라 할 수 있다.

### 2) 공생산이 가능한 과제

보다 구체적으로 말하면, 환경(가치)의 공생산은 환경행정의 입안, 집행, 평가 각 단계의 사업들 중에서 지자체와 NGO가 협력하여 추진함으로써 사업의 효과를 극대화하는 활동이다. 이러한 공생산활동은 곧 주민참여의 원리를 바탕으로 환경행정의 성과를 최대한 얻어내는 방식이란 점에서 환경자치 그 자체의 행위라 해도 될 것 것이다. <표 12-6>은 환경행정의 공생산이 가능한 과제들을 예시하고 있다.

① 정책입안 단계에서 공생산이 가능한 것으로는 지역의 생태용량의 추정과 설정, 장기적 지역개발을 위한 환경기준치의 설정, 환경보전계획의 수립(특히 지방의제 21 작성), 환경정책 수립을 위한 주민여론조사, 환경사업에 대한 주민발의, 주민주도적 환경관리를 위한 환경재단의 건립, 환경조례의 제정 등이 있을 수 있다. 지역환경개선을 위한 장기적 목표설정, 환경실태분석, 적정사업의 선정과 관련된 이런 활동들은 대부분

<표 12-6> 환경행정의 공생산이 가능한 과제

| 정책단계 | 활동 | 주도적인 NGO 유형 |
|---|---|---|
| 입안 | 지역생태용량의, 환경기준치 설정<br>환경보전계획 및 의제21 수립<br>환경정책에 대한 여론조사<br>환경기금(혹은 재단)조성<br>환경조례제정<br>환경사업에 대한 주민발의<br>지역적정 환경사업의 선정 | 전문가형, 위원회형<br>전문가형, 위원회<br>전문가형, 위임형<br>운동형<br>전문가형, 운동형<br>운동형<br>위원회형 |
| 집행 | 폐기물 처리, 환경백서발간, 환경지도작성 등<br>각종 환경기준치 지키기 캠페인<br>분리수거, 소비절약, 녹색교통 등 환경실천<br>하천살리기, 생태공원조성 등 환경조성사업<br>환경교육 등 주민홍보·지도<br>녹색생협운동 등 조합운동<br>환경취약자 보호사업 및 운동 | 위임형<br>운동형, 일상형<br>운동형, 일상형<br>운동형, 일상형<br>위임형, 운동형<br>운동형, 일상형<br>운동형, 일상형 |
| 평가 | 환경오염에 대한 환경감시·단속에 관한 사업<br>환경행정의 사회편익성 평가에 관한 사업<br>지방행정의 친환경성 평가<br>환경감사제<br>오염배출업소의 추방<br>친환경적 지역지도자 뽑기 | 운동형, 일상형<br>전문가형, 운동형<br>전문가형<br>운동형, 정치활동형<br>운동형<br>운동형, 정치활동형 |

전문적인 지식과 기술을 필요로 한다. 따라서 지자체의 행정능력만으로는 사업의 목표를 제대로 달성될 수 없는 것들이어서 전문가형 혹은 위원회형 NGO와 협력사업으로 추진하는 것이 바람직하다. 이런 사업들은 종래에는 대부분 용역 형태로 이루어졌으나 주민참여형 운동형식으로도 충분히 꾸려질 여지가 많다. 특히 민간중심의 지역환경재단의 건립과 같은 것이 성사된다면 NGO활동을 중심으로 하는 지역환경사업의 공간은 더 넓어질 수 있다.

② 정책집행과정에서 지역 NGO들과 직간접으로 협력하면서 추진할 수 있는 과제로는 폐기물의 처리, 환경백서발간, 분리수거나 소비절약운

동, 환경기준지키기, 하천살리기, 녹지조성운동, 환경교육 실시 등이 예거될 수 있다. 집행 부문에서 민관협력을 필요로 하는 사업들은 지방정부의 제한된 행정업무역량 때문에 지역 NGO들과 협력하여 추진하게 됨으로써 그 목표가 보다 효과적으로 달성될 있는 사업유형들이다. 따라서 이 단계의 공생산은 주민의 자발적인 동참과 협력이 환경가치 생산에 특히 효과적인 것으로 판단되는 사업영역, 그리고 지방정부의 행정역량밖에 있어(특히 재정에 의해 운용될 수 없는 사업들) 주민운동으로 추진될 때 그 실현이 가능한 한 사업영역에서 유효한 방식이 된다. 이 단계에 가장 주된 역할을 할 NGO들은 일상형, 운동형, 위임형동형 등이 되겠다.

③ 평가단계에서 공생산이 가능한 과제로는 환경감시, 환경행정감사, 사업의 친환경성 평가, 오염배출업소 단속 등이 되겠다. 이런 유형의 과제들은 공공사업이나 행정의 환경목표치 달성정도, 환경사업의 주민계층별 편익의 배분정도 등을 주민의 입장에서 평가하는 내용들이 되겠다. 아울러 이를 평가해서 환경행정에 대한 투입요소로 작용할 수 있는 사업(예, 환경지도자 지방의회보내기 등)들로 포함될 수 있다. 이런 사업은 관주도적으로 이루어진다면 그 의의와 효과가 반감되는 것들이다. 이 단계에 주된 역할을 할 NGO유형은 운동형이나 정치활동형이 적합하다고 판단된다.

## 3) 활동의 네트워크화: 지역 NGO 협력체 운영

환경가치의 공생산은 기본적으로 NGO와 지자체 간의 협력관계를 통해 달성하는 방식이다. 하지만 지역환경 전반의 가치를 공생산한다는 측면에서는 NGO들간의 수평적인 연대와 협력도 대단히 중요하다. 이를 위해서는 지역 NGO간의 네트워크 구축이 필요하며, 또한 이 네트워크를 체계적으로 조정·유지·관리할 수 있는 NGO협력기구도 결성되어야 한다. 기구형성 방식은 지역환경운동협력체, 지역환경포럼, 지역NGO협

력체 등의 다양한 형태를 취할 수 있는데, 그 어떤 형태이든 기구 자체
는 공공부문에 대한 주민의 대표성을 띠는 것을 대원칙으로 해야 한다.
따라서 공공부문과의 관계에서도 이 네트워크 기구는 지방정부보다 지방
자치의 대의기구인 지방의회와의 관계를 우선으로 하는 것이 바람직하
다. 이 기구의 운영진은 개별 NGO로부터 대표를 위임받은 인력으로 구
성하는 것이 고려되어야 한다. 활동은 기본적으로 개별 NGO간의 활동
을 조정·협력하는 것을 주된 목표로 하더라도, 필요하다면 자체의 독자
적인 사업, 예컨대 지역환경회의의 개최, 지역환경조례의 제정운동, 환경
재단의 건립운동 등을 추진할 수 있도록 하여 명실상부하게 주민주도적
환경자치를 견인할 수 있도록 하여야 한다.

## 4) 활동 지원

공생산자(co-producers)의 파트너로서 NGO의 활동이 육성되기 위해
서는 NGO와 그 활동의 합법화, 정당화가 공공부문에 의해 보장되어야
한다. 이를 위해서는 지방행정 전반에 NGO의 참여를 의무화하며 또한
NGO의 의견을 반영할 수 있는 행정부서별 심의·결의 기구를 운영할
필요가 있다. 아울러 NGO활동을 재정적으로 돕기 위한 지원도 강구되
어야 한다. NGO활동에 필요한 재정은 기본적으로 주민성금으로 충당하
는 것을 원칙으로 하여야 하며, 이를 지원하기 위한 'NGO활동 지원을
위한 주민성금조성에 관한 규칙'들을 법률, 시행령, 조례 등의 형태로 제
정할 필요가 있다. 지방정부 차원에서도 일정한 심사와 평가를 바탕으로
NGO활동을 재정적으로 지원할 수 있는 예산책정이 강구되어야 할 것이
며, 지역 NGO들과 다양한 협력사업을 조직적으로 유지·관리하기 위한
주무부서의 신설·운용(예, 시민협력국 등)도 고려되어야 한다.

## 5) 실험모델의 운영: '지방의제 21' 작성을 효시로 하여

'환경의 공생산 제도'를 정착시키기 전에 제한된 영역과 지역에 대해 이러한 모델을 실험적으로 운영하여, 그 성공 여부를 토대로 현실적인 장치들을 보완하여 타지역, 타부문, 그리고 지역전체로 점진적으로 확대 실시하는 방식이 고려되어야 한다. 이 실험은 환경자치 프로젝트를 실험하는 것에 다름아닐진데, 현재로서 이런 실험을 일차적으로 할 수 있는 영역으로는 지방의제 21 작성이다.

지방의제 21 작성은 주민주도적으로 지역환경계획을 작성하는 것인데, 이는 해당지방 전체를 대상으로 하면서, 특히 주민의 참여를 필수적인 조건으로 삼는다. 의제 21 작성이 환경자치를 위한 공생산 방식의 실험이 될 수 있는 것은 바로 주민주도성의 실현 여부 때문이다. 현재의 환경행정구조에서 지방의제 21 취지에 부합하는 주민주도적 환경계획을 수립하기가 결코 용이한 것이 아니다. 실행을 전제로 한다면 지방의제 21은 현실환경제도와 부합되지 않는 비현실적인 측면을 더 많이 가지고 있다. 따라서 주민참여형 지방의제 21 작성이 현실에서 잘 이루어질 수 있을지는 분명히 실험대상이 되지 않을 수 없다. 이 점에서 우리는 지방의제 21 작성을 효시로 하여 주민참여적 환경행정, 즉 환경자치의 공생산화의 가능성을 실험할 수 있다. 다시 말해 지방의제 21 작성 프로젝트를 운영하면서 주민 참여영역의 범주화, 참여의 방식, 참여의 기제·제도, 재원 등의 문제점들을 구체적으로 밝힐 수 있게 되어 참여적 환경행정을 위한 대책을 마련하는 데 훌륭한 정보와 경험을 얻을 수 있을 것으로 본다.

한편, 보다 미시적 차원에서 주민참여방식을 실험하기 위해서는 지역전체를 대상으로 하는 의제 21 작성과 병행하여 하위지역을 중심으로 하는 주민주도형 환경개선 프로그램 작성을 전개시킬 필요가 있다. 단위지역별 주민주도형 환경개선 프로그램은 지역환경 쟁점을 중심으로 하되, 지역공동체 운동의 방식으로 추진하는 것이 바람직하다. 이렇게 된다면 지방의제 21은 이런 하위지역 운동프로그램을 전체적으로 조정하고 통합하는 식으로 운영하는 것이 되어야 한다. 현실적으로 이러한 실험의 성공여부는 무엇보다 주민들과 함께하고자 하는 지방정부관리자들의 개방적인 태도와 실험정신에 달려 있다.


## 8. 맺음말

지금까지 우리는 환경행정에 대한 주민참여의 가능성과 그 방안 등을 살펴보았다. 현재의 우리나라 행정체계에서 주민 참여는 여전히 여러모로 제한되어 있다. 또한 주민들 역시 참여에 대한 자의식과 자발성이 결여되어 있다. 환경행정에 대한 주민 참여의 여건도 행정참여 일반의 문제와 동일하다. 하지만 다른 행정과는 달리 환경행정은 주민의 일상생활과 직접 연계되어 있기 때문에 주민들과 함께 운영하는 것이 그 어느 쪽에서도 유리한 특성이 있다. 그래서 세계적인 추세를 볼 때 주민참여적 환경행정이 환경문제 해결의 기본적인 해법으로 떠오르고 있는 것이다. 우리의 경우, 지방자치제의 복원은 환경문제 해결을 위한 주민참여적 해법을 실시할 수 있는 유리한 제도적 환경을 마련해주었다. 이른바 환경자치가 지방자치의 실제적인 내용이 되는 시대가 열렸다는 말이다.

환경자치가 비록 주민참여에 의해 좌우되는 것은 틀림없지만 현실적으로 볼 때 환경문제의 다양함과 참여의 제도적 한계 때문에, 그 참여는 주민의 입장을 대변하는 조직을 결성해 환경행정에 참여하는 것이 보다 효과적이다. 이 점에서 본 연구는 지역 환경 NGO들을 매개로 하여 환경행정에 대한 주민 참여가 조직되고 추진되어야 한다는 주장을 개진하였던 것이다. 보다 구체적으로 본 연구에서 환경행정에 대한 참여는 NGO를 통한 환경자치의 공생산화로 규정되었다. 우리는 환경자치의 공생산을 최근 세계적으로 추진되고 있는 지방의제 21 작성을 각 지방단위별로 추진하면서 그 가능성과 한계, 그리고 보완점 등을 구체적으로 검토하고 강구할 수 있을 것으로 본다. 하지만 본 연구는 자치시대 주민참여형 환경행정체계 정립을 위한 시론적 수준의 문제제기와 몇 가지 가능한 접근원칙을 제시한 것에 불과하며, 구체적으로 실천가능한 모델과 방식은 계속적인 후속연구를 통해 계속 논구되고 밝혀져야 할 것으로 본다.


## ■ 참고문헌

권해수. 1995, 「지방자치시대의 환경정책」, 환경공간환경학회 편, 『공간환경론의 새로운 모색』, 서울: 한울.
박영숙. 1995, 「환경행정의 시민참여 제도화와 NGO의 역할」, 서울특별시 주관 '서울환경포럼' 발표논문.
우동기, 문태훈. 1994, 「서울시와 외국도시의 Local Agenda 21실천계획비교」, 서울시정개발연구원 외 주관 'Local Agenda 21과 지방정부의 대응에 관한 워크샵' 발표논문.
이달곤. 1994, 「중앙정부와 지방정부간의 기능 및 역할분담」, ≪환경과 생명≫, 통권3호.
정회성. 1994, 「지역환경관리체계의 강화방안」, ≪환경과 생명≫, 통권3호.
조명래. 1995, 「서울시의 친환경적 도시관리체제 구축 방향」, 서울특별시 주관 '서울환경포럼' 발표논문.
______. 1996a, 「환경자치와 대안적 지역개발」, ≪환경과 생명≫, 통권 9호.
______. 1996b, 「지역생활환경 개선을 위한 주민참여의 의의와 과제」, 성동구민연대회의 주최 '살기 좋은 성동구 만들기 환경시민 토론회' 발표논문 (1996.12.14).
한국도시연구소. 1996, 「자치시대의 생태도시전략」, 연구보고 96-2.

# 5부

# 녹색사회를 위한 대안운동

<h1 style="text-align:center">13장<br>시민사회의 정치화와 실천과제</h1>

## 1. 머리말

"세계 평화 뿐 아니라 전쟁까지도 이젠 세계의 시민들이 책임져야 한다." 이것은 스위스에서 열린 한 국제회의에서 이스라엘 수상 시몬이 한 말이다.[1] 이는 단순한 수사학적 표현이 아니다. 여기에는 두 가지 강력한 메시지가 담겨져 있음을 주목할 필요가 있다. 첫째가 '탈근대'로 불리우는 이 시대의 '현실'이 전에 없이 새롭다는 것이라면, 둘째는 제 3의 천년을 살아 갈 (역사적) 주체가 이젠 명실상부하게 '시민'이라는 점이다.

이 말을 곰곰이 음미하면서 그리고 현실을 되돌아볼 때, 우리는 '시민운동'이란 개념에 부여할 의미가 참으로 크다는 것을 생각하게 된다. 흔히 시민운동은 '민주주의를 내실화하는 조건'으로 간주된다(정수복, 1994). 우리의 현실에서는 이 진술은 각별히 중요한 실천적 의미를 갖는다. 즉, 우리가 꾸리고 있는 지방자치란 제도가 민주주의를 완성하는 것으로 그 소임을 다해야 한다면 시민운동은 그와 같은 프로젝트를 실천에 옮기는 가장 중요한 장치이자 수단이 된다는 의미이다.[2]

---

1) 이는 서울시립대 김진현 총장이 '신시민포럼'에서(1997년 5월 17일) 행한 '신문명시대 시민운동의 방향'이란 강연내용에서 발췌한 것이다.

요컨대, 시민운동은 탈근대란 시대를 열어 갈 역사적 프로젝트를 위한 '거시적 실천수단'이면서 동시에 우리가 꾸려가고 있는 '공간적 삶의 민주주의적 틀'(즉, 지방자치)을 완성해내기 위한 '미시적 실천수단'으로서 의의를 함께 가지고 있다.

여기서 우리가 우선 생각해보아야 할 것은 오늘날의 시민운동은 2, 300여 년 전 서구의 시민혁명을 통해 등장했던 시민사회의 운동, 즉 전통적인 시민운동과는 여러모로 다른 의미와 내용을 가지고 있다는 점이다. 지금의 시대를 흔히들 '지구화의 시대'라 한다면 시민운동은 '지구적 시민사회'를 그 영역으로 해야 할 것이다. 하지만 지구화란 기실 지방화가 전개되는 구체적인 일상 장소를 바탕으로 전개되는 현상의 '지구적 합(合)'에 불과하기에 '지방화된 운동'이 시민운동의 기본형이 된다. 인구의 절대 다수가 도시에 살고 있는 오늘날, 지방화 된 시민운동은 다름 아닌 '도시적 시민운동'을 지칭하는 것이다.

이 글은 자치시대 시민운동의 전형을 도시적 시민운동으로 설정하고 그 발생적 연원, 기능, 형태, 실천방법, 주체별 역할과 과제 등을 나누어 살펴보고자 한다. 이 글에서 특히 강조되는 것은 자치시대 시민운동은 민주주의의 지방화를 위한 실천방식으로 기능해야 하며, 이를 구현하기 위한 시민운동은 그간의 적대적, 대립적, 저항적 방식으로부터 협력적, 공생산적, 창조적 방식으로 전환되어야 한다는 점이다. 이러한 시민운동이 가능하기 위한 가장 중요한 조건은 무엇보다 지방화시대 시민운동에 관여되는 두 핵심 주체인 지방정부와 시민단체의 새로운 '관계적 역할'에 있다 하겠다.

---

2) 서울의 조순 시장은 1997년 연두순시 자리에서 지방자치가 민주주의를 완성하는 것이라면 이는 곧 시민운동을 매개로 하여야 한다고 전제하면서 자치시대 지방행정의 중요한 준거점을 바로 시민운동으로 설정하여야 한다는 의견을 개진하였다.

## 2. 시민운동의 재조명

### (1) 시민운동의 발생토대

시민운동은 시민사회란 영역에서 발생하는 사회운동의 한 양식이다. 여기서 핵심적인 것은 '시민사회(civil society)'[3]란 말이다. 시민사회란 국가의 지배행위와 그의 권한, 즉 정치적 힘이 작동되는 영역인 '정치사회(political society)'로부터 일반시민들의 사적인 활동이 일정한 권리로서 보호되는 영역이다. 전통적인 사회에서 사적 활동이 전개되는 영역은 본래 개인들이 일상적으로 꾸리는 경제활동을 주된 내용으로 하여 구성되어 있었는데, 시민혁명과 산업혁명 등을 거치면서 이러한 영역은 자본주의적 시장경제활동이 제도화되는 영역과 개인적 삶의 권리가 제도화되는 영역으로 양분화되었다(Habermas, 1984, 1987). 여기서 시민사회는 후자를 주로 일컫는데, 이렇게 본다면 시민사회는 '정치사회(특히 국가영역)'와 '경제사회(특히, 시장영역)' 중간에 존재한다고 할 수 있다(<그림 13-1> 참조).

기능적 관계에서 시민사회는 일상적인 개인적 삶의 영역(즉, 사적 영역)과 국가 및 시장으로 구성된 체제·제도적 영역 중간에 존재하는 공공영역[4]이다. 자본주의적 산업화와 민주주의의 제도화 과정에서 필연적으로 형성되는 영역으로서 시민사회는 개인의 활동 중 일부가 '공중(公衆)적 관계'로 발전된 부분과 국가제도적 활동(예, 입법활동, 사법활동, 통치

---

3) 시민사회란 말은 헤겔(Hegel)에 의해 처음 사용되었지만 시민사회 자체가 변화하는 과정에서 이를 개념화하는 방식이 학자들에 따라 많은 차이를 보이고 있다. 이에 대한 자세한 논의는 김호기, 1993; 신광영, 1991; 유팔무, 1991, 1993; 정태석 외, 1993 등을 참조하기 바람.

4) 하버머스는 '공공영역'을 국가와 '시민사회'(사적영역)의 매개항이자 통로로 봄으로써 이 양자를 달리 구분하였으나 이 글에서는 동일한 기능적 영역으로 간주한다. 시민사회란 본래 개인주의적, 시장적, 사적 관계 중에서도 국가의 제도적 규범으로 규정되는 활동들로 채워진 '부분적으로 상부구조화'된 영역이다. 이 영역에서는 공적 규범, 담론, 공동체적 결사, 기본권적 생활관계 등이 형성되고 전개되고 있다는 점에서 사적영역 대신에 '공공영역'으로의 특징을 가지고 있다. 이 공공영역은 국가제도적 활동과 사적활동이 부딪치면서 시민권적 규범으로 생산되는 곳이다.

<그림 13-1> 사회형성 및 기능관계

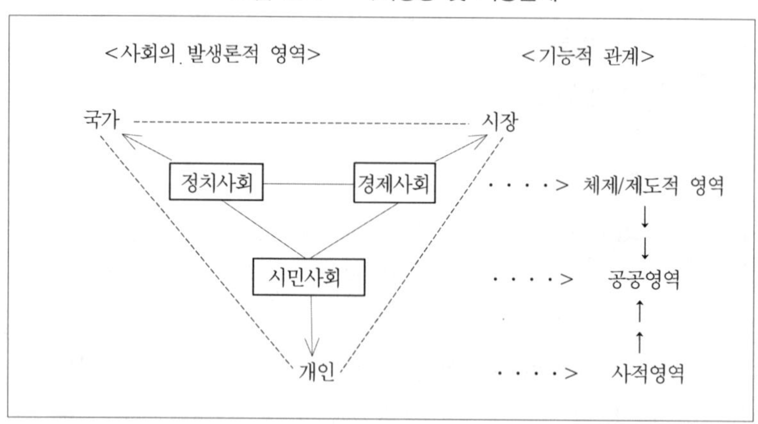


활동, 외교활동 등)이 세분화되면서 개인의 활동을 담아내고 보호하는 부분이 결합되는 곳이다. 이는 달리 말해 체제/제도적 활동과 사적활동이 마주치는 중간 매개항이라 할 수 있다.

시민사회는 근대 합리적인 경제적 거래나 사회적 계약관계가 형성되는 과정에서 국가권력에 의해 자의적으로 간섭받지 않으면서 동시에 사적인 이해관계에 의한 임의적 영향을 받지 않는 공적인 권리행사의 관계로 전환되는 활동들의 누적에 의해 형성되었는데, 역사적으로 볼 때 이는 시민혁명과 같은 시민들의 자의식적인 노력(예, 투표권의 획득)과 그 결과의 제도화(예, 기본권의 제정)를 통해 이루어졌다. 하지만 사적인 이해와 체제적인 이해가 교차되고, 또한 정치와 경제의 힘이 교차되는 중간영역에 있는 시민사회는 근대사회가 발전하는 과정에서 발생하는 수많은 모순과 갈등들로 항상 가득 차 있었다. 그 모순과 갈등은 시민적 삶이 일상적으로 전개되는 지점에서 구체적으로 발생하는 형태를 취해 왔던 만큼, 그 저변에는 일상적 과정이 깔려져 있다. 이 일상과정에서 사적인 이해와 제도적 이해가 늘 마주치면서 이의 해결을 위한 주장과 반주장이 교차하게 된다. 시민사회에서 이것은 곧 '시민운동'이란 모습으로 드러나고 있었다.

<그림 13-2> 시민사회의 역할과 기능

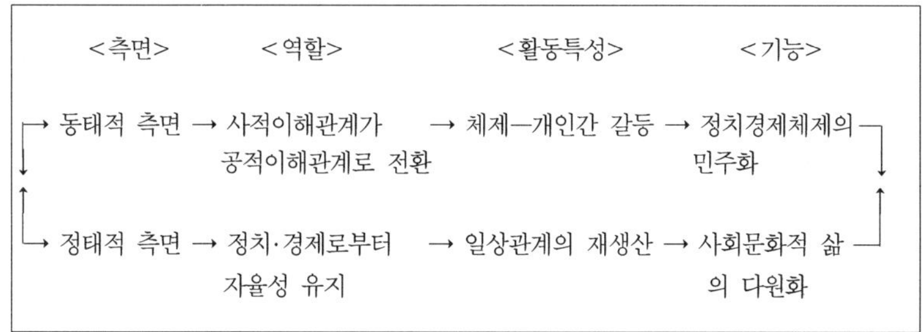


여기서 우리가 주목해야 할 것 중에 하나는 시민사회의 형성과 시민운동의 전개가 대부분 도시란 공간영역을 배경으로 이루어졌다는 점이다. 따라서 시민사회를 구성하는 성원들이 바로 '도시의 사람'이라는 의미인 '시민(citizens)'이다. 따라서 이들이 권리를 주장하고 이를 해결하고자 하는 주장의 전개로써 시민운동은 필연코 도시영역을 우선적으로 한다는 점에서 도시의 시민운동이 그 전범(典範)이 된다.

### (2) 시민사회/시민운동의 역할과 기능

정치사회와 경제사회로 구성된 체제적 영역으로부터 독립적인 시민사회는 동태적인 측면과 정태적 측면으로 나누어 그 역할과 기능을 살펴볼 수 있다(<그림 13-2> 참조).

동태적인 측면에서 시민사회는 일상과정의 발전 속에 생성되는 사적인 이해관계를 체제적인 규정력(예, 시장의 논리나 국가권력)에 맞서 공적인 권리와 의무의 관계로 규범화하고 관행화(예, 시민권화)하는 과정이 중복적으로 일어나는 곳이다.5) 따라서 이 과정에서는 상이한 입장간에 갈등이 필연적으로 발생하게 된다. 그 갈등에는 사적이해간의 협상·조정에 따른 갈등, 사적이해와 체제적 규정 간의 갈등, 체제에 대한 시민적

---

5) 이런 점에서 정수복(1994)은 시민사회를 '권력의 논리와 시장의 논리로부터 상대적으로 독립적인 공적 의견과 규범이 만들어지는 사회정치적 공간'이라고 정의한다.

요구·감시·비판에 따른 갈등 등의 다양한 형태가 있지만 이들이 조정되고 제도로 투입되는 과정에서(이는 특히 시민운동을 매개로 함) 정치·경제체제의 민주화가 이룩되게 된다. 이런 점에서 시민사회의 확장과 발전은 '민주주의의 사회적 기초'를 다지는 것이 된다. 이는 달리 말해 민주주의란 시민사회의 활성화를 통해 내실화, 내부화, 체제화된다는 것을 의미한다.

시민사회에서는 이러한 동태적 과정이 반복적으로 전개되지만, 정태적으로 볼 때 이러한 활동이 일어나는 시민사회는 국가로 표방되는 정치사회, 시장·자본으로 표방되는 경제사회로 환원되거나 통합될 수 없는 자율적인 영역으로 남아 있거나, 있어야 한다. 이 자율영역은 다름아닌 시민들의 일상적 삶의 관계가 권리화되고 공중화(公衆化)된 시민생활의 양식으로 영위되는 것을 내용으로 한다. 이 영역의 자율성이 유지되는 것은 앞의 '동태적 과정'에 의해 가능해지지만(즉, 계속적인 시민운동에 의해 가능해지만), 그 결과로 시민사회가 담고 있는 사회문화적 삶의 다원화와 풍부화가 구현된다.

시민사회의 이러한 두 가지 역할과 기능은 서로 맞물려 있는데, 이를 매개해내는 기제가 바로 '시민운동'이다. 시민운동은 사적 주장과 이해관계를 체제·제도적 규정력에 맞서 시민권적 권리로 규범화하는 것을 요구하는 시민의 자율적이며, 자의식적인 주장의 표현이다. 이러한 운동은 그 자체로서 시민사회 내의 갈등의 한 표현이지만 또한 그 갈등을 해결하는 측면6)을 동시에 가지고 있다. 시민운동을 통한 갈등의 해결은 궁극적으로 끊임없이 분화되고 다양화되는 시민의 일상적 삶을 다원적 구조로 발전할 수 있는 것을 가능케 한다. 이 점에서 시민적 삶의 권리화, 다원화, 풍부화를 요구하는 시민운동은 시민들의 자의식적인 '밑으로부터의 정치적 실천' 그 자체이다. (탈)근대 사회발전의 초석은 바로 이러한 시민운

---

6) 시민운동을 통해 경쟁적이고 갈등적인 사적인 이해관계를 시민권적 관계로 규범화, 제도화하는 것이나 사회적 갈등을 야기하는 국가권력의 임의적 사용을 시민권 보호 차원에서 제한하는 것 등은 모두 갈등 해결적 측면이 된다.

동에 있다.

시민사회의 형성발전과 시민운동의 활성화 간에는 이렇듯 필연적인 상관관계가 있다. "시민사회를 형성하는 근본적인 원리는 한 사회가 국가권력이나 행정주체, 그리고 독점자본에 의해 과점되지 않고 시민들의 자발성과 자율성, 민주성에 기초한 시민운동이 중요한 몫을 감당해야 한다. 바꾸어 말해 시민운동은 이러한 시민사회 형성의 근본 원리에 따라 시민들의 자발성과 자율성, 민주성에 기초하여 사회 제 문제에 대한 시민사회의 합의를 형성하려는 기본적인 활동이며, 시민들의 신념에 따른 자율적이며 자원봉사적인 실천운동이다(김혜란, 1995: 1996)."

### (3) 시민운동의 변화

시민사회가 존재하는 한 시민권적 문제들이 발생하며, 이를 해결하기 위한 시민 자의식적인 운동 또한 필연적으로 발생하게 된다. 하지만 시민운동은 정치·경제와의 관계 속에서 규정되는 시민사회의 발전양식에 따라 상이한 지향성, 쟁점, 방식, 참여주체들을 가지게 된다. 즉, 시민운동이란 결코 하나의 패러다임이나 모델로 존재하는 것이 아니라 전체 사회의 발전정도나 구조적 특성에 따라 상이한 양상을 할 뿐 아니라 또한 항상 변한다는 것을 알 수 있다. 서구에서 절대권력에 맞서 시민계급이 자유와 권리를 쟁취할 때 시민운동은 다분히 정치적 쟁점을 위주로 조직화되고 추진되었다. 하지만 자본주의적 질서가 자리를 잡으면서부터, 즉 생산과정에서 발생한 사회적 잉여배분을 둘러싸고 상이한 계층·계급이 갈등을 빚으면서부터, 시민운동은 경제적 쟁점을 위주로 조직화되고 추진되었으며 그 전형이 바로 계급운동으로서의 노동운동이다. 하지만 오늘날에 이르면, 일상의 관계는 지구화, 지방화, 정보화의 관계로 다원화되면서 나타나는 생활상의 쟁점, 이를테면 여성문제, 환경문제, 일상문화의 문제 등을 중심으로 하는 시민운동이 지배적인 양상이 되고 있다. 흔히 '신사회운동(new social movement)'[7]이란 것이 오늘날 선진국을 중

---

7) 신사회운동의 주요한 이론가인 코헨(Cohen)은 신사회운동을 '자기 제한적 급진주의

<표 13-1> 구사회운동과 신사회운동

|  | 구사회운동 | 신사회운동 |
|---|---|---|
| 사회성격 | 전기산업사회 | 후기산업사회 |
| 정치 | 제도화된 정치 | 비제도화된 사회 |
| 이데올로기 | 경제적/물리적 | 정치적 자율과 삶의 질 |
| 행위자 | 노동자 | 탈(초)계급적 |
| 조직원리 | 위계적/집중 | 평등적/분산 |
| 핵심조직 | 노동조합 | 환경단체, 여성운동단체, 평화운동단체 |
| 이론 | 맑시즘 | 포스트맑시즘, 포스트모더니즘 |

출처: 신광영, 1991.

심으로 출현하는 지배적인 시민운동 방식이 되고 있으며, 이는 전통적인 시민운동과 여러모로 상이한 특성을 보이고 있다(<표 13-1> 참조). 신사회운동은 과거의 운동이 물질중심, 국가중심, 계급중심적인 것에 비해 탈물적 가치, 풀뿌리 민주주의, 다양한 집단간의 연대를 강조하는 특성이 있다. 신사회운동은 정치-경제-사회 관계의 변화 속에서 일상적 삶이 영위되는 시민사회적 조건이 심대하게 변함으로써 나타난 것이다. 여기서 우리가 주목해야 할 것은 오늘날 지배적인 양상으로 등장하고 있는 시민운동은 과거의 산업화 초기나 산업화가 성숙된 시대의 그것과 다르다라는 점이다. 하지만 보다 중요한 것은 시민운동의 쟁점이 일상의 심화된 탈물질적 관계나 가치체계를 둘러싸고 불거져 나오는 갈등을 중심으로 하고 있다는 사실이다. 다시말해 지구화, 정보화,8) 포스트모던 문화의 확

---

(self-limiting radicalism)'로 특성화하면서, 그 주요 특징으로 ① 과거의 절대적인 평등이나 해방의 추구를 포기한 점, ② 자율성, 다원성, 상이성의 이름하에서 투쟁하는 한편, 제도기관은 갈등중재와 배제된 계층을 대표하는 역할을 수행하는 점, ③ 담론을 통한 상대화된 접근을 시도하는 점 등을 꼽고 있다 (Cohen, 1985).

8) 정보화는 시민사회 형성의 기초라 할 수 있는 의사소통관계를 급격히 확대시키는 효과를 낳고 있다. 컴퓨터 통신으로 한 사람이 한번에 접촉 가능한 사람의 수는 기술적으로 2억 명에 이른다고 한다. 자동차시대 한 사람이 20만 명 앞에서 연설할 수 있었고, 산업화 이전에는 약 2만 정도였다는 사실에 비하면 이는 실로 엄청난 변화이다. 특히 컴퓨터통신을 통한 의사소통은 일방통행식 소통방식을 쌍방향적, 상호작용적 (interactive)인 소통방식으로 전환하는 것을 동시에 수반하고 있다. 의사소통 영역의 급격한 확장과 쌍방향적 소통방식의 확산은 개인간의 의견 및 의사 교환의 형태와 질에 심대한 변화를 가져와 이를 기초로 하는 사회적 실천인 민주주의의 의미를 바꾸어

산, 생태적 중요성의 인식 확산 등에 의해 일상적으로 살아가는 관계나 그 의미체계가 심대히 변함에 따라 그들 둘러싼 시민사회적 쟁점들이 폭발하면서 시민운동의 중요성이 전에 없이 커지고 있다.[9] 여기서 우리가 주목해야 할 점은 일상관계의 변화에 따른 시민사회의 작동방식이 새로워지고, 또한 시민사회의 쟁점/갈등이 출현하고 해결하는 시민운동방식이 새로워지는 것은 모두 도시란 공간적 맥락을 두고 있는 사실이다(조명래, 1997).

## 3. 한국의 시민사회와 시민운동: 진화와 한계

### (1) 한국적 시민사회 형성의 특수성

한국에서 시민사회의 역사는 일천하다. 서구의 시민사회는 봉건영주의 지배나 절대권력에 맞서 도시의 상공인이 경제적 활동의 자유를 획득하면서 개화되었지만, 그 만개는 계몽주의적 자의식을 갖춘 시민일반이 시민적 삶의 자유와 그 권리를 요구하는 시민혁명을 통해 가능해졌다(Hall and Gieben, 1992). 이렇게 하여 본격적으로 열린 시민사회는 그 자체로써 완결된 것이 아니라 자본주의적 삶이 전개되는 근대화의 각 단계마다 새롭게 규정되는 일상 삶의 모순과 갈등을 집합적으로 해결하는 과정을 통해 내부적 변화를 거듭 겪어 왔다. 그 내부적 변화는 다원적인 근대 시민생활의 여러 쟁점들을 제도로서 규범화하고 권리화를 요구하는 시민들의 다양한 활동(특히, 시민운동)을 통해 이루어졌다. 서구의 이러한 경험에 비교할 때, 우리는 역사발전과정에서 시민사회형성을 주도할 주체를 형성해 오지 못해 왔을 뿐 아니라, 그 결과로 시민사회의 일상을 공

---

놓고 있다. 시민사회의 이러한 의사소통구조의 변화가 시민운동의 새로운 하부구조로 기능하고 있다.

9) 이런 변화를 고려할 때 신시민운동을 구시민운동과 비교하면서 그 계량성을 비판하면서 계급중심적 시민운동을 주장하는 것은 다분히 이데올로기적이며 또한 현실적합성을 결여한 것이다라고 할 수 있다.

적 관계로 엮어내고 규범화하는 체계적인 노력을 시도해 오지 못했다. 시민사회 형성과 발전을 가로막았던 주된 요인은 민족국가 내부에서 발생한 갈등과 모순을 주체적으로 해결할 수 없게 만들었던 '외세의 개입과 간섭'이었다.

### (2) 체제 저항적 시민운동-정치운동

한국에서 내생적인 근대화는 해방이후 민족국가가 구성되면서부터 가능해졌다. 하지만 이도 어디까지나 외부로부터 이식된 형식적 제도 틀 내에서 이루어진 것이라서, 내생적 가치에 기반한 일상적인 삶의 모순과 갈등을 타협하고 합의하면서 이를 제도화하는 과정에서 생성된 그것과는 거리가 멀었다(조명래, 1997). 따라서 외양적으로 근대 민주주의체제가 있었지만 그 내부에서 민주주의적 내용을 채울 합리적인 권력의 사용, 권력의 국민적인 대표, 시민권적 삶의 보호-보장, 합리적인 정치의식과 행태 등은 전혀 찾아볼 수 없었다. 통치기구의 권력을 장악한 일부 지배계급은 그 권력의 합리적 사용을 통해 국민사회를 정당하게 통치하기보다 자신의 정치권력의 독점을 지키는 데 급급하여 그에 따른 권력사용은 수많은 파행성을 수반하였다. 이런 연유로 국가사회 밖에서 출현한 최초의 조직적인 사회운동은 국가권력을 독점한 계층에 대해 권력의 민주주의적 배분을 요구하는 체제저항운동이었다.

### (3) 기층민중적 시민운동-노동운동

이러한 사회운동은 국가권력의 합리적 배분과 민주적 사용을 요구하는 것이었지만 시민생활영역에서 시민권적 삶을 보호-보장하는 권리를 주장하고 권력을 쟁취하는 것과는 거리가 멀었다. 이런 권리를 요구하면서 조직적으로 전개된 새로운 시민운동은 1970년대부터 본격적으로 출현한 노동운동을 전형으로 들 수 있다. 급격한 자본주의적 산업화가 수반한 계급·계층간 부의 불평등 해소, 노동과정에서 노동인권의 보호, 적당한 삶을 유지할 수 있는 노동조건과 임금 등을 요구하는 노동운동은 비록 서구적인 형태의 계급운동으로 전개되진 못했지만 1980년대 중반 전국적인 규모로 결집되면서 한국사회의 주요한 개혁세력으로 등장하였다. 노동운동은 노동자의 생존권 보호와 이의 신장을 요구하는 측면도 있지만 어디까지나 자본주의체제의 수준에서 규정되는 생산관계의 모순을 해결하고자 한다는 점에서 다분히 체제운동적 성격을 띠었다. 다시 말해 노동운동은 시민들의 일상적 삶의 관계가 분화·발전하면서 출현한 모순과 쟁점들을 해결하고 이를 권리로 제정하는 시민사회적 요구를 반영하는 운동의 성격을 결코 띠지 못하였다. 이는 이때까지만 해도 자율적인 시민사회가 아직 형성되지 않았다는 것을 의미한다.

### (4) 소시민적 시민운동-생활운동

시민사회가 나름대로 자율적이고 독자적인 영역으로 등장하기 시작한 것은 1980년대 후반부터였다(조명래, 1993). 한국에서 초보적이지만 시민사회가 이때부터 열리게 된 것은 그간의 급격한 산업화의 결과라 할 수 있다. 서구와 달리 압축적 성장을 거듭해온 우리의 경우 국가가 주도한 근대 산업화는 이를 중심으로 국가정치의 성격이 형성되고, 근대 시장경제체제가 구축되며, 그리고 개인 차원에서는 근대적 경제거래, 즉 고용활동 및 소비활동과 이를 바탕으로 하는 근대생활양식이 형성되는 제반의 사회적 변화를 이끌어 왔다. 근대사회의 발전과정에서 시민사회적 활동공간이 최근 들어 열리게 된 것은 권력구조가 민주주의적인 양식으로 분화·발전되는 변화(즉, 국가공적권위체제의 탈권위화)와 경제구조가 합리적인 생산-소비구조로 성숙되는 변화(즉, 사적경제관계의 심화)가 동시화되는 1980년대 후반 이후의 발전상황이 있었기 때문에 가능했다.[10] 한편 이 공간의 열림은 정치경제체제로부터 유래된 모순들이 시민사회 영역에서 집중적으로 터져나오는 것과 동시화되었다. 즉, 소득이 높아지

---

10) 이는 달리 표현하면 '체제/제도적 수준의 변화(즉, 탈권위화)'와 '사적 수준의 변화(즉, 사적 교환관계의 심화)'가 맞물리면서, 그 매개항으로 공공영역(즉, 시민사회)이 본격 열리게 되었다 할 수 있다.

면서 소비생활을 중심으로 하는 근대적인 일상관계가 형성되기 시작한 1980년대 후반이후의 상황[11]은 그 상황의 열림과 더불어 급격한 자본주의적 산업화에 수반된 모순(예, 환경문제)이 생활영역을 통해 노정되면서 시민사회적 마찰과 갈등이 본격적으로 터져나오는 상황과 일치하였다. 이것이 함의하는바, 한국적 시민사회의 열림은 그 시작부터 시민운동이 활발하게 등장하는 것과 동반적인 관계를 가지고 있었다.

1990년대에 접어들면서 한국사회에서 발생하는 사회운동의 지배적인 양상은 그 동안의 반체제운동, 학생운동, 노동운동과 다른 시민운동, 즉 생활상의 모순해결을 추구하는 시민자발적인 사회운동이 중심이 되었다. 경실련 등으로 대표되는 시민운동단체가 한국사회 변화의 중요한 시민세력으로 등장하게 된 것은 바로 이때부터다. 즉, 한국의 시민운동은 1987년 전후로 태동기를 맞으면서 한국사회 운동의 중추적인 세력으로 떠오르게 되었다. 한국민간단체총람에 실린 3,200개의 단체 중 1,008개(약 56.3%)가 1987년 이후에 실제 설립되었다. 시민권력을 추구하는 세력의 등장은 기존 정치제도나 경제관행에 엄청난 도전을 제기하였다. 국가기구가 사용하는 권력의 성격과 그 제도적 운영형태의 변화를 요구하게 된 것이 주된 도전이었는데, 그 결과로 나타난 정치변화의 대표적인 양상은 바로 문민정권의 등장과 지방자치의 전면적인 실시이다. 정치권력의 변화가 궁극적으로 시민생활의 각 영역, 이를테면 환경, 소비, 성관계, 교육 등에서 시민적 권리와 의무를 공론화하고 제도화를 추구하는 것이라면 이를 실천하는 한국의 시민운동은 서구의 신사회운동과 많은 특징을 공유하고 있다 할 수 있다.[12]

---

11) 1980년대 이후 소비생활의 향상은 정치적 해빙기와 맞물리면서 중산층 중심이긴 하지만 근대 시민계층이 본격적으로 형성·등장하는 계기를 가져왔다.

12) 한국의 시민운동을 서구의 신사회운동과 등치시키는 것은 서구 신사회운동의 등장배경과 전개과정의 특수성에 비추어볼 때 적절하지 못하다는 지적이 있다(정태석 외, 1993). 등장배경의 차이에도 불구하고 지구화시대가 규정하는 보편적인 시민사회의 작동방식은 일정한 발전의 수준을 누리고 있는 우리의 경우에도 발견되고 있다는 사실 또한 묵과될 수 없다.

### (5) 한국적 신사회운동의 가능성

우리의 (신)시민사회 운동은 등장과 더불어 이미 전통적인 (구)사회운동과는 그 특성을 달리하면서 일정하게는 신사회운동적 특징을 보이고 있다. 하지만 이런 주장이 우리의 시민운동을 탈물질주의적이고 담론적이며 다원적인 '포스트모던 정치이념'을 추구하는 서구의 신사회운동과 그대로 등치되어서는 안될 것이다. 그럼에도 불구하고 우리의 시민운동은 20세기 말 지구적 관계 속에서 살아가는 정치, 경제, 문화, 환경적 삶이 함축하고 있는 나름대로의 탈근대성을 가지고 있다는 점은 분명 인식되어야 한다. 아울러 우리의 시민운동은 그 시작과 더불어 국가 정치적 틀이 중앙으로부터 지방으로 옮겨지면서 일상적 삶이 지방적 수준에서 본격적으로 설정되었던 점도 주목되어야 한다. 그래서 일상사회적인 삶을 규정하는 지방 시민사회의 조건(예, 환경문제 등)이 시민운동의 새로운 조건으로 들어오게 되었을 뿐 아니라, 그 해결의 민주적 방식 또한 지방자치란 틀과 결부되지 않으면 안되게 되었다. 이런 상황은 분명 한국적 신사회운동의 가능성을 열어 주는 유리한 조건이다.

우리의 시민운동은 그런 점에서 초보적이고 (전)근대적인 것이면서 동시에 성숙되고 초(혹은 탈)근대적인 면모를 동시에 가지고 있다고 할 수 있는데, 이는 우리의 정치·경제적 발전 자체가 다양한 스펙트럼을 가지고 있는 것의 반영이라 할 수 있다. 한국의 시민운동이 지니는 다면적이고 다원적인 특징은 분명 운동의 전개과정에서 동태적이고 폭발적인 에너지원으로 작용할 수 있지만, 상황에 따라 이는 운동자체를 대단히 가변적이고 무력한 것으로 만들 수 있는 조건이 될 수 있다.

### (6) 한국적 시민운동의 한계

엄밀히 말해, 우리의 시민사회는 시민권리를 자율적으로 지탱해낼 정도로 성숙되어 있지 못하다. 시민사회 성원들의 의식, 가치판단, 일상적인 인간관계, 사회적 행태 등에는 근대합리적인 규범에 부합되지 못할 것들이 여전히 많다. 보다 정확히 말하면 우리의 시민생활과정에는 전통적인 유제들(즉, 지연, 혈연 등)이 많이 남아 있는 위에, 정보화 시대의 첨단적인 의식과 정체성들이 중첩적으로 포개어져 있어, 전체로 볼 때 상이한 가치지향간에 분열이 일상적으로 발생하고 있다(조명래, 1997). 이를테면 정치사회를 보면 형식적 민주주의의 장치에도 불구하고 내부의 내용적, 실체적 민주주의는 결코 민주적이지 못한 것들 — 권력의 독점, 국민에 대한 전근대적인 지배방식, 국가경영자들의 '지배, 군림의식' — 로 채워져 있다. 이러다 보니 국가권력의 영향이 여전히 일상영역에 강하게 작용하고 있어서 시민사회 전반의 자율성을 침식하고 있다. 거기에 더해 자본주의체제의 규정력, 즉 자본, 이윤, 상품, 시장의 논리와 힘은 갈수록 생활세계를 파고들면서 건전하고 자의식적인 시민사회의 형성과 시민들의 주체적인 실천을 가로막고 있다. 특히 한국의 분단이데올로기는 자율적 시민사회의 형성과 시민운동의 전개를 봉쇄하고 있는 가장 큰 족쇄가 되고 있다.

시민사회의 가능성과 한계가 명확히 교차되고 있는 한국적 현실에서 시민운동이 민주주의적 발전의 에네르기가 되기 위해서는 그 만큼 한국적 시민운동의 규정에 대한 남다른 고민과 연구가 있어야 할 것이다.


## 4. 시민사회의 정치화를 위한 시민운동의 역할

### (1) 시민사회의 정치화

막 개화한 한국의 시민사회는 지구화, 지방화 시대 시민사회가 수행해야 할 역할에 비한다면 아직 그렇게 활성화되어 있지 못하다. 시민사회가 끊임없이 분화되면서 발생하는 일상생활상의 쟁점들을 공론화하면서 권리적 관계로 이끌어내는 역할과 기능을 수행해야 한다면, 이는 다름아닌 '시민사회가 정치화'되어야 한다는 것을 의미한다.13) 시민사회의 정

---

13) 하버마스는 정치·경제체제에 의한 생활세계의 식민화를 저지하고 극복하기 위해 '공공영역'의 재정치화를 강조한 바 있다. 이런 맥락에서 시민사회의 정치화는 시민사회

치화는 사적인 이해관계를 공공담론의 장으로 이끌어냄으로써, 즉 시민사회 성원들의 정치적 역할을 적극적으로 조직화함으로써 가능하다면 이는 곧 시민운동의 활성화 그 자체가 되는 것이다. 시민사회가 정치화되어야 하는 당위성은 다원화되는 생활상의 사적인 관계를 공적인 의무와 권리관계로 규정하는 것을 통해 국가권력이나 시장규정력에 의해 식민화되는 일상세계를 지켜내기 위한 것에 있다 하겠다. 또한 지방자치가 실시되는 지금의 상황에서 일상세계를 공적 관계의 장으로 보호하기 위해서는 지방사회의 성원들이 지방자치의 보다 적극적 주체로 등장하고 역할해야 한다는 점에서도 '시민사회의 정치화'에 대한 당위성이 성립된다. 지방자치가 민주주의의 공간적 완성이라면 이는 지역시민사회 성원들이 적극적인 정치적 주체로 역할하면서 지방민주주의를 이룩해낼 때 비로소 가능해진다. 이렇게 볼 때 시민사회를 정치화한다는 것은 지구화, 지방화 시대 더욱 고도로 분화되고 해체되는 공동체적 삶의 관계와 영역을 시민들이 적극적으로 지켜가는 '능동적인 시민사회(active civil society)'를 건설하는 그 자체라 할 수 있다. 능동적인 시민사회는 시민사회에서 시민주체들이 추구하는 삶의 다원화를 허용하면서 이들간에 네트워크인 연대가 추구될 수 있어야 한다. 따라서 시민사회의 정치화를 위한 중요한 조건 중의 하나는 바로 시민생활양식과 유대의 다양성을 반영하는 시민운동의 다양화라 할 수 있다.

### (2) 시민운동의 유형화

시민운동의 다원화를 논하기에 앞서, 먼저 한국사회에서 가능할 수 있는 시민운동의 양식을 몇 가지 기준으로 나누어보면 다음과 같다.

① **정체성원형 대 도전형 시민운동**: 국가가 시민들의 주장과 요구를 이미 정책에 수용하고 반영하거나 제도로 흡수해 있다면 시민운동은 결

---

성원들이 공적구조를 활용해 일상의 쟁점을 항상 성찰적으로 인식하면서 이를 해결하기 위한 적극적인 실천을 집합적으로 행하는 것을 의미한다.

코 발생할 수 없다. 이런 점에서 시민운동은 근본적으로 국가부문의 활동과 기능적으로 경쟁적이고 대립적이거나 아니면 상호자율적인 관계에 있다 할 수 있다. 하지만 상호간의 협의와 협력을 통해 특정 사회문제를 공적인 틀로 해결한다면 시민운동과 국가부문은 상호보완적인 관계에 있게 된다. 시민운동은 이렇듯 국가부문과의 관계에 따라 여러 가지 유형으로 나누어볼 수 있는데, 그중에서 가장 극명한 대조는 국가정체(national polity)의 성원으로(즉, 제도권 내에서) 전개되는 시민운동과 국가정체 밖에서(즉, 제도 밖에서) 체제노선에 도전적인 방식으로 전개되는 시민운동이다. 전자의 극단형이 관변적인 시민운동이라면 후자의 극단형은 반체제 운동이 되겠다. 이미 언급했듯이 시민운동은 국가부문과 대립적·배타적·갈등적인 측면을 가지고 있으면서, 협력적·보완적인 측면을 동시에 가지고 있어 이론적으로 볼 때 그 어떠한 유형의 시민운동도 국가체제 내에서 모두 허용되고 주목되어야 한다. 중요한 것은 운동의 양태에 있는 게 아니라 국가와 시민이 대등한 관계를 통해 문제를 협력적으로 풀어가는 과정을 어떻게 엮느냐에 있다. 다원적 민주주의가 보다 중요해지는 탈근대의 사회에서는 기존 가치체계를 도전하는 시민운동이 더욱 빈번해질 전망이어서 체제 내에서 이를 수용하는 정도가 곧 민주주의의 건강도를 판별할 척도가 된다.

② **공동체형 대 시장형 시민운동:** 시민운동은 그 추구하는 목표에 의거해 나눌 수 있다. 시민운동이란 기본적으로 사적인 이해관계를 집단적인 권리적 관계로 이끌어내고자 하는 것을 목표로 한다는 점에서 모두 집합적이고 공공적인 가치를 추구한다. 하지만 시민운동에 따라서는 계층·계급적 목표나 집합적·공동체적 가치를 보다 명시적으로 추구하는 것이 있는데 이를 '공동체형 시민운동'이라 한다. 노동운동이나 빈민주거운동이 그 예가 되겠다. 이에 대비되는 운동형태는 시장관계에 의해 규정되는 사적 이해를 개별적으로 추구하는 '시장형 시민운동'이다. 이를테면 소비자보호운동이나 혐오시설입지반대운동이 예가 될 수 있다. 중산층적 소비·문화생활이 다원화, 파편화되면 될수록 시장형 시민운동이 더

욱 빈번히 출현할 것으로 예상된다. 특히 도시가 시장형 시민운동의 각축장이 될 수 있어 도시정치의 건전한 활성화가 도시관리의 시급한 해결과제로 떠오르고 있다(강명구, 1995a).

③ **폭발형 대 지속형 시민운동**: 시민운동은 시민생활상의 쟁점들을 공적논의를 통해 집합적으로 해결하는 것을 목표로 하기 때문에, 이런 쟁점이 계속적으로 발생하는 한 현실사회에서 시민운동은 항상적으로 출현한다. 하지만 그 발생의 강도, 출현의 빈도는 해당 사회에서 형성된 정치-사회-경제부문간 역학관계의 함수이다. 일상생활에 끼치는 영향과 효과가 심대하지만 국가부문의 해결노력이 시민들의 기대치에 못미친다면 이의 시정을 급진적으로 요구하는 시민운동이 일순간에 출현하게 된다. 이럴 경우 시민운동은 제도적 행위(예, 정책)에 심각한 도전을 제기함으로써, 시민과 공공당국 간에 갈등적인 긴장관계가 조성된다. 국가의 권위주의적 통치가 여전히 온존하는 우리의 현실에서—달리는 시민사회적 해법이 여전히 미약한 현실에서—시민운동은 '폭발형'을 취하는 경우가 많다(예, 철거반대운동). 하지만 중산층과 관련된 운동부문에서는 다양한 프로그램을 가지고 조직적으로 추진되는 '지속형' 운동방식이 최근 들어 더욱 두드러지게 나타나고 있다.[14) 전문적인 사회운동단체들은 대부분 해당분야의 사회문제나 정책적 쟁점을 일상적으로 모니터링하면서 여론형성, 대정부질문, 청원운동, 시민토론 등의 다양한 방식을 통해 문제해결을 지속적으로 추진하고 있다(예, YMCA나 경실련의 시민운동). 어떠한 유형의 운동이든 그 요구와 주장에 대해 귀를 기울여야 하지만, 시민사회의 정치화를 고도화하기 위해서는 지속형 시민운동이 보다 많아져야 할 것이다.

④ **단일형 대 복합형 시민운동**: 시민운동은 추구하는 목표의 구성에 따라서도 나누어 볼 수 있다. 이를테면 교통운동과 같이 단일의 쟁점을

---

14) 영세민 위주의 철거반대운동과 중산층 아파트 지역의 쓰레기 소각장 입지를 저지하기 위한 운동을 비교한 한 연구(강명구, 1995a)는 후자가 전자에 비해 보다 조직적이며 전문적인 역량을 토대로 추진되고 있음을 분석하고 있다.

해결하고자 하는 '단일형' 시민운동방식(예, 녹색교통운동)이 있는 반면 시민생활부문에서 발생하는 여러 쟁점들을 다면적으로 해결하고자 하는 '복합형' 시민운동방식(예, 경실련운동)이 있다. 특정 쟁점이 출현할 당시에 이를 해결하고자 하는 시민운동은 대체로 단일형 시민운동의 양상을 띠지만, 그 운동을 지속적으로 추진하는 가운데 연관된 복합적인 목표의 쟁취를 추구하는 운동방식으로 전환하는 경향이 있다(전형적인 예가 환경운동). 복합형 운동은 다른 운동과 연대하는 과정에서 나타나기도 한다. 시민운동이 복합화될 때 해당 운동은 대체로 제도정치의 부문과 결합되면서 체제 내화되는 경향을 보인다.[15]

⑤ 계급형 대 탈계급형 시민운동 : 시민이란 불특정 다수는 다양한 배경과 성향을 가진 집단이다. 시민이 하나의 보편적인 사회지위집단이라면 이는 '시민권력의 주체'로 평준화된 인구집단을 지칭하는 것이다. 따라서 시민집단의 개별 성원들이 가지고 있는 권력, 권위, 경제력, 명예 등을 나누어 다시 층화해 본다면 거기에는 분명히 계급적, 계층적 구분이 개입될 수 있다. 시민의 계급·계층적 배경은 시민운동의 형태와 지향성을 가름하는 중요한 조건이 된다. 노동자들이 추구하는 임금투쟁이나 주거운동은 시민일반이 추구하는 운동에 비하면 그들의 계급적 입장을 보다 분명한 운동의 테두리로 설정하고 있다. 반면에 신사회운동형 일수록 그 운동은 특정 계급적 전망을 갖기 보다 초계급적이고 탈계급적인 전망을 갖는 경우가 많다. 이를테면 환경운동이나 소비자보호운동이 그렇다. 계급형 운동과 탈계급형 운동은 현상적으로 볼 때 상호 배타적이고 자율적인 것으로 보이지만, 관계론적 측면에서 볼 때 계급운동이 탈계급운동에 비해 중심적, 선도적 운동의 성질을 갖는다. 때문에 시민운동

---

15) 예를 들어 경실련의 현재 조직구성과 활동체계는 영국 야당의 '그림자 내각(shadow cabinet)'과 마치 흡사하다. 그것은 경실련이 국가정책의 모든 부서에 일대일로 대응하는 운동부문을 갖추고 있기 때문인데, 이쯤 되면 시민운동조직은 '정당'과 다를 바 없다. 시민운동단체가 제도정치의 한 조직, 즉 정당의 형태로 발전하는 것이 '자연스러운 귀결'일 수 있지만, 그것이 만약 정파적이고 정략적인 계산에 의한 것이라면 그 평가는 달리 해야 할 것이다.

은 다원화되어야 하지만 중심운동(즉, 계급운동)이 사회적으로 보다 중요하게 다루어져야 할 것이다.

### (3) 국가-시민의 매개를 위한 시민운동의 역할

여러 유형 중에서 자치시대에 상대적으로 가장 중요한 시민운동의 유형화는 국가부문과의 관계에 따라 시도되는 것이다. 이것은 시민운동이 국가-시민 사이의 관계를 매개하는 역할과 기능을 수행하기 때문이다. 지방자치의 가장 중요한 의미가 지방정부와 주민과의 관계를 좁혀 주민에 의한 지방의 통치를 달성하는 데 있다고 한다면, 시민운동이 바로 이 양자를 매개하는 주된 역할을 행한다. 즉, 시민들은 시민운동을 통해 국가(즉, 지방정부)에 대해 일상의 사적 이익을 보호해줄 것을 요구하는 한편 국가는 시민운동이란 대민접촉을 통해 시민들의 일상관계를 공적인 관계로 구성해내면서 지방시민사회의 안정화를 기한다. 하지만 '국가-시민'의 결합이 결코 순조로운 이루어지는 것만은 아니다. 그것은 국가제도의 보수성과 시민이 추구하는 제도 일탈성 간의 대립 때문이다. 이 대립을 무마해주는 장이 곧 시민사회이다. 즉, 국가 권력을 시민사회의 권력으로 이끌어내는 과정과 시민들의 사적 관계를 공적인 관계(국가법이 규정하는 권리관계)로 이끌어내는 쌍방향이 교차되는 영역이 시민사회를 통해 설정되지만, 이는 실제 시민들의 적극적인 정치적 역할(즉, 시민사회의 정치화)을 통해 가능해진다. 시민운동의 핵심적 기능은 바로 여기에 있다.

<그림 13-3>은 국가-시민을 매개하는 시민운동의 역할을 도식적으로 표현하고 있는데, 그 역할을 나누어 살펴보면 다음과 같다.

① **사회비전, 실천규범**의 제시: 시민운동이 출현하는 것은 기존사회의 구조나 규범의 문제 때문이다. 따라서 시민운동은 무엇보다 현재 사회구조의 문제점을 분석하면서 이상적인 사회구조에 대한 비전을 제시하는 한편 사회변화의 당위성을 밝혀주어야 한다. 아울러 이런 비전에 맞추어

<그림 13-3> 국가-시민매개로서 시민운동의 역할체계

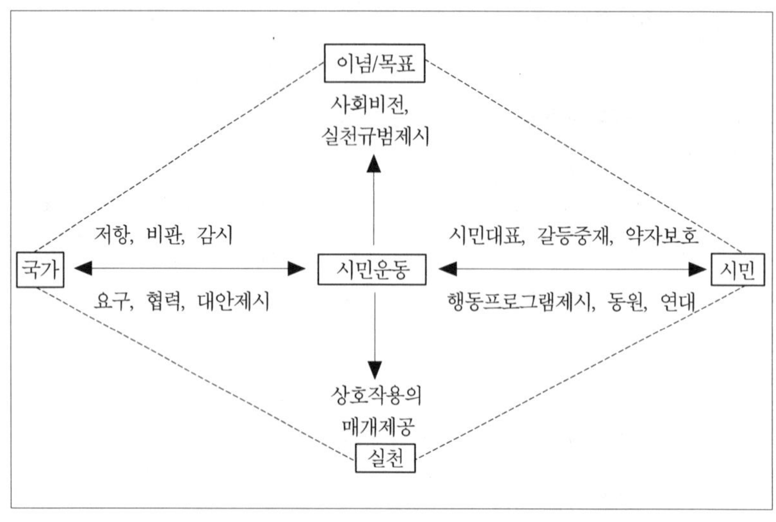


살아가는 새로운 규범체계, 특히 생활양식, 행위양식, 역할모델을 제시하
여야 한다.

② **사회적 상호작용 망의 제공**: 위와 같은 이념/목표를 실천할 수 있
는 장을 시민운동이 제공해야 한다. 그것은 관련된 주체들이 실제 의사
소통하면서 실천의 조건과 방식을 공유할 수 있는 상호작용(즉, 사회적
연대)의 망으로 시민단체가 역할을 해야 하는 것을 의미한다. 그 상호작
용은 파편화된 시민(단체)들간의 관계 뿐 아니라 정부와 시민(단체) 간의
관계, 그리고 세계화시대에 외국의 관련 기관, 단체, 개인간의 관계 등을
포함한다.

③ **창조적 저항, 합리적 비판**: 시민운동은 대체로 정부정책과 대응하
여 조직화되고 전개되는 것이 보통이다. 자치시대 시민운동은 보수화되
거나 편향될 정부정책을 저항하고 비판하며 감시하는 역할을 적극 수행
해야 하지만 적대나 갈등대신에 새로운 가치를 창출하면서 대안을 제시
하는 감시·감독이 되어야 한다. 이에 한 걸음 더나가 시민운동은 정부에
대해 요구를 하면서 상호보완적이며 협력적인 방식으로 시민사회의 가치

를 공동으로 생산해가야 한다.

④ 시민주의, 자원주의, 연대주의: 시민운동은 무엇보다 시민의 입장을 대변하고 또한 시민들의 참여를 바탕으로 하여야 하는데 시민참여는 특히 자원봉사의 원리를 십분 활용해야 한다. 한편 시민의 공익을 대표하는 시민운동은 개별화되고 파편화된 시민집단간의 이해갈등을 조정하면서 통합해내는 역할을 적극적으로 해야 할 뿐만 아니라 특히 피해자나 곤경에 처한 사람들을 돕고 보호하는 역할을 담당해야 한다. 그러면서 동시에 시민운동은 시민들이 구체적으로 행동할 수 있는 프로그램과 수단들을 제공해 주어야 한다. 의정감시, 부정부패추방, 환경감시, 소비절약 등을 위한 실천 프로그램들이 예가 된다. 실천운동은 시민들간의 연대 뿐 아니라 시민단체간의 연대를 통해 추진되어야 한다.


## 5. 자치시대 시민운동의 활성화를 위한 주체별 과제

### (1) 정부, 시민사회, 시장—지방자치와 시민운동

1990년대를 접어들면서 국가권력이 탈권위화되는 가운데 지방분권화가 진전되었고, 또한 소비생활이 고도화되면서 전형적인 도시 중산층이 출현하였다. 이와 더불어 그간 급격한 발전과정에 배태되었던 일상생활의 여러 쟁점들이 시민사회내의 분쟁과 갈등의 형태로 터져 나오기 시작하였다. 이는 곧 도시시민들의 생활과 관련된 문제가 시민사회적 문제로 규정되기 시작했음을 의미하며, 또한 보다 중요하게는 그 해결에 있어서 과거의 관료적, 하향적 방식 대신 시민참여와 협의의 방식이 본격 필요하게 되었음을 의미한다. 이 경향은 통치의 틀이 지방화되는 추세와 더불어 더욱 심화되었는데, 이런 점에서 지방자치는 중산층적 삶과 관련된 '도시문제를 정치화'하는 제도적 조건이면서 동시에 결과로 작동하는 시민정치의 한 방식이 되었다. '도시문제의 정치화'는 시민들이 그들의 일상적인 문제를 주체적으로 파악하면서 이의 해결을 공론화하는 과정에서

도시의 다양한 주체들간에 정치적 관계를 형성해가는 것을 지칭한다면 이는 도시 '시민사회의 정치화' 그 자체가 된다. 1990년대에 접어들면서 도시의 시민사회가 출현하였으며 각종 도시문제를 시민사회적 해법으로 해결하려는 도시운동이 활발했다는 것은 다름아닌 도시의 시민사회가 정치화되고 있음을 반증하는 것이다.16)

도시문제의 정치화는 그 주요 행위자나 주체가 도시시민이지만 정치적 관계가 형성되려면 이밖에 도시정부와 시장(기업)이 주요한 역할자로 있어야 한다. 따라서 '도시(문제)의 정치화'의 축(이는 달리 보면 지방자치란 지방의 정치적 과정이 전개되는 축이기도 함)은 시민↔지방정부↔시장(기업)이란 삼각구도로 설정된다(강명구, 1995a). 이 삼각구도를 시민 중심으로 볼 때 그 관계는 시민↔지방정부, 시민↔시장 두 가지가 있을 수 있는데, 사회운동적인 측면에서 주된 것은 전자, 즉 시민-지방정부 축이 된다. (도시적) 시민운동은 이 양자, 즉 국가부문으로서 지방정부와 시민사회부문으로서 시민(집단)이 상호 추구하는 목표와 전략 간의 복합적인 관계를 따라 발생하는 다양한 집합적 행위를 의미한다. 시민사회는 근본적으로 정치사회(와 경제사회)로부터 독립적이고 자율적인 영역인만큼 시민사회가 추구하는 바는 정치부문(혹은 정부)의 그것과 본질적으로 배타적이고 경쟁적이며 갈등적이다. 하지만 동태적으로 본다면 양자는 상호작용하는 가운데 서로에 영향을 주는 것도 사실이다. 다시 말해 국가부문과 시민부문의 각 주체/집단은 경쟁적이고 배타적인 다른 편의 입장과 역할을 협력적인 관계를 통해 수용하고 반영하는 가운데 자신이 추구하는 목표 자체를 보다 의미 있게 달성하게 된다. 때문에 지방정부와 시민(사회) 간의 관계는 경쟁/갈등인 것으로부터 협력/공조적인 것에 이르는 양극단을 가지고 있으며, 시민운동은 그런 측면에서 그 내용에서 이러한 관계 유형을 그대로 반영하고 있다. 따라서 지방자치시대 '도시문제의 정치화'의 수단으로서 도시(시민)운동은 그 운동에 관여하는 주체

---

16) 이러한 시민사회적 양상이 도시에만 국한하는 것은 아니지만 도시 중산층의 정치의식을 매개로 하여 활성화된다는 점에서는 이는 분명히 도시적인 현상임에 틀림없다.

들간의 관계 여하에 따라 여러 유형으로 나누어져 있다. 때문에 시민운동의 활성화는 그 관계의 특성에 따라 차별적으로 이해되고 지원되어야 한다.[17] 시민운동에 관여되는 두 기본주체인 국가부문(지방정부)과 시민부문(시민단체) 간의 관계를 중심으로 시민운동의 유형을 나누어 살펴보면서 각 주체들의 역할과제를 정리해보면 <표 13-2>와 같다. 이를 토대로 아래에서는 자치시대 시민운동을 활성화하기 위한 개별 주체별 과제를 보다 자세히 논의하도록 하겠다.

### (1) 지방정부의 과제

도시(시민)운동의 활성화를 위해서는 지방정부가 우선적으로 변해야 하는데, 이런 점에서 지방정부 역할을 통해 해결해야 할 과제가 대단히 많다.

① 고압적인 자세의 탈피: 무엇보다 시민들의 활동에 대한 정부당국의 고압적이고 관료적인 자세를 우선 과감히 버려야 한다.[18] 자치시대 시민운동이나 시민주체적 활동을 아직 요식적으로 인정하고 받아들이고 있을 뿐, 그 밑에 흐르는 기본 정서는 여전히 권위적이고 군림적인 것이다. 그러한 관료주의적 의식은 중앙집권 시절의 잔재, 한국적인 권위주의, 관치주의의 문화 등에 깊이 뿌리를 두고 있다.

② 시민운동의 법적, 제도적 지위의 보장─시민단체의 자율성 보장: 시민 자발적인 운동이나 활동을 활성화하면서도 그 자율성을 보장해주는

---

17) 여기서 우리가 구분해야 할 개념으로는 '시민참여'와 '집단행동으로서 시민운동'이다. 시민참여는 제도적 장치내에서 문제해결을 위한 절차적 의미가 강조된다면 집단행동을 통한 시민운동은 제도적 장치로 해결되지 못한 도시문제를 시민 동원을 통해 정치적으로 해결하려는 의도가 높다. 하지만 이 글에서 다루는 시민운동은 이 양자를 모두 포함하는 광의의 개념으로 사용한다. 이를테면 시민운동단체들은 운동방식의 일환으로 공공부문의 정책집행과정에 직·간접 참여하기도 하지만, 그들의 입장과 주장이 공공당국의 그것과 상충할 때 집단행동을 통해 의사를 표하기도 하며 또한 요구를 관철시키기도 하기 때문에 참여나 집단행동은 모두 시민운동양식에 속한다 할 수 있다.

18) 한 조사에서는 시민단체의 70% 이상이 시민단체활동에 대해 정부당국이 비협조적이고 통제적이라고 분석되었다(연세대학교 사회발전연구소, 1994).

<표 13-2> 지방정부-시민단체의 관계에 따른 시민운동의 유형과
각 주체별 역할과제

| 지방정부와 시민(단체) 간 관계의 종류 | 시민운동의 예 | 생산적 시민운동을 위한 주체별 과제 (예시) | |
| --- | --- | --- | --- |
| | | 지방정부 | 시민(단체) |
| 지방정부 시민단체<br>O            O<br>독립적 | 예절지키기<br>운동 | 간접지원 | 자율성의 확보 |
| O ----------> O<br>지시적, 통치적 | 새마을운동 | 지원/통제 철폐 | 시민 대표성의<br>확보 |
| O <---------- O<br>요구적, 도전적 | 노동운동 | 통제적이고 억압적<br>입장의 완화 | 급진성의 배제 |
| O ----> <---- O<br>경쟁적, 갈등적 | 쓰레기소각<br>장반대운동 | 협상적이고 타협<br>적 태도 | 집단이기주의<br>배제 |
| O <---------> O<br>보완적, 협력적 | 장애자권리<br>신장운동 | 직접지원 및 공동<br>프로그램의 개발 | 활동의 지속성<br>과 전문성의 견지 |
| O ------------- O<br>간접적, 잠재적 | 환경개선운동 | 간접지원, 간접관계<br>의 유지 | 선택적 협력의<br>모색 |

정부당국의 태도가 절실히 요청된다. 이를 위해서는 무엇보다 관련 법의
과감한 제정, 개정이 있어야 한다.[19] 최소한의 법적인 요건만 갖추어지
면 시민운동단체의 활동과 지위는 인정되고 제도적으로 보장해주어야 하

---

19) 시민단체의 85% 이상은 시민단체(혹은 시민운동) 관련 법·제도의 개선을 요구하고
   있다(서울대학교 인구 및 발전연구소, 1993). 시민운동단체의 법적 제도적 지위 개선
   을 위해서는 현행 관련법의 폐지, 개정, 통합화가 우선 필요하다. 무엇보다 중앙집권시
   절의 관변단체 육성특별법 폐지가 절실하다. 아울러 사회단체등록에 관한 법률, 표현
   및 자유와 관련된 법, 언론 출판 문예활동에 관한 법, 집회 및 시위에 관한 법, 선거법,
   정보공개법, 군사기밀보호법, 국회법 등과 같은 시민활동 일반을 규제하는 법의 전면
   적인 손질이 필요하다. 시민운동을 종합적으로 지원·육성하기 위해서는 시민운동지원
   법률이 조속히 제정되어야 하며, 시민단체의 제정문제를 해결하는 데 도움을 주기 위
   해서는 기부금품모집금지법의 폐지, 기금의 조성 및 분배에 있어서 민간의 자율성을
   보장할 수 있는 제도적 장치가 시급히 갖추어져야 한다.

며, 특히 운동과정에서 제기된 그들의 주장이나 요구는 정부당국이 반드시 그에 대한 입장(예, 수용, 협상, 거부 등)을 밝혀야 한다.

③ 시민운동 종사자의 경력인정: 시민운동단체에 종사하는 사람들에 대해서는 그 경력을 인정해주며, 또한 직업분류에서 항목을 신설하여 사회적으로 인정받는 직업으로 대우해주어야 한다.

④ 행정적 지원: 시민운동과 관련하여 각종 활동, 이를테면 등록, 집회, 사업추진, 모금활동 등과 관련하여 정부가 관장하는 행정적 서비스를 과감히 제공해주어야 한다. 여기에는 정부가 가지고 있는 각종 정보, 자료 등을 제공해주는 것, 행사를 위한 부대시설을 공여해주는 것, 행사시 정부부처 명칭을 사용하도록 허용해주는 것 등이 포함되어야 한다.

⑤ 재정지원: 대부분의 시민운동단체가 겪고 있는 어려움 중에 가장 큰 것은 재정문제이다. 현재 정부에서 일정정도 재정지원을 해주고 있지만 그 지원이 우선 너무 적고 또한 그 방법이 시혜적인 것이어서, 시민단체의 재정문제 해결에 크게 기여하지 못하고 있을 뿐 아니라 재정지원이 시민단체 활동의 활성화와 유기적인 연관을 가지고 있지 못하다. 따라서 지방정부는 우선 시민단체를 지원할 수 있는 예산을 가능한 범위 내에서 대폭 증액해야 하며, 지원하는 방식도 다양화하여 가능하다면 시민단체 활동의 성과를 촉진하는 조건으로 지원되어야 한다.[20] 하지만 시민단체의 다수는 재정적인 어려움을 겪으면서도 정부의 지원에 대해 대단히 조심스러운 태도를 보이고 있는데, 이는 공공부문의 재정지원이 시민단체의 활동을 간섭하고 통제하는 조건으로 작용하여 시민운동의 자율성을 근본적으로 해칠 것을 우려하기 때문이다.

⑥ 시민운동의 조정기구 운영: 시민운동단체간 업무의 조정, 협력, 유대, 인력 및 정보 교환 등을 촉진하고 관장할 수 있는 정부지원기구가 필요하다.[21] 그와 같은 기구는 관민협동조직으로 출자하고 운영하되, 그

---

20) 이를테면 시민단체들의 홍보활동, 특별행사에 대해 재정적인 지원해주는 방식, 정부 발주 프로젝트나 정책관련 프로젝트을 위임·수행하는 대가로 재정을 지원하는 방식, 단체 기본경상비를 제공해주는 방식, 사회적으로 조성되는 기금을 적절한 방식으로 배분하는 방식 등이 있을 수 있다.

관할은 지방의회가 담당하는 것이 바람직하다. 이 기구는 시민운동의 일상적인 업무를 지원하는 것 뿐 아니라 시민운동포럼 등을 정기적으로 조직하고 개최하여 시민운동 전반의 건전한 활성화를 장려하는 업무까지도 관장해야 한다.

⑦ **시정참여의 허용**: 지방정부가 펴고 있는 각종 정책의 입안부터 집행, 평가에 이르는 전 과정에 시민운동단체들이 쉽게 의견을 내고, 공동으로 사업을 추진하며, 또한 사업을 평가할 수 있는 방안을 강구할 필요가 있다. 이를 위해서는 '시민단체 시정참여를 위한 종합 프로그램'을 개발하여 운영하는 것이 바람직하다. 아울러 현재 유명무실한 각종 위원회 활동을 활성화하기 위해 시민운동단체 종사자 중 충분한 자격을 갖춘 사람들을 위원회의 실무 간사로 임명하여 이들을 중심으로 위원회 활동을 이끌어가는 방안을 고려해볼 만하다.[22] 시정에 대한 시민운동단체의 참여는 기본적으로 자원주의(volunteerism)에 입각하는 것이 바람직하지만 최소한의 유인책과 보상책이 강구된다면 참여효과를 극대화할 수 있다.[23]

---

21) 실제 시민단체 약 70% 이상은 이러한 조정·지원기구가 필요하다고 응답하고 있다 (서울대학교 인구 및 발전연구소, 1993).

22) 이의 좋은 사례는 서울시의 녹색시민위원회 활동이다. 지방의제 21 작성과 관련하여 서울시의 녹색시민위원회는 관련 업무를 8개 분과로 나눈 뒤 각 분과별로 간사격인 시민운동단체를 지정하여 이들을 중심으로 사업을 추진하고 있다.

23) 미국의 417개 카운티(county) 중에서 93%가 자원봉사제도를 활용하고 있는 것으로 조사된 바 있다(1992년 조사). 사업대상별 자원봉사자 활용비율을 보면 '화재/환경보전' 66% , '노인보조' 64%, '공원 및 여가활동' 51%, '사회봉사' 44%, '청소년봉사' 44%, '민간봉사' 42%, '환경/자원재활용' 37%, '교육' 36%, '경찰/교도' 35%, '교통' 34% 등으로 나타났다. 미국 전체를 보면 한해에 약 8천만 명의 성인 자원봉사자가 약 149억 시간(금액 환산 1,489억 달러)을 봉사활동한 것으로 추정되었으며, 이 결과 1992년에 카운티 정부들은 18억 달러의 재정비용 절감의 효과를 얻었다. 자원봉사제도는 이타주의 정신에 의거하는 것이어서 통상적인 보상이 제공되지 않지만, 자원봉사 자체를 장려하고 촉진하기 위해 미국의 지방정부들을 각종 유인책을 활용하고 있다. 자치단체들의 사업시행분야별로 유인책을 사용하고 있는 비율을 보면 '기관봉사' 31.0%, '지역사회봉사' 30.0%, '각종 조사활동' 13.6%, '관청/공공단체 개방' 13.8%, '공청회 참여' 7.1% 등으로 보고된 바 있다. 유인 및 보상책으로 활용되는 것으로는 금전적 보상(수당, 대용화폐, 현금, 공공요금감면 등), 식음료 제공(식사, 야외파티제공, 청량음료 제공 등), 선물 증정(단체상징물, 의류, 문화활동이용권, 경품, 무료입장권 등), 감사 표식증 제공(예, 기념명판, 증서, 사업보고회, 언론홍보, 메달증정, 기념식실

⑧ 공동사업의 추진: 지방정부는 전문적인 역량과 노하우를 갖고 있는 시민단체와 각종 업무를 공동으로 추진하거나 경우에 따라서는 이들에게 위임하여(일종의 하청) 추진하는 방안을 체계적으로 검토해야 한다. 환경분야의 업무 중에 환경감시, 환경백서발간, 환경지도작성, 환경교육, 쓰레기 수거 등은 모두 시민단체와 업무를 공동으로 추진하거나 위임할 수 있는 것들이다. 지방자치단체의 업무가 앞으로 더욱 세분화되고 전문화되는 추세에서 볼 때 지방정부가 이 모든 업무를 관장하는 것은 불가능하기 때문에 비정부기구(NGO)인 시민단체와 업무를 공동으로 추진하는 방식은 구체적으로 강구되어야 한다.[24]

⑨ 인력의 교류: 지방정부와 시민운동단체 간의 갈등적이고 경쟁적인 관계를 협력적이고 공조적인 관계로 유도하기 위해서는 업무 분야별로 양 조직간에 인력의 교류를 통해 상대방의 업무나 활동의 중요성, 내용, 특수성 등을 상호 익히는 방법이 유효하다. 인력의 교류는 각자의 업무나 활동을 보다 효율적으로 추진하는 데도 대단히 효과적인 것으로 평가되고 있다.

⑩ 협상, 타협, 조정력의 배양: 일상생활과 관련된 각종 도시시설이나 서비스를 공급을 둘러싸고 상이한 도시계층간 갈등, 그리고 시정부와 시민(단체) 간 갈등이 더욱 빈번해질 것으로 예상됨에 따라 시정부의 유연한 협상, 타협, 조정의 기술이 절대 요청된다. 각종 도시분쟁은 경우에 따라 지방정부의 정책이나 업무를 마비시킬 수 있다는 점에서 이에 대한 지방정부의 대처능력은 자치시대 지방관리의 핵심 관건이 될 것이다.

### (3) 시민(단체)의 과제

지방자치 시대 시민운동이 건전한 민주시민적 활동으로 자리매김되기 위해서는 시민운동단체 또한 그에 걸맞는 조건과 능력을 갖추어야 한다.

---

시 등), 기타(예, 무료주차) 등이 있다(LA 서울 종합홍보센터, 1996).

24) 정부기구와 비정부기구가 업무을 공동추진하는 것은 현재 지방경영의 세계적인 추세이며, 이러한 관리방식을 행정의 '공동생산(co-production)'방식이라 부른다(조명래, 1996b).

시민단체의 운동이 시민운동 그 자체가 되는 것은 아니지만 시민운동이 지속적으로 전개되려면 다양한 시민단체의 활성화가 전제되지 않으며 않된다.[25) 여기서 가장 중요한 전제는 시민들의 적극인 참여이다.[26)

① 시민적 토대의 강화: 시민운동은 '시민주의'로부터 시작하여 '시민주의'로 끝나야 한다면, 시민의 자발적인 참여가 최대의 관건이다. 하지만 우리나라의 시민단체 중에는 활동의 시민적 토대를 결여한 채 이익집단화되어 있거나 특정정파적 노선을 노골적으로 추구하는 경우가 흔하다.[27) 이른바 '시민 없는 시민운동'이라고 불리는 몇몇 명망가 중심의 시민운동이 우리의 시민운동의 현주소이다. 이러한 상황에서 시민운동은 시민대중에 대해 직접 영향을 끼치기보다 명성과 권위를 획득하기 위해 언론의 반응에 더 신경을 쏟고 있는 경우가 많다.[28) 아울러 시민운동단체들은 정치권의 정략적 구조에 때로 너무 깊숙이 연루되기도 하여 시민운동의 건전한 정치화를 왜곡시키는 경우도 많은데, 이 또한 시민운동의 시민적 토대 결여에서 빚어진 결과이다.

② 운동가의 프로정신: 시민참여의 부재가 낳는 병폐 중의 하나는 시민운동가들의 프로정신, 도덕성, 소신의 결여이다. 최근에 시민운동의 외적 환경이 급격하게 바뀌면서 사회운동에 관여했던 종사자들은 그동안 추구했던 운동목적, 운동방식, 운동의 전망 등에 대해서 뿐 아니라 운동가로서의 스스로 역할과 전망에 대한 가치혼란을 겪고 있다. 과거 체제운동이나 기층민중운동을 했던 실천가들은 열악한 외적 환경에서도 나름대로 운동에 혼신을 기울일 수 있었던 것은 운동이념이나 운동을 통해

---

25) 제3의 영역으로 시민사회의 민주적 강화는 결국 다양한 자발적임 모임, 연대, 포럼, 집회, 결사 등을 통해 이룩되어야 한다면, 그 핵심은 시민운동단체의 활성화에 있다 할 수 있다.

26) 이런 점에서 시민들의 참여는 시민운동의 저수지 물을 채우는 것으로 비유된다.

27) 최근 한보사건과 관련된 경실련 사태는 바로 이러한 상황에서 터져나온 시민운동단체의 고질적인 문제의 한 단면을 보여주었다고 할 수 있다.

28) 대중참여의 부재는 시민운동단체들이 언론플레이 위주로 운동을 추진하게 되는 결과를 낳고 있다.

쟁취해야 할 사회상에 관한 강한 소신 때문이었다. 최근 들어 생활수준이 높아지고 개인주의가 풍미하며 사회적 가치가 다원화되면서, 개인적 희생이 많이 따르는 운동판에서 과거와 같은 프로정신을 찾기가 그리 흔치 않게 되었다. 하지만 이러한 상황 자체가 기존의 운동방식과 운동이념의 수정을 요구하는 것임을 유념해야 할 것이다.

③ **활동에 대한 정당한 보상:** 시민운동가들이 겪고 있는 문제 중의 하나는 활동에 대한 정당한 사회적, 경제적 보상이 없다는 점이다. 사회운동은 본래 통상적인 사회적 보상을 위해서가 아니라 명분적이고 대의적인 가치를 구현하기 위해 추진되는 것이기에 그 보상이란 것이 반드시 사회의 다른 분야의 그것과 동일할 필요는 없다. 시민운동에서 자원주의(volunteerism)가 운동에 임하는 사람들의 기본정신이라 본다면 그 보상은 보다 추상적이고 사회정의적 가치에서 찾아야 할 것이다. 그럼에도 불구하고 적당한 수준의 개인적 삶을 재생산해갈 수 있는 물질적, 그리고 사회적 대우는 분명히 보장되어야 개인적 차원에서 운동이 지속될 수 있다.

④ **활동의 전문화:** 시민운동은 생활상의 다양한 사적인 이해관계와 갈등문제를 개인적인 울타리를 넘어 집단적이면서 공동체적인 틀 내에서 공민적으로 해결하는 것이라면, 오늘날 다원화된 시민생활을 반영할 시민운동은 그만큼 분화되고 영역별로 전문화되어야 할 것이다. 녹색교통운동, 청소년 흡연퇴치운동, 세입자 주거권운동, 동네색깔 찾기운동 등은 모두 시민생활의 미세한 영역에서 특화되어 출현하는 생활권적 쟁점들을 해결하기 위한 전문적인 시민운동들이다. 하지만 한국에서 이른바 '잘나가는' 시민운동단체들은 대부분 많은 상근 직원을 고용한 채 전국적인 조직망을 가지고 백화점식 운동을 추진하고 있다. 이러한 운동단체는 이미 창의적이고 탄력적이며 시민들과 더불어 하는 시민운동의 적정 능력을 훨씬 넘어서 있다 할 수 있다.

⑤ **비판력, 의제작성 및 대안제시의 역량제고:** 과거의 사회운동이 저항적이고 대항적이었다면 오늘날의 새로운 시민운동은 국가의 정책 등에

대해 비판적이고 감시적이어야 하는 동시에 동반적이면서 협력적이어야 한다. 때문에 자치시대 시민운동단체들은 추구하는 운동분야별로 시민중심적인 실천대안을 작성하고 제시할 수 있는 역량을 구비해야 한다.

⑥ 민주적, 개방적 조직 운영: 시민운동조직은 다른 사회조직과 달리 시민들의 참여가 개방적이어야 하고 그 운영이 민주적이어야 하며 운동방식이 공동체성을 띠어야 시민운동의 의의를 올바르게 살려낼 수 있다. 이러한 조건은 시민운동단체의 내부적 행동양식을 효율화하기 위한 것이다. 시민운동을 활성화하기 위한 시민단체의 내부적 조건은 이밖에 여러 가지가 있다. 이를테면 운동구성원간의 비위계적 관계 유지, 신의를 바탕으로 하는 결속, 조직구성원들간에 개방적인 의사소통, 현상인식과 실천전략에 대한 운동원들의 전문적인 식견, 운동의 지속적인 평가와 새로운 방식의 모색, 시민의 반응에 대한 지속적인 모니터링 등은 모두 시민운동의 활성화를 위해 시민운동단체들이 갖추어야 할 내부적 조건들이다.

⑦ 시민단체간 연대: 시민운동조직이 갖추어야 할 또 다른 조건으로는 무엇보다 유사 시민운동단체간 선의의 경쟁을 하면서도 궁극적으로 연대와 협력을 항상적으로 모색해가는 '외부적인 행동양식'이다.[29] 지구화시대 그 연대는 국제적인 연대까지도 적극적으로 모색되어야 한다.

⑧ 시민모금을 통한 재정자립: 시민운동을 추진하는 과정에서 재정적인 투입이 있어야 하는 것은 당연한 일이다. 하지만 어떠한 재원을 어떻게 끌어들여 오느냐는 해당 운동조직의 활동방향, 활동성향, 운동노선, 참여방식 등을 결정하는 효과를 수반하기 때문에 그에 대한 신중한 판단이 요구된다. 시민운동이 시민을 위한 것이라면 시민들의 헌금, 기부, 회비 모금으로 충당하는 것이 가장 바람직하다.[30] 헌금을 내고 찬조금과

---

29) 한 조사에 의하면, 우리나라 시민운동단체 중에서 유사한 활동을 하는 조직이 있다고 응답한 비율이 80%에 이를 정도로 시민운동판에 유사한 활동들이 경쟁적으로 전개되고 있어 제한된 시민사회의 역량이 분산되고 있는 것으로 분석되었다(서울대학교 인구 및 발전연구소, 1992). 실제 동 조사에 의하면 유사 시민운동조직 사이에 협조적인 관계를 유지하고 있는 비율은 56.6%에 불과하여 '연대'에 많은 어려움을 겪고 있는 것으로 지적되었다.

30) 이런 재정확보 방안에는 기업으로부터 받는 헌금이나 기부도 포함될 수가 있는데, 시

후원금을 기부하는 행위는 재정문제 자체를 해결하는 행위이면서, 보다 중요하게는 시민운동 그 자체가 된다. 즉 모금하는 과정은 시민들에게 운동의 필요성을 주지시키면서 운동에 대한 그들의 관심과 참여를 이끌어 내는 운동과정 그 자체가 된다. 그렇지만 시민모금은 상당한 조직적 노력을 필요로 하는 것이기에 이를 지원해줄 수 있는 제도적 장치가 꼭 있어야 한다.

⑨ 시민운동 전문가를 위한 교육기관의 운영: 시민운동세대가 바뀌면서 역량 있는 시민운동가를 어떻게 재생산해내는가는 시민운동단체가 현재 직면한 도전의 하나이다. 뿐만 아니라 급변하는 사회변화에 시민운동이 탄력적으로 적응할 수 있기 위해서는 시민운동가들의 자질이 그만큼 향상되어야 하는데 이 문제를 어떻게 해결해야 할지도 시민운동분야의 새로운 쟁점이 되고 있다. 이 문제를 해결하기 위한 장치로는 시민운동가를 전문적으로 훈련, 교육, 재교육시키는 기관을 운영하는 것이다. 이러한 교육기관은 공식적인 교육기관(예, 대학과정이나 대학원 과정으로 운영)의 형태로 운영할 필요가 있다. 아울러 재원조달, 조직구성, 교육내용의 선정 등과 관련된 운영은 모두 시민 참여적이면서 민주적인 방식으로 추진되어야 한다.

## 6. 맺음말: '창조적' 시민운동을 위하여

그동안 우리 사회에서 지배적인 시민운동은 대부분 국가권력이나 자본의 힘에 맞서는 적대적이고 대립적인 사회운동의 형태로 추진되었다. 제3의 영역으로 시민사회의 운동은 특성상 국가와 자본에 대립될 수밖에

---

민단체와 기업 간의 이러한 거래는 우선 투명성이 보장되어야 한다. 기업논리에 우선하지 않는 조건하에서 시민운동단체가 공동의 사업, 프로그램, 캠페인 등을 추진하면서 기업으로부터 일정한 재정적인 도움을 받는 방안도 강구해볼 만하다. 기업들의 입장에서 시민단체에 기부하는 돈은 손비로 처리되어 세재상의 혜택을 받을 수 있기 때문에 투명성만 보장된다면 기업이 시민운동의 후원단체로 선용될 여지가 많다.

없지만, 지구화 시대의 다원적 가치가 추구되는 오늘날 상황에 걸맞은 시민운동은 과거와 같은 적대, 대립, 갈등으로만 일관될 수 없다. 그것은 탈근대적인 삶의 현실적 조건이기도 하다. 비록 국가의 억압과 자본의 횡포에 저항하고 비판하는 일은 계속되어야 할지라도, 동시에 협력, 공조, 유대를 통해 새로운 공공의 가치와 규범을 함께 생산해내는 것이 이 시대 시민운동이 갖추어야 할 보다 소중한 조건이다. 우리는 이러한 시민운동을 '창조적 시민운동'이라 부른다. 사실 시민운동은 그 태생부터 기성의 질서를 거부하면서 시민 중심적인 다원적 삶의 권리와 규범을 추구했다는 점에서 '가치 창조적'이다. 21세기 진입을 바로 눈앞에 둔 지금, 우리는 다시 한번 시민운동의 '창조적 역할과 기능'을 음미해보아야 할 것 같다. 급변하는 탈근대적 삶을 보다 주체적으로 살아 갈 수 있는 '능동적인 사회(active society)'를 건설하기 위해서는 그 무엇보다 '창조적 시민운동'이 더없이 요청되고 있기 때문이다.

우리 사회에는 아직도 해결해 할 과제가 산적해 있다. 이를테면 기본권의 보장, 빈부격차의 해소, 사회복지의 강화, 공중의식의 제고, 민주적 참여의 확대, 지방자치의 내실화, 환경적으로 지속가능한 발전의 추구, 다원적 가치와 생활양식의 활성화 등이 그렇다. 이러한 변화를 가져오기 위해서는 국가, 기업, 시민사회의 주체들간의 공동체적인 협력과 결연을 통해 사회적 가치체제 전반의 혁신을 기해야 한다. 그 혁신이 가능하기 위해서는 무엇보다 능동적 사회를 건설할 수 있는 시민주체의 적극적인 행위와 활동, 즉 창조적 시민운동이 선행적으로 활성화되어야 할 것이다.

창조적 시민운동이 어느 곳보다 필요한 곳은 도시지역이다. 도시는 급격한 산업화를 수행해오면서 그에 따른 산업화의 각종 병폐적 결과들을 일상영역의 모든 분야에 퇴적시켜 왔다. 도시운동은 그러한 병폐를 일소하기 위해 국가정책이나 개발행위를 저항하고 극복하는 투쟁을 꾸준히 전개해왔으며, 그에 따라 일정한 성과를 거두어왔던 것이 사실이다. 하지만 양적 성장이 멈춘 지금, 정보화와 세계화가 몰아닥치면서 도시의 일상주체는 그 구성에서 급속히 다원화되고 있을 뿐 아니라 그들의 생활방식과 가치가 끝없이 분화, 다양화, 개별화되고 있다. 이러는 가운데 일상 과정에서 상이한 전망, 가치, 규준들 둘러싼 충돌과 불협화음이 날로 증대하고 있다. 때문에 이러한 도시적 상황을 다양한 시민들의 결사적 노력을 통해 공동체적 삶의 공간으로 재구성해내는 것이 그 어느 때보다 절실히 요청되고 있다. 능동적인 도시사회의 건설은 창조적 도시운동이 활성화될 때만 가능할 것이다. 창조적 도시운동은 지방자치가 제공하는 제도적 여건을 최대한 활용하는 운동방식이면서 동시에 지방자치 자체를 지방적 민주주의로 완성해내는 운동방식이기도 하다.[31]

### ■ 참고문헌

강명구. 1995a, 「서울의 도시정치」, 시정개발연구원, 『서울의 발전에 따른 사회균형연구』.
______. 1995b, 「지방자치와 시민사회의 열림」, ≪도시연구≫, 제2집.
김수현. 1995, 「창조적 주민운동」, 한국공간환경연구회 편, 『새로운 공간환경론의 모색』, 서울: 한울.

---

31) 창조적 도시운동이란 개념은 일본에서 처음으로 사용되었다. 일본의 도시운동은 고도 경제성장의 피해가 발생하는 1960년대부터 주로 가시화되기 시작하였다. 초기운동은 신간선 건설에 따른 공동체파괴, 공단의 공해, 대규모 토목공사에 따른 환경파괴 등과 같이, 생활세계의 파괴에 대한 '저지형' 운동으로 특성을 띠었다. 그러다가 주택, 교통, 교육, 의료 등에 대한 주민들의 기대와 욕구가 증대함에 따라 이의 공급을 국가나 공공당국에 요구하는 '요구형' 운동으로 발전되어갔다. 이런 요구는 더나가 정치적 운동으로까지 확대되면서 1960, 1970년대에 혁신자치제가 확산되는 결과를 낳았다(대도시 지역의 80%가 혁신자치제 실시했음). 1970년대 중반에 접어들면서 지방재정 파탄과 같은 경제적 어려움을 직면하면서 도시운동은 한때 소강상태에 빠지지만, 1980년대에 들어 일본의 거품경제와 부동산 가격 폭등이 주민들의 공동체적 삶 전반을 해체하는 결과를 낳게 됨에 따라, 도시운동은 다시 불붙게 되었다. 과거와 달리 1980년대 이후의 지배적인 도시운동은 지역사회의 주거환경개선 뿐 아니라 사회환경 개선을 통해 공동체성을 적극적으로 창조하면서 이를 견지해가는 방식으로 바뀌었다. 가장 대표적인 운동이 생태환경보호와 더불어 도시공동체 유지를 추구하는 '생활협동조합운동'을 들 수 있다. 이 시기의 도시사회운동을 위의 저지형 운동에 대비되는 의미로 '창조형 운동'으로 명명된다(김수현, 1995; 조명래, 1996a).

김호기. 1993, 「그람시적 시민사회론과 비판이론의 시민사회론」, ≪경제와사회≫, 여름호.

김혜란. 1995, 「성숙한 민주사회의 기초, 시민운동의 활성화 방안」, ≪한세정책≫, 95년 2월호.

연세대학교 사회발전연구소. 1994, 『공동체 이념의 실천을 위한 시민단체 활성화 방안』.

엘에이(LA) 서울종합홍보센터. 1996, 『자원봉사제도의 시정활용방안에 관한 연구: 미국의 경험을 토대로』 (미출간자료).

유팔무. 1991, 「그람시 시민사회론의 이해와 한국적 수용의 문제」, ≪경제와사회≫, 제12호.

______. 1993, 「한국의 시민사회론과 시민사회분석을 위한 개념틀의 모색」, 이수훈 편, 『한국정치사회의 새 흐름』, 나남.

서울대학교 인구 및 발전문제 연구소.. 1993, 『시민운동단체 활성화 방안에 대한 연구』.

신광영. 1991, 「시민사회와 사회운동」, ≪경제와 사회≫, 제12호.

정태석 외. 1993, 「한국의 시민사회와 민주주의의 전망」, 한국학술단체협의회 편, 『한국민주주의의 현재적 과제』, 서울: 창작과 비평사.

조명래. 1993, 「한국사회의 계급과 지역」, ≪경제와 사회≫, 제9호.

______. 1996a, 「도시개혁과 시민운동」, 경실련 도시개혁센터 내부 세미나 발표논문 (미출간).

______. 1996b, 「환경행정의 주민참여 방안에 관한 연구」, 서울시 녹색시민위원회/YMCA주관, 환경행정에 대한 주민참여에 관한 세미나 발표논문.

______. 1997, 「근대성, 도시, 도시론」, 『한국사회학』 제31집.

정수복. 1994, 「한국시민운동의 역할과 과제」, 연세대학교 사회발전연구소, 『공동체 이념을 위한 시민단체 활성화 방안』.

Cohen, J. and A. Andrew. 1992, *Civil Society and Political Theory*, Boston: MIT Press.

Gramsci, A. 1971, *Selections from the Prison Notebooks*, New York: International Publishers.

Habermas, J. 1984, "The Theory of Communicative Action", vol.1., Boston: Beacon Press.

Habermas, J. 1987, "The Theory of Communicative Action", vol.2, Boston: Beacon Press.

Hall, S. and B. Gieben. 1992, *Formations of Modernity*, London: Polity Press.

Held, D. 1987, *Models of Democracy*, London: Polity.

Keane, A. 1987, *Democracy and Civil Society*, London: Verso.

# 14장
# 한국의 환경의식과 환경운동

## 1. 머리말

이 글은 한국인의 환경의식 변화를 통해 환경운동의 확산과 그 전개유형을 살펴보면서, 생태사회를 향한 자의식적 실천운동의 방향을 모색해보는 데 목적이 있다. 본 주제를 다룸에 있어, 이 글은 의식의 변화가 운동의 변화를 가져오는 일의적인 인과론적 분석을 하는 대신, 한국사회의 변화 속에서 한국인의 환경에 대한 의식이 어떻게 형성·변화되었으며, 그와 함께 환경운동은 어떻게 등장·변천되었는지, 그리고 지속가능한 사회발전에 환경의식과 운동이 어떠한 역할을 했는지 등을 입체적으로 평가해보는 입장을 취한다.

이 입장은 환경의식과 환경운동의 유형, 성격, 그리고 양자간의 관계란 경제사회체제와 생태환경체제 간의 관계를 규정하는 전체 사회의 발전 속에서 분석되고 평가되어야 한다는 것을 뜻한다. 이런 점을 감안하여, 이 글은 한국의 환경의식과 환경운동을 한국 근대산업화의 발전단계에 맞추어 나누어 살펴보면서 그 성과와 한계를 평가하고자 한다. 한국의 근대발전단계는 ① 1960년대부터 1970년대 중반까지 ② 1970년대 중반부터 1980년대 중반까지 ③ 1980년대 중반에서 1990년대 중반까지 ④ 1990년대 중반부터 현재까지, 4단계로 구분된다.

글의 순서는 환경의식과 환경운동 간의 관계에 대한 이론적 쟁점을 간단히 살펴보고, 이어서 위에서 구분한 시기별 한국사회, 환경의식, 환경운동, 세 요소를 통합적으로 분석한 뒤, 한국의 환경의식과 환경운동의 특성과 한계를 평가하는 것과 아울러 생태주의적 실천으로서 환경운동의 새로운 조건을 제시하는 것으로 마무리된다.

## 2. 환경의식과 환경운동의 이론적 쟁점

인간에게 의식은 주체 밖 세계에 대한 정신적·관념적 반영체이며 동시에 주체의 행동과 행위를 유발하고 지시하는 관념적 의미체이기도 하다. 이렇게 규정한다면 환경의식은 우리의 의식세계에 드리워져 있는 환경에 대한 이해, 인식, 평가의 인지적 구성물이라 할 수 있으며, 이는 단순한 의식적 내용이 아니라 환경의 일정한 측면에 대해 반응하고 행위하는 것을 지시하는 실천 에너지를 함축하고 있다고 할 수 있다. 개인의 환경의식이 사회적 의사소통 구조를 통해 사회의 광범위한 영역으로 언어화되고 의미화되면 환경을 둘러싼 '담론(discourse)'[1]을 형성하게 된다.

환경담론은 환경에 관한 관념, 인식, 주의주장, 가치판단의 요소로 구성된 환경에 관한 사회적 거시 개념 틀이다. 여기에는 환경문제를 둘러싼 이해관계나 권력관계뿐만 아니라 인간과 인간, 인간과 자연, 생물과 무생물 간의 관계 등을 규정하는 규범적 지향성도 담겨 있다. 다양한 생태주의 이론, 이를테면 심층생태주의, 생태마르크스주의, 에코페미니즘 등은 추상수준이 높은 상태에서 정제된 환경담론의 예들이라 할 수 있다

---

1) 담론은 협의로 정의하면 '문장보다 큰 단어의 언어군'이지만, 광의로 정의하면 '지식과 경험을 체계화하는 인식적 형성물 혹은 이데올로기적 덩어리로 이루어지는 거시 개념 틀'이다(문순홍, 1999: 34). 한 시대를 지배하는 담론은 쿤(Khun)의 패러다임(paradigm)적 기능과 성격을 띠기도 하지만, 그 현상적인 모습은 시대의 지배적인 현상과 이념을 전체로 표상하는 '서사(narrative)'로 드러난다.

(문순홍, 1999).

환경담론은 환경의식을 중요한 에너지나 자원으로 하여 형성되는 것이지만, 거기에 담겨 있는 가치판단과 규범적 지향은 환경을 둘러싼 다양한 실천구조를 만들어내게 된다. 환경운동은 환경담론을 에너지로 하여 가시화되는 시민사회 영역의 집합적 실천이라 할 수 있다. 집합적 실천으로 환경운동은 미시·개인적 의식 및 행위영역과 거시·제도적 규범 및 통치영역 사이에 있는 시민사회란 공간을 통해 이루어지는 환경에 관한 집합적 문제제기이며 그 해결을 위한 집합적 투쟁(collective struggle)이다(조명래, 1997). 그렇기 때문에 환경운동은 개인 차원으로 생태주의적 가치관이나 그에 따른 행동, 그리고 국가적 차원에서 집행되는 환경정책이나 환경정치와 달리, 그러면서 그 중간에서 환경의식을 가진 시민들이 사회 전체를 향해 환경문제의 해결방법과 대안을 제시하면서, 개인도 국가도 할 수 없는 환경친화적인 사회로의 이행을 꿈꾸고 담론화한다. 집합적 실천으로서 환경운동이 제도화된 세력으로 조직되면서 역할의 사회적 정당성과 합법성을 획득하게 되면, 이는 곧 제도권 내에 진입한 녹색정치 세력(예, 녹색정당)의 양상을 띠게 된다.

지금까지의 논의에서 함의하는바, 환경의식과 환경운동의 관계는 의식이 운동을 일의적으로 결정하는 관계가 아니라 개인과 국가의 축으로 구성되는 전체 사회 속에서 상호작용을 통해 동태적으로 규정되는 관계이다(<그림 14-1> 참조). 이 양자의 상호관계를 가로지르는 매개 축은 사회전체를 구성하는 사회경제체계와 생태환경체계 간의 관계이다. 즉, 경제사회의 발전양식과 생태환경의 존재양태 간의 관계가 설정되는 축을 따라 특정 유형의 환경의식이 형성되고 또한 특정 유형의 환경운동이 출현하게 된다. 경제사회의 발전양식은 기술 패러다임, 산업구조, 거시경제체제, 소비양식, 정치적 이해관계, 헤게모니 구조 등으로 구성되는 특정 시대의 지배적인 경제·사회·정치의 복합체를 의미한다. 환경의식은 그러한 사회경제적 발전과정에서 조건지어지는 생태환경의 존재양태에 대한

<그림 14-1>  환경의식과 환경운동의 관계

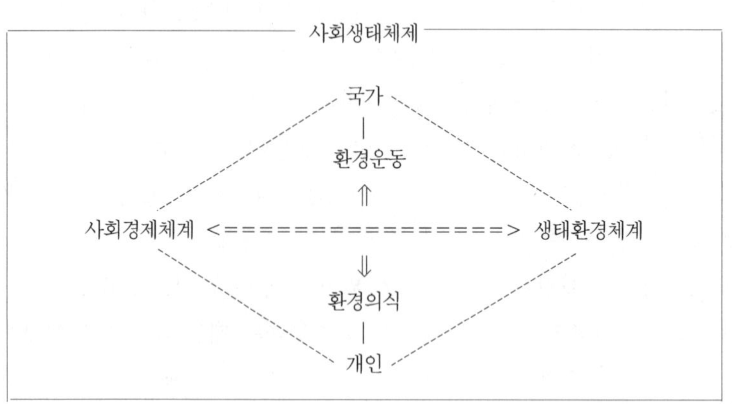


시민 자의적 판단, 평가, 이념이라 볼 수 있는 반면, 환경운동은 거기에 근거하여 문제해결과 대안의 모색을 시도하는 집합적 실천이라 할 수 있다.

보다 쉽게 설명하면, 환경의식과 환경운동은 생태환경에 영향을 주는 경제사회의 발전 방식에 따라 상이하게 규정된다 뜻이다. 예를 들면, 대량생산과 대량소비간의 동태적 균형을 바탕으로 하는 포디즘(Fordism)이란 축적체제가 지배하던 1970년대 서구의 환경의식과 환경운동은 기술중심주의적 환경론이나 좌파적 급진생태주의 경향을 띠었다면, '포스트포디즘(Post-Fordism)'이란 축적체제가 지구적으로 확산하는 오늘날은 지속가능한 발전담론이나 사회생태주의를 선호하는 환경의식과 환경운동의 경향이 두드러지게 나타나고  있다(이에 자세한 논의는 최병두, 1999 참조).

하지만 환경의식과 환경운동 자체를 좁혀서 본다면, 이 양자 각각은 내부의 작동체계를 가지고 있다 (<그림 14-2> 참조). 환경의식이나 환경운동은 각기의 내부체계를 구성하는 층위나 차원들간의 순차적인 결합을 거치면서 구체화 실체로서 드러나게 된다. 이를테면 환경의식은 환경에 대한 사실적 인식 단계→자각과 경감심의 단계→문제로서의 인식단

<그림 14-2> 환경의식과 환경운동의 조응관계

| 환경의식의 층위<br>—개별주체의 행위차원— | | 환경운동의 구성<br>—집합적 실천차원— |
|---|---|---|
| 사실적 인식 | <-------> | 환경상태의 판단 |
| 자각/경각심(awareness) | <-------> | 환경운동의 계기 |
| 이슈화/문제화 | <-------> | 환경운동의 지향점과 성격 |
| 해결기대/실천판단 | <-------> | 환경운동의 참여자/조직화/방식 |
| 가치판단/계급적 전망 | <-------> | 환경운동의 이념 |

계→해결을 위한 기대와 이를 위한 실천전망을 판단하는 단계→사회적 주체로서 판단(혹은 계급적 전망의 판단)의 단계를 거치면 그 실체성을 갖게 된다. 이는 환경운동 차원에서도 마찬가지이다. 따라서 전체 사회 속에서 환경의식과 환경운동의 관계가 설정되는 것은 각기의 내부체계가 가지고 있는 층위들간의 순차적인 상호조응 관계를 통해 이루어진다 할 수 있다. 예컨대, 환경의식 차원에서 '사실적 인식'은 환경운동의 차원에서는 '환경상태'를 집합적으로 인지하고 판단하는 계기로 작용한다. 환경의식의 다음 단계에서는 환경이 가지고 있는 일정한 측면을 보다 적극적으로 자각하거나 경각심을 가지고 주목하게 되면(aware), 환경운동 차원에서 이는 특정 환경상태를 겨냥하는 집합적 실천을 자극하고 조직케 하는 조건이 된다. 환경의식 차원에서 환경에 관한 경각심이 환경을 심각한 문제로 평가하고 이를 쟁점화하는 적극적인 인지적 행위로 옮겨가면, 이는 환경운동 차원에서 운동의 대상설정과 지향해야 할 목표와 방향, 그리고 운동방식을 결정짓는 계기가 된다. 나아가 환경의식 차원에서 인식주체가 갖게 되는 해결 기대와 실천적 전망은 환경운동 차원에서는 운동에 참여하는 구성원의 범주와 운동의 조직방식을 결정하는 조건이 된다. 이런 일련의 과정을 전체로 마무리하는 것은, 환경의식 차원에서 행위주체가 처한 사회적 상황에 대한 포괄적 가치판단(도덕적 판단포함)과

계급적 전망의 설정이며, 환경운동 차원에서는 집합적 실천의 전반적인 지향을 틀 지우는 이념의 설정이다. 보수주의 대 급진주의적 환경운동, 인간중심주의 대 자연중심주의적 환경운동, 기술개량주의 대 심층생태주의적 환경운동과 같은 유형화는 바로 이념적 차원에서 환경운동을 구분하는 예들이다(문순홍, 1999; 최병두, 1999).


## 3. 한국사회, 환경의식, 환경운동: 패턴과 진화

그렇다면 한국사회의 전체 변화 속에서 환경의식과 환경운동은 실제 어떻게 유형화되고 변화해 왔을까? 이 절에서는 앞 절에서 논의한 분석적 시각에 의거해 환경의식과 환경운동의 유형과 그 변화추이를 시기별로 나누어 구체적으로 살펴보고자 한다. <표 14-1>에서 제시되는 시기구분은 한편으로 환경운동의 시기구분에 관한 기존 연구결과들을 반영하면서, 다른 한편으로는 한국의 산업화 단계를 구분하는 기존 논의를 참조해 작성된 것이다(이에 관해서는 구도완, 1995a, 1995b; 이상헌, 1995; 이시재, 1992; 정수복, 1995; 조명래, 1999b; 최병두, 1999를 참조).

### 1) 1960년대~1970년대 중반

한국의 근대산업화가 태동하면서 발전의 도약기를 이룩했던 이 시기

<표 14-1> 시기별 환경의식과 환경운동의 유형과 변화

| 시기 | 환경의식 | 환경운동 |
|---|---|---|
| 1960년대~70년대 중반 | 환경몽매주의 | 잠재기/국가주도의 국토환경개조 |
| 1970년대 중반~80년대 중반 | 공해/환경피해의 인식 | 발아기/주민 보상—저항운동의 등장 |
| 1980년대 중반~90년대 중반 | 환경의 시민권적 인식 | 활약기/운동의 조직화와 세력화 |
| 1990년대 중반~현재 | 환경의 담론적 인식 | 확산기/운동의 제도화와 담론화 |

는 전통으로부터 근대로의 급격한 이행에 관련된 사회문화적 특징을 온전히 가지고 있었다. 군사혁명을 통해 등장한 정치지도자들은 국가권력을 근대화란 명분의 경제발전을 이루어내는 데 특권적으로 사용하였으며, 그 결과 경이로운 경제발전이 현실화되었다. 비록 정치적으로는 퇴행과 암흑기였음에도 불구하고, 국민의 대다수는 5,000년 빈곤의 질곡을 벗어난다는 데 대한 희망으로 권위적으로 추진된 경제개발의 공과를 지지하였다. 초기의 경제개발은 농촌사회에서 산업사회로의 이행을 물리적으로 준비하는 것을 주된 내용으로 하였던 만큼, 국토의 자연환경을 파괴하는 도로개설, 댐건설, 유역개발, 공단조성, 자연자원채취 등을 바탕으로 저임금 수출산업화를 추진하는 방식으로 이루어졌다.

자연환경에 대한 직접적인 개조를 수반하면서 추진된 이 같은 개발방식에 대해서 국민 대다수는 어떠한 문제의식을 갖지 않았다. 당시만 해도 국토의 자연상태는 가난과 저발전 그 자체로 인식되었던 시절이라, 국토는 인위적 개발을 통해 산업활동이나 생활활동을 도와주는 편리한 하부구조로 재편되어야 할 대상으로만 여겨졌다. 근대화와 경제개발의 중요함을 알리는 당시의 선전 포스터(poster)들을 보면 들판 한복판에 '검은 연기가 나는 삐쭉 삐죽한 지붕을 가진 공장 건물을 위치시키고, 그에 연하여 들, 산, 강을 가로지는 근대적 신작로, 빌딩'을 배열하는 구도들이 많다. 이것은 당시의 우리 국민들이 환경에 대해 가졌던 의식세계를 집약적으로 표현해주었던 것이다.

이 시기의 국민 정서 속에 녹아 있는 환경의식이란 한마디로 '환경 몽매주의'라 할 수 있을 것 같다. 자연을 삶의 고통을 강제하는 숙명으로 받아드렸던 것 외에 자연에 대한 근대적인 자의식은 형성되어 있지 않았다. 그런 만큼 자연의 온존한 상태와 삶의 물질적 발전이 병행되어야 한다는 환경의식은 더 더욱 사치이자 허황한 것으로 치부될 수밖에 없었다. 그러니 환경에 대한 국민들의 정서 혹은 의식의 세계에는 어떠한 경각심도, 쟁점화도, 실천의식도, 계급적 이념도 있을 수 없었다.

자연 환경은 국가의 권력과 정책적 도구를 통해 개조되어야 할 대상일 뿐이었다. 국가가 주도했던 국토환경개조는 도로, 공단, 댐의 건설과 같이 광역에 걸친 생태환경을 직접적이면서 물리적으로 바꾸는 식으로 추진되었지만, 1960년대 말, 1970년대부터는 인구의 다수가 기거하던 농촌 정주지를 '새마을 운동'이란 이름으로 대대적으로 개조함으로써 소단위 생태환경도 집중적으로 파괴되어 갔다. 이촌향도의 인구이동이 시작되면서, 도시로 인구가 과잉집중하고 소규모 노동집약적 산업체나 비공식부문의 활동(예, 노점상) 등이 무질서하게 입지함으로써, 도시환경은 급격히 악화되기 시작했다. 하지만 국토에서든, 농촌과 도시에서든, 개발과 발전과정에서 부수적으로는 나타나는 환경악화나 오염은 오히려 발전과 풍요의 상징으로만 받아들여졌다. 때문에, 이를 자의식적으로 대응하는 환경운동은 미약했거나, 있었다 해도, 잠재해 있었을 뿐이었다. 1960년 말부터 공단주변의 공해 피해에 대한 주민들의 보상요구가 울산, 여천 등지를 중심으로 산발적으로 나타나기 시작했으나 일회적인 사건들로 간주되었다.[2]

## 2) 1970년대 중반~1980년대 중반

1973년의 '중화학산업화의 선포'와 같은 해의 '유신정권의 등장'은 집약적인 산업화의 방식과 이를 지지하는 권위관료적 통치체제(혹은 조절체제) 간에는 우연한 조응이 이루어짐으로써, 주변부적 자본축적이 본격화될 수 있었다. 산업화의 새로운 방식은 대체로 대규모, 고에너지 집약적 장치산업 위주로 이루어지면서 대재벌과 같은 거대 산업체제의 출현을 가져왔다. 산업생산체제의 영토적 구축은 국가공단의 조성과 이들간의 영토적 분업구조로 이루어졌다. 집약적 산업화는 자연환경의 많은 부분을 생산의 영토적 체계 내에서 끌어들어 이용하고자 하기 때문에, 그

---

2) 환경오염문제에 대한 국내의 최초사건으로 기록되었던 것은 1966년 5월 부산 감천화력발전소 주변 주민들이 제기한 매연 분쟁이었다. 그 이후 1960년대 말과 1970년대 초 울산중화학공단 주변의 농작물 피해, 1972년의 여천, 광양 중화학공단 주변의 대기오염과 광양만 오염에 대한 피해 등을 보상하는 요구하는 사건들이 연이어 발생했다.

에 따른 자연환경의 대규모 파괴와 오염발생이 불가피해졌다. 국토환경의 파괴는 해안의 매립, 녹지의 파괴, 수자원 확보를 위한 광역 댐 건설로 인한 생태계의 파괴, 대규모 공업도시의 건설에 따른 산업 및 생활 폐기물의 방출, 부실한 공해방지시설로 인한 유해물질의 방출과 인근주민들에 대한 생존 위협 등의 현상으로 가시화되었다.

이러한 사회·환경적 상황에 대한 국민들의 의식적 반응은 피해를 일차적으로 받는 지역의 주민들을 중심으로 나타나기 시작하였다. 그 동안 조성되던 울산, 온산, 여천 지역의 대단위 중화학 공단들이 1970년대 들어와 본격적으로 가동되면서 각종 유해물질들을 인근지역으로 배출함으로써 그에 따른 피해사례가 속출하게 되었다. 그 피해는 농지나 어장이 황폐화되거나 대기오염, 수질오염에 따른 각종 질병이 발발하는 것으로 나타났다.[3] 그중에서도 1980년대 중반, 온산병으로 일컬어졌던 온산공단주변의 공해피해는 사회적인 물의를 일으킴에 따라 환경오염에 대한 국민적 관심을 환기시키는 중요한 계기가 되었다.

이때부터 국민들은 공해란 개념을 통해 환경이 오염되고 파괴는 것을 인지하게 되었고, 그와 더불어 공해가 끼치는 건강과 재산상의 문제에 대한 보상을 요구하면서 환경과 그들의 생존과의 관계를 점차 의식하게 되었다. '공해'라는 낱말을 사용한 것 자체가 가해자와 피해자를 명확히 구분하여 인식하는 의도의 산물이기도 했다. 공해를 문제삼아 싹트게 된 주민의식은 집단적 자기정체성을 바탕으로 그들의 권익을 지키려는 실천의식을 일깨우는 수준까지 발전하였다. 즉자적인 생존환경의 위협과 그에 따른 피해보상을 요구하는 주민들의 실천의식은 외양적으로는 사회적 쟁점(기업의 부도적성 문제, 법정투쟁문제 등)을 주된 내용으로 하면서도 그 내면에서는 공해문제를 매개로 한 환경문제에 관한 의식을 싹틔우고 있었다.

---

3) 하지만 환경오염의 피해는 지역적으로 볼 때, 임해 공업단지 지역뿐 아니라 서해안의 해안매립지나 간척지, 각종 개발사업이 추진되는 농촌지역, 도시의 하천, 녹지, 주거지 등에서 광역적으로 나타났었다. 이는 환경의 파괴현상이 전국화되기 시작했으며, 그에 따라 환경의식도 국민사이에 광범위하게 형성되기 시작했음을 의미한다.

환경의식의 개화는 피해보상 및 이주대책을 요구하는 주민자조운동이 초보적인 환경운동으로 전화·발전할 수 있는 중요한 에너지원이 되었다. 하지만 주민운동이 방식과 내용에서 본격적인 환경운동으로 전환될 수 있었던 보다 중요한 계기는 1980년대 중반부터 나타나기 시작했던 반공해운동단체들의 결성이었다. 이들은 대개가 공해로부터 피해를 받는 지역주민들의 운동을 지원하고 협력해주면서 이를 사회적으로 해결한다는 명분을 내걸면서 등장했다. 1982년 성직자들과 사회활동가들이 참여하여 설립한 한국공해연구소는 "공해에 대한 민중의 의식을 구체적이고 구조적으로 파악할 수 있도록 돕고 피해주민들 스스로 공해를 추방할 수 있는 역량과 행동을 지원"하고자 했다(최병두, 1999: 186).[4] 온산화학공단 주변의 지역주민들의 피해보상 및 이주대책을 요구했던 주민운동은 반공해운동단체와 활동을 연대함으로써 성공적으로 추진될 수 있었던 대표적인 사례였다. 하지만 주민들이 요구했던 피해보상이 그렇듯이 반공해운동도 국가 주도적인 개발과정에서 나타난 환경오염의 피해를 민중적 관점으로 문제 제기했던 만큼, 다분히 체제 저항적 요소를 많이 함축하였고, 그 결과 국가권력에 의한 노골적인 탄압과 통제를 받는 대상이었다. 사실 1980년대의 억압적인 정권 하에서 공해반대운동은 반독재, 민주화 운동의 흐름을 이루는 일각을 차지했다. 한편 공해를 체제 저항적인 것으로 인식하면서도, 국가 스스로는 환경오염의 심각성을 점차 깨달으면서, 국가차원의 제도를 강구하기 시작했으며, 아울러 환경보전을 위한 캠페인 차원에서 시민단체를 직접 만들어 자연보호를 지원하기도 했다.[5]

---

4) 이 단체가 결성된 이래, 1984년 말에는 반공해운동협의회(1987년 공해추방운동청년협의회로 개편됨), 1986년에는 공해반대시민운동의회가 생겨났다. 이 두 단체는 1988년 공해추방운동연합으로 통합되면서, 공단지역의 환경운동의 지원뿐만 아니라 도시지역의 공해문제를 부각시킴으로서 국민들의 반공해의식을 고취시키는 데 견인역할을 했다.

5) 그 대표적인 예가 1975년에 발족한 '한국환경보호협의회'이며, 이어서 환경교육회, 한국녹색회등의 환경보호운동단체들이 나타났다.

## 3) 1980년대 후반~1990년대 중반

1980년대 후반 들어 한국사회는 1987년 6월 항쟁을 계기로 민주화와 노동운동이 분출하면서 그에 따른 심대한 질적 변화를 겪었다. 경제부문에서 그 동안의 노동집약적인 산업생산방식이 노동 절약적이고 자본 및 기술 집약적인 방식으로 재편되면서 상품의 생산으로부터 소비에 이르는 경제체제의 고도화가 진전되었고, 정치부문에서는 시민사회의 정치세력화가 본격화되었다. 국민들의 사적 생활에서는 급격한 소득 향상과 맞물려, 88올림픽과 같은 문화적 개방화가 가속화되면서, 일상 소비 생활의 고도화가 이루어졌다. 생활의 질에 대한 관심이 점증하는 가운데 생활환경에 관한 시민들의 자의식도 두드러지게 형성되기 시작했다.

환경의식은 국부적이고(local) 사후적인 공해 피해 경험에서 생활 환경 전반에서 경험되는 것으로 바뀌면서 시민 일반의 인식체계에 자리잡게 되었다. 산업화의 고도화는, 도시·농촌 구분 없이, 산업재해와 오염물질을 발생시켰고, 소비의 고도화는 생활폐기물의 과다 방출로 생활환경 전반을 위협하는 상태가 되었다. 환경의 악화는 광역의 지역생활체계를 위협하는 체제성과 포괄성을 띠면서 그에 따른 환경의식의 확산을 가져왔다. 1992년 낙동강 페놀사건은 이런 예를 극명히 보여주었다. 이 사건을 계기로 시민들의 환경의식은 그 동안 소극적인 피해보상이나 공해해결에 관한 것으로부터 상수원오염의 방지, 쓰레기처리장 입지 반대, 골프장 건설 반대, 핵폐기물 처리장의 입지 반대, 오염배출업소의 이전 촉구, 환경처리시설의 설치요구, 오염된 환경의 복구에 대한 요구와 같은 생활환경 전반의 사전적, 체계적인 보호와 보전에 대한 것으로 바뀌었다. 즉, 환경에 대한 인식은 그간의 '공해→보상 및 사후처리→환경보호'라는 틀에서 '생활환경파괴→환경권의 인식→환경의 사전 예방/보전'이란 틀로 변하였다. 그와 더불어 환경에 대한 관념도 공해피해가 줄어들고 오염이 해결되어야 하는 물적 대상에 관한 것으로부터 환경권과 같은 시민권적 권리가 설정되는 제도·이념적인 대상에 관한 것으로 바꾸어지게 되었다.

이러한 인식변화는 환경을 둘러싼 시민사회의 집합적 실천을 자극하고 조직화를 촉구하는 결과를 가져 왔다. 물론 이 같은 추세는 1980년대 후반부터 나타나기 시작한 시민사회운동의 확산과 1992년의 브라질 리우 유엔 환경회의와 같은 국제환경운동의 확산에 힘을 입기도 하였다. 어쨌든, 이에 따른 중요한 결과는 이때부터 환경문제를 쟁점과 이념으로 하여 시민운동을 전개하는 전문 운동조직들이 우후죽순으로 생겨난 게 사실이다. 1980년대의 반공해운동단체를 통합해 1988년에 출범한 공해추방운동연합이 1993년에 환경운동연합으로 확대·개편되는 것을 시발로 하여 '배달녹색연합'(그후 녹색연합으로 개칭)이나 '경제정의실천연합 산하의 환경개발센터'(그후 환경정의시민연대로 개칭)와 같은 전국 단위의 대규모 환경운동단체들이 여러 개 나타났다. 이외에도 1989년에는 환경운동의 정당화(政黨化)를 위한 '대한녹색당', 1989년에는 농촌에 기반을 두고 대안적(생태주의적) 생활양식을 추구하는 '한살림', 생태의식을 계몽하기 위한 전문연구자 조직인 '환경과 공해연회' 등이 결성되었다. 뿐만 아니라 여성, 소비자, 청소년 등과 관련된 기존의 시민단체들도 환경문제를 중요한 운동적 이슈로 삼게 되면서 준(準)환경운동단체로서의 모습들을 갖추어 갔다. 환경운동의 이 같은 조직화는 환경 이슈를 중심으로 하는 시민들의 정치세력화를 의미한다. 1990년대 들어오면서 시민환경운동은 더욱 활발해지면서 1980년대를 이끌었던 이념운동을 대체하는 신사회운동의 대표 주자로 자리잡게 되었다.

하지만 환경운동의 가속화된 행보는 비단 시민사회 영역에만 국한된 것이 아니다. 기업, 언론, 정부 등도 환경문제 대한 관심을 크게 가지면서 각자의 영역에서 환경을 배려하는 실천방안들을 강구하기 시작했다. 기업차원에서는 환경산업에 대한 투자나 친환경적 기술개발 등을 통한 녹색경영의 도입이 본격화되었으며, 국가차원에서는 전담부서의 신설(예, 환경처의 신설)과 환경 예방책의 제도화(환경영향평가제, 환경개선비용부담금제, 등)와 같은 조치들이 폭넓게 단행되었다. 언론도 환경을 주제로 한 각종 캠페인을 선도함으로써 환경을 시민사회적 쟁점으로 주목시키고 의사소통시키는 견인차 역할을 하고 있다.

## 4) 1990년대 중반~현재

1990년대 중반에 들어서면 문민정부는 신경제계획 및 경제의 자유화를 추진함으로써 개방화와 신자유주의가 한국사회의 새로운 사회 이념적 지형을 이루었다. 미국을 핵으로 하는 지구자본주의에 편입을 강제받는 과정에서, 국민국가의 형식적인 자율성을 가지고 추진된 이러한 변화는 국내의 경제활동을 초국경화하는 대신 금융 및 상품시장의 개방을 통해 국제자본의 직접적인 통제를 받게 되었다. 1997년 말, 유동성 부족으로 시작된 금융위기는 이러한 변화가 내부적으로 잉태시켜 온 모순의 일시적 표출에 불과했다. 이 위기를 통해 국가경제의 가치구성이 전반적으로 재조정되면서(예, 과잉시설의 해소, 고임금의 해소 등) 지구자본주의 체제 내에서 저가부가가치 산업제품을 대량생산하여 수출하는 주변부 경제로 재설정되었지만, 전에 없는 시장경쟁 논리의 지배를 받게 되었다(조명래, 1999a, 2000a). 국내적으로 이 기간 동안 나타난 가장 괄목할만한 변화는 1995년에 취해진 지방자치의 전면적인 실시이다. 문민정부하에서 추진되었던 개혁과제의 하나로, 이는 민주화의 오랜 숙제를 해결했다는 점에서뿐만 아니라 국민들의 일상생활을 틀지어는 새로운 제도적 골격이 되었다는 점에서 가장 의미 있는 1990년대 사회변화의 하나였다. 1990년대 후반의 이 두 가지 변화는 한국사회가 지구화와 지방화를 축으로 해서 심대한 내외의 변화를 겪고 있다는 것을 뜻한다.

사회전반의 이런 변화과정에 환경부문도 예외 없이 포섭되면서 그에 따른 성격의 변화를 겪게 되었다. 지구화와 관련해서는, 세계적 경쟁력을 갖거나 세계적인 소비방식에 부합할 수 있는 상품을 생산하고 소비하는 경제활동의 고도화를 낳게 된다. 이는 지식, 이미지, 기술, 정보집약적인 상품의 생산과 유통, 그리고 소비를 구성하는 새로운 지구적 경제환경을 만들어 낸다. 신경제활동은 정보, 기술, 다지인, 기술집약적인 지구적인 네트웍을 가지고 이루어지는 활동인 만큼, 에너지나 자원의 소비와 그에 따른 폐기물의 방출이 양적으로 폭증할 뿐 아니라 그 순환의 범위가 지구적인 스케일로 이루어진다. 환경은 이렇게 해서 단위국가의 영역을 넘어 전지구적으로 연계되면서, 환경에 대한 의식은 비록 여전히 즉자적인 일상환경을 중심으로 하더라도, 이젠 전지구적 혹은 초국경적인 쟁점들과 연계되게 되었다. 이른바 전지구적 환경문제는 바로 지구적 환경의식을 통해 파악되는 환경쟁점인 것이다. 하지만 지구적 환경쟁점은 다층적이고 다원적이며, 여러 국면이 중첩되어 있기 때문에, 거기에는 특정지역이나 개별 국가와 관련된 공간적 차원뿐만 아니라 현세대와 동시에 미래세대와 관련된 시간적 차원이 혼재해 있다. 1990년대 중반 들어 우리사회에서도 한참 회자되었던 '지속가능한 환경'이란 개념은 바로 환경에 관한 이러한 문제의식을 반영하는 개념이다.

환경을 이렇게 의식하고 인식하는 것은 환경이 21세기 인류의 삶을 규정할 가장 중요한 조건이자 영역으로 파악되는 것에서 연유한다. 사회구성원 어느 누구도 이젠 환경을 무시하거나 배제할 수 없는 지고한 가치나 이념이면서 동시에 일상실천을 통해 존중되고 지켜져야 할 그 무언가로 간주하게 되었다. 환경의 시대가 열린 셈이다. 환경은 이젠 단순한 물적 환경이 아니라 인간과 인간관계, 인간과 자연의 관계 전반을 재성찰하고 재설정하는 이념적 문화론적 영역이 되어버렸다. 환경에 관한 의식은 곧 환경에 관한 이러한 신념, 정향, 가치, 언어들로 구성된 담론적 인식이 되었다는 뜻이다(문순홍, 1999).[6]

이러한 담론적 인식은 현실에서 다양한 실천적 힘을 생산하고 조직해낸다. 즉, 환경의 시대가 열리면서, 환경에 관한 담론을 실천하고 제도화하는 다양한 운동세력들이 나타나고 있다. 한국의 1990년대 후반 상황에서 이는 지방자치란 것과 맞물리면서 구체적인 현장과 쟁점으로 드러났다. 지구화가 환경의 지구적 인식, 담론적 인식을 내용으로 하는 환경의

---

6) 환경의 담론적 인식은 환경에 관한 다양한 담론의 생산을 가져왔다.

식의 변화를 가져왔다면, 지방화(지방자치의 본격적 실시)는 이를 일상환경을 중심으로 실천하는 '환경의식의 실천적 틀'을 제공해 주었다고 할 수 있다. 실제 지방자치 실시 이후, 지방의 경제개발과 자연환경의 파괴/훼손 간 갈등과 대립이 어느 지방 할 것이 나타나고 있다. 대구의 위천공단조성을 둘러싼 대구와 부산지역주민들 간의 갈등, 수도권 쓰레기 매립을 둘러싼 군포와 김포주민들 간의 갈등, 팔당 상수도 보호구역을 둘러싼 서울시와 경기도 간의 갈등, 가야산 국립공원 안의 골프장 건설에 대한 대구경북지역 주민들의 반대 등은 모두 이러한 예들이 된다. 이외에도, 중앙정부의 개발정책을 반대하기 위해 여러 시민운동단체들이 연대와 네트웍을 통해 지방적이면서 전국적인 문제로 이슈화하는 방식도 근자에 들어서 잦아지고 있다. 시화호 오염, 동강유역의 댐건설계획, 그린벨트 해제 등을 저지하거나 방침철회를 위한 환경단체들의 연대는 그 구체적인 예들이다.

하지만 지방자치가 실시되면서 지방환경을 보다 적극적이면서 합법적으로 지키고 개선하려는 참여형 운동들도 광범위하게 나타나고 있는 것도 새로운 현상이다. 지방의제 21작성에 시민단체들이 대대적으로 참여하여 주도하거나, 시민단체들이 주관하는 각종 환경조사, 환경학교, 또한 친환경적인 개발대안의 작성 등은 그러한 예들이다.

환경운동의 이러한 변화는 그 동안의 환경운동이 시민사회 내, 즉 국가제도 외곽에서 몇몇의 운동가 중심으로 이루어지던 것이, 이제는 제도부문으로 일정하게 진출하고 결합되는 동시에 시민들의 개인적 영역(예, 가족)에까지 확대되었음을 의미한다. 환경운동의 확산은 시민운동의 정치화를 가속화하는 견인역할을 했지만, 정치영역에서 이른바 미시정치, 생활정치, 일상정치와 같은 새로운 정치 패러다임의 출현을 가져오는 중요한 계기가 된 것은 환경운동이 현실정치에 끼친 긍정적이면서 의미 있는 영향이라 할 수 있다.

## 4. 환경의식과 환경운동의 평가: 생태주의 사회를 위하여

환경운동은 사회경제체계와 생태환경체계 간 긴장과 모순에서 비롯되지만 이를 환경위기로 인지하고 실천적인 운동으로 전개될 수 있기 위해서는 행위주체들의 자각과 실천적 판단, 즉 환경의식이 매개되어야 한다 (<그림 14-2> 참조). 하지만 환경의식 자체는 사회경제체계와 생태환경체계 간의 관계에 의해 규정된다. 이를테면, 환경에 대해 상이한 영향을 끼치는 자본축적의 방식이나 단계에 따라 이에 대한 행위주체들의 의식형성과 이의 집합적 실천으로서 환경운동의 패턴과 성격은 달라지게 된다.

앞 절에서 한국의 환경의식과 환경운동은 4단계로 나누어 살펴보았지만, 변화의 기본 패턴은 자본축적 단계의 변화에 따라 1980년대 중·후반을 전후로 나타났다고 할 수 있다. 산업화 초기의 자본축적은 도로, 항만, 댐 등을 건설하고 신규설비를 위한 투자를 늘려가는 토대 위에 대규모 고정설비를 이용한 양적 생산을 도모하는 '외연적(extensive)' 방식으로 이루어졌다면, 1980년대 중반부터는 노동과정의 집약도를 높이고 생산 및 산업분구조를 심화시키며 소비시장의 확대를 통한 산업구조의 질적 심화를 도모하는 '내포적(intensive)' 방식으로 전환되었다. 이에 따라 환경생태계도 초기에는 소규모 물적 개발이 일어나는 지역을 중심으로 토지형질 변경이나 공해피해 등과 같이 직접적이면서 물리적인 방식으로 파괴되어 갔다면, 후기에는 복잡하면서 고도화된 노동과정, 생산방식, 소비양식, 인간관계, 도시화 등을 통해 광역에 걸쳐 간접적이면서 유기적인 방식으로 파괴되어 갔다. 환경에 대한 의식도 초기에는 공해피해의 경험을 매개로 한 소극적인 것에서 후기에는 환경권과 같은 권리개념을 주장하는 적극적인 것으로 바뀌었으며, 이와 더불어 환경운동도 일부 주민과 단체를 중심으로 피해보상 내지 공해를 사후적으로 쟁점화하던 것에서, 후기에는 시민사회 전반을 통해 생태환경의 보전을 사전적으로 제도화하거나 이를 담론화하는 것으로 바뀌었다.

하지만 1980년대 중반 이후 시민 자의식을 바탕으로 한 환경운동의 확산에는 두 가지 중요한 매개 요인이 작용하였다. 하나는 1980년대 후반 들어 시민사회의 등장이었으며, 다른 하나는 생활의 질에 관한 관심의 등장이었다. 전자는 환경문제의 시민사회적 쟁점화와 해결을 위한 시민운동적 해법을 활성화하는 조건이 되었다면, 후자는 환경을 시민권적 대상으로 의식하는 조건이 되었다.

1980년 중·후반을 전후로 환경의식 및 환경운동의 변화를 뒷받침 해주는 주장에는 이른바 '소득 5,000달러 가설'이 있다. 이 가설에 따르면 국민소득 5,000달러에서 만 달러에 이르면 환경에 대한 시민들의 자의식이 형성되면서 환경투자에 대한 마인드, 그리고 환경보전의 가시적 결과들이 생긴다고 한다(이정전, 1995). 우리의 경우. 1인당 국민소득이 5,000달러를 넘어선 것은 1990년을 전후로 해서이며, 사실 이때부터 환경에 대한 국민들의 관심이 본격적으로 대두하였다. 이에 관한 예는 언론에서 다루는 환경관련 기사 건수를 들 수 있다. 환경문제에 대한 중앙의 일간신문 보도 건수는 1980년부터 1988년 사이에 총 5,000여 건에도 못미치던 것이 1990년 한 해에만 5,332건이 될 정도로 폭증하였다. 이런 추세는 1990년대 들어와서도 사실 계속되었다. 이를테면 1990년부터 1997년 사이 10개 중앙일간지의 환경관련 기사 건수가 6~7배인 연간 7,000건 정도 늘어났다.

하지만 한국의 환경의식과 운동이 어느 정도 건전하며 지속가능한 발전을 달성하는 데 어떠한 역할을 했으며, 또한 어느 정도 기여했는지는 별도의 평가가 필요할 것 같다. 앞서 언급하였듯이, 환경의식이나 환경운동은 근대산업발전 방식에 대한 비판과 대안모델의 모색이란 지향을 가지고 형성·발전해 왔다. 그러다 보니 환경의식이나 실천은 환경문제를 야기하는 산업화의 문제점을 제기하고, 환경피해의 비용을 이해당사자간에 공정하게 분배할 것을 주장하거나, 환경에 대한 영향을 최소화하는 개발방식을 요구하는 것 등을 내용으로 하고 있다. 그래서 환경을 지킨다는 명분 아래, 기업은 상품에 녹색의 이미지를 부여하는 듯하면서도 결국은 이를 통해 이윤을 증대하는 식으로, 정부는 개발사업의 환경영향을 최소화한다고 하면서 결국 합법적인 환경파괴를 통한 개발이익의 증대를 조장하는 것으로, 시민들은 환경권을 주장하면서도 '무임승차'를 통한 환경의 쾌적성을 향유할 뿐 자기이익을 위해서 환경을 부차화하는 일상실천을 함으로써 환경의식과 실천 간에 모순을 보이고 있다.

환경을 제대로 지켜가기 위해서는 환경이 가지고 있는 현실 경제적 가치를 희생하는 마인드가 있어야 한다. 최근의 그린벨트 해제를 보면, 국민모두가 지켜야 한다고 해놓고, 막상 지키는 데 소요되는 비용을 분담함에 있어서는 정부도, 주민도, 환경운동단체 모두 주저했다. 자연환경은 인간을 포함한 생태종이 공존하는 영역이면서, 동시에 인간계 내에서는 모든 계층, 세대, 집단, 그리고 미래세대가 공평하게 이용해야 할 공공재다. 환경을 실제 지키고 그 가치를 모두가 향유하는 (자연)자산으로 지위를 부여하기 위해서는 국민 모두가 이를 위한 일정한 비용부담(혹은 자기이익의 희생)을 필요로 한다. 물질적 편리를 위한 상품소비를 줄이고, 개발이익을 추종하기보다 보전적 가치를 우선하는 토지이용을 추구하며, 보전을 위한 사회적 비용(예, 녹지세, 환경세)을 공평히 분담하고, 당대의 필요 충족보다 미래세대를 위한 자원을 남길 수 있는 환경실천은 모두 환경을 위해 사적 이익을 개인적으로, 사회적으로 희생할 수 있어야 가능한 것이다. 이런 점에서 우리의 환경의식은 환경의 가치를 이념과 담론으로만 받아들이고 있다고 할 수 있다.

환경운동이란 것도 비슷한 문제를 가지고 있다. 그 동안 우리의 환경운동은 시민자의식을 고취시키고, 시민의 환경권을 보호하기 위한 제도의 강구를 촉구하면서 환경의 중요성을 국민들이 깨닫게 하는 데 중요한 견인차 역할을 해왔다. 하지만 환경쟁점이 중요해지는 오늘날에 오면 올수록 환경운동은 현실에 각종 제도적 관행과 결합됨으로써 좋게는 실용주의로, 비판적으로 볼 때는 보수화 내지 관료화되는 모습을 보이고 있다. 특히 지방자치가 실시되면서부터 환경운동은 지역과 주민의 집단이기주의를 추구하는 집단운동으로 변질되어 가는 경향도 없지 않다. 또한 환경운동을 주도했던 사람들이 정치권으로 편입되거나 연계됨으로써 국가권력에 의해 환경운동이 역으로 이용되고 통제되는 모습도 나타나고 있다. 뿐만 아니라, 일부 환경운동은 기업으로부터 각종 후원을 받거나 기업지원에 의한 환경사업을 추진방식으로 이루어짐에 따라 시민운동노선이 기업의 사적 자본논리에 휘말려드는 결과를 낳고 있다. 운동단체들 간의 경쟁과 대립, 헤게모니 다툼은 시민사회의 비판적·대안적 운동체로서의 생명력을 소진시키는 요인이 되고 있다. 끝으로, 지적하고 싶은 것은 환경운동을 주도하는 실천가들 사이에 철저한 비판의식, 대안적 비전, 강고한 실천이념(예, 생태주의적 이념)이 부재하고 있는 점과 일상 터전에 뿌리를 박고 주민들의 자의식을 바꾸면서 친환경적인 일상생활을 이끌어가는, 즉 '일상 속에서 에코토피아(ecotopia)'를 건설해가는 운동방식의 철저함이 결여하고 있는 점인데, 이는 환경운동이 지향해야 할 기본조건의 결핍을 의미한다.

환경의식이든 환경운동은 모두 사회에서 일어나는 문제들을 이른바 '생명' 또는 '자연주의'란 잣대로 재조명해보면서, 개인·공동체·제도·문명에 들어와 있는 반생명적이고 반자연적인 요소들을 드러내고 이를 비판하면서, 인간과 인간, 인간과 사회 관계는 물론 인간과 기계, 인간과 동·식물, 인간과 물리환경 간에 '생태적으로 전일적인 관계'를 복원하는 대안적 삶의 방식을 찾아가는 실천을 전제해야 한다. 마르쿠제(Herbert Marcuse)는 프로이트의 정신분석학의 기본 개념을 근거로 살아 있는 유기체는 에로스, 즉 성적인 충동, 그리고 타나토스, 즉 파괴적인 에너지라는 두 가지의 일차 충동으로 형성되어 있음을 받아들이고, 이를 근거로 오늘날 자행되는 자연파괴는 현대사회의 보편적인 파괴성에서 연유한 듯하지만 그 본질에서는 개인 내부의 타나토스에서 발원된 것으로 주장한 바 있다(문순홍, 1999). 결국, 환경문제의 본질은 자연 속 하나의 생명체인 인간이 가지고 있는 '반생태적 본능'에 있다는 주장인 셈인데, 이렇게 본다면, 역사적인 전환은 개인의 내면에 갇혀진 '파괴적인 욕구'를 생명을 사랑하고 돌보는 에로스적 욕구로 전환시키는 것이 되어야 하며, 자의식적인 환경운동은 이를 위한 실천이 되어야 한다(조명래, 2000a).


■ 참고문헌

구도완. 1995a, 「환경운동과 녹색정치」, ≪경제와 사회≫, 25호(봄호).
구도완. 1995b, 「한국의 새로운 환경운동」, ≪한국사회학≫, 29집(여름호).
문순홍. 1999, 『생태학의 담론, 담론의 생태학』, 서울: 솔.
이상헌. 1995, 「한국 환경운동의 이데올로기와 주체에 관한 연구」, 서울대 환경대
　　　학원 석사학위논문.
이시재. 1992, 「환경문제, 환경운동 그리고 민주주의」, 한국공간환경연구회 편,
　　　『한국공간환경의 재인식』, 서울: 한울.
이정전. 1995, 「지역개발과 환경보전」, ≪환경과 사회≫, 제8호.
조명래. 1997, 「자치시대 시민운동의 역할과 자세」, ≪도시연구≫, 제3호.
＿＿＿. 1999a, 「시장지배사회의 등장과 녹색정치의 재설정」, ≪환경과 생명≫,
　　　통권 21호.
＿＿＿. 1999b, 『포스트포디즘과 현대사회 위기』, 서울: 다락방.
＿＿＿. 2000a, 「환경론에서 인간중심주의 대 자연중심주의」, ≪환경과 생명≫,
　　　통권 23호.
＿＿＿. 2000b, 「환경정의를 위한 환경운동의 몇 가지 조건」, ≪우리와 다음≫,
　　　창간호.
정수복. 1995, 「환경과 사회: 환경운동과 환경정책」, 이필렬 외 공저, 『교양환경
　　　론』, 서울: 따님.
최병두. 1999, 『환경불평등과 환경갈등』, 서울: 한울.

# 15장<br>새로운 시민환경운동으로서<br>내셔널 트러스트 운동

## 1. 새로운 시민환경운동으로서 내셔널 트러스트운동<br>(National Trust)

시민환경운동은 시민들의 자발적인 노력을 통해 환경의 가치를 보전하고 극대화하는 것을 추구한다. 하지만 현실에서 환경을 둘러싼 개발의 논리나 힘을 우선할 수 있는 가치(예, 보전적 가치)를 구현시킨다는 게 결코 쉬운 일이 아니다. 시민홍보, 시민교육, 캠페인, 국가와의 정치적 협상 등을 통해 환경가치를 우선하는 조건들을 확보해내기도 하지만, 이런 운동방식은 부분적이거나 한시적이며 또한 관의 영향을 받기 일쑤이다. 뿐만 아니라, 많은 경우 시민의 지속적인 참여가 배제된 채 전개됨으로서 그 효과가 제한적인 경우가 많다. 현재 우리나라 시민환경운동이 직면한 딜레마의 하나는 여기에 있다.

우리 사회가 필요로 하는 새로운 시민환경운동의 조건에는 여러 가지가 있을 수 있지만 그중 으뜸에 가는 것은 '시민들의 실질적인 참여를 통해 환경의 가치를 현실적으로 지켜갈 수 있는 운동의 방식과 역량'을 갖추는 것이다. 이런 자격을 구비한 시민운동의 예로는 '트러스트 운동'을 대표적으로 꼽을 수 있으며, 그 전형적인 예가 영국의 '내셔널 트러스트(National Trust=NT)'운동이다. NT, 즉 국민신탁운동은 시민들의 자발적인 모금운동을 통해 자연 및 문화유산 지역의 땅(혹은 시설)을 사들인 뒤 영구·보존하는 문화·환경운동을 지칭한다.

사실, 우리 사회에도 최근 들어 NT운동 사례가 심심찮게 보도되고 있다. 최근 정부가 해제위주로 그린벨트 제도개선을 추진하자 이에 대항하여 시민환경단체들이 '그린벨트 지키기 위한 국민행동'을 결성한 후 NT운동을 통한 그린벨트 보전운동을 천명하면서부터 NT운동이 알려지기 시작하였다. 근자에 보도되는 NT운동의 사례로는 '대전 오정골의 선교사 건물 및 부지를 보전하기 위한 운동(김정동, 1999)', '무등산 주변 토지 공유운동(김병완, 1999)', '태백 변전소 건립 부지의 시민 매입 운동' 등이 있다.

일반 시민들은 대개 NT란 용어를 아직도 생소하게 받아들이고 있다. 영어로 표기된 것이 한 이유이기도 하지만 한글로 번역된 '국민신탁'이란 용어도 그 의미가 쉽게 와 닿지 않는다. 일부 이해하는 시민들은 NT운동하면 시민들의 기부나 성금을 거두어 환경적으로 민감한 토지나 시설을 매입하는 운동쯤으로 여긴다. 미국이나 일본의 사례를 알고 있는 전문가들조차도 NT운동을 문화유산이나 지키고 환경을 보전하는 운동의 한 종류로만 파악하고 있다. 영국의 NT운동을 표준모델로 한다면, 한국에서 최근에 이해되고 있고 또한 시도되고 있는 NT운동은 부분적이고 제한적으로만 접근되고 있어, 이 운동이 지니고 있는 발전적인 측면이 자칫 왜곡되거나 잘못 활용될 수 있다는 우려가 일고 있다.

이 글은 한국사회에 NT운동 도입의 필요성과 그 과제를 논하면서 대안적 시민사회운동방식으로서의 가능성을 모색해보는 데 목적을 두고 있다. 논의는 우선 영국의 NT운동을 개관해보면서, NT운동의 원리와 기본특성을 이해한 뒤, 이를 바탕으로 한국사회에 NT운동 도입의 의의, 도입 가능한 분야, 추진방식 및 실천 과제 등을 살펴보는 순서로 이루어진다.

## 2. 영국 NT운동의 특성과 방식

### 1) 영국의 자연신탁운동

영국에는 일찍부터 국민들의 자발적인 헌금이나 기부를 바탕으로 신탁을 조성해 보전할 가치가 있는 토지, 환경, 문화재, 동식물, 시설 등을 매입한 후 이를 영구히 관리해가는 시민 자발적인 운동이 있어 왔다. 사적 소유제하에서 자연보전의 관건은 해당 토지나 환경자산의 사적 소유나 사적 이익을 우선하는 사용을 공적 소유나 공공적 사용으로 전환시킬수 있는 조건의 확보에 달려 있다는 인식하에서 신탁운동은 환경보전운동의 실천수단으로 오래 전부터 활용되어왔던 것이다. 현재 영국에서 운용되고 있는 환경보전을 위한 신탁운동은 여러 영역에 걸쳐 다양한 유형을 가지고 있는 데, 포괄적으로 '자연신탁'이라 불린다.

자연신탁은 ① 자연보전과 환경개선 ② 공중의 레크리에이션을 위한 쾌적함과 기회의 제공 ③ 자연경관유산의 보전을 통하여 광범위한 공공의 이익을 증진시킬 수 있는 목적을 지닌, 그리고 같은 목적에 이바지하는 공개지(open land: 건물을 포함함)를 소유·임차하거나 장기적 관리책임을 지는 대규모 비영리 또는 자선조직(주로 신탁)을 말한다. 그래서 자연신탁의 보다 정확한 명칭은 '환경, 쾌적 및 여가 신탁(Conservation, Amenity and Recreation Trust=CART)(전재경, 1999)'이다. 영국에서 자연신탁이 활성화될 수 있었던 것은 무엇보다 그러한 활동을 제도적으로 뒷받침하는 법제화의 덕분이었다. 다시 말해 자연환경의 개발 및 이용과 관련된 법률을 제정하는 가운데 '토지와 환경의 공공성'을 구현하는 한 방법으로 신탁을 다양하게 제도화해 왔던 것이다.[1]

---

[1] 자연신탁을 규정하고 있는 관련법들로는 '국민신탁법(the National Trust Act, 1907, 1937, 1939), 금융법(the Finance Act, 1931), 도시농촌계획법(the Town and Country Planning Act, 1947), 농업법 (the Agriculture Act, 1947), 국립공원 및 전원접근법 (the National Parks and Access to the Countryside Act, 1949), 전원법(the Countryside Act, 1968), 야생 및 전원법(the Wild and Countryside Act, 1981), 농업

1896년에 10파운드에 상당한 토지의 증여를 바탕으로 '국민신탁 (National Trust)'이 시작된 이래 여러 유형,[2] 그리고 여러 방법[3]의 자연 신탁이 있지만, 현재 4개 대형 자연신탁이 전체 신탁의 8할을 관리하고 있다. 주요 신탁으로는 '국민신탁(the National Trust)', '왕립조류보호협 회(the Royal Society for the Protection of Birds)', '야생신탁(the Wildlife Trust)', '개별 자연신탁(independent CARTs)' 등을 꼽을 수 있지만, 그 중에서 가장 대표적인 것은 역시 '국민신탁'이다.

## 2) NT운동의 등장배경과 토대

영국에서 국민신탁운동, 즉 NT가 시작된 것은 지금으로부터 1세기 전 이다. 당시는 급격한 산업화가 진행되던 시대였던 만큼 그에 따른 정주 환경 파괴가 큰 사회문제로 대두하면서 이를 해결하고자 하는 다양한 형 태의 시민 자의식적인 실천운동(예, 전원도시운동, 농촌경관보존운동 등) 이 출현하였다. 그중의 하나가 NT운동이었다.

영국의 NT운동은 1895년에 빈민주거지 재개발운동을 펼쳤던 옥타비 아 힐 (Octavia Hill), 공유지보전협회(The Commons Preservation So- ciety)의 명예 변호사 로버트 헌터(Robert Hunter), 워스워드의 자연보전 관을 신봉했던 성공회 신부 하드위크 론스리(Hardwicke Rawnsely)에 의

---

지주법(the Agricultural Holdings Act, 1984) 등을 들 수 있다.

2) 자연신탁은 흔히 '보전신탁', '쾌적 및 레크리에이션 신탁', '유산신탁, 부수적 (secondary) 신탁' 등으로 분류된다. 보전신탁으로는 '야생신탁(Wild Trust)'과 '나비신 탁(Butterfly Trust)', 쾌적 및 레크리에이션 신탁으로는 '그라운워크 신탁(Groundwork Trust)'과 '센리 파크 신탁(Shenley Park Trust)', 그리고 유산신탁으로는 '국민신탁 (National Trust)'과 '랜드마크 신탁(Landmark Trust)' 등이 대표적으로 손꼽힌다. 부 수적 신탁으로는 환경을 강조하는 교육적 신탁이 주종을 이루고 있다.

3) 신탁방법으로는 '소유신탁', '임차신탁', '계약신탁' 등이 있다. 소유신탁은 자산의 소 유자가 그 소유권을 신탁기관에 이전하거나 기증·유증하는 방식으로 하는 신탁방법이 라면, 임차신탁은 자산소유자가 그 사용권을 신탁기관에 위임하거나 임차케 해주는 방 식으로 하는 신탁방법이고, 계약신탁은 자산소유자와 신탁기관 간에 자산의 환경적 가 치를 지켜가거나 보전해가는 것을 계약하는 방식으로 이루어지는 신탁방법이다.

해 시작되었다. 무분별한 개발과 산업화가 초래한 문제들에 대해 각별한 관심을 가졌던 이들은 위협받는 전원지역이나 건물의 매입 운동을 전국적으로 캠페인하기 위한 안내자(guardian)로 '트러스트'를 설립하였다. 1895년 1월 12일 런던의 파크 레인(Park Lane)의 웨스트민스터 공작의 저택 그로스브너 하우스(Grosvenor House)에서 공식적으로 출범한 NT운동의 정식이름은 '자연이 아름답고 역사적으로 중요한 장소를 보전하기 위한 국민신탁(National Trust for Places of Historic Interest and Natural Beauty)'이었다.

1995년 100주년을 맞이했던 영국의 NT운동은 현재 250만 명의 회원을 거느리고 있는 영국의 대표적인 국민적 운동이면서, 현재 미국, 일본, 오스트레일리아, 뉴질랜드, 말레이시아 등 25개국에서 전개되고 있는 세계적인 운동이기도 하다. 영국을 종주국으로 하는 NT운동이 현재와 같은 패턴으로 발전될 수 있었던 데는 3가지 주요한 역사적인 배경 요인이 있었다.

첫째, NT운동은 사회개혁적 실천사상을 배경으로 하고 있다. NT운동 창시자들은 당시의 개혁적인 정치가, 기독교 사회주의자, 비판적인 문학가들과의 교류를 통해 보전과 공유에 관한 이념적 영향을 많이 받았다. 이 중에서 NT운동에 가장 큰 영향을 주었던 것은 철학자이자 비평가였으며 사회개혁가였던 존 루스킨(John Ruskin)의 이상사회에 대한 급진적 이념이었다. 힐 여사는 루스킨의 그림 복제사(picture copyist)로서 일하면서 인연을 맺었으며 그의 재정적 도움으로 빈민주거지역 운동을 착수하게 되었다. 한편 옥스퍼드대 재학시절 론스리는 루스킨의 소개로 당시 런던에서 사회사업 운동을 하고 있던 힐 여사를 만나게 되었다. 론스리는 후에 성직자가 되지만 이상사회에 대한 그의 동경은 문학적 감수성으로 바뀌면서 워스워드의 'Lake District를 영국의 국가적 자산(national property)'로 강조했던 보전론에 감화를 받았다. 1871년 루스킨은 공유지를 지키고 '신의 작품'을 선보일 학교와 박물관 등을 짓기 위한 토지를 매입하는 '성 조지 조합(Guild of St. George)'을 결성하면서 힐과 헌터는 조우가 되었다. 루스킨의 사회개혁 사상을 공유한 이들은 각자의 영역에서 실천운동을 하다가 1895년에 그들의 이상을 보다 체계적으로 실현할 NT운동을 정식으로 결성하게 된다. NT는 결국 자연유산을 보전하고 사회적으로 공유하는 이념을 실천하기 위한 수단으로 조직되었던 것이다. 1937년에 찰스 트레블안 경(Sir Charles Trevelyan)은 그의 전 자산을 NT에 기증하기로 결정하면서 '사회주의자로서 나는 소유에 대한 감상에 사로잡혀 있지 않다. 내가 아끼고 있는 이 장소가 이 나라의 모든 사람을 위한 것으로 영원히 간직될 수 있다는 만족으로 나는 이렇게 (기증하기로: 첨가) 한다'고 선언하였던 것은 NT운동의 지향성을 잘 반영해주고 있다(The National Trust, 1995: 34).

둘째, 1895년에 NT란 형태로 출범하게 되는 보다 직접적인 배경에는 이 운동을 주도했던 힐 여사와 변호사 헌터가 20여 년 전에 경험했던 쓰라린 좌절이 있었다. 그것은 1874년 런던 북쪽에 위치한 Swiss Cottage Fields란 주거지를 주택개발로부터 보전하려는 운동을 백방으로 펼쳤지만 결국 이를 성사시키지 못했던 경험이었다. 이러한 경험을 통해 이들은 훼손될 처지에 있는 역사적, 경관적 장소나 건물을 '영구히 보전(permanent preservation)'하기 위해서 그 자산의 소유권을 취득할 수 있는 조직 건설의 필요성을 절감하게 되었다. 하지만 운동방식의 계보란 측면에서 NT의 뿌리는 '공유지보전 (commons preservation) 운동'까지 거슬러 올라간다(박용남, 1999).[4] 19세기 중엽까지만 해도 영국에서는

---

4) 영국에서는 18세기 초부터 19세기 중엽까지 대지주에 의한 농지의 종획, 즉 '제2차 엔클로저 운동'이 활발히 전개되었다. 이 종획에 의해 중세 이래 계속되어온 삼포식 개방농지, 공동목초지, 황무지 등은 그 대부분의 모습을 잃어 갔다. 그때까지 오랜 세월 동안 지역사회에 있어 왔던 공유지도 대도시주변에서는 택지화되어 갔고, 농촌부에서는 종획을 통해 지주가 독점하는 경작지로 전용되면서 그 본래의 모습을 잃어갔다. 이러한 상황 속에서 공유지의 사용권 및 오픈 스페이스 내의 통행권 등을 지키려는 사회운동이 나타나게 되었다. 그 대표적인 예로 1846년에 결성된 데본(Devon)의 '시드마우스 개선위원회(Sidmouth Improvement Committee)'와 1865년에 설립된 '공유지보전협회(Commons Preservation Society)'를 들 수 있다. 이 중 후자는 영국에서 최고의 역사를 가진 환경보전운동단체로서 주로 상류층의 유명인사와 자유당내 급진파가 핵심으로 참여하였다. 그중에서 토지개혁론자이자 자유당 하원의원이었던 쇼-르페브르(G, Shaw-Lefevre)와 경제학자이자 철학자인 밀(J. S. Mill)은 핵심 창립멤버이기도 하

종획운동, 즉 '엔클로저 운동'에 의해 공유지와 같은 공동체적 환경이 급속히 해체되고 있는 상황이었는데, 이에 뜻 있는 사회 지도급인사들은 공동체 보전을 위한 사회운동을 추진하게 되었다. 하지만 운동 추진과정에서 여러 가지 한계를[5] 경험하게 되면서 보다 영속적으로 추진할 수 있는 새로운 방식에 대한 필요성을 인식하게 되었다. 그중에서도 운동단체(즉, 공유지 보전협회)의 고문변호사로 일했던 헌트는 공유지와 같은 환경자산을 영구히 보전하기 위해서는 무엇보다 해당 부동산을 구입·소유할 수 있는 법인격을 갖춘 민간단체의 필요성을 절감하게 되었다. 그의 경험은 그후 NT운동이 조직되는 방식에 그대로 반영되었으며, 나아가 1907년 의회입법으로 그 활동을 합법화하는 기본 틀로 구현되었다.

셋째, NT운동은 국민운동으로서 의무와 권한이 일찍부터 부여되었다. NT운동은 영국의 회사법(Company Act)에 근거해 비영리법인으로 시작되었지만 운동의 국민적 성격을 담보하기 위해 1907년 의회입법으로 내셔널 트러스트 운동법(National Trust Act)이 제정되었다. 이 법은 헌터가 작성했던 NT의 정관을 바탕으로 하였다. 이 법의 제정을 통해 영구 보전을 위한 토지, 건물, 시설들을 매입할 수 있는 NT의 활동 영역이 영국 전역으로 확대되었다. 법에 명기된 NT의 최우선적인 의무는 '자연이 아름답고 역사적으로 중요한 장소를 국가 전체의 이익을 위해 영원히 보전할 수 있는 상태로 유지하는 것'으로 규정되었으며, 이를 위해 법에 의해 NT에게 부여된 가장 중요한 권한은 '토지를 양도 불가능하게 지키는

---

였다. 공유지의 사용권에 주목하여 영주 등 공유지의 소유권자가 종획을 행사했을 때에 소송을 걸거나, 당해 공유지 소유권자에게 기부금을 통해 일정한 보상금을 지불함으로써 화해시키며, 공유지의 환경을 그대로 보전하는 일 등이 이 협회의 중심사업으로 추진되었다. 그래서 이 협회는 일반시민에게는 공유지 보전을 위한 캠페인 단체로, 의회에서는 압력단체로, 그리고 환경보전운동을 하는 사람에게 대해서는 다양한 자문과 조언을 해주는 단체로 알려져 있었다(박용남, 1999: 2).

5) 공유지보전협회의 운동은 크게 세 가지의 한계를 직면하게 되었다. 첫째는 의회입법에 의해 추진되었던 종획에 대항하는 데서 경험된 법제도상의 한계가 있다는 점, 둘째는 종획을 면한 토지가 대개 지방공공단체가 위탁관리하지만 그 실질적인 유지가 어렵다는 점, 셋째는 개인이 자기소유 토지를 신탁으로 조성해 오픈 스페이스로 영구히 보전할 수 있는 자격이 없다는 점 등이었다.

것'이었다. 그래서 토지가 NT에 신탁되면, 신탁된 토지는 의회의 특별 절차를 걸치지 않고는 NT의 의사에 반하여 매도되거나 담보로 설정되며 또한 강제 취득(혹은, 수용)이 불가능하다고 밝히고 있다. 이 규정은 NT가 토지의 수탁자로서의 법적 권한과 의무에 관한 것이라 할 수 있는데, 그 핵심은 (보전을 위한) 신탁의 항구성과 불변성을 천명한 점이다. 그 후 1934년 법개정을 통해 토지사용권을 매입하거나 소유주와 임대를 통해 보전을 위한 이용과 유지를 계약하는 방안 등이 보완되기도 하였다. 또한 운동의 시민 자원성을 확보하기 위한 단체의 성격을 '자선단체(Charity organization)'로 재규정하기도 하였다. 이것은 이 조직이 공공기관이나 민간 영리조직으로 전락되는 것을 항구히 막기 위한 장치라 할 수 있다. 이 같은 입법화 과정을 통해 국민운동으로서 NT운동의 지위, 환경·문화자산의 수탁자로서의 NT의 권리와 의무, 그리고 NT의 신탁 관리 방법 등이 제도적으로 규정되고 보장되게 되었다.

## 3) NT운동의 내용

영국의 NT활동은 크게 4단계로 발전을 거쳐왔다(박용남, 1999: 3). 토지보유에 의한 환경보전이란 운동론이 최초로 형성되던 시기(1880년 대~1907년), 1907년 국민신탁법(the National Trust Act, 1907)의 제 정에 의해 국가적 지지를 얻고 조직의 권한이 정비되던 시기(1907년~1920년), 1931년 재정법(the Finance Act, 1931) 제정에 의해 NT에 토 지집적이 보다 용이하게 되고, 그 결과 자산보유단체로서 특화되어 감과 동시에 1937년에 시작된 컨트리 하우스 보전계획(Country Houses Scheme)에 의해 그 위치가 견고하게 되었던 시기(1930년대~1950년대), 그리고 1956년에 시작된 '넵튠계획(Enterprise Neptune)'에 의해 새롭게 국민적인 지지기반을 확대하고 NT 자체가 급속히 대중화되어왔던 시기(1960년대부터 현재)로 나누어진다. 현재 영국 NT의 활동모습은 대체로 1960년대 이후 급속한 성장을 거치면서 갖추어졌지만,[6] 이러한 결과는

100여 년의 기간동안 축적된 경험과 시행착오에서 온 것이기도 하다. NT운동의 주요 내용을 대별하여 살펴보면 아래와 같다.

### (1) 환경·문화 자산의 국민 트러스트화

1995년에 100주년을 맞이했던 영국의 NT는 시대에 따라 많은 어려움과 변화를 겪어왔지만 현재는 회원 250만 명을 가지고 있는 영국의 대표적인 시민운동단체로 자리매김되어 있다. NT운동이 영국인들에게 이렇게 깊게 뿌리 내릴 수 있었던 까닭은 '훼손되기 쉬운 아름다운 자연이나 문화자산을 지켜 이를 국민 모두가 즐기면서 동시에 후세에까지 전승시키자'는 운동 목적에 공감하고 동참할 수 있었기 때문이다. 다른 여타 유사운동과 달리 NT운동의 가장 중요한 특징은 보전가치가 있지만 사적 소유하에 있는 토지, 경관, 시설들을 '국민 트러스트'란 형식으로 전환시켜 '시민 주도적'으로 이를 영구히 보전·관리하는 방식에 있다. '국민들로부터 환경, 문화, 경관을 기증받아 이를 국민 트러스트화하고 이를 시민 주도적으로 관리하면서 영구 보전하는 것을 목표로 하는 NT 운동은 궁극적으로 환경·문화자산의 탈사적(脫私的) 소유, 즉 사회적 자본화(social capital)를 지향하는 운동이라고 할 수 있다. NT가 현재 영구 보전하는 대상은 (a) 주요 경관지역(예, 경관공원) (b) 문화재(예, 사적 건물, 성, 정원, 전통적인 산업시설, 교회, 선사 및 로마시대 유물지역 등) (c) 환경적으로 중요한 지역(예, 해안) 등 세 종류로 대별될 수 있다. 사실 영국은 어디를 가든 NT가 소유하고 관리하는 숲, 정원, 강, 고택, 유적, 선물가게, 민박시설 등을 쉽게 볼 수 있다.

NT는 현재 약 27만 헥타르의 토지를 보유한 영국 최대의 사적 토지 소유자이다. 그 가운데 3분의 1은 서북부의 아름다운 Lake District에 있으며 또한 농장도 1200여 개 이상 보유하고 있다. 이 농장들은 모두 친

---

6) 1895년 100명의 회원은 1945년까지만 해도 7,850명이었다가 1960년에 9만7천 명으로 증가하기 시작한 후, 1970년에 22만 6,000명, 1981년에 100만, 1998년에 250만 명으로 급증하였다.

<표 15-1> NT의 보유 현황 (1998년)

| | |
|---|---|
| 역사적인 건물(historic houses) | 164 채 |
| 성(castles) | 19 채 |
| 정원(gardens) | 160 곳 |
| 전통산업시설(mills/industrialogy) | 47 곳 |
| 교회 및 성당 | 49 곳 |
| 선사 및 로마시대 유적 | 9 곳 |
| 경관공원(landscape parks) | 73 곳 |
| 보전토지 | 272,659 헥타아르 |
| 보전해안선 | 565 마일 |
| 소유건물 | 2,792 동 |

환경적인 전통 농법을 활용하면서 농촌 경관을 지키는 파수꾼들로 역할하고 있다. NT는 또한 경관이 좋으면서 생태적으로 보호가 필요한 해안지역의 토지를 많이 보유·관리하고 있다. 현재 NT가 관리하고 있는 해안선은 565마일에 이른다. 그밖에 역사적인 건물 164채, 성 19채, 정원 160곳, 교회 및 성당 49곳, 선사 및 로마시대 유적 9곳, 경관공원 73곳, 건물 2,792동을 NT가 보유하고 있다(<표 15-1> 참조).

 (2) 시민들의 자발적인 성금, 기부, 기증: 신탁의 다양화

 실천운동으로서 NT운동의 가장 두드러진 특징은 시민들의 자발적인 자산헌납과 기부 및 자원봉사 등을 통해 보존가치가 있는 땅, 경관, 시설을 취득하고 이를 시민 주도적으로 '영구히 보존'하는 데 있다. 시민의 자원성(自願性)을 바탕으로 하는 이 같은 운동방식은 국가로부터 자율성과 독립성을 제1의 원칙으로 하는 NT운동의 기본정신에 의거하는 것이지만, 운동이란 측면에서 보전을 위해 시민들이 자산의 일부를 기부하고 기증하는 행위는 그 자체로서 보전에 대한 주의주장을 넘어 자의식을 가지고 직접 실천하는 소중한 의미를 띤다. 자발성과 자원성을 바탕으로 하는 만큼 시민들이 환경·문화자산을 신탁하는 방식은 다양하다.

 ① 회비 납부: 1937년 법개정을 통해 NT는 자선단체(charity)로 인정

되면서 토지나 건물 등 매입을 위한 재원을 안정적으로 확보하기 위해 회원제를 통한 모금(회비납부)을 주요한 신탁형성 수단으로 운용하고 되었다. 참고로 1997년에 회비로 거둔 액수가 5,000만 파운드(약 1,000억 원)로 NT 전체 수입의 30%에 달하였다.

② 모금 및 기부 (appeals and gifts): 모금이나 기부도 신탁형성의 주요한 방법으로 활용되고 있다. 여기에는 대상을 정해놓지 않고 국민들의 성금과 기부를 받는 방법과 특정 사업대상에 대해 자산이나 돈을 지정 기탁을 하는 방식이 있다. NT역사를 보면 모금 및 기부를 독려하는 운동은 사회명망가나 저명인사(예, 수상이나 유명작가)들이 직접 나서는 경우가 많았다.

③ 유산 기증(legacies) 및 헌납: 개인이나 기관으로부터 자산을 유산 받거나 기증받아 이를 트러스트화하는 방안은 NT 운동 초기부터 지금껏 계속 있어왔다. 실제 NT역사를 보면 사회명망가는 물론 많은 평범한 시민들이 그들 자산의 일부나 전부를 직접 헌납하거나 유산으로 NT에 기증하는 사례는 수없이 있어 왔다. 자산헌납 방법에는 NT의 자산으로 헌납한 후 계속 거주하거나 사용하는 가운데 시설을 (유지비를 NT로부터 지원 받아) 보존하거나 관리하면서 시민들에게 정기적으로 개방하는 방식도 있다.

④ 직접 취득(acquisition): 필요할 경우에 NT는 모금된 자원으로 자산을 직접 취득하기도 한다. 이 경우에도 모금, 기부, 기증 등의 방법이 병행적으로 활용되기도 한다.

⑤ 사용권 임대: 시설이나 건물, 토지 등의 소유자로 하여금 소유권의 이전이 없이 해당 자산을 보전적으로 활용하고 유지하는 것을 계약하는 방법(합의, 결의, 약속 등), 즉 사용권을 NT의 트러스트로 적립하는 방법도 있다. 경우에 따라서 NT가 직접 사용권을 임대하여 시설이나 건물을 직접 보전하고 유지하기도 한다.

(3) 신탁의 항구적 관리

NT가 보유하고 있는 자산, 즉 신탁물은 영구히 보전하는 것을 원칙으로 하며 그와 관련된 제반의 기준과 절차 등은 모두 '국민신탁법(the National Trust Act)'의 규정을 따른다.

① '위험한 것'의 선정: NT는 단순한 자산의 축적자가 아니라 누구도 돌보지 않을 때 마지막으로 지키고 보호하며 전승하는 역할을 하고자 하기 때문에 우선 그 보전대상의 선정이 독특하다. 즉, NT가 선정하는 신탁화의 대상은 해당 건물, 토지, 환경이 훼손의 위험에 처해 있어야 하며 또한 그 훼손이 개인이나 공기관에 의해 방지될 수 있거나 해결될 수 있을 경우에는 고려의 대상이 되지 않는다.

② 신탁물의 양도 불가: 신탁된 자산은 양도가 불가능하다. 양도를 위해서는 국회가 규정한 절차를 밟아야 한다. 아울러 신탁된 자산에서 발생하는 이익은 기증자나 NT 참여자에게 배당이 되지 않고 NT에 귀속된다.

③ 신탁자산의 보존관리: 신탁의 가치손상을 막기 위해 자산운용, 개·보수, 시설관리 등은 모두 NT법 규정에 따라 엄격히 시행되고 있다. 전국적으로 흩어져 있는 다양한 트러스트를 관리하는 일은 현재 NT 활동 중에서 가장 큰 부분을 차지하고 있다. 실제 재정지출을 보면, 자산 운용비(routine property expenditure)와 자산관리비(property management)를 합쳐 전체 관리비로 본다면 1997년 수치로는 7,900만 파운드(약 1,600억 원)로 지출의 50%에 달하였다.

(4) 신탁가치의 활용과 가치의 극대화

NT는 신탁받은 환경 및 문화자산을 단순히 보전관리하는 데 그치지 않는다. 시설이나 장소를 관람하고 활용케 하며, 또 이를 이용해 시민들을 교육시키거나 기업적 형태로 사업을 운영하면서 그 가치를 극대화하는 활동들을 다양하게 운용하고 있다. 이러한 활동은 1960년대부터 NT

가 소유한 자산을 정태적으로만 보유하고 있는 게 아니라 거기에 일정한 행동을 가하고 그에 참가함으로써 환경과 인간의 관계를 보다 긴밀히 하는 노력이 필요하다는 인식과 더불어 시작되었다.[7]

① 시설 개방과 이용: NT가 소유한 공원, 성, 정원, 가옥들은 일반시민 및 회원들에게 개방하고 관람하도록 하고 있다. 이런 개방은 신탁된 환경·문화자산의 국민적 공유이자 이용을 위한 것이면서 동시에 이를 통해 시민들의 환경문화자산의 가치를 재인식하도록 하는 목적도 있다. 한편 시설을 친환경적으로 활용하는 방식에는 투숙, 관광, 시설대여 등도 포함된다. 이를테면 NT가 소유한, 대저택, 성, 전통가옥, 공원 등을 호텔, 관광, 시설대여 사업 등으로 운용하고 있는 것이 그 예이다. NT는 현재 해외 주요 명승 광관지와 연계한 국제 관광사업도 하고 있다. 또한 NT활동의 취지와 부합하는 한에서 후원기업들이 NT의 조직과 시설을 사업활동의 수단으로 활용하는 것을 주선해주고 있다.

② 홍보 및 교육을 통한 보전의식의 고취: NT는 환경, 경관, 문화재의 보호·보존을 위한 각종 홍보 및 선전뿐만 아니라 단체의 활동상을 널리 소개하는 것도 주요 활동으로 하고 있다. 홍보는 뉴스레터, 블루서, 홍보 이벤트, 책자, 인터넷 등의 방식으로 이루어지며 이를 위해 연 500만 파운드(약 20억 원) 정도가 지출되고 있다. 각종 환경상품(예, 책, 선물 등)을 유가판매도 환경보전 및 NT 활동을 선전하는 주요한 수단이 되고 있다. 보다 직접적으로는 학생, 교사, 일반인 등을 대상으로 하는 환경교육을 NT 활동의 중요한 프로그램으로 운용하고 있다. 대표적인 것으로 '에이콘 캠프(Acorn Work Camp)'와 '내셔날 트러스트 청년극장(Young National Trust Theater)'[8]을 들 수 있다.

---

7) 환경문화자산을 보전하는 것뿐만 아니라 시민들이 함께 관람하고 즐길 수 있는 것도 '환경가치'를 공유화하는 중요한 방식으로 간주하는 것은 NT운동의 본래 정신이다. '보전하면서 즐기는(conserving and enjoying)' 규정은 1937년 법개정을 통해 정식으로 국민신탁법에 명기되기도 하였다.

8) '에이콘 캠프'는 1967년에 NT의 청년부 활동 일환으로 시작되었으나 현재는 17세 이

③ 환경·문화자산의 가치 극대화: NT는 보유한 환경·문화 자산을 호텔, 선물가게, 제품생산 등과 같은 기업형 수익 사업으로 운용하고 있다. NT 브랜드를 단 도자기, 유리제품, 문구, 옷 등을 자체의 유통기관 (예, 전국체인의 선물가게)을 통해 판매하고 있으며, 아울러 생태환경 등과 관련된 각종 서적들(약 60여 가지)도 출판·판매하고 있다. 이 같은 수익형 사업은 환경·문화적 자산의 가치, 즉 국민적 트러스트의 가치를 극대화하는 활동이 되는 동시에 현실적으로는 NT활동의 지속가능한 재원이 되기도 한다.

(5) 조직을 통한 운동의 지속가능성 추구

NT운동은 환경·문화자산을 기탁받고 이를 관리해갈 수 있는 법인적 지위를 가지고 있다. 이 법인적 지위는 자산 소유권의 거래, 계약 등의 법적 권리, 의무, 권한의 행사를 위해서 필수불가결한 것이다. 하지만 정관상의 NT조직은 '이사회', '집행위원회', '회원총회', '지방 조정관', '사무국'으로 나누어져 있다. 한편 자선단체이면서 사업체이기도 한 NT는 각종 활동을 지속적으로 수행해나가기 위해 많은 수의 직원을 고용하고 있는데, 그 규모가 약 4만 명이 넘어서고 있다. 하지만 시민자원조직으로서 성격을 지키기 위해 상근직은 최소화하면서 계절직, 임시직, 자원봉사자들을 다양하게 활용하고 있다. 1998년 현재 고용된 인원의 구성을 보면 (a) 상용직: 2,537명 (b) 파트 타임직: 605명 (c) 계절직: 3,625명 (d) 자원봉사자: 3만 5,179명 등으로 되어 있다. 최근에는 방대한 NT조직과 250만에 달하는 회원 개개인 사이를 잇는 '내셔날 트러스트 연합' 혹은 '내셔날 트러스트 센터'가 생겨나고 있다. 이 조직은 NT본부와는 직접적인 관계가 없이 독립적인 의장과 약관을 갖고 또한 회비도 징수하

---

상의 모든 사람(외국인과 비회원도 가능함)이 참여할 수 있는 자원봉사 캠프로서 풀깎기, 석축쌓기, 담장 만들기, 산책로 만들기, 페인트 칠하기 등의 육체노동을 통해 환경보전의 의미를 체득하는 프로그램이다. 한편 '내셔날 트러스트 청년극장'은 NT가 소유하고 있는 영내에서 청년들이 환경, 문화, 역사 등에 관한 연극을 직접 만들고 참가하는 활동을 통해 해당분야의 지식과 경험을 획득케 하는 교육 프로그램이다.

면서, 자체 강연회·현장견학·여행의 조직, NT본부가 내놓은 모금활동의 참가, 모금을 위한 자선바자회 등의 개최, 회지발행, NT자산 관리 등의 일을 자율적으로 수행해가고 있다.[9] 아울러 NT운동을 지원하거나 참여하는 다양한 자원조직들도 있는데, 대표적인 것으로는 '내셔날 트러스트 볼런티어 그룹(National Trust Volunteers Group)' 혹은 '내셔날 트러스트 청년단(Young National Trust Group)'을 꼽을 수 있다. 자연환경보전을 위한 옥외 육체노동활동이나 교육프로그램에 참가하고 있는 이 조직들의 구성원들은 연령대가 10대에서 30대에 걸쳐 있으며, 이들 중 3분의 2는 NT의 회원이 아니다. 늘어나는 자원조직활동을 지원하기 위해 NT의 몇몇 지역지부는 자원봉사활동을 지원하기 위한 담당자(Regional Volunteer Work Organizer)를 두고 있다.


## 3. NT운동의 구성원리와 의의

### 1) 영국 NT운동의 4대 구성원리

지금까지 살펴본 영국의 NT운동의 특성을 분석해보면 다음과 같은 4대 구성원리를 발견할 수 있다.

#### (1) 목표: 환경의 '사회적 자본화(social capital)'

'국민들로부터 환경·경관·문화재 등을 신탁받아' 이를 시민 주도적으로 관리하면서 영구 보존하는 것을 목표로 하는 NT운동은 궁극적으로 환경의 탈사적(脫私的) 소유, 즉 '사회적 자본화(social capital)'를 지향

---

9) 내셔날 트러스트 연합은 NT로부터 재정적인 지원을 받지 않는 자립조직이면서 또한 NT의 지역지부(Regional Office)와도 관계가 없다. 이 조직은 1948년 멘체스터에서 최초로 생겨난 이래, 1985년에 157개가 된 이후 매년 7~8개가 생겨나고 있다. 현재 회원은 전체 NT회원의 10% 정도를 점유하고 있다(박용남, 1999).

하는 운동이라 할 수 있다. 환경의 사회적 자본화는 환경을 특정 개인이나 집단에 소유되거나 시장가격의 논리(혹은 현실적인 개발 및 이용의 논리)에 따라 개발·사용되는 것을 초극하는 것을 전제하는 것이다. 환경의 국민적 신탁은 이런 점에서 토지 및 환경에 관한 새로운 사상 및 이념(이를테면 사회적 소유와 사용을 위한 자본)을 토지의 사적 논리가 지배적인 현실에서 구현하는 실천적인 수단이 된다.

(2) 방식: 시민의 자산기부와 자원봉사를 매개로 하는 운동

환경보전의 중요성을 부인하거나 거부할 수 있는 시대는 지났다. 그렇지만 환경보전을 위해 시민 개개인이 자기의 자산 일부를 내놓거나 투자할 수 있는 의지와 행동이 없다면, 시민적 환경운동은 그저 공염불과 담론적인 것에 불과할 수 있다. 사실, 대(對)사회적으로는 환경보전의 중요성을 강조하고 주장하면서도 개인의 실천 차원에서는 이와 역행하는 의식과 행동을 하고 있는 것이 현실이다. 시민환경운동의 내적 모순이자 딜레마의 본질은 여기에 있다. 이의 해결이 없는 시민환경운동은 근본적으로 허위의식에 기초하는 것이 됨으로써 환경의 현실적인 이용가치(혹은 토지적 가치)를 압도할 수 있는 보전적 가치와 조건을 영원히 확보할 수 없게 된다. 이런 점에서 시민들의 자기 자산 기부와 자기 노동 노동력의 제공(자원봉사)을 통한 환경보전에 대한 기여(즉 NT운동)는 환경운동의 미시 개인적 차원과 거시 사회 이념적 차원을 명실상부하게 결합하는 고리가 된다. 이 고리가 곧 환경을 '사회적 자본'으로 변환시키는 실제 기제가 되는 것이다.

(3) 활동영역: 환경의 소극적인 보전으로부터 적극적인 활용을 추구하는 종합적이면서 지속적인 운동

시민들이 소유한 자산의 일부를 환경보전에 기부하고 제공하는 행위 그 자체는 개인 차원에서 환경보전을 행동을 통해 실천하는 것이다. 따라서 시민기부나 모금운동을 통한, 즉 트러스트 운동을 통한 시민환경운

동은 환경의 소극적인 보전을 넘어 환경이 지니는 가치를 현실적인 가치(환경성을 극대화하는 가치)로 구현해내는 새로운 영역까지도 확대할 수 있는 가능성을 갖게 된다. 이미 살펴보았듯이, 영국의 NT운동은 환경자산의 매입, 소유를 통한 소극적인 보존을 넘어, 이를 관리하고 이용하며, 나아가 환경자원을 경제적인 수익으로 활용하는, 즉 환경가치를 현실의 상품적 가치(예, 다양한 환경상품의 개발과 판매)로 탈바꿈해내는 영역까지도 망라하고 있다. 일상생활과 결부된 환경의 복잡한 속성을 생각한다면, 사실 환경운동은 단편적이고 소극적인 보존중심적 방식으로만 그 목표를 제대로 달성할 수 없는 게 당연한 것이다. 이상적인 환경운동은 환경을 일상활동의 과정으로 끌어들여, 우선은 일상과정을 친환경적으로 재편하면서, 다른 한편으로는 일상활동을 통해 환경을 존중하고 지켜갈 수 있는 활동의 포괄성을 전제해야 한다. NT운동이 환경의 가치를 일상과정을 통해 구현하고 지켜가는 적극적이고 종합적인 활동 내용을 담고 있다는 점은 시민환경운동으로서 새로운 가능성을 제시해주고 있다.

### (4) 관리: 전국적이면서 지방적인 조직의 네트워크를 통한 운동

종합적인 환경운동으로서 NT운동이 지속가능할 수 있는 것은 시민운동으로서 체계성과 조직성을 갖추고 있기 때문이다. 조직은 운동의 다양한 내용과 기능적 영역을 배분하고 통합하는 것을 담아내는 틀이자 방식 그 자체가 되기에, NT운동에서 조직의 체계화는 운동 성패의 주요한 관건이 된다. 이 조직에는 업무의 체계적인 분담을 담아내는 조직의 구성뿐만 아니라 다양한 영역으로부터 시민주체들이 탄력적으로 참여할 수 있는 개방적인 조직구성과 인력활용구조도 함께 갖추어져 있다. 아울러 NT조직은 지방별로 쟁점을 다루고 지방별로 활동을 자율적으로 조직하고 추진할 수 있는 분권형을 주요한 원리로 하고 있다. 동시에 국내외에 있는 관련 운동단체, 조직, 사람들과 수평적인 협력과 교류를 확보할 수 있는 네트워크의 형성도 NT운동 조직의 중요한 방식이 되고 있다. 단체로서 NT는 법적 권리, 권한, 의무, 책임 등을 행사하고 지켜갈 수 있는 지위를 갖고 있어야 한다. 이는 NT가 토지나 건물의 소유권을 양도, 승계, 사용하는 것과 관련된 업무를 다루기 때문에 그러하다.

## 2) 한국사회에서 NT운동의 의의와 적용영역

이와 같은 운동원리를 가진 NT운동을 한국사회에 도입한다는 것은 다음과 같은 의의와 그 적용영역이 있을 수 있다.

### (1) 의의: '실천 이념적' 환경운동의 가능성

환경자원의 국민적(혹은 시민적) 트러스트화는 환경을 사회적 자본으로 설정하면서 현실에서 보전과 이용을 균형적으로 추구할 수 있는 것을 가능케 해준다. 이러한 환경운동은 환경의 사회적 이념과 가치를 존중하면서도 일상과정을 통해 이를 구현하고 지켜가는 것을 추구하는 '실천 이념'적 환경운동(예, 영국의 페비안 사회주의적 전원운동, 신도시운동)의 방식이 된다.

이런 운동방식에 견준다면, 우리의 환경운동은 환경의 이념적 가치와 실용적 조건을 결합할 고리를 내부화하고 있지 못한 채 양쪽으로 분단화(分斷化)되는 경향을 보이고 있다. 이런 점에서 NT운동의 도입·활용은 한국사회에 새로운 '실천 이념적 환경운동' 모델을 도입하여 이의 한국적 적실성을 실험해볼 수 있는 의의를 갖는다. 달리 말하면, 트러스트 운동이 일천한 우리나라에 NT운동의 도입은 환경의 토지적(혹은 개발적) 가치를 초극할 수 있는 논리와 조건이 현실에서도 구현될 수 있고, 또한 그렇게 되는 것이 바람직함을 의식하면서 이를 행동으로 옮길 수 있는 계기들을 불러올 수 있다는 점에서도 그 실용적 의의가 크다 할 수 있다.

### (2) 활용영역과 방식: 환경, 토지, 명승지, 문화재(지역)의
### 시민 자발적 보존

NT운동이 도입 활용될 수 있는 대상과 영역은 무궁무진하다. 보전적 가치가 높지만 현실의 여건 때문에 그 훼손의 정도와 잠재성이 큰 지역의 생태환경, 경관, 토지, 명승지, 문화재의 경우는 모두가 국민들의 성금, 기부, 헌납 등을 통한 '국민적 신탁형태'로 전환해 이를 영구 보전할 수 있는 것들이다.[10] 그 소유자가 개인이든, 기업이든, 국가이든, 소유권이나 사용권의 전환을 통해(즉 신탁을 통해) 환경자산을 사회적 자산으로 적립하고 이를 영속적으로 보전해갈 만한 것이라면 그 어느 것도 NT운동의 대상이 될 수 있다는 뜻이다.

하지만 현재의 제도 틀 내에서 개인, 기업, 국가 등의 노력을 통해 환경·문화자원을 영구 보전할 수 있는 부분도 많기 때문에, 이 부분은 가능한 기존 제도를 통해 활성화되도록 남겨둔다면, NT운동은 기존 방식과 제도로 할 수 없으면서 이해 당사자들 사이에 이해대립이 커 영구 보전을 현실화할 수 없는 대상과 영역으로 제한하는 것이 바람직하다고 본다. 아울러 NT 운동은 '시민 자원성(自願性)'과 '시민 주도성'을 기본 원리로 해야 되기 때문에 원칙적으로 개인이나 사(私)기관(특히 영리기관), 그리고 공기관(특히 국가기관)에 의해 주도되어서는 안된다.


## 4. NT운동의 활성화를 위한 과제와 실천방안

### 1) 한국에서 NT운동의 활성화를 위한 과제

NT운동이 개념과 모델로서만 소개되는 것을 넘어 현실적인 운동으로 활성화되기 위해 해결해야 과제들이 많다.

---

10) 예컨대, 개발 예정지의 토지(예, 동강이나 그린벨트 내의 특정 종의 서식지), 도심 내의 쌈지공원, 농촌풍광지역, 도시경관지역(예, 한강조망지역), 역사적 인물의 생가, 전설의 장소, 역사적인 건물, 유물지역(예, 고인돌 지역), 습지 및 갯벌 등은 모두가 후보지가 될 수 있다.

(1) 독립단체의 설립: 가칭 '국민환경신탁(재)(National Environmental Trust)'의 설립

NT운동이 가능하기 위해서는 우선 독립적인 운동조직이 있어야 한다. 그렇지 않으면 NT 특유의 활동(예, 회원확보, 관리, 모금, 홍보 등)을 지속적으로 수행해갈 수 없다. NT를 위한 새로운 운동조직은 (a) 기존 시민단체(예, 경실련환경정의시민연대)의 개편을 통한 설립 (b) 완전히 새로운 독립 시민단체로서 설립 (c) 민관협력의 형태를 띤 시민단체(즉, 제3섹터)로서 설립 (d) 자산규모가 큰 관변단체 중 환경운동 역량의 잠재력이 큰 단체를 재조직해서 설립하는 등의 방식이 있을 수 있다. 어떤 형태의 조직이던 신탁과 관련된 재산권을 법적으로 행사하기 위해서는 법인적 형태를 갖추는 것이 필수조건이다. 아울러 시민 자원성과 시민 주도성을 반영할 수 있는 '시민단체'로서의 지위와 형식으로 운영되는 것도 기본원칙으로 해야 한다. 설립될 한국의 NT를 '국민환경신탁(재단법인)(National Environmental Trust)'으로 명명하는 게 어떨까 싶으며 처음부터 전국조직으로 출발하는 게 바람직하다 생각된다.

(2) 효과적인 회원 확충과 신탁방법의 다양화

시민운동 참여에 대한 자원성이 아직 약한 우리의 경우, 회원 확대와 회원들의 회비 모금을 통한 환경신탁을 조성하기 위해서는 현실 여건을 고려해 그 효과를 최대한 높일 수 있는 조건(법적 조건까지 포함해)과 방법을 처음부터 강구해야 한다. 신탁 조성에 참여할 회원은 개인뿐만 아니라 회사, 심지어 공공부문까지 허용하는 것이 바람직하다고 본다. 회원 확보는 모금운동과 함께 추진하는 것이 상호상승 효과를 위해 좋다고 본다. 이 경우 '전국민 환경구좌 갖기 운동', '환경유산 남기기 위한 통장 갖기 운동' 등과 같은 전국적인 방법과 더불어 프로젝트별로 회원모집 및 모금운동을 추진하는 방법(예, 후원회 결성), 그리고 각종 모금 이벤트(fundraising)를 정례화(예, 연말 환경불우이웃돕기 운동, 환경상품기획 판매 등)하는 등의 방법이 다양하게 시도되어야 할 것이다. 아울러 독지

가의 자산을 사회적 자산(혹은 국민환경자산)으로 헌납하는 캠페인도 조
직되어야 한다.[11]

### (3) 신탁의 사회적 인정

기부, 모금, 증여, 양도 등에 대한 반대급부로서 사회적 인정이나 혜택
을 주는 메커니즘을 제도화 내지 공식화해야 한다. 이를테면 사회적 인
증제(예, 건물이나 토지(장소)에 대해 기증자의 이름으로 붙여주는 것),
세제 혜택(예, 양도세, 상속세 면제, 특정 세목에 대한 세율 인하, 연말
세금 정산 혜택 등), 시설 이용 및 활용에 따른 혜택(예, 입장료 면제, 시
설을 이용한 기업홍보 등) 등이 그러한 반대급부의 제공 방법들이 된다.

### (4) 신탁의 영속적인 관리

매입하여 보전하거나 활용하고자 하는 땅, 경관, 시설들의 가치와 기
능이 지속될 수 있기 위해서는 그 유지 및 보수 관리가 항구적으로 이루
어져야 한다. 따라서 신탁의 관리방식은 장기성을 전제로 하는 것이 필
수적이다. 아울러 지속적인 재투자, 확대투자 등을 통해 기존의 보전 가
치를 극대화하거나 활용가치를 높이는 방법 등도 관리의 주요한 내용으
로 포함되어야 한다. 한편 NT에 귀속된 자산이 영구히 보전되기 위해서
는 그 신탁의 법적 성격과 지위가 명확히 설정되어야 한다. 그리고 신탁
자산이 영구히 국민적 자산으로 남기 위해서는 원칙적으로 양도가 불가
능하도록 해야 하며, 또한 자산운용에서 발생한 이익은 자산 기증자나
NT조직의 구성원에게 배당되어선 안된다.

### (5) 보조 내지 관련 활동 프로그램의 개발

환경 및 문화적 가치가 높은 땅이나 시설을 매입·보존하는 것으로만
그 가치가 극대화되지는 않는다. 각종 매체나 수단을 통한 홍보, 학생 및

---

11) 최근 들어 어렵게 살면서 자산을 모은 사람들이 자기의 자산을 학교나 공공기관에 증
여하는 빈도가 많아지고 있는 것은 홍보와 캠페인 여하에 따라 이를 국민환경트러스
트의 기부자로 전화시킬 수 있는 가능성을 엿보이게 한다.

시민들을 상대로 한 환경·문화 교육의 상시적인 실시, 시설이나 건물의 관람 및 이용 등을 선별적으로 허용하는 프로그램 등을 다양하게 개발해, 직접적으로는 해당 환경자산의 가치를 증식시키면서, 간접적으로는 시민들의 환경의식과 실천을 고양시키는 효과를 도모하도록 해야 한다. 그리고 각종의 환경상품을 기업적으로 생산·판매(예, 공예품, 책, 건강식품, 자연탐사관광 등)하는 프로그램들도 개발하고 운용하도록 해야 한다. 이 프로그램이 성공적으로 운영된다면, 한편으로는 친환경적인 상품의 생산과 소비방식을 사회적으로 확산시키면서, 다른 한편으로는 수익의 일부를 환경자산 적립의 재원(예, 유지·관리비, 새로운 자산 취득비, 확대투자비 등)으로 활용해갈 수 있는 효과를 거둘 수 있다.

### (6) 재정의 안정적인 확충

보통의 운동단체와 달리 NT는 국민적인 환경자산을 시민 주도적으로 보전해가는 일을 핵심으로 추진하는 것이기 때문에 활동의 재생산을 위한 재정의 안정적인 확충이 절대 필요하다. 이를 위해서는 모금, 헌납, 증여, 기부 등의 방법뿐만 아니라, 환경적 가치를 보전할 수 있는 범위 내에서 환경 친화경적인 수익 사업을 병행적으로 추진하는 것이 강구되어야 한다. 환경을 담보로 하는 수익성 사업과 이를 토대로 한 재정운용은 그 자체로서 '녹색경제'의 사회적 실험의 의미를 띠기 때문에 사려 깊은 접근과 원칙, 방법이 처음부터 고려되어야 한다.

### (7) 정부의 지원책 모색

트러스트의 재정의 일부(특히 경상비의 일부)는 공공부문, 특히 해당 지방정부에서 분담할 수 있도록 해야 한다. 지방환경행정의 일부(예, 환경교육, 특정 지역환경관리)를 트러스트가 대행하도록 함으로써 이에 준하는 반대급부로 재정지원을 해준다면, 이는 환경행정에 대한 NGO의 참여를 통해 '환경가치를 공생산(co-production)'하는 의미도 함께 구현하는 것이 된다(조명래, 1997).

(8) 국민환경신탁법의 제정

국민환경신탁이 시민운동 차원에서 주도되고 추진되더라도 국가적(사회적) 차원에서 지원하고 보호하는 제도적 장치가 입법을 통해 강구되어야 한다. 조직의 법인적 성격, 회원자격과 권리, 자산의 모금 및 운용방법, 자산의 성격, 사업부서와 기능, 사업의 공정성 평가(감사) 등은 모두 입법을 통해 규정되어야 국민적 운동으로서 환경신탁운동의 투명성, 공정성, 중립성, 항구성을 확보할 수 있다.

## 2) 단기적으로 추진해볼 수 있는 방안들

위와 같은 조건을 일시에 갖추면서 NT운동을 추진하는 것은 현실적으로 불가능하기 때문에, 최소 2~3년간은 실험적인 파일럿(pilot) 프로젝트 형식으로 사업을 추진하면서, 그 성공여부를 토대로 점진적으로 확대해가는 것이 보다 현실적인 접근이 될 것이다. 이런 점에서 지금 당장 고려해볼 수 있는 NT운동 추진 방안으로는 다음과 같은 것이 있을 수 있다.

① 특정 시민단체의 독자적인 발의를 통해 실험적으로 소규모의 NT운동을 시도해보는 방법

② 현재 환경적으로 문제가 되고 있는 지역이나 시설의 보존을 위해 모금운동을 전개하면서 NT의 가능성을 모색해보는 방법(예, 대전 오정골 지키는 시민의 모임)

③ 국민환경신탁 조성을 위한 독지가(기업을 포함)의 자산 헌납운동을 언론과 연대하여 추진하면서 점차 범국민적인 환경신탁운동으로 확대해가는 방법(이 경우는 헌납받아 이를 신탁으로 운용할 조직이 갖추어져야 함)

④ 환경적으로, 문화적으로 중요한 지역의 해당 지방정부-시민-기업이 연대하여 '환경트러스트'(예, 안동 하회 트러스트)를 만들고 이를 로컬

(local) 운동으로 추진하는 방법

⑤ 전국적인 자산을 가지고 있으면서 현재 뚜렷한 자기역할을 확립하지 못한 '새마을 운동' 조직을 국민환경트러스트로 재편하여 전국운동으로 추진하는 방법

⑥ 준정부적 별도의 기구(가칭, 국민트러스트재단)를 만들어 전국운동으로 추진하면서 점차 순수 민간단체로 전환해가는 방법

어떤 형태와 수준에서 시도되던 간에 환경신탁운동을 합법적인 운동으로 기능할 수 있기 위해서는 트러스트운동의 입법화가 처음부터 추진되어야 한다.


## 5. 맺음말

영국의 사례에서 살펴보았듯이 선진국에서 NT운동은 중요한 문화·환경운동으로 자리잡은 지가 이미 오래이다. 시민들의 자발적 모금과 자산헌납을 통해 환경보전을 도모하는 NT운동은 환경의 사회적 이념성과 개인적 차원의 실천조건을 매개하는 운동양식으로 의의를 가지고 있다. 우리의 현실에서도 환경은 갈수록 토지의 시장적·상품적 논리에 따라 그 가치가 결정되고 있어 그 대안적 가치(예, 보전적 가치)를 현실에서 관철시키기가 갈수록 힘들어지고 있다. 최근 대대적인 그린벨트 해제조치가 취해지는 상황은 우리의 그러한 현실을 여실히 보여주었다.

이런 점에서 한국사회에서 NT운동은 환경운동이 직면한 한계를 극복할 수 있는 대안적 시민운동으로의 의미를 충분히 가지고 있으며, 이 때문에 이의 한국사회 적용을 적극적으로 검토해보고 실험해보는 것은 여러 측면에서 의의가 크다고 본다. 한국사회에 NT운동을 도입할 때 지켜야 할 가장 중요한 두 원칙은 '환경자산의 공유화'란 이념성과 '시민들의 자발적인 자산기여'를 중심으로 하는 실천성이다. 이젠 우리의 시민환경운동은 이러한 원칙, 그리고 이러한 실천수단이 강구되지 않으면 더 이

상의 의미 있는 진전을 이룩할 수 없는 단계에 와 있다. 대안운동방식으로 NT운동의 가능성은 바로 여기에 있는 것이다.



## ■ 참고문헌

김정동. 1999, 「오정골 지키는 시민의 모임」, 환경정의시민연대 주관 'National Trust 운동 소개 및 한국사회 적용을 위한 워크샵' 자료집.

김병완. 1999, 「무등산 공유화 운동의 전개과정과 과제」, 환경정의시민연대 주관 'National Trust 운동 소개 및 한국사회 적용을 위한 워크샵' 자료집.

박용남. 1999, 「영국의 내셔날 트러스트 운동」 (미출간 원고).

전재경. 1999, 「영국 자연신탁제도」, 환경정의시민연대 산하 국민환경신탁운동 준비위원회 내부 자료.

조명래. 1997, 「환경행정에 대한 주민참여에 관한 연구: NGO활동을 중심으로」, ≪지역사회개발연구≫, 제22호 제1집.

_____. 1998, 「NGO의 입장을 통해 본 영국의 그린벨트 제도」, ≪도시연구≫, 제4호.

_____. 1999, 「National Trust 운동의 이해와 한국사회의 적용」, 환경정의시민연대 주관 'National Trust 운동 소개 및 한국사회 적용을 위한 워크샵' 자료집.

The National Trust. 1995, The National Trust Centenary Souvenir.

The National Trust. 1998, National Trust Official Website.

# 16장
# 공간의 정의와 생태문화운동
―용산미군기지의 시민생태공원화를 위해―

## 1. 서론

우리의 근대화는 국가 공동체 전체가 외세에 의해 식민화되는 것으로 시작되었다. 그 결과 한국적 근대 도시공간은 단절되고 일그러지는 구조를 가지고 출발하게 되었다. 서울을 놓고 볼 때도 좌청룡 우백호의 생태공간에 기초한 수백 년의 생래적 도시구성은 일제란 식민지 권력의 침투에 의해 일그러지게 되었다. 경복궁을 밀어낸 자리에 들어선 총독부와 일제 군사령부가 있던 용산을 잇는 신작로를 따라 식민지 권력의 공간축이 조성되고, 그 축상의 중간(주로 을지로 명동일대)에 자리한 식민지 상인자본주의는 서울 사람들이 먹고 살아가는 주요한 방식이 되었다. 이렇게 번성한 도시화의 얼개는 오늘날 서울이란 도시공간의 바탕이 되어 있다.

우리의 근대 도시공간은 이렇듯 식민지적 지배와 천민 자본주의적 관계가 중첩되는 공간적 인프라로 출발하였지만, 그후 전쟁과 해방, 군사정권이 추진한 대외 의존형 산업화의 왜곡된 근대화는 그러한 잔재를 지우기보다 오히려 그 위에 포개지는 진화를 이루어왔다. 태생의 이러한 내력으로 인해 우리의 도시공간은 실로 많은 모순적인 논리들로 가득 차 있다. 식민적 공간형성의 논리, 이윤추구에 매몰된 생존논리, 시민사회적 합의를 결여한 일상논리, 공공적 미학을 무시한 형태논리, 계층 분극화를 초래하는 도시문화논리, 공리적 가치를 경시하는 도시계획논리 등은 바로 우리의 도시공간을 황폐화하는 도시논리들이다. 도시공간의 이러한 현실은 결국 우리의 삶의 질을 떨구고 퇴락시키며 나아가 사회의 지속가능한 발전을 불가능케 한다는 데 문제의 심각성을 가지고 있다.

우리의 도시공간은 다시 태어나야 한다. 그 태어남에 있어서, 공공성의 회복이 최우선되도록 하여 도시공간에 정의(正義)로움이 넘치도록 해야 한다. 하지만 일상을 통해 그것이 추구될 때는 문화적 전망과 요소를 중심가치로 해야 한다. 즉, 도시문화는 도시인들의 생활양식 그 자체이기 때문에, 문화적 품격을 살려내는 도시공간의 개조는 일상을 살아가는 시민들의 자의적인 참여를 실천의 제일조건으로 한다.

도시의 공공성 회복을 위한 시민실천은 '더불어 살아가는 도시'에 관한 그림을 함께 그리는 것으로부터 시작되어야 한다. 이 밑그림을 바탕으로, 초고밀 주거지를 인간적 규모의 공동체 주거지로 개편하고, 상업지를 건강한 문화공동체지구로 탈바꿈시키며, 공론적 삶을 일상화할 수 있는 공공공간이(예, 광장·자치센터·공회당) 이곳저곳에 건조되어야 한다. 무엇보다 도시전체가 우리의 인격적 품위를 살려내는 문화적 약호·상징·색깔·형태들로 가득할 수 있도록 해야 하는데, 이를 위해서는 도시공간의 총체적 개조운동이 뒤따라야 한다.

개조운동에서도 여전히 남아 있는 식민적 요소을 척결하고(예, 용산기지 이전 내지 철거), 이를 통해 도시공간의 주체성을 회복하며, 아울러 포괄적인 대안문화로써 '생태문화성'을 복원해내는 일은 새천년을 살아갈 도시인들이 이룩해야 할 최대의 문화변혁과제에 해당한다. 이 글은 공공성을 상실한 우리의 도시를 문화적 결이 되살아나는 정의로운 도시공간으로 바꾸어야 하는 당위성을 살펴보면서 부정의(不正義)로운 공간의 한 전형으로 용산미군기지를 생태문화공간으로 재현하는 데 따른 조건과 실천전략을 논해보는 데 초점이 있다.

## 2. 공간의 재문화화, 공간의 정의(正義), 생태문화

도시란 인조공간은 인간의 이성적 능력으로 창안된 모든 물질적 도구와 장치, 정신적 질서와 약호들이 집합된 것이어서, 도시를 꾸려온 역사는 인류의 문명사 그 자체이다. 지금도 우리는 도시를 통해 문명을 일구고 그 문명을 기초로 공간을 끊임없이 심화시켜가는[1] 삶을 살고 있다. 인류 문명의 바벨탑이라 일컬어지는 오늘날의 메트로폴리탄 도시들은 역사상 어느 도시보다 융성해진 물질적 문명, 그것도 물이 한참 올라 윤기나는 색감적인 자본주의적 문화들로 충만해 있다.

하지만 역설적으로 도시를 꾸려온 역사는 문명적 편익을 얻기 위해 생래적 자유를 포기함으로써 체제(system)에 의해 속박되는 삶을 사는 역사이기도 하다.[2] 특히 자본주의 상품생산 및 소비관계를 바탕으로 하는 도시문화는 개인성의 심화를 도모하는 것 같으면서도 사익의 방임적 추구를 극대화하는 일상관계를 보편화시켜 삶의 탈인간화와 탈주체화를 끊임없이 부추기고 있다. 앞서 살펴보았던 우리 도시들의 반공공성, 즉 도시공간이 개별화된 사적 권력으로 파편화되면서 공공적 삶의 기회와 여건을 박탈하는 상황은 우리의 도시문화가 그만큼 탈인간화, 탈주체화된 것을 반증해주는 것이다(조명래, 1997; 한국도시연구소, 1996). 도시가 거듭나야 한다는 것은 삶을 기름지게 하고 풍부하게 하는 참다운 문화의 결이 되살아나는 도시로의 재생을 뜻하는 것으로 이를 우리는 도시의 '재문화화(re-culturization)'라 부른다.

도시의 재문화화가 도시의 문화적 자원과 역량을 '사회적으로 바람직

---

1) 제1의 천연공간, 제2의 사회/인조공간을 지나, 우리는 지금 사이버스페이스를 이용해 제3의 공간을 여는 단계에 이르러 있다.

2) 인간이 도시를 꾸리기 시작한 것은 지금으로부터 만 년이 채 안된다. 원시인류가 지구상에 처음으로 등장한 게 300만 년 전이라면 만 년 전에 도시를 만들어 새로운 공간적 삶을 시작하기까지 대부분의 시간은 '천연적 공간'에서 전개되었던 것이다. 더불어 살아가는 터전으로서 도시가 등장하기 전의 인류삶은 유목민적 자유로운 삶이었다면, 도시를 만들고부터의 삶은 인위적인 규범과 질서, 그리고 속박이 강제되는 공간 속에서 전개되는 것이다.

하고 인간다운 것(sociallly desirable and humanistic)'으로 재편해가는 것을 뜻한다면, 이는 문화사회를 지향하는 이 시대 우리가 고민해야 할 최대의 변혁과제라 할 수 있다. 그렇다면 도시의 재문화화는 어떠한 잣대로 재단되어 실현되어야 하는가? 여기에 우리는 '공간의 정의'(spatial justice)라는 보편적 가치개념을 끌어들이려 한다. 공간의 정의는 공간을 맥락과 배경으로 하여 규정되는 사회적 정의의 한 유형으로 일단 정의해 보자.

정의(justice)는 '무엇이 옳고 무엇이 그른가'에 관한 원칙에 관한 것으로 대체로 평등하고 공정한 상태를 지칭한다(이정전, 1999: 38). 현대사회의 정의론은 주로 분배적 정의, 즉 사회구성원 각자가 자기 자신의 응분의 몫을 향유하며 살아가는 상태를 뜻하며, 그런 상태가 실현된 사회를 정의로운 사회로 간주한다(한면희, 1999: 132). 그러니까, 정의는 사회적 자원과 기회가 사회성원들 사이에 공평히 배분된 사회적 상태라 할 수 있지만, 사회를 어떠한 이념으로 바라보느냐에 따라 정의를 구현하는 방식과 내용에 대해서는 자유주의로부터 공리주의, 마르크스주의, 롤즈의 계약주의 등에 이르는 상이한 해석적 입장이 있다(한면희, 1999, 2000).[3]

정의의 눈으로 공간을 보는 게 공간정의의 의의라면, 여기에는 두 가지 남다른 의미가 담겨있다. 첫째, 사회적 국면과 마찬가지로 삶의 터전인 장소, 도시, 지역과 같은 공간도 희소자원으로 공간의 가치가 사회성원들한테 공평히 배분되지 않음으로써 공간을 매개로 한 사회적 불평등이 발생하여 사회적으로, 도덕적으로 옳지 않은 상태가 존재한다. 사회적 불평등이 사회적 약자들의 생존권과 삶의 권리를 제약하고 박탈하듯이, 공간적 불평등 혹은 공간적 부정의(不正義, injustice) 또한 해당공간의 가치배분을 둘러싸고 공간적 약자의 공간향유권과 그에 기초한 생존의

---

3) 간단히 비교를 한다면, 공리주의는 최대다수 최대행복이 되는 분배를, 자유주의는 개인의 이익이 극대화되는 분배를, 마르크스주의는 필요(needs)의 원리에 따른 분배를, 롤즈의 계약주의는 정당한 과정을 거쳐 합의된(계약된) 분배를 강조한다(이에 대한 자세한 논의는 이정전, 1999; 최병두, 1999; 한면희, 1999, 2000).

권리를 박탈하고 억압함으로써 삶의 상황을 소망스럽지 못하게 만든다. 둘째, 사회적 불평등이 그러하듯이, 공간적 불평등 혹은 부정의는 사회계층간 분배체제의 불공정성을 강제하거나 은폐하는 권력적 작용을 배경으로 관철된다. 그래서 불평등하고 부당한 상태가 갖는 부정의의 현상적인 문제도 문제지만, 권력의 부당한 작용에 의해 부정의스러운 것이 사회적으로 주목받지 못하고 은폐되는 상태가 더욱 문제이다. 권력의 구조화된 메커니즘으로 강제되는 공간의 부정의는 공간적 약자들의 인간다운 삶과 자아실현을 제약하면서 궁극적으로 삶의 탈주체화와 소외를 전면화시키게 된다.

한국의 도시공간이 반공공적이라는 것은 사적 소유관계를 바탕으로 한 공간소유나 점유 및 사용의 불평등과 불공정성, 이는 궁극적으로 사회적 효용의 희생 위에, 특히 공간적 약자의 상태적 박탈과 소외와 같은 사회적 비용을 통해 특정 공간주체에게 공간의 가치가 독점되고 향유되는 상태라 할 수 있다. 그러한 공간의 부정의는 단지 사적 소유관계나 경제적 관계에서만 나타나는 것이 아니라 사회적 희소자원의 배분을 체제적으로, 정치적으로, 군사권력적으로, 폭력적으로 왜곡시키고 이를 강제시키는 관계에서도 나타나고 있다.

부정의스러운 공간의 가치배분 상태가 시정되어야 하는 데 대해 어느 누구도 반대할 사람이 없을 것이다. 공간을 통해 기울어진 정의의 추를 바로 잡자는 게 공간의 정의를 위한 실천이자 노력이다. 기울어진 추를 바로잡는 것은 공간(가치)의 배분이 공정하고 평등해야 되며, 또한 공리성 혹은 공공성이 극대화되면서도(공리주의 정의론적 입장), 사회적 합의를 바탕으로 공간적으로 열세하고 열등한 계층의 몫이 상대적으로 많이 배분되는 방식으로(롤즈의 계약주의 정의론적 입장) 이루어져야 한다. 이러한 실천이 곧 '공간정의운동'이다.

하지만 자본의 권력, 국가권력, 체제 및 제도의 권력, 계급적 권력 등에 의해 강제되어 관철되는 자본주의적 도시공간 현실에서, 기울어진 정의의 추를 되돌려놓으려면 공간을 둘러싼 사회집단간의 권력배분이 이루어져야 하는데, 이를 위해서는 공간약자들의 대자적 계급의식이 형성되고 집합적 실천전략이 필이 강구되어야 할 것이다(마르크스적 정의론적 입장). 르페브르가 '공간정의를 위한 실천'을 제안할 때, 이는 자본주의의 촉수가 생산영역(자본-노동의 관계가 형성되는 장)을 넘어 일상영역(혹은 재생산영역)까지 뻗어오는 신자본주의(neo-capitalism)하에서 일상공간의 '교환가치'를 '사용가치'로 바꾸는 공간의 공공성 회복 운동으로 제시된 것이었다(쉴즈, 조명래, 2000; Shields, 1999). 이런 운동을 이끌 주체는 공간적 약자들이어야 한다고 한 점에서 공간정의운동은 공간적 계급실천운동이라 할 수 있다.

공간정의운동의 이 같은 성격규정에도 불구하고, 현실에서 공간정의는 어떠한 룰과 방법으로 이끌어져야 하는지는 역시 지난한 과제로 남아 있다. 우리의 현실로 돌아와보면, 공공성이 떨어질 대로 떨어져 있는 황야의 무법지 같은 우리의 도시공간에서 어떠한 보편율에 따라 기울어진 정의의 추를 되돌려낼 수 있을까?

도시의 공공성 회복 또한 공간정의의 회복은 한편에서는 개별화된 사익추구나 편향된 이익의 구현을 최대한 억제하면서(자유주의적 정의론의 극복), 다른 한편에서는 최대다수의 최대행복의 원칙에 따라 가치배분의 수혜집단이 최대화되도록 해야 하지만(이는 공리주의적 입장), 그러면서 동시에 '사회적 약자'가 특별히 배려되는 방식이 강구되도록 해야 한다(이는 롤즈의 계약주의 정의론). 우리의 공간현실에 이 원리를 끌어들여 온다면, 이는 사적 개발을 최대한 억제하는 가운데 공공성이 최대한 구현되는 것을 확보하는 데 적용될 것인바, 이는 다름아닌 개발주의의 극복이 한국적 공간정의운동의 일차적 목표가 되어야 한다는 뜻이다. 하지만 공간의 주체성과 역사성을 회복하고 나아가 미래세대 그리고 인간 이외의 생태종까지 고려하는 적극적인 공공성 확보를 위해서는 개발주의의 소극적 극복을 넘어 생태적 가치의 적극적인 구현에까지 나가야 하며, 그래서 도시의 공공성은 이젠 생태적 공공성, 혹은 생태적 정의(ecojustice)로까지 확대되어야 한다.

생태정의란 인간과 인간, 인간과 자연의 관계에까지 정의로움, 공정함, 평등함이 구현되는 상태를 의미한다. 그래서 생태정의는 일차적으로 인간계 내에서 불평등이 시정되는 상태, 즉 인간과 인간 간의 평등성이 회복되면서, 동시에 인간과 자연 간의 호혜성, 양립성 그리고 병존성이 강구되는 상태로 구현된다.

개발주의, 사익우선주의, 인간중심주의가 판치는 현실에서 생태정의는 그 자체로써 대안문화이다. 따라서 생태적 가치를 중심으로 도시의 공간이용체계를 바꾸고 이를 일상생활에서 수용하며, 이를 제도화하는 노력은 도시의 공공적 삶을 복원하는 재문화화이면서 동시에 새로운 문화를 창출해가는 실천이라 할 수 있다. 이런 점에서 생태는 단순히 생물, 자연과학적 현상이 아니라 가치적 개념이며 대안문화적 개념이다. 생태성은 체제성과 순환성을 기본 속성으로 하는 만큼 인간-인간, 인간-자연의 전체적 조화와 교호체계를 전제로 해야 하며, 아울러 이러한 교호체계가 과거로부터 현재와 미래에까지 지속하는 생태적 영속성을 전제해야 한다. 전통을 지키고, 미래세대를 배려하는 현재의 공간이용방식은 그 자체로 대안문화운동이 되는 것이다.


## 3. 공간의 부정의(不正義)와 생태문화공간화: 용산기지의 시민생태공원화 운동

지금까지의 논의된 것은 도시공간의 공공성 회복을 위해서는 공간정의운동이 이념형적 운동모델로 간주되어야 하지만 그 실천에서는 생태문화운동 방식으로 접근되어야 한다는 것으로 요약될 수 있다. 아래에서는 용산기지의 탈군사공간화 운동에 이러한 시각과 운동방식을 실제 적용해보고자 한다.

## 1) 군사공간으로서 용산기지의 성격

현재 전국에 산재한 미군의 기지 수는 96개이며, 그 전체 면적이 7천4백만 평에 달해, 금액으로 치면 10조 6,300억 원어치의 토지가 미군에 의해 무료로 사용되고 있다. 미군의 주둔은 금액으로 환산할 수 없는 안보란 가치를 생산해 주지만, 동시에 금액으로 환산할 수 없는 영토고권의 제약, 토지의 무단점유, 미국의 저급문화에 의한 지역문화의 식민화, 도시토지이용체계의 불구화, 주변 생태환경의 유기적 파괴 등과 같은 문제를 발생시키고 있다. 이 모든 문제는 모두가 전형적인 공간부정의의 유형에 속하는 것들이다. 미군기지 중에서도 미군사령부가 위치한 서울의 용산기지는 그러한 공간부정의의 문제를 가장 밀도 높게 응축하고 있어 공간의 정의를 바로 세우는 실천의 시발점이 되어야 한다.

약 105만 평 규모의 용산 미군기지는, 작게는 용산구 전체 면적 중 중심부의 15.9%를 차지한 채 동서를 절단시켜놓고 있으며, 크게는 서울의 한가운데를 움켜차고 앉아 인구 천만이 사는 도시의 사통팔방 흐름을 옥죄고 있다. 숱한 문제제기에도 불구하고 용산기지가 꿈적도 하지 않고 그곳에 또아리를 튼 채 온갖 공간의 횡포를 저지르고 있는 것은 미국의 군대라는 막강한 권력적 배경이 작용하고 있기 때문이다.

용산기지는 미군들이 '용산요새(Yongsan Garrison)'라 부를 정도로 군사적 권력을 유지하는 데 필요로 하는 온갖 시설들이 진지와 같이 구축되어 있다. 용산요새는 메인포스트(Main Post), 사우스포스트(South Post), 캠프 코이너(Camp Coiner), 캠프 킴(Camp Kim) 네 개의 블록으로 구성되어 있으며, 거기에는 한미연합사령부, 유엔군사령부, 전시의 지하사령부(Tango), 국내와 미국 본토 간의 각종 정보를 수수하는 최첨단 정보통신시설이 집결되어 있고, 또한 이를 지원하는 행정시설, 상업시설, 민간업무시설, 문화시설, 종교시설, 스포츠시설, 교통관련시설, 숙박시설, 언론시설, 교육시설, 의료시설, 주거시설 등이 빽빽이 들어차 있다(홍성태, 2000). 이곳을 사람들은 '용산합중국'이라 부른다. 그것은 미국인들이 그들의 군대를 주둔시키고 그들의 일상생활에 필요로 한 온갖 시설과 기능을 갖추어놓은 채, 타국의 영토 내에 있으면서도 주둔국의 영토고권이 미치지 않는 철옹성과 같은 곳이기 때문이다.[4]

## 2) 공간부정의(spatial injustice)의 기원

역사를 통해 용산은 늘 중요한 군사적 공간으로 기능해왔다. 외적이 한강을 통해 용산에 상륙한 뒤 남산과 북악산을 점령하면 서울의 함락이 쉽게 이루질 수 있었기 때문에, 조선시대 용산의 둔지산 일대(특히, 미군부대 경내에 있는 용산 4동)에는 둔병이 항시 주둔해 있었다. 또한 용산 강변에는 군량미를 보관하는 군자감이란 창고도 있었다(조명래, 2000a).

군사적 요충지로서의 중요성으로 인해 나라가 외세에 의해 짓밟힐 때마다 용산 일대는 어김없이 주요한 주둔지가 되곤 하였다. 700여 년 전 고려를 침략한 몽고군은 용산을 병참기지로 사용하였으며, 임진왜란 당시에는 평양전투에서 패한 왜군 고니시 병력이 지금의 원효로 4가에, 그리고 가토 병력이 청파동 일대에 각각 주둔한 바 있다.[5] 1892년 임오군란 때는 청나라 오장경이 이끌던 3,000여 명의 병력이 주둔하였으며, 1884년 청일전쟁이 터졌을 때는 일본의 오시마 육군소장이 지휘하던 약 6,000여 명의 군대가 효창동 일대에 머물렀다.

하지만 현재와 같은 외군의 주둔지가 된 것은 역시 일제 강점과 더불어 시작되었다. 1904년 러일전쟁이 발발했을 때, 일본은 용산과 남대문 일원에 수만 명이 주둔할 수 있는 병영을 세웠고, 이어 한일의정서를 내세워 용산에 300만 평의 토지를 군용지로 강제 수용하였다. 당시 용산 일대의 집과 전답, 분묘 등 총 300만 평을 21만 5,000원의 헐값으로 강제 수용하기 위해 일제는 헌병대까지 동원하였지만,[6] 매입 후 군사시설

---

4) 용산기지의 정식우편주소는 미국 캘리포니아로 되어 있다.

5) 당시 이 일대에 머물던 왜군들이 조선의 부녀자들을 겁탈하여 많은 사생아를 태어나게 하였는데, 이 근방의 이태원이란 지명은 대가 다른 사람이 많이 태어난 곳이란 뜻에서 연유했다는 이야기가 전해오고 있다.

을 계획하는 과정에서 약 115만 평 정도만 충분하다고 판단하여 나머지 땅을 일본 상인에게 팔거나 한국 정부에게 되돌려주었다.[7] 오늘날 용산 기지가 100만 평 남짓 되는 것은 바로 여기에서 연유한 것이다. 이렇게 획득한 이곳에 일본은 조선주둔일본군사령부와 조선총독부 관저, 그리고 20사단 사령부를 세웠고, 약 2만 명의 병력을 주둔시켰다. 또한 일본 군 대가 이곳에 진주하면서 용산역을 중심으로 하는 일대에 일인들은 '일인 거류민단'이란 치외법권적인 자치지역까지 형성하였다. 1907년에는 용 산과 한성의 중심부를 연결하기 위해 남대문을 허물어 길을 냄으로써 용 산-서울역-세종로-광화문(총독부)이란 서울의 왜곡된 근대 공간축이 형성 되었다(조명래, 2000d).

1945년 해방되던 9월에 미 육군 제24사단이 서울에 진주하면서 일본 의 조선국사령부와 20사단이 사용하여 병영일체를 접수하였다. 후에 에 치선 선언에 따라 미군은 6·25 전에 일시 철수하였다. 하지만 전쟁이 발 발하면서 다시 들어온 미군은 휴전협정을 체결한 20여 일 뒤부터 용산을 다시 사용하였다. 이때부터 미군은 한국군의 작전지휘권도 함께 갖게 되 는데, 용산은 그러한 미군의 사령부(1957년 창설)가 자리잡은 곳이 되었 다. 그후 1978년에 한미연합사령부가 이곳에 세워지면서 용산기지는 한 국에 대한 미국의 군사통제력이 더욱 공고히 되는 거점이 되었다.

용산기지 공간은 이렇듯 외세의 침략으로 점철된 '오욕의 역사'를 짙 게 각인하고 있다. 오욕의 역사는 삶의 터전이 빼앗기고 그에 기초한 일 상과 그 권리가 억압되는 탈주체적 공간으로 변모한 용산기지의 기원이

---

6) 1901년 한 달 1인 하숙비가 25원 내외였다.

7) 1882년 임오군란 때에 청군이 이 지역을 점령하였다가, 이태 뒤에 일본군의 손으로 넘어갔다. 1896년 러-일각서로 한국에 주둔군을 둘 빌미를 얻은 일본은 필동 2가 남 별영에 근거를 두었다가, 1903년 러일전쟁시 용산역과 남대문역 앞에 바라크 막사를 지어 증원군을 수용하지만, 1905년 아예 이 지역의 땅 300만 평을 강제 수용해 1908 년에 영구적인 군사기지를 완성하였다. 사유지전 3,118일경(日耕: 하루갈이), 가옥 1176호, 분묘 1,117,308기가 있던 자리 115만 평에 조선주둔군사령부, 총독부관저, 사령관저, 위술병원, 육군형무소, 포사격장을 세우고, 51만 평은 용산철도용지로 쓴 다 음, 한강로와 군기지 사이 나머지 땅은 일본 조달업자 등에게 할양했다(강홍빈, 1998: 208).

다. 용산공간의 부정의는 역사의 부정의에서 비롯되었으며, 그 내용에서
는 민족적 주체성의 박탈과 억압이란 명제와 관련되어 있어서 여느 공간
과 비견될 수 없는 특이성을 가지고 있다.

## 3) 공간부정의의 양상

용산기지공간의 부정의는 이렇듯 역사적 주체의 박탈과 억압과 관련
된 것이지만, 문제는 그 역사가 죽은 과거가 아니라 살아 있는 현재라는
사실이다.

### (1) 공여지란 공간의 부정의

용산기지가 미군의 주둔지가 된 것은 제2차세계대전의 전승국인 미국
이 한반도의 남쪽을 접수하는 계기, 즉 외세에 의한 불완전한 식민지 해
방에서 비롯되었지만, 내용적으로는 전쟁기간 중 남한정부가 군작전권을
미국에게 넘겨준 것이 보다 실질적인 계기가 되었다. 이렇게 해서 1954
년에는 '한미상호방위조약'이 체결되었으며, 이를 근거로 군주둔지 사용
에 관한 '한미주둔군지위협정'(일명 SOFA)이 만들어졌다. 이 협정에 의
해 한국은 미국이 주둔하는 부지를 무상으로 무기한 공여하는 것은 물론
주둔에 따른 재정적, 법행정적 지원을 위해 주권행사의 일정 부분을 유
보해야만 했다(조명래, 2000c).

미국은 공여지란 이름으로 민간소유의 땅을 강제로 점유한 후, 주둔에
따른 비용을 우리 국민의 세금으로 부담케 하고, 주둔군이 저지르는 각
종 범법과 탈법에 대해 인근지역 주민들이 참도록 강요하고 있으며, 주
변지역의 토지이용을 통제해 해당 도시나 지역의 발전을 불구로 만드는
것을 당연시 여기고 있다. 합법성으로 포장한 주둔국의 이 같은 주권과
권익, 지역주민들의 생존권과 기본권의 박탈은 누가 봐도 정의롭지 못하
다.

### (2) 기지부지 사용의 공간부정의

미군이 공여받은 땅은 군사적 목적으로만 사용되어야 하지만, 실제 기지부지는 다양한 군사 외적인 시설로 사용되고 있다. 용산기지 내 골프장이 우선 그러하다. 군인들의 휴양시설이란 측면에서 골프장은 군시설의 일부가 될 수 있을지 모르지만, 그렇다 하더라도 주둔지역 주민들의 생존권과 재산권을 제약해가면서까지 도심에 있을 긴요한 군시설은 결코 아니다. 용산기지 내 시설의 많은 부분은 사실 군사활동과 무관한 것으로(예, 미대사관 시설), 그중 다수는 수익시설로 운용되고 있다. 1994년의 한 자료에 의하면 미군은 용산기지 내에 설치한 클럽, 양식당, 슬롯머신 6,000여 대, 7개의 골프장 등의 위락시설을 운영해 2,900억 원 정도의 매출을 올렸는데 그 이용객의 80%는 한국인이라 한다(주한미군범죄근절운동본부, 1999: 123-128; 홍성태, 2000에서 재인용).

최근에 미군은 객실규모 90개의 드레곤 랏지라는 호텔을 불법 건축하다가 해당구청에 의해 적발되어, 이를 둘러싸고 구청과 힘겨루기가 벌어졌지만, 구청장의 퇴진으로 모든 게 없었던 것으로 되었다. 또한 근자에는 군사용으로 제공받은 부지의 일부를 국내 택시회사에 대여해 매년 수억 원의 부당이익을 얻고 있는 게 언론에 포착된 바 있다. 군시설이 아닌 용산기지를 불법적으로 사용하고 있는 것의 전형은 미대사관이 기지부지 내의 8만 평의 땅을 점유해 사용하고 있는 것이다. 대사관이 미군사령부 주둔지 부지를 불법사용하고 있는 것은 미국의 권력을 그들의 막강한 군사력에 기초하려는 발상이며, 또한 미국의 국가기관이 주둔국의 주권을 정면으로 부정하는 것을 보여주는 대목이다. 이러한 불법들은 도덕적으로나 법리적으로 결코 온당치 못하다라는 점에서 이 장소가 부정의의 공간임을 재확인시켜 준다.

### (3) 기지주변에 대한 공간부정의

불법과 탈법, 그리고 주권의 부정은 기지 내에서만 아니라 밖에서도 관철되고 있다. 인근지역의 유흥가에서 미군들이 살인 등의 범죄를 저지르고 영내로 숨어들어 국내의 수사기관이 전혀 손을 써볼 수 없는 사건들은 용산기지와 관련해서도 자주 발생하고 있다. 이 같은 미군 범죄에 대해 우리 정부가 적절히 대응할 수 없는 것은 미군의 권익을 일방적으로 보호하도록 되어 있는 한미주둔군지위협정의 규정 때문이다. 이런 상황이다 보니, 주둔군들이 다양한 경범을 저지르고도 그에 따른 주둔국의 법적 제제를 받지 않거나 이를 무시하는 경우가 너무나 비일비재하다. 그 전형이 바로 주한미군 소속 차량의 불법 주·정차에 따른 단속 및 과태료 부과를 무시하는 처사이다. 용산구의 통계에 의하면 지난 5년간 주한미군 소속 차량에 대해 3억 8,588만 원의 과태료를 부과했지만 납부율은 불과 4% 남짓하다.

이렇게 저조한 실적은 과태료 납부를 강제할 규정이 한미주둔군지위협정에 없기 때문이기도 하지만, 보다 중요하게는 약소국인 주둔국의 법규나 규정을 어겨도 된다는 주둔군의 특권의식에서 기인한 것이다. 미군이 본국으로 돌아갈 때 주·정차 딱지를 '한국방문기념품'으로 가지고 간다는 이야기는 바로 이를 상징적으로 증빙해준다(홍성태, 2000). 이는 한마디로 미군이 주둔국인 한국에서 공정한 룰(rule)에 따라 그들의 역할을 수행하고 있지 않다는 것을 보여주는 것이다. 불공정한 룰을 통해 미군은 주둔군으로서의 특권적 지위와 편익을 얻고 있지만, 이는 인근 주민들의 부당한 희생·피해·비용(예, 폭력피해, 주정차공간의 박탈)을 대가로 전취되는 것이란 점에서 부정의로운 것이다.


(4) 주변 토지이용에 대한 공간부정의

미군의 총사령부가 있는 용산기지는 군기지 자체로서 인근의 각종 토지이용활동을 억제하고 통제하며 배제시키고 있다. 실제, 용산기지 주변 건물의 높이, 형태, 향, 창문의 방향, 용도, 통행, 도로 등은 필요 이상으로 극도로 통제를 받고 있으며, 그러한 통제는 자연스럽게 용산기지를 서울의 교통흐름이나 공간축 형성과 단절시켜 서울 대도시 공간 자체를 왜곡시키고 있다. 그것의 가장 비근한 예가 바로 동작대교이다. 한강에 걸쳐 있는 모든 다리는 서울의 남북을 잇는 목적으로 건설되어 있는 만큼, 다리의 북단은 항상 남쪽에서 올라온 방향을 그대로 타고 북으로 향하지만, 동작대교 북단에서만 길의 진행이 단절되어 있다.[8) 정부종합청사가 과천으로 옮기면서 동작대교는 도심과 신도시를 잇는 기능의 다리로서 그 중요성으로 치면 국가적인 것이다.

또 다른 유사한 예는 지하철 4호선이다. 서울역에서 동작대교를 건너 과천으로 이어지는 4호선이 서울역에서 동작대교까지 이어지기 위해서는 의당 용산기지를 경유했어야 하지만, 이 또한 군사적 기밀시설이 많은 용산기지를 미군 당국은 아무리 지하라 해도 내주지 않았으며, 그 덕택에 4호선은 용산기지를 피하기 위해 서울역에서 삼각지와 한강로를 따라 내려와 이촌으로 꼬부라지는 해괴한 곡선 노선이 되었다.

일제도 군사령부를 이곳에 입지시켰지만, 현재의 미군과는 달리 그들은 남북으로 통과하는 도로를 신설할 계획을 가지고 있었다고 한다. 하지만 우리의 땅을 무상으로 쓰고 있는 미군은 우리 정부의 끈질긴 요구에도 불구하고 서울의 남북교통 흐름에 절대 필요로 한 도로의 부지 내 경유를 끝까지 거부하고 있는 것이다. 이는 군사권력을 통해 공간약자의 권리를 박탈하는 공간부정의의 한 전형이 된다.

일본군이나 미군이 용산에 최초로 주둔하게 된 시절만 해도 용산은 군사상의 요충지였지만 도시 공간상의 중요한 지점은 아니었다. 하지만 서울의 덩치가 몇십 배나 커지면서 용산 기지는 서울의 공간체제의 중심이 되었다. 1990년대 중반에 민선서울시장은 서울 지하철 교통체제의 중심이 될 녹사평역(반포로와 이태원로가 만나는 사거리) 주변의 미군기지(용산기지의 동측에 있는 주거시설지역) 내에 서울시청사를 옮겨 서울시민들의 접근성을 높여주려고 하였지만 이를 결코 실현시키지 못했다. 기지 자체의 기능수행에 큰 영향을 주지 않는 공간이용에 대한 시정부의 요구를 미군이 거부한 것은 서울시민들이 일상에서 누려야 할 공간이용의 기

---

8) 당초계획에서 동작대교는 미군기지를 통과해 서울역으로 이어지는 노선을 전제로 해서 설치되었다.

회와 권리를 부당하게 박탈하는 것에 다름아니다. 이 또한 공간부정의
한 전형이 된다.

### (5) 생태환경에 대한 공간부정의

서울의 생태체제는 북악산-남산-관악산을 남북으로 잇는 지축(地軸)과
동에서 서로 흐르는 한강을 따라 형성된 수축(水軸)이 교차한 평지 위에
생태적 순환이 일어나며, 그 외곽은 여러 개의 큰 산으로 에워싸인 하나
의 완결체를 이루고 있다. 용산기지는 지축과 수축이 교차하는 결절지에
놓여 있는 만큼, 서울의 녹지축을 구축하며 물순환체계를 활성화하기 위
한 거점이 되어야 한다. 하지만 이 또한 치외법권적인 공간이란 이유로
서울시민들의 쾌적한 친환경적 삶을 위해 필요한 용산기지의 생태적 이
용과 활용기회가 억압되고 박탈되고 있다.

역설적으로 용산기지는 미군기지라는 운명으로 인해 서울의 개발열풍
이 비켜간 '개발의 음각화' 지대로 남아 있어(강홍빈, 1998), 혹자는 도
심 내 방대한 보전지를 남겨준 미군에 대해 감사하게 생각해야 한다고
주장한다. 하지만 시민들이 그곳을 돌려받아 올곧게 사용함으로써 얻을
수 있는 편익과 비교한다면 그러한 주장이 결코 옳은 게 아니다. 또한
용산기지가 대규모 녹지를 가지고 있다고 하지만, 이는 철저히 통제받는
군사공간 속의 것이라, 우선 서울의 생태시설과 무관하게 기능할 뿐 아
니라, 기지 내의 일상적 환경오염으로 인해 그 생태적 가치가 폄하될 수
밖에 없다.[9] 2000년 2월에 발생하고 7월에 그 전모가 드러난 포름알데
히드의 불법방류사건은 기지부지가 반환경적이고 반생태적임을 여실히
증명해주었다. 생태환경에 치명적인 손실을 끼치는 독극물을 미군 책임
자의 지시에 따라 불법으로 방류한 이 사건은 미군기지가 불법적인 환경
오염을 일으키는 장소이면서 국내외의 환경관련 법적 제제를 받지 않는

---

9) 한미주둔군지위협정에 의하면 공여지로 사용하는 기간 발생한 형질변경과 그에 따른
   환경오염 등에 대해서는 미군에 책임을 묻지 않도록 되어 있다. 따라서 철수 후 드러
   날 환경오염 상태를 미리 파악할 수 있다면 용산기지는 반환경적이고 반생태적인 공
   간으로 평가될 수밖에 없을 것이다.

'환경통제 불능지역'임을 보여주었다.

용산기지의 이러한 부정의는 인간계를 넘어 도시생태계의 동식물이나 물, 공기 등의 무생물계의 지속가능성을 억압하고 박탈하는 생태적 부정의까지 저지르는 것이 된다. 어느 나라에서나 환경권은 이젠 기본권이며 또한 생태환경의 보호는 지속가능한 사회로의 발전을 위해 필수 조건이지만, 용산기지는 바로 이러한 기본적인 규범과 가치와 역행하는 것이 정당화되는 '부정의의 공간'인 것이다.

### (5) 식민화와 소외를 강제하는 공간부정의

용산기지가 가지는 부정의는 물적인 영역에서보다 정신·이념적 영역에서 더욱 암울하면서도 패배적인 것으로 감지된다. 민족갈등(6·25사변)에서 남쪽을 도와주었던 미국을 받아들이는 우리의 사고는 이데올로기적일 수밖에 없다. 그래서 남한의 우리들은 미국을 구세주나 혈맹으로 간주하면서 그 체제와 이념을 추종하고자 하며, 그 연장선에서 미군기지도 '우리를 돕기 위해 있는 곳'으로 여기고 있다. 이런 상황이다 보니, '기지공간'이 보내는 '지시적 약호'는 우리의 의식과 사고를 포로로 만들고 있다. 가령 못살던 시절 미군기지로부터 나오던 구호물자나 불법적으로 흘러나오는 피엑스 물품은 국민들의 의식 속에 미국자본주의의 물질적 우월성과 선진성을 심어주었다. 그래서 철조망으로 둘러쳐진 철저한 통제공간이었던 미군기지는 모두가 한번 들어가고 싶어했던 곳이었고, 기지를 통해 맛본 미국의 물질적 풍요함은 우리의 아메리칸 드림을 고취시켜 주었다.

미군기지는 우리의 의식을 식민화시키고 있는 것이다. 하지만 식민화는 의식 영역에서만 아니라 문화·이념·체제의 영역에까지 관철되고 있다. 이를테면 미군이 흘러보내는 팝송은 한때 미국의 대중문화를 접하는 중요한 채널이었으며, 이를 통해 미국 대중문화를 선호하고 흉내내기까지 했다. 또한 미국의 국방력에 종속된 우리에게 미군사령부가 있는 용산기지는 군사정치적인 간섭과 통제의 거점이면서 동시에 이를 통해 미국체제나 이념에 우리의 것을 맞추도록 강제하는 이데올로기적 장치이기도 하다.

의식과 이념의 식민화는 기지의 존재를 종종 망각게 한다. 용산기지가 일상생활에 끼치는 해악은 적극 판단되어야 하고, 그래서 기지의 철수·이전·반환 등이 가열차게 제기되어야 할 국민적 과제임에도 불구하고, 기지 존재에 대한 우리의 '망각'은 그러한 판단과 실천의 잠재력을 박탈한다. 군사공간의 억압적 기제를 통해 작동하는 이러한 상황은 일상적 삶, 도시적 삶, 국가적 삶으로부터 우리 스스로가 탈주체화되고 소외되는 것이 경험되는 상황에 다름아니다(Cho, 2000; Shields, 2000).

미군주둔은 국방상의 이익이란 공리적 측면이 없지 않지만, 과연 그것이 미국의 국익을 위한 것인지, 우리를 위한 것인지 비교 형량해볼 필요가 있을 것이다. 하지만, 미국과 한국과의 관계나 한국의 현 체제하에서 이러한 논의는 허용되지 않을 뿐 아니라 경우에 따라서는 불법적인 것으로 간주되어 사회로부터 박해와 탄압의 대상이 된다. 미군주둔의 문제를 공개적으로 거론할 수 없는 이런 이념적 상황이야말로 미군기지가 얼마나 부정의로운 공간인가를 웅변적으로 이야기하는 것이 된다.

(6) 이전과 활용을 둘러싼 공간의 부정의

부정의의 공간으로서 용산기지의 이전과 활용에 대한 국민적 요구는 자연스러운 것이고 정당한 것이다. 용산기지에 관한 관심은 1980년대 후반 들어 미군기지의 반환과 미군주둔에 대한 재협상을 요구들이 조심스럽게 제기되면서부터 대두되기 시작했으며, 이에 따라 한국과 미국은 1988년 용산기지 사용에 관한 협상을 착수하게 되었고, 그 이듬해에 미국측은 '모든 군사시설을 오는 1996년까지 이전하겠다'는 입장을 밝혔다. 이렇게 하여 1990년 6월 25일 국방부장관과 한미연합사령관은 '(용산기지) 군사시설 이전에 관한 합의각서'를 체결하였다. 하지만 기지이전의 합의각서가 체결되었음에도 불구하고 지금까지 실행이 되지 못한 까닭은[10] 근본적으로 이를 강제할 수 없는 우리의 힘이 부족하기 때문이며, 달리는 미국과 한국 간 힘의 불균형 때문이다. 물론 용산기지에 관한 규정은 '한미행정협정'을 기초하고 있기 때문에 이에 근거해 이전과 관련된 양국간 의무와 책무가 수행되지만, 주지하다시피 이 협정은 전형적인 불평등협약이어서 그에 근거해 한국정부가 용산기지 문제를 주체적으로 접근하리라는 것은 처음부터 기대할 수 없는 것이다.

한편 우리 정부가 기지를 반환받는다고 해서 그것이 자동적으로 정의로운 활용을 보장하는 게 아니다. 사실 정부는 용산기지가 이전할 것을 대비해 그 부지의 활용에 관한 방안을 줄곧 검토해온 바 있다(조명래, 2000a). 1988년 서울시는 용산 기지가 이전되면 그곳에 '우리 역사를 새기는 민족공원'을 조성하겠다고 밝힌 뒤,[11] 1991년에는 기지부지 전체를 대상으로 하여 '용산기지 이전적지 활용방안과 기본계획'을 수립하였다. '자주', '민주', '통일'이란 주제하에 '17개 소주제 공원'을 조성하는 것을 내용으로 하는 이 계획은 전형적인 '기술관료적 발상'을 반영한 것으로 용산기지의 역사적 의미에 대한 국민적 해석과 전망이 전혀 담겨 있지 못하다.[12] 다시 말해 용산기지를 반환받아 주체적으로 활용할 수 있는 상황이 되더라도, 국가기관이 일방적으로 규정하는 방식으로는 용산기지 공간이 함축하고 있는 부정의의 요소가 제대로 척결될 수 없으며, 또한 그 공간의 내재적 특성이 올바르게 재현될 수 없다는 것이다.

전반적으로 보면, 용산기지 공간의 부정의는 미국과 한국이란 국가간

---

10) 미국측은 당초의 이전비용 예상액 17억 달러(약 1조 8,000억 원)를 무려 6배나 증액하여 95억 달러(7조 2,000억 원)를 요구하는 바람에 이전은 곧장 현실화될 수 없었으며, 여기에 더해 이전 예정지였던 평택 주민들의 반대운동이 거세어지면서 기지이전은 더욱 어렵게 되었다. 이런 와중에 1993년 북한이 핵확산금지조약으로부터 탈퇴하는 사건이 터지고, 그와 더불어 미군 2단계 철수가 보류되면서, 용산 기지 이전은 전면적으로 불확실하게 되었다. 이어 1993년에 정부는 평택의 26만 평 이전부지 매입계획마저 정식으로 철회하였다. 그 이후 지금까지 용산기지 이전은 이렇다 할 만한 진전이 없는 상태에서 '2000년대 이전론', '차세대 이전론'만 무성히 나돌았다.

11) 이의 일환으로 1991년에 미8군 골프장 부지를 되돌려 받아 '용산가족공원'을 조성하였다.

12) 그래서 그런지 오픈 스페이스로 용산공원을 꾸미겠다는 초기의 방침과는 달리, 1996년에 서울시는 새로운 시청사를 용산기지 내에 건립하겠다고 발표하였으며, 이와 함께 해체된 국립박물관도 이곳에 건립하는 방침을 일방적으로 강행하였다(조명래, 2000c).

권력불평등에 기초한 부정의의 문제뿐만 아니라 국가 내에서 권력기관과 시민 간의 불평등 관계가 이중적으로 중첩되어 있다. 이러한 이중적 부정의 구조는 역사적으로 배태된 것이면서 현재의 세계사적 상황에 의해 강제되는 것으로, 용산기지는 20세기 한국 근대성이 함축한 모순의 백미를 보여주는 공간적 시현물이라 할 수 있다.

### 4) 용산기지의 정의로운 공간활용: 생태문화공간화 전략

#### (1) 원칙

용산기지 문제를 해결하기 위해서는 한미행정협정의 재조정과 같은 군사·정치 외교상의 현안들이 우선적으로 해결되어야 하며, 이와 관련해서는 이미 많은 채널을 통해 그 해결이 요구되어 왔다. 하지만 용산기지 공간은 정치군사적인 문제가 해결된다고 해서 역사공간으로, 도시공간으로, 생활공간으로 지니고 있는 부정의스러움이 자동 해결되는 것은 아니다. 따라서 용산기지의 활용은 군사정치적 채널을 통한 기울어진 정의의 추를 바로 세우는 것과 아울러 도시생활공간으로서의 의미와 중요성에 대한 재해석과 문제제기를 통해서 공간의 부정의를 바로 잡는 접근이 동시에 이루어져야 한다. 용산기지가 대한민국 수도의 한복판을 사실상 불법 점유하는 데 따른 문제에 대해서는 미국측에서도 이미 간파하고 있다.13)

한편 용산기지 문제의 해결을 접근함에 있어서 용산기지의 이전이 아니라 '반환'이 요구되어야 한다. 용산기지가 이전되면 수도권의 어디엔가 일정한 면적을 다시 차지하게 될 것이고, 그렇게 되면 그곳의 주민들이 또다시 고통을 겪게 될 것이다. 공간정의론적 관점에서 이는 결코 바람

---

13) 이와 관련된 한 일화가 있다. 김영삼 정부 시절, 미 국무장관 슐츠가 헬기로 용산기지를 찾아오는 도중 부근 상공에 이르러 녹지가 우거진 그것이 어디냐고 물은 뒤 그곳이 미군기지란 사실을 알고는 '그렇다면 이는 돌려주는 게 옳은 것이다'라는 의견을 피력한 바 있다. 그의 의견은 그후 용산기지 이전을 둘러싼 정부간 논의에 한때나마 물꼬를 터주었다.

직하지 못하다. 따라서 용산기지는 반환을 최우선으로 요구하되, 이전이 필요할 경우에는 기존의 다른 기지로 축소·이전방안이 차선책으로 고려되어야 한다.

### (2) 생태문화공간으로서 재현의 조건

반환 이후의 용산기지 공간의 활용은 그 공간에 어떠한 의미와 형태를 재현시킬 것인가의 관점에서 고려되어야 한다. 재현될 공간의 의미와 형태는 현재의 용산기지공간이 가지고 있는 부정의를 정의로 전환할 수 있는 것과 결부되어야 한다. 이런 점에서 생태문화공간으로 재현 조건은 다음과 같다(Cho, 2000).

첫째, 도시생활을 위해 재가치화된 공간으로 재현되어야 한다. 천만명이 사는 도시의 중심부를 차지하고 있는 이 장소는 무엇보다 도시 시민사회 공간의 일부로 환원하는 데 최우선하도록 해야 한다. 이 조건이 바로 용산기지의 탈군사공간화를 위한 당위성을 제공해준다. 하지만 탈군사공간화만으로 기지부지가 일상공간으로 저절로 바꾸어지는 게 아니다. 기지 땅의 많은 부분은 현재 정부기관이 소유하고 있기에, 반환된다면 그 땅의 쓰임이는 소유자의 논리, 즉 공공성을 앞세우는 국가기관의 관점에 맞는 방식으로 결정될 것이고, 그렇게 된다면 그 땅은 머지않아 자본주의적 토지거래의 과정 속으로 편입되어 종국에는 점증하는 개발 압력을 못이긴 채 상업적 이용과 이윤을 추구하는 개발의 장으로 전락될 것이다.[14]

때문에 이곳이 생활공간으로 남기 위해서는 탈군사공간화를 넘어 '반개발의 공간'이 될 수 있어야 한다. 반개발(antidevelopment)은 개발을 막자는 단순한 의미가 아니라 개발을 막는 것을 넘어 그곳에 새로운 '정

---

[14] 용산기지 부지는 현재 국방부, 조달청 등의 국가기관의 소유로 되어 있다. 따라서 기지가 반환되면 이런 기관들이 일방적으로 부지를 점유하고 그들의 관점에 맞는 용도를 결정할 수 있으며, 또한 서울시도 통상적인 도시계획 절차를 통해 일방적으로 용도지역을 지정할 수 있다. 이러는 과정에 시설투자 등을 한다는 미명하에 사적 자본을 끌어들일 수 있으며, 그 결과 기지부지의 많은 부문이 불하되거나 임대됨으로써 공간의 사적 점유와 사용이 이루어질 수 있다.

의로운 공간의 가치'를 적극적으로 창출하자는 의미를 함께 함축하고 있다. 이런 뜻의 반개발이 실현되려면 일차적으로 자본주의적 토지이용이 극복되어야 하며, 이차적으로는 개발을 근본적으로 초월하는 보전적 방식으로서 생태문화적 활용이 이루어져야 한다. 서울의 도시발전 상황에서 이러한 반개발 공간의 창출과 유지는 그 자체로서 치열한 공간적 투쟁과 싸움을 전제하는 것이기에 이를 관철시키기 위해서는 시민들이 적극적인 주체로 나서야 한다.

둘째, '역사와 주체의 공간'으로 재현되어야 한다. 즉, 역사를 통해 각인된 오욕과 탈주체의 의미를 거두어내면서 동시에 새로운 민족적 기상과 자주성, 주체성을 새겨넣기 위한 공간이 되기 위해서는 용산기지를 역사와 주체의 성찰을 위한 공간으로 재현되어야 한다. 이러한 조건의 공간이 되려면 '공간의 영원성'이 우선적으로 강구되어야 한다. 이를테면 장소에 남겨진 오욕의 역사를 성찰을 통해 주체의 역사로 복원하는 일은 현세대 뿐 아니라 미래세대에 걸쳐 지속적으로 이루어져야 한다. 현세대가 독자적으로 과거의 역사를 평가하고 그에 입각해 용산기지공간의 활용조건을 결정한다면 미래세대가 할 수 있는 역사 해석의 몫을 앗아가는 것이 되어 그 자체로 또다른 공간부정의를 저지르는 것이 된다. 따라서 '역사·주체공간'의 재현을 위한 실제적인 조건은 바로 공간의 영원성이다. 그렇다면 이 영원성은 어떠한 방법으로 어떠한 주체에 의해 구현되어야 하는가?

영원성을 담보하는 방법은 자본주의적 이윤을 추구하는 개발방식을 넘어 생태적 가치를 구현하는 것으로 강구되어야 할 것이다. 생태적 가치의 강구는 현실적으로 개발보다 보전을 실천하는 것이며, 또한 인간계를 넘어 자연생태계의 요소를 복원하고 지켜가는 것이기 때문에, 여기에는 단순히 자연환경적 요소의 강조가 아니라 현실의 개발이념, 혹은 이를 중심으로 하는 사회 및 가치체제의 한계를 극복하는 철학적이며 초절적인 판단기준이 담겨 있다.

생태적 가치를 잣대로 할 때 용산기지공간을 생태문화적으로 재현하기 위해 설정되는 주체는 '생태적 주체(ecological subject)'가 되어야 한다. 생태적 주체는 개발주의에 매몰된, 그러면서 역사적 주체성을 망각한 주체가 아니라, 자연의 역사, 주체의 역사를 자각할 수 있고, 또한 인간뿐 아니라 인간과 자연이 함께 공존하면서 살아가는 것을 가치롭게 판단하고 실천할 수 있는 주체를 의미한다. 따라서 생태적 주체는 개발주의에 오염된 현재의 국가, 기업, 토지소유주 등의 개별주체가 아니라, 생태성을 상위의 가치로 존중하고 실천하는 현세대와 미래세대 시민 일반을 포함하는 '집합적 주체(collective subject)'로 설정되어야 한다.

셋째, 생태적 토지이용이 이루어지는 '공공 공간(public space)'으로 재현되어야 한다. 생태적 토지이용이 이루어지기 위해서는 부지 전체를 동식물이 서식하는 천연적 공간으로 조성해야 한다. 서식될 동식물들로는 우리의 산하에서 수천년 동안 자생해온 종들 중에서 서울의 생태조건에 맞는 것을 선정하고, 이들의 군락지가 곧 생태공간으로 기능하도록 해야한다. 수천년의 인고 속에서 끈질긴 생명력을 유지해온 자생 동식물들은 그 자체로서 민족 주체성의 의미를 우리의 자연을 통해 구현하는 것이 된다(조명래, 2000b: Cho, 2000).

전통적인 생태의 종들로 채워진 용산공간은 인간-자연간의 교감을 바탕으로 생태적 인간관계가 형성되는 '공공 공간'(예, 생태공원)으로 기능하도록 해야 한다. 이러한 기능을 촉진하기 위한 공간구성은 숲이란 면과 산책로란 선을 적절히 섞는 방식으로 이루어져야 한다. 그래서 시민들이 '산책로'를 따라 걸으면서 '민족적 정취가 가득한 주변의 자연'과 교감하는 것을 경험할 수 있어야 한다. 도시의 숲 속에서 산책을 통한 생태성과 역사성의 조우를 경험하는 것은 그 자체로서 새로운 문화를 경험하는 것이며, 이런 점에서 생태공원화는 생태문화의 창조란 의미를 갖게 된다. 결국 역사, 주체, 반개발 등은 모두 이러한 생태적 요소들의 배열과 구성, 의미부여를 통해 구현되어야 한다는 뜻이다. 한편 생태문화의 생산과 구현의 장이 되는 것을 돕기 위해서는, 입구에 한반도의 '자연의 역사'와 '인간 삶의 역사'를 보여주는 최소 규모의 전시장(예, 한반도 자연사박물관, 한민족 생활사박물관), 회의장, 예술관 등이 입지되어야 할 것이다.

이렇게 조성된 용산의 생태문화공원은 북악산-남산-관악산의 녹지축, 그리고 크게는 서울 외곽을 에워싸는 자연의 벨트와 연계되도록 하여 서울이 하나의 생태순환체계를 갖도록 하는 데도 기여해야 한다. 이렇게 되면 서울이란 공간에 담기는 생명력은 지금과 같은 인간 중심적 생명력이 아니라 자연의 생명력으로 채워지게 될 것이다. 이는 좌청룡 우백호의 원리로 구성된 서울의 본래 모습으로 돌아가는 것이다. 전통적인 생태성을 현대적으로 복원하여 미래지향적인 도시체계로 갖추어가면, 이는 이 자체로서 우리적 삶의 우수성을 세계적으로 널리 표방하는 것이 된다.

넷째, 생태를 문화화하고 문화를 생태화하는 방식으로 공간이 재현되어야 한다. 빼앗기고 식민화된 군사기지를 주체의 재인식과 실천을 통해 되찾고, 되찾은 그곳을 주체의 역사, 역사의 주체가 재설정되는 기념비적 성찰공간으로 만드는 이 자체는 새로운 문화의 창출이다. 더욱 재구성되는 공간이 인간의 문화를 넘어 생태종의 문화인 생태적 시간, 생태적 주체, 생태적 생활, 생태적 윤리를 구현하는 자생생태종의 군락지로 조성된다는 것은 그 자체로서 생태를 문화화하는 것이 된다.

하지만 생태의 문화화는 우리의 일상적 문화가 생태적으로 재편되는 것을 동시에 요구한다. 105만 평의 땅을 당대의 이익에 매몰된 개발주의자들의 손에 넘기지 말고, 주둔군이 남긴 인공적 시설들을 긴 호흡으로 거두어내면서, 그렇게 비게 된 터에는 빼앗기고 사라진 도시자연의 생명력이 되살아나도록 해주며, 되살아난 생태 숲 속으로 열린 소로를 따라 걸으면서 생태의 시간과 리듬에 맞추어 호흡하고 교감하는 가운데 소외되고 탈주체화된 도회적 삶을 복원하는 것 등은 모두 일상문화를 생태화하는 실천이라 할 수 있다. 따라서 군사적 문화와 개발문화를 척결하는 단계를 넘어 보편문화로서 생태문화를 창출해내면서 일상문화 전체를 생태화하는 문화변혁의 실험장이 되도록 재구성되는 것이야말로 이 공간을 가장 정의롭게 쓰는 것이 될 것이다.

## (3) 문화(변혁)적 전략과 과제

용산기지가 생태문화공간으로 거듭나는 것 자체는 이 시대의 지배적인 문화규범, 문화적 권력, 문화적 재생산구조를 넘어서는 '문화개혁'의 한 방식이라 할 수 있다. 용산기지의 생태문화공간화 운동이 문화개혁의 방식으로 추진되기 위해서는 '문화적' 시민이 주체로 나서야 하고 또한 문화적 운동방식이 강구되어야 한다. 다시 말해 용산미군기지의 탈군사화와 동시에 이를 초극하는 생태문화공간화란 공간변혁은 문화적으로 새로운 가치와 규범에 대한 시민적 합의와 실천을 통해 강구되어야 한다. 생태문화공간화를 위한 문화개혁전략이 다루어야 할 과제들은 아래와 같은 것들이다.

첫째, 용산기지부지의 역사공간성, 도시공간성, 생태공간성에 대한 해석과 분석이 시민운동을 통해 이루어지도록 해야 한다. 용산기지의 탈군사공간화의 선행조건은 용산기지 공간이 가지고 있는 역사적 왜곡성, 탈주체성, 권력성, 식민지성 등에 대한 시민적 이해에 있다. 따라서 이러한 공간해석이 시민운동을 통해 광범위하게 이루어지고 이를 통해 시민들이 공감하며 공감한 것을 바탕으로 실천할 수 있도록 해야 한다.

둘째, 되찾은 공간에 대해 어떠한 의미를 부여하고 어떠한 것을 재현해내도록 해야 하는지는 모두 시민운동을 통해 합의해가야 한다. 오욕의 역사를 반추하고, 진정한 역사적 주체를 설정하며, 생태적 삶이 복원되는 장소로 재공간화하기 위해서는 보편적 가치이자 규범으로서 생태성이 설정되고, 일상변혁의 내용으로서 문화성이 강구되며, 실천주체로써 시민성이 활용되어야 한다. 이 세 가지는 '탈군사공간화(기지반환)를 넘어 생태문화공간(생태문화공원으로 조성)으로 재현'하는 데 있어 지켜야 할 3원칙이라 할 수 있다.

셋째, 생태문화공간으로 구성내용과 방식이 시민운동을 통해 도출되어야 한다. 생태문화를 창출하는 공간적 거점으로서 '용산기지의 생태문화공간화'는 전문가들이 일방적으로 디자인하고 공공기관이 도식적으로 조경사업을 하는 식의 기존생태공원 조성방식으로 접근해선 안된다. 이렇게 되지 않기 위해서는 용산 기지의 시민적 활용에 관한 공감대를 우선 형성해야 하며, 나아가 '시민합의회의'란 시민운동을 통해 생태문화공간 조성의 구체적인 방안을 시민들이 발의하고 제안할 수 있도록 해야 한다.

넷째, 생태문화공간으로 조성하는 전 과정은 시민들의 직접 참여에 의해 추진되도록 해야 한다. 필요한 재원은 시민들의 성금과 기부로 조성하고, 가꾸어야 할 생태종들은 시민들이 직접 이식하거나 식재하고, 시민들의 노력봉사를 통해 시설물을 옮기고 신축하며, 시민들의 자원조직을 통해 관리하는 등이 모두 시민캠페인으로 추진되어야 한다.

다섯째, 이 같은 시민운동이 성공을 거두려면 기지부지가 국가와 자본에 의해 장악되는 개발지로 전락되는 것을 사전에 막을 수 있는 제도적 장치를 시민운동을 통해 처음부터 강구해가야 한다. 즉, 생태문화공간으로 조성하기 위해 필요한 토지소유관계, 조성방식, 관리방식 등을 규정하는 '용산생태문화공원 조성 및 관리에 관한 특별법' 제정운동이 시민운동으로 전개되어야 한다.

여섯째, 생태문화성은 기존의 개발개념 및 방식으로는 쉽사리 구현될 수 없는 것이며, 그런 점에서 이는 시민들의 창조적 운동을 통해 도출되고 구체화되어야 할 새로운 가치이다. 이 가치가 땅의 소유관계, 조성방식, 관리체계 등에 녹아들기 위해서는 용산생태문화공원을 담아내는 제도적 틀 자체가 달라야 한다. 그 틀을 우리는 '용산공원을 위한 시민 트러스트(civic trust)'라 본다. 시민트러스트는 시민들의 자발적인 성금, 기부, 기증, 헌납, 봉사 등으로 조성된 시민신탁(적립자산)이면서, 동시에 이를 재원으로 하여 시민들이 생태문화공원을 직접 조성하고 관리하는 (공익 신탁법인격의) 운동체(運動體)를 지칭한다.[15]

---

15) 이와 관련하여 참조가 될 수 있는 선진국의 제도는 영국의 '내셔널 트러스트(national trust)'이다. 1894년에 시작된 영국의 내셔널 트러스트는 시민들의 성금과 기부 등을 받아 보존가치가 있는 자연 및 문화유산을 확보하고 이를 시민 주도적으로 영구히 보존하는 운동이다.

## 4. 맺음말

이 글은 우리의 도시공간이 가지고 있는 공공성의 부재를 공간정의론적 관점에서 평가하면서, 이를 극복하는 실천수단으로 '생태문화운동'을 용산미군기지를 사례로 하여 제안하였다. 공간정의론적 관점에서 현금의 우리 도시를 들여다보는 것은 여러모로 의미 있는 분석적 시도라 할 수 있는데, 그 중에서도 가장 중요한 의의는 공간을 통한 사회적 불평등, 그 불평등을 낳는 권력성을 주목할 수 있게 해주는 점이다. 공간을 통해 불평등을 강제하는 권력성은 역사적, 경제적, 정치적, 군사적, 계급적인 요인 등이 복합적으로 매개되어 작동한다. 그러니까 도시공간의 파편화, 식민화, 소외화 등의 문제는 바로 이러한 권력적 요인들이 유발하는 분열적이고 불평등적인 메커니즘에 의해 규정되어 출현하는 것이라 할 수 있으며, 그래서 도시공간의 공공성 회복은 이러한 불평등 메커니즘를 근본적으로 초극할 수 있는 실천적 전략을 통해 강구되어야 하는데, 이 글은 바로 생태문화화 전략을 제시하였다.

생태성은 당대의 편익을 우선하는 개발주의의 극복, 역사적으로 상실한 주체성의 회복, 도시적 삶의 탈소외화를 이끌어내는 초절적 가치로 설정된다. 하지만 생태성의 구현은 일상 삶 자체를 변화하는 조건, 즉 문화적 개혁과 실천이 뒤따르지 않으면 안된다. 이를테면 도시의 빈 공간을 당장 개발하는 대신 개방녹지공간으로 보전하려면 녹지의 생태적 중요성을 일상의 계산 구조 속에서 실제 수용해낼 수 있는 의식이나 생활방식의 변화, 즉 생태화가 함께 이루어져야 한다. 생태는 이런 점에서 대안적 문화창출이라 할 수 있다. 요약한다면, 도시공공성의 회복이 기울어진 공간정의의 추를 바로 잡는 것이라면, 이 때 생태문화성은 정의의 추를 설정하는 보편적인 잣대가 된다는 것이다. 용산기지의 생태문화공간화는 이런 개념을 실제 적용한 사례이다.

■ 참고문헌

강홍빈. 1998, 「신주작대로 기행」, 한국도시연구 편, 『한국도시론』, 서울: 박영사.
서울특별시. 1991, 「용산 군이적지 활용방안과 기본계획」.
쉴즈, 조명래. 2000, 「르페브르: 일상생활의 철학자」, ≪공간과 사회≫, 제14호.
조경진. 1995, 「미완의 용산가족공원」, 나라정책연구회 편, 『옷을 갈아입는 아파트』, 서울: 열린세상.
용산구청. 1995, 「용산구기본계획」.
이정전. 「공리주의와 롤즈의 정의론에 입각한 환경정의」, 환경정의포럼 주관 '정의의 눈으로 환경을 본다' 심포지움 발표논문(1999.11.25).
조명래. 1997, 「근대성·도시·도시성」, ≪한국사회학≫, 제31집.
_____. 2000a, 「용산기지의 이전과 그 활용 방안」, 문화개혁시민연대 편, '용산미군기지를 시민생태공원으로' 자료집.
_____. 2000b, 「용산기지의 시민생태공원화 운동」, ≪민족예술≫, 6월호.
_____. 2000c, 「한미행정협정의 환경조항의 문제점과 해결방향」, ≪녹색교육≫, 여름호.
_____. 2000d, 「20세기 근대화 속의 서울지방자치」, ≪향토 서울≫ (서울시사편찬위원회 편), 60호.
최병두. 1999, 「맑스주의적 환경정의론」, 환경정의포럼 주관 '정의의 눈으로 환경을 본다' 심포지움 발표논문(1999.11.25).
주한미군범죄 근절을 위한 운동본부. 1996, 『한미행정협정 너, 오늘 임자 만났다』.
한국도시연구소 편. 1996, 『인간주의 도시론』, 서울: 한국도시연구소.
한면희. 1999a, 「환경정의와 시대적 요청」, 환경정의포럼 창립기념토론회 발표논문(1999.7.15).
_____. 1999b, 「환경정의의 이론과 실제」, ≪환경과 생명≫, 통권 21호.
_____. 1999c, 「생태정의를 위한 새로운 모색」, 환경정의포럼 주관 '정의의 눈으로 환경을 본다' 심포지움 발표논문(1999.11.25).
함인선. 1989, 「용산공원화와 신도시건설의 반민중성」, ≪사회와 사상≫, 7월호.
홍성태. 2000, 「군사공간의 생태적 재생」, ≪공간과 사회≫, 제14호.
Cho, M. R. 2000, 'Yong-san Military Base in Seoul: Demilitarization of Space for Cultural Ecology,' paper presented at People's 2000 Forum, Seoul, Korea, Oct. 18-20 2000.
Shields, R., 1998, *Lefvre, Love and Struggle,* London: Routledge.
Shields, R., 2000, 'Military Landscape and Cultural Ecology,' paper presented at People's 2000 Forum, Seoul, Korea, Oct. 18-20 2000.

한울공간환경시리즈 13

**녹색사회의 탐색**

ⓒ 조명래, 2002

지은이 ｜ 조명래
펴낸이 ｜ 김종수
펴낸곳 ｜ 도서출판 한울

편집 ｜ 곽종구

초판 1쇄 인쇄 ｜ 2001년 8월 10일
초판 1쇄 발행 ｜ 2001년 8월 20일

주소 ｜ 121-801 서울시 마포구 공덕1동 105-90 서울빌딩 3층
전화 ｜ 영업 326-0095, 편집 336-6183
팩스 ｜ 333-7543
전자우편 ｜ newhanul@nuri.net
등록 ｜ 1980년 3월 13일, 제14-19호

Printed in Korea.
ISBN 89-460-2892-0 93330

* 가격은 겉표지에 표시되어 있습니다.